汉语中介语语料库建设与应用研究 第一辑

张宝林　靳继君　胡楚欣 ◎ 主编

国家社会科学基金项目资助

中国书籍出版社
China Book Press

图书在版编目（CIP）数据

汉语中介语语料库建设与应用研究. 第一辑 / 张宝林，靳继君，胡楚欣主编. --北京：中国书籍出版社，2021.8
ISBN 978-7-5068-8660-4

Ⅰ.①汉… Ⅱ.①张… ②靳… ③胡… Ⅲ.①汉语—中介语—语料库—研究 Ⅳ.①H1

中国版本图书馆CIP数据核字（2021）第177911号

汉语中介语语料库建设与应用研究. 第一辑

张宝林　靳继君　胡楚欣　主编

责任编辑	王志刚
责任印制	孙马飞　马　芝
封面设计	中尚图
出版发行	中国书籍出版社
地　　址	北京市丰台区三路居路97号（邮编：100073）
电　　话	（010）52257143（总编室）（010）52257140（发行部）
电子邮箱	eo@chinabp.com.cn
经　　销	全国新华书店
印　　刷	河北盛世彩捷印刷有限公司
开　　本	710毫米×1000毫米　1/16
字　　数	413千字
印　　张	26.5
版　　次	2021年8月第1版
印　　次	2021年8月第1次印刷
书　　号	ISBN 978-7-5068-8660-4
定　　价	89.00元

版权所有　翻印必究

目录

语料库是语言知识的可靠来源（代序）……………………冯志伟 001

口语语料库和多模态语料库研究 / 005

从口语研究看口语中介语语料库建设 ………………………刘运同 007
国内外主要英语口语学习者语料库概述 ……………许家金 董通 013
法语CLAPI互动口语语料库对汉语中介语口语语料库建设的借鉴意义
……………………………………………………王秀丽 王鹏飞 022
国内外多模态话语分析的知识图谱 …………………王笑 黄伟 034
多模态理论在中介语语料库建设中的应用研究 ……………邢晓青 050

标注、录写与检索研究 / 071

汉语中介语语料库标注标准研究 ……………………………闫慧慧 073
试论汉语中介语语料库的元信息标注 ………………………文雁 088
汉语中介语语料库的语篇衔接与连贯标注研究
　　——基于HSK动态作文语料库 …………………………张悦 104

汉语学习者口语语料库建设语用标注研究 …………… 段海于 121
汉语中介语口语语料库语料标注刍议 …………… 杨 帆 141
汉语中介语语料库口语及视频语料转写研究 …………… 梁丁一 163
汉语中介语笔语语料录入标准研究 ………… 齐菲 段清钒 张馨丹 174
ELAN操作的几个关键问题
　　——兼谈语宝标注软件的使用 …………………… 李 斌 185
汉语中介语语料库的检索系统 …………………… 张宝林 212

语料库应用研究 / 231

HSK动态作文语料库动词偏误的全面统计与启示 …… 玄玥 华晓君 233
基于中介语语料库的"常常"与"往往"的偏误分析及教学设计
　　………………………………………………… 耿 直 249
基于语料库的汉语学习者趋向动词习得考察 …………… 李红梅 263
日本汉语学习者介词"在"习得情况考察
　　——基于语料库的研究 …………………… 张 敏 300
留学生汉语口语词汇偏误研究
　　——《以2015"汉语桥"我与中国第一次亲密接触》为例
　　……………………………………………… 康利南 318
汉语中介语语篇结构偏误研究
　　——基于"HSK动态作文语料库"的研究 ………… 周春弟 333
基于ELAN的对外汉语教师课堂体态语分析 …………… 靳继君 350

其他研究 / 373

作文自动评分系统研究的现状与对策 ………………… 胡楚欣 375
关于冠状病毒语料库的调研报告 ………………… 卢方红 396

后 记 ……………………………………………… 415

语料库是语言知识的可靠来源（代序）

——第三届汉语中介语口语语料库国际会议致辞

冯志伟

首先祝贺第三届汉语中介语口语语料库国际会议在北京召开。汉语中介语口语语料库是获取语言知识、发现语言偏误、提高语言习得水平的重要手段。

我是一个自然语言处理的研究者，早在1957年，我就对语言的研究产生了浓厚的兴趣，梦想着打破人类的语言障碍，后来我知道了美国在1954年就研制成功俄英机器翻译，受到极大的鼓舞，决心投身机器翻译研究，实现自己的科学梦想。1979—1981年我在法国格勒诺布尔理科医科大学留学时，曾经研制过一个把汉语自动翻译为法语、英语、日语、俄语和德语5种外语的机器翻译系统，叫作FAJRA系统，提出了多叉多标记树形图模型（multiple-branched and multiple-labeled tree model, MMT），这是一个基于短语的机器翻译模型（phrase-based machine translation, PBMT）。

当时我采用的方法是基于语言规则的理性主义方法。我用了3年时间，编写了汉语分析规则5 000条左右，法语、英语、日语、俄语和德语的转换规则和生成规则各3 000条左右，一共20 000多条规则，此外，我还编制了若干部机器可读的、代码化的机器翻译词典。由于工作量大，我每天工作时间都超过10小时，扎扎实实苦干了3年，于1981年11月在IBM 4341大型计算机上输出了法语、英语、日语、俄语和德语等5种语言的机器翻译译文。这是世界上第一个把汉语自动翻译成多种外语的机器翻译系统。

这个系统研制成功之后，在有限规模的语言范围内，翻译的正确率还比较高，而当扩大语言范围时，对于任意的汉语句子，翻译的正确率只能达到70%左右，这样的机器翻译系统显然是难以实用的。我在1982年回国之后，又相继研制了法汉、英汉、日汉和德汉机器翻译系统，翻译正确率都没有超过70%。

我耗费了如此巨大的精力,却得到了很不理想的结果,在严峻的考验面前,我少年时代的机器翻译梦想遭到了挫败。我没有得到多少成功的经验,却留下了大量失败的教训。我为此感到困惑,有一种难言的失落感。

正当我愁眉不展之际,1993年7月在日本神户召开的第四届机器翻译高层会议(MT Summit IV)上,英国著名学者哈钦斯(J. Hutchins)在他的特约报告中指出,自1989年以来,机器翻译的发展进入了一个新纪元。这个新纪元的重要标志是在基于规则的技术中引入了语料库方法。这种建立在大规模(large-scale)真实文本(authentic text)处理基础上的机器翻译,是机器翻译研究史上的一场革命,它会把自然语言的计算机处理推向一个崭新的阶段。

把语料库方法引入到机器翻译中,改变了机器翻译研究者获取知识的手段,由于语料库是大规模的真实文本,人们就可以得到更加完善的统计性的语言知识,因此,也就大大地提高了机器翻译的质量,加快了机器翻译系统的研制周期。

语言知识究竟在哪里?语言知识固然存在于语法书里,存在于各种类型的词典里,存在于汗牛充栋的语言学论文里,但是,更加全面、客观的语言知识应当存在于大规模的真实文本语料库里,语料库是语言知识最可靠的来源。

语料库改变了机器翻译的命运,基于短语的机器翻译发展成为统计机器翻译(statistical machine translation, SMT),机器翻译走向了商品化和实用化的新阶段。

随着互联网的迅速发展,我们进入了大数据时代。数据挖掘成为计算机科学的一个重要研究领域,数据挖掘中采用的机器自动学习的方法,对于统计机器翻译具有重要的价值。

机器自动学习的方法主要有三种类型:有指导的学习、无指导的学习、半指导的学习。

有指导的学习实际上是对于数据进行分类,首先使用事先定义好的类别或范畴标记对数据的实例进行标注,作为训练数据,机器根据这些标注好的训练数据进行自动学习,再根据学习得到的知识对于新的数据进行分类。由于用来学习的训练数据是用事先定义好的标记进行过标注的,机器学习的过程是在这些训练数据的指导下进行的,所以叫作有指导的学习。

在无指导的学习中，用来学习的数据没有使用事先定义好的类别或范畴标记进行过标注，要使用机器学习的算法来自动地发现隐藏在数据中的特征、结构或规律。这种无指导学习的一个关键技术是聚类，聚类技术根据数据实例的相同点或相异点，自动地把它们聚类为不同的组合。

有指导的学习要求事先人工标注大量的数据实例，需要付出巨大的人工劳动量，费力而又费时。为了减少人工标注的劳动量，可以同时从标注过的数据实例和没有标注过的数据实例中进行学习，标注过的数据实例的集合可以比较小，而没有标注过的数据实例的集合可以很大，这样的模型叫作半指导的学习。

机器自动学习的这些方法已经成熟，而且广泛地应用于统计机器翻译的研究中，这就从根本上改变了传统的获取语言知识的手段，从大规模的双语对齐语料库中，通过机器自动学习的方法，去获取语言的翻译信息，对于机器翻译的发展具有革命性的意义。

目前，基于多层神经网络的、以大数据作为输入的深度学习（deep learning）方法引入到机器翻译中。这是一种新型的机器自动学习。深度学习的训练方式是无监督的特征学习，使用多层神经网络的方法。这种多层神经网络是非线性的，可以重复利用中间层的计算单元，减少参数，计算机从海量的大数据中可以自动地产生模型的特征和算法。

词向量是多层神经网络的一种重要方法，词向量把单词映射为一个固定维度的向量，不同的词向量构成词向量语义空间，在这个词向量语义空间中，语义相似的单词距离较近。

深度学习研究者米克罗夫（Tomas Mikolov）发现，如果用"意大利"这个单词的属性向量来减去"罗马"这个单词的属性向量，再加上"巴黎"这个单词的属性向量，我们就能得到"法国"这个单词或者相近的属性向量。类似地，如果用"国王"的属性向量减去"男人"的属性向量，再加上"女人"的属性向量，就能得到"王后"的属性向量。这是非常令人振奋的结果，因为米克罗夫事先并没有刻意地做这样的安排。

2007年以来，采用深度学习的方法，以大规模的双语对齐的口语语料库作为语言知识的来源，从双语对齐的口语语料库中获取翻译知识，统计机器翻译又进一步发展成了神经机器翻译（neural machine translation, NMT），口语神经机器翻译正确率已经超过了90%，针对日常口语的神经机器翻译基本上可以付诸实用了。

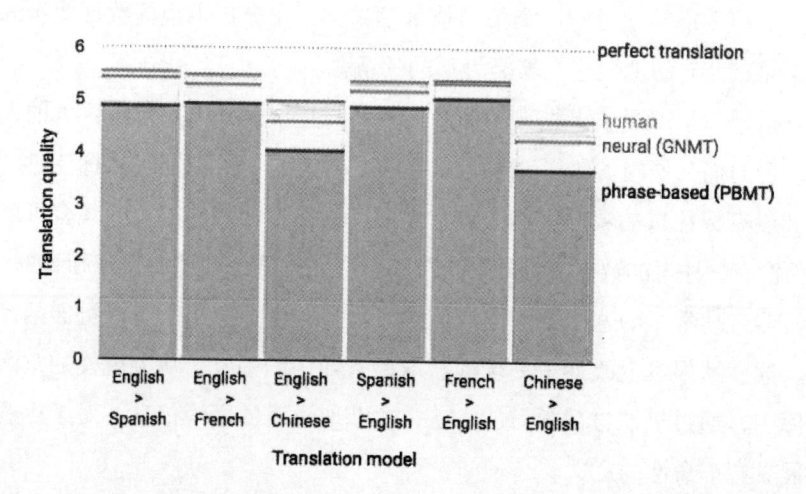

但是，在这种神经机器翻译中，语言之间的翻译细节还是一个黑箱（black box），尽管翻译的结果不错，我们对于其中的语言处理机制仍然是不清楚的，在语言学理论上，我们还难以做出科学的解释。

最近，深度学习向神经网络中融入记忆机制，把基于理性主义的知识驱动与基于经验主义的数据驱动结合起来，架起了符号主义与联接主义之间的桥梁。这应当是今后神经机器翻译发展的新方向。

可以看出，由于在机器翻译中引入了语料库技术，机器翻译已经获得了巨大的进步，这是令人可喜的。不论是书面语文本语料库还是口语语料库，都是机器翻译得以发展进步的关键性因素。语料库对于机器翻译的发展具有举足轻重的作用。

目前，汉语中介语语料库建设已经取得了很大的成绩。北京语言大学、南京师范大学、鲁东大学、暨南大学、中山大学、上海交通大学、厦门大学、台湾师范大学先后建立了不同规模的汉语中介语语料库。香港中文大学、新疆医科大学还建立了汉语口语习得语料库。

在这些中介语语料库的基础上，研究者们进行了卓有成效的研究，成果斐然。第三届汉语中介语口语语料库国际会议为交流这些成果提供了一个很好的交流机会，我衷心祝贺这次国际会议成功。

口语语料库和多模态语料库研究

从口语研究看口语中介语语料库建设

刘运同

内容提要 本文从语言研究与语料库建设之间的关系出发来探讨口语中介语语料库的建设。语料库研究者提出的"偏误标注+基础标注"的标注模式为语言研究者和中介语研究者指明了研究的方向。本文评述的两个个案表明，口语本身以及学习者的口语中介语的研究虽然已经有了可喜的开始，恐怕都还不能很好地满足语料库建设的需要。语料库建设对此要有清醒的认识。

关键词 口语中介语语料库；口语研究；中介语研究

一、引言

中国的中介语语料库建设经过多年的发展，已经积累了丰富的经验，并开始从理论上进行提炼总结。例如关于中介语语料的标注，研究者提出了"偏误标注+基础标注"的标注模式（张宝林，2013）。这一标注模式的提出，不仅为中介语语料库建设提供了可行的标注方案，并且也为中介语研究指明了探索的路径。一方面中介语的研究需要汲取本体研究的成果，采用能为大家接受的理论和描写作为基础标注的基础；另一方面中介语的研究需要对学习者中介语的使用有充分的了解，才能在语料标注时对学习者的偏误做出准确和恰当的描述和概括。

从这个角度来观察汉语口语中介语语料库建设，我们认为，虽然近年来口语中介语语料库建设逐渐成为热点，但是人们对建设口语中介语语料库的困难仍然估计不足。口语中介语语料库建设的困难不仅在于口语语料收集和转写的难度，而且还在于学界对口语本身的研究不充分，而且研究者对汉语中介语的研究也是刚刚起步。也就是说，相对于书面语语料库建设，口语语料库建设的可资利用的理论和基础研究远远逊色于书面语语料库建设。本文将利用两个个案来说明，对口语本身的研究及学习者口语中介语的研究如何深刻影响语料的分析和标注。

二、个案一：易位句

所谓易位句，就是句子成分倒装以后形成的语句。如例（1）来自2002—2003年度CBA总决赛第二场比赛后记者对广东宏远队队员朱芳雨的赛后采访，我们关注的重点是"也看到了今天也有实力去赢我们在东莞这个我们的主场这里"。这句话的主语是前面提到的山东队，不管我们如何分析这个句子，在说出"赢我们"之后，这个句子本来就可以结束了，但发话人却加上"在东莞这个我们的主场这里"这个介词短语。朱芳雨补充出主场这个信息，是为了强调说明山东队也很有实力，因此广东队应该认真应对。

（1）但是他们也有希望，也有就是也看到了今天也有实力去赢我们在东莞这个我们的主场这里。[体育直播，2013/03/24]

自从陆俭明（1980/1993）提出易位句的概念，研究者对这一现象及相关的句法现象进行了深入的研究，提出了各种各样的解释，如追加（陈健民，1984）、追补（史有为，1985）、主位后置（张伯江、方梅，1994、1996）、延伸句（陆镜光，2005）、添加（李剑锋，2000）等。其中特别需要关注的是陆镜光"延伸句"的观点。

2000年，陆镜光发表《句子成分的后置与话轮交替机制中的话轮后续手段》一文，第一次指出，"话轮后置成分可以部分地归结于替换机制"，"句子后置成分在话轮交替相关处起到一种话轮延续的作用"。（2000：303）在此基础上，陆镜光提出了"延伸句"的概念。陆镜光提出"延伸句"的概念，也是为了统一处理和解释诸如易位、追补、重复等多种语言现象。他认为，"第一，从会话的结构来看，后续语的基本作用是把句子延长，这样可以给听话人更充分的时间做好接话轮的工作，使话轮的转换进行得更顺畅……第二，信息的传递是在时间轴上进行的,在传递一连串的信息的时候,不可避免地要面对信息排序的问题。在一定的言语交际环境中,说话人可以通过倒装、重复、追补等手段,首先交代较重要的信息,然后补充或者扩充前面的信息。"(2005:44)

在理论建设方面,我们认为"延伸句"的提出有两点重要的贡献:第一是把以前研究者所谓的倒装、易位和重复等现象跟句子的弹性特点联系起来,用动态的方法来研究这种句式的形成机制;第二是利用会话分析的理论和方法,采用真实可靠的语料来支撑自己的论述。不过,这种解释也存在一些不完善的地方。在上述引述的两点重要论述中,第二点是信息排序。陆镜光认为,延伸句可以让交际者"首先交代较重要的信息,然后补充或者扩充前面的信息",这样的解释似乎有回到了"主位后置"说的老路上了。同时,这样的解释也无法说明一些研究者提及的后置部分表示语义重点、新信息的事实。信息的排列可能只是导致出现延伸句的一个原因。在另一篇论文中,陆镜光(2004:6)也说,"延伸句子的理由很多,除了上文提到的再话题化(re-topicalization)、小范围内话题的重新确认(local topic re-instatement)之外,句子延伸还能起到确认或强调当前话题、改换说法、补充相关信息、方便话轮交替等作用。"

至于第一点,陆镜光(2005:44)认为,"后续语的基本作用是把句子延长,这样可以给听话人更充分的时间做好接话轮的工作,使话轮的转换进行得更顺畅。"我们认为,这种论述是不准确的,对后续语在会话中的作用挖掘不深。根据我们的研究,交际者在一个话轮结束的地方进行补充、延伸,往往是为了使自己的话语更完美,更好地传达自己的交际意图,因而可以更好地引起听话人的反应。也就是说,延伸话轮不仅仅是为了延长时间,方便听话人接过话轮,而是为了弥补先行话语的不足,从而更有利于听话人做出适当的反应(刘运同,2015:7-13)。

如果从口语生成的角度来看问题,我们认为,易位句的形成跟口语表达时的信息加工特点有关。在口头交流时,受到人类认知加工能力的局限(特别是在线加工时),会话者一次能产出的信息量有限度,因此会话者会通过降低加工难度的方法来增加加工速度。易位句可以看作是会话者化整为零的一种加工策略,通过先行部分和后续部分两次加工来更好地完成交流任务。这也就是为什么有些后续成分[如例(1)]可以充当语义重点、可以重读的原因。可以说，会话者通过这样的方式扩展了句法的可能性，使用有限的手段来表达丰富的内容。

从口语语法的标准来衡量和分析，所谓的易位句是口语中很正常的表达手段。如果有的研究者固守书面语的语法标准，把如例（1）这样口语中正常的表达分析为（标注为）偏误，那就从根本上歪曲了交际者的语言表现和语言能力。对此类口语语法现象，在进行基础标注时采用研究者提出的分类（如延伸句）来进行标注，也许就是一个不错的选择。

三、个案二：日本学生在英语单词结尾的辅音后附加元音

第二个个案来自Carroll（2005：214–234）对日本学习者学习英语时出现的中介语的研究。Carroll关注的问题是日本学生在说英语时在单词结尾的辅音后为什么常常会附加上一个元音，如例（2）词语"but""good"的发音。一般的英语教师或研究者常常把这种现象当作日本学生受到母语日语的干扰形成的一种"发音问题"。但是Carroll观察到，这种现象并不是固定不变的，也就是说同一个学生，在同一个短的会话中有时会附加元音，有时又不会附加元音。Carroll觉得这个问题并没有表面看起来那么简单，还需要进行深入的研究。

（2）[Carroll, 2005:214]

```
01→  A: um mm but-o but-o mm (0.59) good-o good-o
02→     (0.45) good-o [ :::
03   S:              [ experien [ ce?
04   A:                         [ yes [ experience
05   K:                               [ huh huh huh
06→  S: good-u chance?
07→  A: ye:s [ good-u ] good-o
08   S:      [ yea:h ]
```

通过对日本学生日常会话的细致研究，Carroll 发现，日本学生的元音附加

并不是任意的,而是日本学习者为了完成特定的交际任务而采用的一种手段。Carroll的研究表明,日本学习者的元音附加主要出现在两个位置,一是一个话轮构成单位(TCU)的中间,这时它的主要作用与前向补救或者词语搜索(forward repair/word search)有密切关系;另一个主要位置是出现在TCU结尾,这时它的主要作用是用来标示发话人虽然完成了当前的一个TCU,但是希望继续另外的TCU以完成一个由多个TCU组成的话轮。也就是说,日本学习者在会话中使用元音附加,并不是由于他们不了解英语的发音规则,相反,他们是为了解决交际中的话轮管理任务而"发明"的一种错误(按照英语的发音规则)而有效的交际方式或策略。

Carroll在论文的结尾讨论了这项研究对语言教育及语言教师的意义,他提醒教日本学生的英语教师,面对日本学生,不仅要教授他们英语的发音规则,还有教给他们英语解决相应问题的方法(如英语的填充词语uh/um)等等。这项研究对于中介语研究者尤其具有启发意义。正如这项研究所揭示的,在分析和描述学习者的中介语时,仅仅把它与目标语的标准进行对照是不够的,甚至是不恰当的。学习者在交流中所使用的一些手段,可能是由多种原因促成的。在对学习者的中介语(哪怕是初级学习者)进行系统而深入的分析和描写之前,研究者切不可轻率地把它当作是一种偏误。

四、结语

语料库建设与语言研究之间存在互相促进的关系:一方面,语言研究为语料库建设提供分析和描述的工具;另一方面,语料库建设也为理论研究设定研究需求和课题。语料库研究者提出的"偏误标注+基础标注"的标注模式就是一个很好的例子,它同时为语言研究者和中介语研究者指明了研究的方向。不过需要强调的是,正如我们评述的两个个案所表明的那样,相对于书面语研究,口语本身以及学习者的口语中介语的研究虽然已经有了可喜的开始,恐怕都还不能很好地满足语料库建设的需要,迫切需要研究者加大力气,拿出更多更好的研究成果,为口语中介语语料库建设提供更加牢固的基础。

参考文献

陈健民（1984）《汉语口语》，北京：北京出版社。

李剑锋（2002）汉语表述过程中的添加现象考察，北京语言文化大学硕士学位论文。

刘运同（2007）《会话分析概要》，上海：学林出版社。

刘运同（2015）易位句成因再探讨，载于刘运同《汉语会话与语法》，萨尔布吕肯：金琅学术出版社。

陆俭明（1980/1993）汉语口语句法里的易位现象，陆俭明《现代汉语句法论》，北京：商务印书馆。

陆镜光（2000）句子成分的后置与话轮交替机制中的话轮后续手段，《中国语文》第4期。

陆镜光（2004）延伸句的跨语言对比，《语言教学与研究》第6期。

陆镜光（2005）说延伸句，见中国社会科学院语言研究所《中国语文》编辑部编《庆祝〈中国语文〉创刊50周年学术论文集》，北京：商务印书馆。

史有为（1985）一种口语句子模式的再探讨——"倒装""易位""重复""追补"合议，张志公主编《语文论集》（第一辑），北京：外语教育与研究出版社。

张宝林（2013）关于通用型汉语中介语语料库标注模式的再认识，《世界汉语教学》第1期。

张伯江、方梅（1996）《汉语功能语法研究》，南昌：江西出版社。

张伯江、方梅（1994）汉语口语的主位结构，《北京大学学报》（哲学社会科学版）第2期。

Carroll（2005）Vowel-marking as an Interactional Resource in Japanese Novice ESL Conversation, In Keith Richards and Paul Seedhouse (eds.) *Applying Conversation Analysis*, 214-234. Hampshire: Palgrave Macmillan.

作者简介

刘运同，同济大学国际文化交流学院教授，主要研究领域有语言学与应用语言学、汉语作为第二语言教学。曾在《语言文字应用》《当代修辞学》《当代语言学》等刊物发表论文数篇；出版有《会话分析概要》（2007）、《汉语会话与语法》（2015）等著作。

国内外主要英语口语学习者语料库概述*

许家金　董通

内容提要　本文综述了国内外代表性英语口语学习者语料库的建设与研究现状，其中涉及LINDSEI语料库、TLC语料库、COLSEC语料库、SWECCL 1.0/2.0语料库、PACCEL语料库等。文中介绍了相关语料库的建库方案和加工规范。概言之，英语口语学习者语料库主要仍以转写文本库为典型形态，少有录音文本同步库、语音标注库或多模态视频库。相关研究主要以词汇、短语、句型分析为主，针对语音或其他口语特征的研究不足。今后英语口语学习者语料库研究可多关注口语中介语的动态发展，更加关注语音、互动、语用等方面的中介语特征。

关键词　英语口语学习者语料库；建库方案；加工规范；中介语

一、引言

学习者语料库（learner corpus）主要收集大学生或中学生的非母语写作或口语产出，是用以分析中介语的专用数据集。本文主要关注英语口语学习者语料库。因采集、转写、标注难度较大，与写作语料库相比，英语口语学习者语料库的建设与研究相对滞后。Sinclair（1991：16）认为，"从我个人经验来看，即兴会话是无可替代的"（In my own experience, there is no substitute for impromptu speech）。英语学习者的口语产出也是最能反映口语中介语的研究材料。缺少口语中介语的相关研究，学习者语料库研究对英语教学的指导意义也必然大受影响。以下本文拟对英语口语学习者语料库的建设与研究作简要梳理。

---

* 基金项目：本文系北京市社科基金项目"语料库语言学史"（20YYB013）的阶段性成果。

二、英语口语学习者语料库建设现状

口语语料库建设的总体进展一直不及书面语语料库,英语口语学习者语料库落后于书面语学习者料库的情况也同样存在。即便如此,自20世纪90年代开始,国内外也陆续建成若干极具影响力的英语口语学习者语料库。例如,LINDSEI(Louvain International Database of Spoken English Interlanguage)语料库(Gilquin、De Cock、Granger,2010)、TLC(Trinity Lancaster Corpus)语料库(Gablasova、Brezina、McEnery,2019)、COLSEC(College English Learners' Spoken English Corpus)语料库(杨惠中、卫乃兴,2005)、SWECCL(Spoken and Written English Corpus of Chinese Learners)1.0/2.0语料库(文秋芳、王立非、梁茂成,2005;文秋芳、梁茂成、晏小琴,2008)等。这些语料库的推出,至今仍是英语口语中介语研究领域的关键资源。

2.1 英语口语学习者语料库建设的总体情况

截至2021年3月,比利时鲁汶天主教大学"英语语料库语言学中心"(Center for English Corpus Linguistics, CECL)世界学习者语料一览网页上列有185个学习者语料库,其中有61个口语库,占比约为33%。这一数据直观说明了英语口语学习者语料库数量远不及书面语的现状。我国英语口语学习者语料库的情形大抵相同。这其中的原因是多方面的,有对口语的认识局限,认为口语是不规范的、芜杂的。当然,最为重要的原因是口语语料库的建设难度大,特别是转写工作的费时耗力。这也从另一角度突显了现有这些英语口语学习者语料库的价值。

2.2 知名英语口语学习者语料库

2.2.1 LINDSEI语料库

LINDSEI语料库由比利时鲁汶天主教大学Sylviane Granger主持建设。该语料库是ICLE(International Corpus of Learner English)作文语料库的姊妹库。LINDSEI收录的是不同母语背景学习者的英语口语语料。Granger团队首先开发了母语背景为法语的英语学习者的口语库，之后在与国际同人合作下继续建设，最终涵盖了保加利亚、中国、荷兰、法国、德国、希腊、意大利、日本、波兰、西班牙、瑞典共11个国家的学习者口语语料。为便于对比，Granger团队还建设了名为LOCNEC的语料库，其中包含与LINDSEI设计相同的英语本族语者口语语料。

LINDSEI共有130小时录音，库容逾100万词，每个子库约有10万词。其中学习者英语口语约有80万词左右，其余为与之对话的教师语料。所含的11个子库取样方案一致，即包含50组口语任务，每组任务包含3个子任务。它们分别是：（1）口头作文；（2）教师与学生的对话；（3）看图说话。转写文本都被赋予了23项元信息属性，包括性别、年龄、母语、在校英语学习时长，这些是研究学习者英语口语的重要外部变量。LINDSEI语料库以CD-ROM形式存储并发售，随盘附赠专用的检索和分析工具。该检索工具可按三个子任务分别检索，并能限定只检索学生语料或教师语料。相关统计数据可按23个变量分别呈现。

2.2.2 TLC语料库

TLC语料库是由英国兰卡斯特大学"社会科学语料库研究中心"（Center for Corpus Approaches to Social Science，简称CASS）团队主持建设。其核心成员包括Dana Gablasova、Vaclav Brezina与Tony McEnery等。该库语料全部来自伦敦圣三一学院（Trinity College London）的英语口语等级考试（Graded Examinations in Spoken English，简称GESE）。TLC语料库的规模为420万词次，是当前世界范围内规模最大的英语口语学习者语料库。语料的时间跨度为2012—2018年。该语料库为2000名考生与考官的口头对话，共涉及2~4个任务。考生的母语有35个之多。考生年龄从9~72岁不等。

TLC语料库提供了免费的在线检索平台。该网络平台可根据母语背景、性别、年龄等筛选检索结果，并能将检索所得频数数据可视化。

2.2.3 COLSEC语料库

COLSEC语料库是国内首个英语口语学习者语料库，由杨惠中、卫乃兴等统筹建成。该库收集了全国大学英语四、六级考试（CET-SET）中口语部分的内容，转录了约70万词，涉及"考官—学生问答"和"学生—学生讨论"。

该库根据考生的地区、专业、考试成绩、话题等按比例随机抽取语料。语料库标注了话轮、发音错误、停顿、犹豫、打断、非言语交际等信息。图1为COLSEC语料库的文本片段。其中的<interlocutor>…</interlocutor>框定的是考官话语，<sp1>…</sp1>框定的则是考生1的讲话内容。语误则以[ ]表示，如其中的[Wd-t]、[Pu-r]、[Pl-r]、[Ws-s]、[M2t]分别表示考生将/d/音误发成了/t/音、字母"u"之后加了卷舌音、字母"l"音之后加了卷舌音、/z/音误发成了/s/音以及第二个字母t吞音。

```
<interlocutor>Ok. Now would you please briefly introduce
yourselves to each other? And don't en remember, you should not
mention the name of your university, Ok? </interlocutor>
<sp1> Yeah. From me? <sp1>
<interlocutor> Yeah. </interlocutor>
<sp1> Good morning, everyone. My name is ***, and [Wd-t] my
major is International Economics. And now I'm a junior student. I
have learned [Wd-t] English about eight years and I am interest in
English. I think in my view English is not only a tool for us [Pu-r] to
communicate with the outside world, but also [Pl-r] provides us a a
kinds of culture which is totally different with ours [Ws-s]. I
interested [M2t] in English. </sp1>
```

图1　COLSEC语料库文本片段

COLSEC语料库与CLEC（Chinese Learner English Corpus）中国学生英语语料库的团队成员有很大交集。两个语料库的共同之处是都比较多地依赖全国性的大规模英语考试，都比较关注错误标注。

2.2.4　SWECCL1.0/2.0语料库

SWECCL语料库1.0版由文秋芳、王立非、梁茂成等学者在南京大学建成。SWECCL2.0由文秋芳、梁茂成、晏小琴等在北京外国语大学建设。SWECCL2.0为全新语料库，并非SWECCL1.0修正或简单升级。两个版本的SWECCL都分为书面语（WECCL）与口语（SECCL, Spoken English Corpus of Chinese Learners）两个子库。本节重点介绍SECCL子库。

SECCL1.0的语料取自全国英语专业四级口语考试。考生为英语专业二年级学生。该语料库转写了1 141位考生11 410多分钟的录音，语料产生的时间从

1996年到2002年共7年，SECCL1.0语料库的库容约为100万词。任务类型包括3类，分别是复述故事、口头作文与考生对谈。复述故事即听300词左右的故事两遍后进行复述；口头作文则是围绕给定的话题，准备3分钟，用英语讲述3分钟；考生对谈部分要求考生根据给定的议题交换意见或辩论，准备3分钟，之后交谈4分钟。

　　SECCL1.0在每个文本的开头提供了8个方面的元信息（如图2），<SPOKEN>指口语，<TEM4>指英语专业四级考试，<GRADE2>指二年级，<YEAR00>指2000年，<GROUP065>指第65组，<TASKTYPE1>指口试的任务类型1，<SEXM>指考生性别为男，<RANK27>指该考生在小组排名第27。除此之外，自我重复、非流利性停顿、发音错误、语法错误等也都有所标注，比如图2中"…"意为停顿，<in>、<cross>等是语误。

```
< SPOKEN > < TEM4 > < GRADE 2 > < YEAR00 > < GROUP065 >
< TASKTYPE 1 > < SEXM > < RANK27 >

Task 1
Mr. Hall was a rich business...man. He lived < in > a very
big house near a river. The river is frozen in the win-
ter. Err...so by Chri...Christmas Day, the river always
covered...eh...very thick ice. Some one even crossed
< cross > the river on foot, and some brave men even
could < can > cross the river by motorcars. On the sight
of...eh...the...scenery, Mr. Hall had < have > an idea. He
wanted < want > to hold a party on Christmas Day on ice. En
...he put...err...all his furniture < furnitures >, and
carpets < capitries > and a beautiful ice to hang over
the river and...sent out all the invitations to...the...
his...important friends. On Christmas Day, his friends...
```

图2　SECCL1.0某语料库文本片段

　　作为更新版，SECCL2.0中选取的是本科扩招后2003年到2007年间的英语口语语料，另外还增加了全国英语专业八级口语考试的内容，因此任务类型更为丰富，增加了根据指定话题进行评论的内容。

2.2.5　PACCEL语料库

　　PACCEL（Parallel Corpus of Chinese EFL Learners）语料库是由北京外国语大学文秋芳、王金铨等学者创建，分为口译平行语料库（PACCEL-S）和笔译平行语料库（PACCEL-W）两个子库。其中的PACCEL-S子库收录的是英语专业学生的口译语料。

PACCEL-S语料来源为全国英语专业八级口语考试的任务1英译汉与任务2汉译英两部分，库容为496 177词次，包含汉译英的11 425词与英译汉的318 752字，时间跨度为2003年到2007年。相关口译语料进行了句级对齐。在标注上，PACCEL-S借鉴了SECCL的语误标注方案。

2.2.6 ESCCL语料库

ESCCL（English Speech Corpus of Chinese Learners）语料库由南京大学陈桦、北京外国语大学文秋芳、中国社会科学院李爱军团队创建。该语料库不同于前文综述的转写文本形式的英语口语学习者语料库。严格来说，ESCCL语料库应称为英语中介语语音库。该库利用Praat软件对语料进行了多层语音标注。Praat标注中的第一层以英语单词形式出现，又称正则层（orthographic layer）；第二层为发音的标准层，以音节为单位体现；第三层为间断指数层；第四层主要标注重读音节；第五层为英式语调模式层；第六层则为美式语调模式层。

ESCCL的语料主要是来自初中生、高中生、英语专业本科生以及硕士生的英语朗读以及自主对话任务。语料收集时根据学生的生源地、方言区、受教育层次、任务类型等进行分类。

2.3 小结

综上所述，在语料来源上，英语口语学习者语料库既有考试场景下的英语口语数据，也有非考试场景下的命题口语表述，以及课堂英语交流等。任务类型则涵盖朗读、复述、口头叙述、看图说话、口头作文、口译等形式，以及考官–考生会话、学生–学生两人会话与多人讨论等互动形式。我国多数英语口语语料库来自各类标准化的考试，较少收集学习者的日常英语口语产出。这无疑减少了语料收集的工作量，保证了语料库的规模，还可以增加历时的语料，并提供口语产出者的详细信息，为相关研究带来便利。但是，这样的语料也有明显的缺陷，由于场景与任务类型的限制，无法收集到学习者自然的日常口语产出。

在语料库的形态上，根据有无原始录音可以分为两大类，一类是转写文本库，也被称为无声口语库（Ballier & Martin 2015：111），依赖于成熟的书面语语料库技术，该类型语料库可用来开展词汇、短语、句型、语言点等的分析。另一类为语音库，又可进一步细分为单纯的录音加文本库（如SECCL语料库）、录音文本同步库（time-aligned）、多模态视频库（multimodal）以及语音标注库（phonetically-annotated）几小类。

在转写技术上，此前的英语口语学习者语料库基本采用的都是人工转写。随着语音识别技术的进步，相信今后的中介语口语库可以实现较大程度的自动转写。在现阶段我们主张可以采用念转法（林纾式转写）（许家金，2020a：16），即在录音质量或者学习者口语差以至无法被语音识别软件识别时，由转写人员将所听到的学习者的口语念出来，从而让语音识别软件去识别转写，提高转写效率，再经进一步的人工校对，以确保转写语料的质量。

在语料的标注上，主要涉及学生个人信息（性别、年级、学英语的时长、国别等）、声学标注、发音错误标注、词汇语法错误标注、词性标注等。标注的格式主要有分离式与XML两种，前者顾名思义，即语料与标注单独存放，不在同一个文本中，而XML则一般放在文本的开头，作为可扩展的标记语言，格式要求很严格，以尖括号<>表示，且需要前后围堵起来。至于偏误标注，原则是能不标则不标，应由学者根据自己的研究目的决定标什么和怎么标。另外，口语语料中有很多停顿、重复等不流利的现象，因此也不能简单地将笔语标注的方案套用在口语语料标注上。

三、英语口语学习者语料库相关研究

国内外基于英语口语学习者语料库的研究有多个切入点。例如学习者英语口语中的回应语、口语程式语、高频口语词汇、口语流利性研究、口语重复研究、口语副词等。除了这里提及的口语特色词汇短语研究外，语音语调错误以及话语语用研究等尤其值得关注。对于不同母语背景、不同语言水平、各种任务类型等对英语学习者在口语产出上的影响，可以拓宽我们的分析维度。最后，还可开展追踪式口语料的收集，从而进行中介语的动态发展研究。

然而，总体来说，英语口语学习者语料库研究存在简单移植和套用书面语研究模式的问题，应努力摆脱书面语句子切分的做法，根据学习者语言实际，识别和划分英语口语中介语的分析单位。另外，研究选题还应更加关注语音、互动、语用等方面。

四、下一代英语学习者口语语料库的建设

在大数据时代，面对海量的数据，口语语料库的建设也呈现出了新的模式，具体表现为：文字转写整合语音识别技术与人工校对，语料规模和建库效率大幅提高；依托覆盖全国的在线学习平台，语料取样更平衡多样，更具代表性；语料规模将持续扩增，可以动态监控中国学习者英语口语表现。在与语言教学的深度融合下，我国应能建设规模更大、质量更好、利用率更高的学习者口语文本库、语音和文本时间轴同步双模态语料库、含语音错误标记的语料库以及在线部署可供检索的语料库。类型丰富，代表着英语口语学习者语料库建设的未来方向，对于提高我国英语口语学习者语料库在国际上的影响力具有重要意义。就个人研究者而言，应鼓励根据特定研究目的，设计建设10万词至100万词规模的"小而精"英语口语学习者语料库（参见许家金，2020a中有关"梨子故事语料库"的设计）。在研究方法上，多模态、多变量统计分析应是未来趋势（许家金，2020b）。

参考文献

陈桦、文秋芳、李爱军（2010）语音研究的新平台：中国英语学习者语音数据库，《外语学刊》第1期。

王立非、孙晓坤（2005）国内外英语学习者语料库的发展：现状与方法，《外语电化教学》第5期。

文秋芳、王立非、梁茂成（2005）《中国学生英语口笔语语料库（1.0版）》，北京：外语教学与研究出版社。

文秋芳、王金铨（2008）《中国大学生英汉汉英口笔译语料库》，北京：外语教学与研

究出版社。

文秋芳、梁茂成、晏小琴（2008）《中国学生英语口笔语语料库（2.0版）》，北京：外语教学与研究出版社。

许家金（2020a）《语料库与中国学习者英语口语研究》，北京：外语教学与研究出版社。

许家金（2020b）多因素语境共选：语料库语言学新进展，《外语与外语教学》第3期。

杨惠中、卫乃兴（2005）《中国学习者英语口语料库建设与研究》，上海：上海外语教育出版社。

Ballier, N. & P. Martin (2015) Speech annotation of learner corpora. In Granger S., F. Meunier & G. Gilquin (eds). *The Cambridge Handbook of Learner Corpus Research*, 107-134. Cambridge: CUP.

Gablasova, D., V. Brezina & T. McEnery (2019) The Trinity Lancaster Corpus: Development, Description and Application. *International Journal of Learner Corpus Research*, 2:126-158.

Gilquin, G., S. De Cock & S. Granger (2010) *Louvain International Database of Spoken English Interlanguage*. Louvain-la-Neuve, Belgium: Presses Universitaires de Louvain.

Sinclair, J. (1991) *Corpus Concordance Collocation*. Oxford: Oxford University Press.

作者简介

许家金，博士，教授，博士生导师。现任职于北京外国语大学中国外语与教育研究中心。研究方向：话语研究、二语习得、语言对比与翻译、语料库语言学。

董通，北京外国语大学中国外语与教育研究中心博士研究生，曲阜师范大学外国语学院讲师。研究方向：语料库语言学。

法语 CLAPI 互动口语语料库对汉语中介语口语语料库建设的借鉴意义 *

王秀丽　王鹏飞

内容提要　在互动口语语料库建设方面，本文将对法国里昂二大与里昂高等师范学院联合开发的CLAPI互动口语语料库的开发与研究背景、语料库特点及经验进行总结，同时结合其特点，着重从前期语料采集、中期语料标注和后期研究推广三个方面提出对汉语中介语口语语料库建设的建议。可以预见，将互动交际类型的口语语料纳入汉语中介语语料库范畴，既是对语料库本身的丰富与完善，也将为最终实现语料库真正服务于语言教学与研究做出有益的探索。

关键词　CLAPI互动口语语料库；互动交际口语语料；特点；借鉴意义

近年来，汉语中介语语料库建设取得了长足的发展，其中口语语料库的建设也得到了极大的重视。然而，目前在建设汉语中介语口语语料库过程中，语料采集主要源自口语考试，而鲜有涉及汉语学习者的真实互动交际语境。在互动口语语料库建设方面，由法国里昂二大和里昂高等师范学院联合开发的CLAPI互动口语语料库为我们提供了有益的借鉴。

一、CLAPI 语料库开发与研究背景

法语语料库发展历史悠久，法国是最早接触并应用语料库概念的国家之

---

* 本文为国家社科基金"建立在语篇自动标注平行语料库之上的汉法衔接方式对比研究（项目批准号：19BYY014）"和中央高校基本科研业务费专项资金资助（项目批准号：3162021ZYQB02）的阶段性成果，谨此致谢。

一。Pierre Richelet于1680年编著的法语最早的词典《弗朗索瓦词典》（又名《词典》，le Dictionnaire François）中将大量文学作品引文作为例证，可以被视为法国人对"语料库"进行的最早的应用（Petrequin，2006：45-64）。当代法语语料库及语料库语言学发展成果颇丰，研究基础扎实。一系列具有重要地位与研究价值的语料库相继建立或建成，例如法国国家语言研究所（Institut National de la Langue Française）主持建立的法兰西语库（Frantext），截至2016年末，共收录超过4500个文本，形符总数超过2亿7100万。而在语料库研究领域，由法国国家科学研究院（CNRS）支持的法国语料库研究三大实验室，即Lattice实验室、LiLPA实验室和ICAR实验室，扮演着举足轻重的角色。

Lattice实验室全称为语言、语篇、信息处理与认知实验室（Langues, Textes, Traitements informatique, Cognition），位于法国巴黎，由巴黎第三大学和巴黎高等师范学院的专家学者合作进行研究，研究重点为语言可视化分析工具的开发与研究，代表性成果为标注语篇资料库（La Base EIOMSIT）和新闻语篇借词短语标注资料库（BSP）。LiLPA实验室坐落于斯特拉斯堡，全称为语言学、语言与言语实验室（Linguistique, Langues, Parole），主要依托斯特拉斯堡大学的研究团队开展研究工作，其研究重点为语篇指称链条描写、实现方式与长度研究，以及多体裁文本指称链条的分布研究，代表性成果为自动标注工具ANALEC的开发与研究，以及新闻体裁语篇标注资料库。

上述两大实验室的研究多集中于书面语资料库（语料库）的开发、标注与研究工作，而ICAR实验室则将研究重点放在口语语料库的开发与研究上。该实验室位于里昂，为里昂高等师范学院和里昂第二大学的联合实验室，旨在对口语互动交际中的语言使用情况采取多维度分析研究，其代表性成果便是CLAPI多模态互动口语语料库（Corpus de Langue Parleé en Interaction）。下文将着重介绍CLAPI口语语料库的特点及优势。

二、CLAPI 语料库特点及优势

作为互动口语语料库，CLAPI语料库在语料规模、语料采集、语料检索、语料标注等方面具有鲜明的特点与独到之处。概括来说，具有以下四方面优势：

2.1 语料丰富、信息完备

众所周知，口语语料采集难度较大，国际上许多著名的口语语料库，其建设规模都保持在100小时左右。CLAPI语料库的语料时长超过170小时，共包含61份音/视频资料，并配有相对应的文字转写资料，共140份，较大的口语语料规模保证了CLAPI语料库丰富的语料储备。同时，在语料信息方面，CLAPI也是尽量保持语料信息的完整性。例如，在语料存储格式方面，CLAPI既提供原始的音/视频资料，也提供转写后的文字资料；在语料类型方面，CLAPI语料库同时提供了原始生语料和标注语料两种类型，供研究者使用。综上所述，CLAPI语料库中较大的语料规模以及完整的语料信息成为该口语语料库的一大优势，为使用该语料库的研究者提供了便利。

2.2 来源广泛，内容多样

CLAPI口语语料库的语料基本为互动口语语料，采集于多种类型的互动交际场景，语料来源广泛，内容丰富。根据互动交际场景的类型，我们可将CLAPI语料库的语料来源分为如下三类：一是正式交际活动，例如课堂交际、商会讨论等；二是有主题的非正式交际活动，如影片讨论、地铁问询处对话等；三是无主题的非正式交际活动，如酒吧闲聊、亲子互动对话等。

2.3 语料标注完整清晰

CLAPI语料库的口语料多为互动口语语料，发生于日常交际的真实语境，因此常见各类自然语言现象和非语言现象。为了尽可能完整地保存这些"特殊"的语言现象，需要通过一些标注手段对此类语言现象进行标注。

基于此，ICAR实验室的研究团队设计了一整套行之有效的口语语料转写标注规约，专门应对互动口语语料中可能出现的自然语言现象、非语言现象和话轮变更等现象，进行相应的标注。ICAR研究团队将这些规约整理成规范的标注规则，如图1所示：

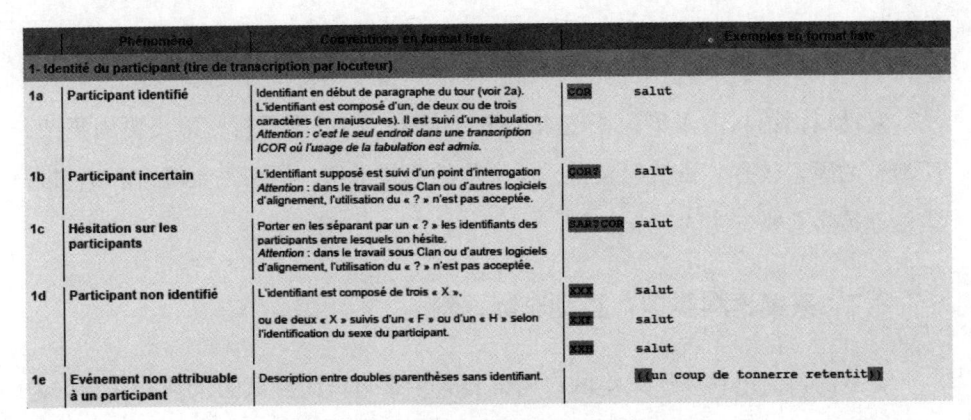

图1 CLAPI语料库口语语料转写标注规约

注：标注规约共分四栏呈现，从左到右依次为标注规约序号、待标注的特殊语言现象、针对该现象的具体标注规约以及标注示例展示，底色横栏为标注分类（如交际参与者身份标注、话轮标注等），左起第四栏加底色内容为具体标注示例。具体内容详见标注规约，下载地址：http://icar.univ-lyon2.fr/projets/corinte/documents/2013_Conv_ICOR_250313.pdf

这份整理过的标注规约由三部分构成，分别为待标注的特殊语言现象、针对该现象的具体标注规约以及标注示例展示，清晰明了地展示了整个标注规约的全貌。

2.4 多种检索模式可供选择

在语料检索方面，CLAPI语料库提供了多种检索模式，供不同研究目的的研究者选择使用，具体涉及三类：语料样本检索，如检索原始音/视频资料、检索生语料样本、检索标注语料样本等；词汇检索，如形符/类符检索、词频检索、词根/复合词检索等；多标准检索，如指定符距检索、重复语段检索等。

CLAPI的开发团队坚持创新，不断提出新的检索模式，以满足研究者们更多、更具体的检索目标和研究目的。

综上所述，CLAPI语料库的特点集中在语料规模、语料采集、语料检索、和语料标注等方面，这些特点对于汉语口语语料库的建设具有重要的借鉴意义，下面我们将着重从语料采集、语料标注和语料研究三方面，提出CLAPI语料库对于汉语中介语口语语料库建设的借鉴意义。

三、CLAPI 语料库语料前期采集的经验

互动口语语料的采集,相较来源于口语测试的口语语料,采集更为复杂,所涉及的因素较多。概括起来说,所采集的语料类型、语料采集场合和语料采集伦理是必须要关注的三个方面。

3.1 采集语料类型:互动交际语料

常见的口语语料库所采集的口语语料大多来自口语测试的录音,其特点为一名测试者在不受干扰条件下连贯完成一个独立口语段落,例如"中国学生英语口语语料库(SECCL)"和"汉语学习者口语语料库(CLSC)"这两个国内重要口语语料库,语料均来自各类英语和汉语考试的录音(杨翼等,2006;王立非、文秋芳,2007)。但在口语测试这一特殊且单一的采集环境下,我们只能得到受试者在这一特定环境下做出的口语语料,没有互动,场景单一,且存在测试这一"伪实"交际因素。基于此,为了更全面地获取汉语学习者的语言真实使用情况,我们建议,效仿CLAPI语料库,将汉语学习者的互动交际语料纳入中介语口语语料库的采集范围。我们可以将口语测试语料和互动交际语料的特点做一个对比:

表1　口语测试语料和互动交际语料的特点对比

语料参数	口语测试语料	互动交际语料
场景	单一场景	多元场景
语料形式	独立语段	对话形式
有无交际对象	无	有
学习者状态	紧张	放松

对比可知,互动交际语料比口语测试语料涉及场景更加多元,语料形式多为对话,且存在交际对象,学习者的采集状态更为放松。更加多元复杂的语料参数势必给采集带来难度,但同时也大大增加了语料的可利用性与研究价值。这就要求我们克服技术上的困难,积极尝试对互动交际语料进行采集。

3.2 语料采集场合

上文提到，CLAPI语料库所涉及的语料采集场合可分为三大类：正式交际活动、有主题的非正式交际活动和无主题的非正式交际活动。我们结合汉语中介语的特殊性，有针对性地提出以下三类语料采集场合：

- 课堂交际活动，具体为与老师、同学的交际互动；
- 有主题的日常活动，例如汉语学习者参加有规定主题的汉语沙龙等；
- 无主题日常活动，如汉语学习者与朋友在咖啡馆闲聊等。

通过对语料采集场合进行分类，可以确保每一类型的交际场景都能采集到较为充足的语料，既保障了语料库建设的客观性和代表性，也有利于研究者后续开展相关研究。

3.3 语料采集伦理

口语语料的采集（尤其是互动口语语料），牵涉的语料采集对象为自然人，因此会涉及采集对象的诸多权利和自由，如知情权、隐私权、肖像权等，这既是一个伦理问题，也是法律问题，如果处理不当，不仅会影响语料库的建设及相关研究的开展，甚至会给研究者带来法律纠纷。因此，应当采取多种举措来保障语料采集伦理得到尊重与保护。具体来说，我们建议从以下三个方面来确保语料采集的伦理：

第一，确保采集对象的知情权。在语料采集开始前，应当告知采集对象本研究的主题、目的，以及语料的用途，征得采集对象同意后，请采集对象签署同意录像或同意录音的声明文件，之后方可进行采集。

第二，保护采集对象的隐私权。在所采集的原始音/视频资料中，不得出现或透露采集对象的身份信息，同时，在转写文本中涉及说话者和交际对象的时候，需使用代号进行指代。

第三，获得语料使用权。采集者应向采集对象保证所采集语料仅用于学术研究，并将相关条款写入签署的声明，请采集对象进行签署，获得许可后方可将所采集语料用于语料库的开发与后续研究。

四、CLAPI 语料库语料中期标注形式的经验

CLAPI语料库的语料多为互动口语语料，此类型口语语料话轮变更频繁，在转写中如果只是简单地录入录音内容，而无视话轮的变更，势必会对使用本语料库的研究者制造误区。因此，有必要按照话轮对语料进行分割。同时，非言语行为在交际活动中具有重要作用（Hall, 1973），因此在转写时有必要将课堂中的非言语行为（如笑声、书写板书、提问等）加以标识。另一方面，互动口语语料取材于真实交际场景，交际双方势必出现大量自然语言现象，如停顿、拖长音等，也需要加以标注，以方便相关研究者后期利用本语料库进行研究。综上所述，我们建议效仿CLAPI语料库，在语料标注过程中重点关注话轮标注、自然语言现象标注和非言语行为标注三个方面（柳玉刚、王鹏飞，2016：43–44）。

4.1 话轮标注

关于话轮标注，有两个需要关注的问题，一是对说话者的标注，二是对话轮的分割。

首先，我们来看针对说话者的标注。以课堂交际活动为例，课堂中会话主体为教师和学生，故需分别对教师和学生的言语进行标注。由于教师只有一人，而学生存在数量、性别、话语类型等变量，故学生话语需要进行更为细致的标注，具体方案如下：

P：教师

XXXt：学生（全体）

XXXs：学生（部分）

XXM1，XXM2……：男学生1、2（确定姓名）

XXM?：男学生（一人，不确定姓名）

XXF1、XXF2……：女学生1、2（确定姓名）

XXF?：女学生（一人，不确定姓名）

接下来是对话轮的分割，衡量话轮一般有两个标准：一是说话者是否连续，即在一个语法语义完成序列的末尾有无沉默。如有沉默，那么说话者的话就不止一个话轮；二是是否发生了说话者和听话者的角色互换（Sacks et al., 1974；Levinson, 1983）。基于此，本语料库对于话轮的分割采取两个标准。

一是不同说话者之间的话轮转换，例如：

（1）P: Et ils mangent le pain... la prononciation, oui

　　　XXF? : The same prononciation ?

　　　P: Yes, different spellings, same prononciation...because it's verb, ok ? if it's not verb, this is [prẽsipalmã], ok? [prẽsipalmã], but for verbs, it's… ils parlent, ils mangent le pain. You understand? This is not verb, so [prẽsipalmã], and this is verb… ils parlent... ok, ça va?

　　　XXXt: ça va.

　　　XXF? : All the verbs are like this?

　　　P: All the verbs, yes! Good!

二是同一说话者因非言语行为等因素造成的较长停顿，分割为不同的话轮：

（2）P: Finir...d'autres verbes...de deuxième groupe...qu'est-ce qu'il y a...ah oui, établir, agir, établir...in English...établir... （（大笑））

　　　P: Or in Chinese?

4.2　自然语言现象标注

互动交际语料采集自真实交际场景，为口语真实语料。自然语言使用，往往伴随着大量停顿、延长、语音失误等书面语语料较少涉及的语言现象，需加以标注。以课堂标注规则为例，具体如下：

///：无法辨认内容的话语

::：语音的拖长或语速放缓

......：声音的停顿

[drwa]（音标标注）：强调语音或语音失误

-is, a-（字母、字母组合标注）：强调拼写

为完善口语语料信息，直接在上述语言现象出现处进行相应标注，例如：

（3）P: Et comment il parle, elle parle?

　　　XXX？: -e.

　　P: Oui, il parle...et nous parlons...oui, o::: n::: s:::, et vous parlez, e::: z :::, et comment ils parlent ?

　　　XXXs: -ent.

4.3 非言语行为标注

非言语行为既有重要的交际功能，又是话轮分割的重要标志，因此需要对此类行为进行标注。我们使用双括号"（（ ））"标记，对非言语行为进行标注，具体如下：

（（大笑））

（（手势））

（（书写板书））

（（翻书））

另一方面，由于非言语行为在话语中是话轮分割的重要标志，因此为了使话轮变更更为清晰，非言语行为统一放置于前一话轮结尾处：

（4）P: Ok, parfait…alors…（（书写板书））

　　　P: Lundi.

五、CLAPI 语料库语料后期研究应用的经验

要将CLAPI语料库的经验成功地应用于汉语中介语口语语料库的建设与研

究，必须在语料采集和语料标注之后，充分借鉴CLAPI语料库在研究方面的经验，具体可从研究人员构成和推广经验两方面进行借鉴。

5.1 研究人员构成

根据ICAR实验室的经验，语料库建设需要三个团队相互协作：

● 语言学专家团队，语料库建设的领导、设计者。具体负责语料库建设的创意、计划统筹、语料标注标准的制定、语料的筛选、语料的后期研究应用推广等工作。

● 计算机专家团队，计算机技术与语料库建设跨学科整合应用创设者。具体负责原始语料的存储、标注可视化的实现、在线检索系统的构建以及语料库相关成果的发布与维护等工作。

● 实施团队，语料库建设的具体责任者。具体负责语料的收集、录入、转写、基础标注、在线维护等工作，该团队可主要由语言学专业和计算机专业研究生充当。

5.2 推广经验

加强对外宣传，扩大对外协作是实现语料库建设与推广的有效途径。目前国内法语教学界与法国本土研究机构业已开展丰富的合作，建立了广泛的交流机制。以北京语言大学法语系为例，目前已与Lattice和LiLPA两个语料库研究实验室进行合作，与ICAR实验室所在的里昂高等师范学院签署了交流协议，构建了良好的合作平台与交流基础。我们诚挚欢迎汉语语言研究团队加入合作框架，坚信在实现语言学跨语种交流协作的同时，汉/法语料库的建设与发展定能登上一个新的台阶。

扩大一个语料库的影响力与应用价值，后期推广工作是重要的环节。结合CLAPI语料库的经验，需要从研究成果和资源共享两方面做好推广工作。

首先，应注重基于语料库研究成果的产出。研究团队应从研究项目推广和科研论文推广两方面出发，进行研究成果的推广。以CLAPI语料库为例，基于该语料库，目前在研项目3个（法国国家级科学项目1个，涵盖3个子项目，由三个研究小组负责攻关；自选项目2个）；已完成自选项目4个。而在论文推广方面，CLAPI语料库成为里昂高师和里昂二大博士生论文的重要语料来源，截至目前，已有48位博士或博士生基于CLAPI语料库的语料完成博士论文的开题，既检验了CLAPI语料库的实用性，也提升了其知名度。

第二，应做好语料库资源的共享。将语料库束之高阁，其价值会大打折扣。因此，需要从资料共享、标准共享和检索共享三方面做好语料库的资源共享工作。资料共享即向广大研究者提供原始音/视频资料和转写文本资料的公开获取途径，以便研究者自主开展研究；标准共享即将口语语料的标注规约提供给广大研究者，既方便研究者对于已有研究的关注，更能方便研究者在此基础上依照拟开展研究的特征，细化标注规约，达到事半功倍的目的；检索共享即为上文介绍过的语料检索系统。另一方面，做好语料库资源的共享，也必将扩大语料库建设的规模，改进语料库建设中的不足，完善语料库的整体建设与研究工作。

六、结语

以上我们对CLAPI互动口语语料库的开发与研究背景、语料库特点及使用进行了介绍，同时结合CLAPI口语语料库的特点，提出了对汉语中介语口语语料库建设的建议。我们希望能有更多汉语界和外语界同人参与到语料库，尤其是口语语料库的创建中来。可以预见，大量各语种、各类型口语语料库的出现，大量口语语料的积累，更加规范合理的语料加工与索引方案的提出，不仅将使语料库自身建设日臻完善，也将最终实现使语料库真正服务于本质为经验性的语言教学与研究，将最终实现解释语言的目的。同法国一样，汉语是有丰富语料的语言，语料库的建设与使用也是我们继承传统、面向未来的桥梁，搭好桥梁，Sinclair（1997）所说的"变革与再生长的时代"才能来临。

参考文献

柳玉刚、王鹏飞（2016）小型法语口语语料库的创建与应用研究，《语言教育》第1期。

王立非、文秋芳（2007）"中国学生英语口笔语语料库"的建设与研究评述，《外语界》第1期。

杨翼、李绍林、郭颖雯等（2006）建立汉语学习者口语语料库的基本设想，《汉语学习》第3期。

Groupe ICOR. 2013. *Convention ICOR,* UMR 5191ICAR:CNRS-Lyon 2-ENS de Lyon.

Hall, E.T. 1973.*The Silent Language,* New York: Anchor Books.

Levinson, S.C. 1983.*Pragmatics,* Cambridge: Cambridge University Press.

Petrequin, G. 2006.La "langue littéraire" dans le Dictionnaire françois de Richelet (1680), In F. Berlan (Eds.) *Langue littéraire et changements linguistiques.* Paris: Presses Paris Sorbonne.

Sacks, H., et al.1974.A simplest systematics for the organisation of turn-taking for conversation, *Language,* 50(4).

Sinclair, J. 1997. Corpus Linguistics at the Millennium, In H.Z. Yang (Eds). *An Introduction to Corpus Linguistics.* Shanghai: Shanghai Foreign Language Education Press.

作者简介

　　王秀丽，女，北京语言大学教授，博士生导师，法语系主任，研究方向：法语语言学。

　　王鹏飞，男，外交学院外语系讲师，研究方向：法语语言学。

国内外多模态话语分析的知识图谱*

王笑　黄伟

内容提要　本文基于Web of Science数据库1992—2017年的345篇国外多模态话语分析相关文献和国内CNKI数据库中734篇相关文献数据，通过绘制、分析知识图谱等文献计量学方法对国内外多模态话语分析研究进行比较与分析，发现：国外多模态话语分析研究始于1992年，2004年以后持续增长；该领域的主要研究者有Kress等人；主要期刊有 Journal of Pragmatics（《语用学学报》）、Visual Communication（《视觉传达》）、Discourse & Society（《言语与社会》）等；主要研究机构是国外一些知名高校；国外多模态话语分析研究起步早，理论基础扎实，机构之间合作较密切；国内研究起步晚，缺少合作，仍处于借鉴国外理论的探索发展阶段。本文通过较客观的方法筛选出了该领域的经典文献并做了相应介绍，有助于准确、快速了解国内外多模态话语分析研究现状。

关键词　多模态话语分析；知识图谱；CiteSpace；文献计量学

一、引言

传统语篇分析注重分析语言文字，对图像、声音、颜色等符号的研究较少。20世纪90年代以来，国外研究者们以Halliday（韩礼德）系统功能语言学为基础，将语篇分析的研究范围扩展到文字以外的领域，产生了针对多模态语篇的话语分析。"模态指人类通过感官（如视觉、听觉）跟外部环境（如人、机

---

* 本研究受北京语言大学科研项目（中央高校基本科研专项资金资助）"对外汉语教学学科发展与服务研究"（18PT06）、教育部哲学社会科学研究重大课题攻关项目"全球汉语中介语语料库建设和研究"（12JZD018）与北京语言大学中青年学术骨干支持计划资助。

器、物件、动物等）之间的互动方式。用单个感官进行互动的叫单模态，用两个的叫双模态，三个或以上的叫多模态，区分的关键在于有几种感官参与"（顾曰国，2007）。多模态语篇指融合了多种交流模态来传递信息的语篇。日常生活中的语篇中很少有单一模态的，基本上都以多模态的形式存在。多模态话语分析就是以多模态的视角研究非单一模态的语篇。

国内多模态话语分析的综述性研究指出，我国学者的文章大多以介绍和引进西方的相关理论为主，提出完整分析理论框架的不多（刘燕，2011；滕萍凤，2015）；在研究方法上主观分析多于实证研究，对各模态之间的互动与互补关系缺乏科学探讨（何山燕，2011），文本分析的主观性强，以图像或"文字+图像"研究为主，较少涉及声音等多种模态（刘燕，2011）。近几年，呈现出由理论探讨向实证研究发展的趋势，研究对象逐渐由基于书面语篇的多模态话语分析转移到三维的动态多模态话语研究，跨学科合作成为多模态话语研究趋势（秦永丽，2012）。通过词频统计可以看到，国内多模态话语分析十余年来的研究热点依次为：言语、手势语、视觉、互动、身份、符号学、系统功能语法、计算机媒介、语境和隐喻（国防，2016）。

为了较客观地梳理多模态话语分析的研究现状，特别是国外的研究情况，厘清该领域的主要研究问题与热点，重要的学者、期刊、机构和经典文献，本文绘制了国外多模态话语分析研究的知识图谱并进行分析，并以CNKI数据库的可视化分析工具考察了国内研究情况。

二、研究方法

知识图谱可视化研究是一种文献计量学研究方法。知识图谱可以显示科学知识的发展进程与结构关系。它在以数学方程式表达科学发展规律的基础上，以曲线形式将科学发展规律绘制成二维图形（陈悦等，2005）。可视化的目标是将模式、趋势以及其他新的观点通过信息丰富的图像显示出来，将非空间、非数量的信息进行直观和有意义的视觉再现，以便从不同角度对相同的数据集进行交互探讨。我们使用引文可视化分析软件CiteSpace绘制知识图谱。这个工具不仅提供引文空间的挖掘，还提供其他知识单元之间的共现分析功能，如作者、机构、国家（地区）的合作等（李杰、陈超美，2016：3）。

从数据的权威性和完整性需求出发，我们选择了Web of Science（WoS）数据库（WoS核心合集）和CNKI数据库（学术期刊库）。在WoS数据库中以multimodal discourse analysis为检索内容，从"主题"中共检索到345条文献类型为"Article"的数据（数据下载日期为2017年4月30日）。从CNKI数据库数据检索得到文献数据734条（检索条件：主题="多模态话语分析"，检索日期为2018年1月5日）。以下分析基于这两部分数据。

三、数据与分析

3.1 国外多模态话语分析的研究状况

3.1.1 发文量

对国外研究的发文量进行统计发现（图1）：多模态话语分析相关研究始于1992年；2004年以前，该研究领域发展缓慢，此后研究论文呈增长趋势，且近两年增势迅猛。2017年数据量有限，不具参考价值。

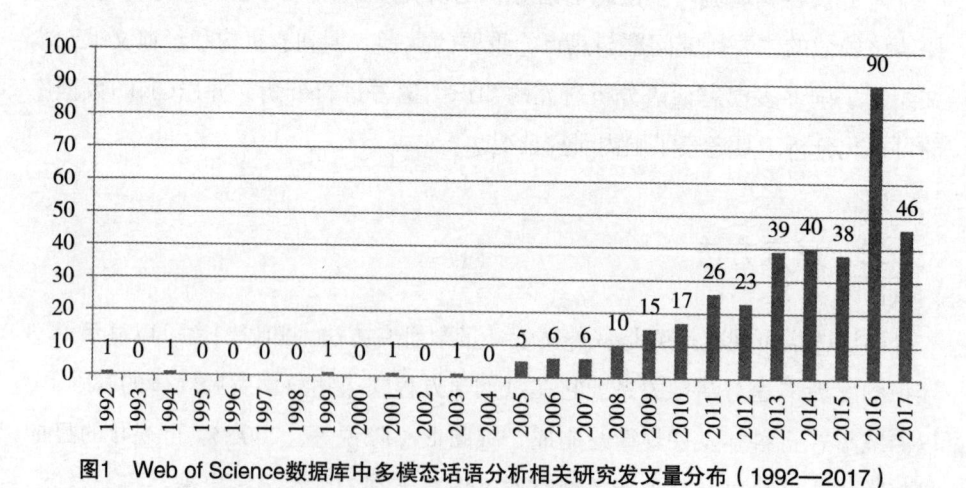

图1 Web of Science数据库中多模态话语分析相关研究发文量分布（1992—2017）

3.1.2 研究者

了解一个学科的发展情况，可以从了解这个领域中的主要学者入手，通过他们的研究成果把握该学科的发展态势。多模态话语分析研究领域的作者被引情况如图2所示，其中圆环的大小表示该学者被引次数的多少。从中可以发现，Gunther Rolf Kress（冈瑟·罗尔夫·克雷斯）的被引频次最高，其后依次是Michael Alexander Kirkwood Halliday（米迦勒·亚力山大·柯克伍德·韩礼德）、Theo van Leeuwen（西·奥列文）、Norman Fairclough（诺曼·费尔克拉夫）、David Machin（大卫·梅钦）、Carey Jewitt（卡蕾·朱伊特）和James Robert Martin（杰姆·斯罗伯特·马丁）。

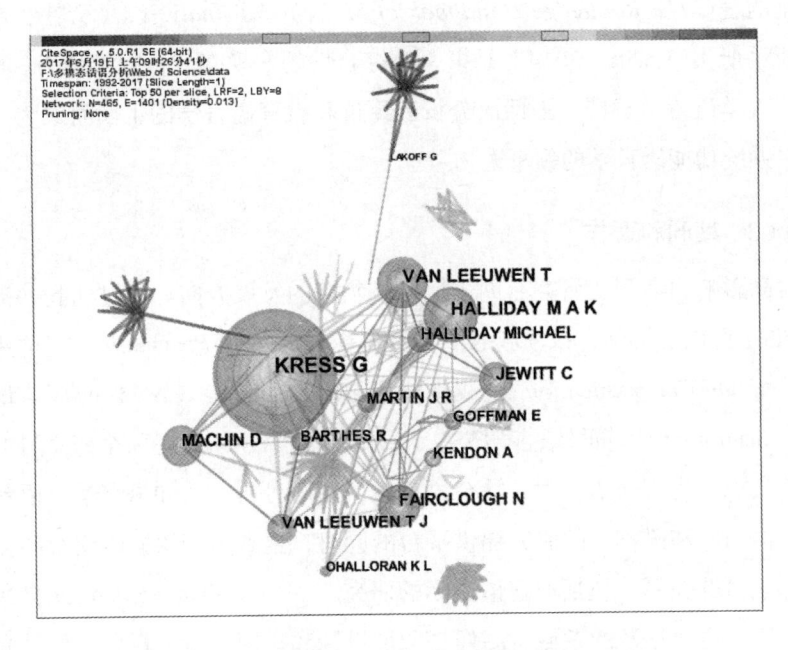

图2 国外多模态话语分析研究作者的共被引知识图谱

Kress是英国伦敦大学的符号学和教育学教授，在多模态话语分析领域的研究成果丰硕，著有Social Semiotics（《社会符号学》）、Multimodal Discourse（《多模态话语》）、Multimodality: A Social Semiotic Approach to Contemporary Communication（《多模态：当代交际的社会符号学方法》）、Reading Images: The Grammar of Visual Design（《读图：视觉设计语法》Kress & Leeuwen, 2006）、Multimodal Teaching and Learning: The Rhetorics of the Science Classroom（《多模态教学：科学课上的修辞学》）等多本专著，在多模态话语分析领域的影响较大。Leeuwen供职于悉尼科技大学艺术与社会科学学院，研究语言学和

符号学，与Kress在多模态话语分析方面有合作研究。Halliday是英国语言学家。研究者们以他提出的系统功能语言学为基础，将语篇分析的研究范围扩展到更广阔的领域。兰卡斯特大学名誉教授Fairclough是社会语言学批评话语分析的创始人之一。厄勒布鲁大学的教授Machin是《社会符号学》（*Social Semiotics*）与《语言与政治》（*Journal of Language & Politics*）两本期刊的主编，在批评话语分析与多模态研究等领域发表了多篇力作。Jewitt是英国教育研究院教育学教授，她的著作*The Routledge Handbook of Multimodal Analysis*（《劳特利奇多模态分析手册》，Jewitt，2014）是第一本综合性的多模态分析的工具书。Martin是悉尼大学语言学教授，因话语分析、评价和教育语言学的工作而成为"悉尼学派"系统功能语言学的领军人物。

3.1.3 期刊和著作

对高影响力期刊的研究有助于把握该领域的发展方向。通过期刊共被引图谱（图3）可以了解到，该领域的主要期刊有*Journal of Pragmatics*（《语用学学报》）、*Visual Communication*（《视觉传达》）、*Discourse & Society*（《言语与社会》）、*Semiotica*（《符号语言学》）。*Journal of Pragmatics*是一个跨学科的语言学研究杂志，为普通语言学、社会语言学、话语分析、认知语言学、语料库语言学、语用学和语言学的研究提供平台的同时，也致力于探索语用学和传播学等相邻学科的关系（包括非言语交际的研究）。*Visual Communication*自2002年开始出版，主要涉及的领域有图像、图形设计和排版、视觉现象（如时尚、视觉、姿势和互动）、建筑和环境美化、语言在视觉、音乐、声音和动作方面的作用等。*Discourse & Society*由Teun A. van Dijk（范戴克）在1990年建立，致力于发表话语分析和社会科学相关的研究成果。*Semiotica*是国际符号学协会的会刊。

除了这些学术期刊外，还有一些高被引的著作：*Reading Images: The Grammar of Visual Design*（Kress & Leeuwen 2006），这本书提出了"多模态话语"这个概念，将系统功能语言学的三大元功能思想应用到视觉模式分析，形成了以社会符号学和系统功能语言学为理论根源的多模态话语分析，并吸引了众多追随者，是多模态话语分析研究的奠基之作。*Multimodal Discourse*（《多模话语》，Kress & Leeuwen，2001）概述了交互式多媒体时代的一种新的传播理论，展示了"设计思维"和"生产思维"两种思维过程是如何在设计和传播信息时相互作用的，它也是语言、媒体和传播学中的一本重要著作，提出了交互式多媒体设计课程的理论。An Introduction to Functional Grammar（《功能语法导论》，Halliday，2008）是功能语言学理论的重要著作，因为系统功能语言学对多模态话语分析发展有重要的影响，这本书对多模态话语分析研究也十分重要。在 Social Semiotics（《社会符号学》Hodge & Kress，2012）中，作者通过符号在模仿层面和活动层面的模态，讨论了从民俗、宗教、诗歌、绘画到电视访谈、杂志报道、流行时尚，乃至漫画和涂鸦等大量社会现象和社会活动，展示了符号学的阐释能力。Kress 在 Multimodality: A Social Semiotic Approach to Contemporary Communication 这本书中提出了一个把所有的意义模式组合在一起的统一理论框架。Language as Social Semiotic: The Social Interpretation of Language and Meaning（《作为社会符号的语言》）是 Halliday 的另一本著作，是了解系统功能语言学基本思想形成和发展的必读书。他把语言看作一种社会符号，并力图从社会和文化角度对语言的性质和意义进行诠释。

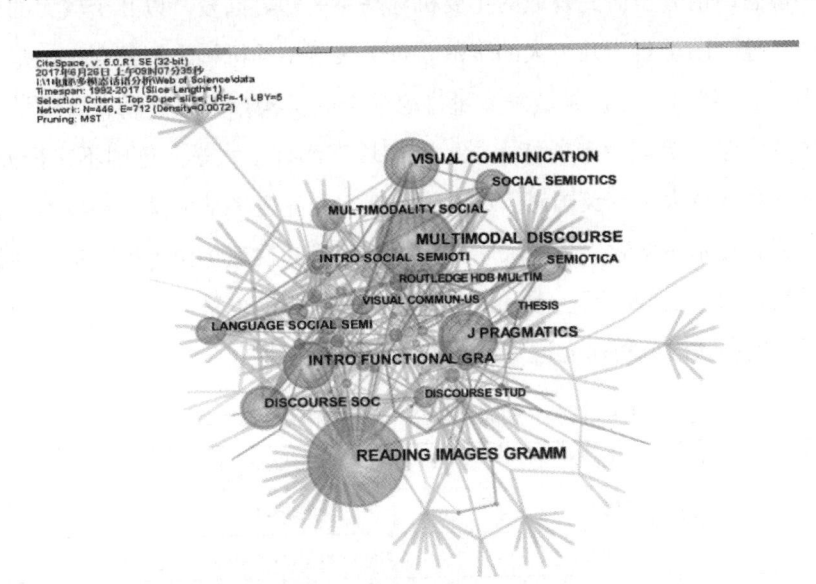

图3　国外多模态话语分析研究成果发表刊物共被引知识图谱

3.1.4 研究机构

图4呈现了国外研究多模态话语分析的主要机构。图中的节点和字体越大，说明该机构的发文量越大；节点之间的连线说明机构间存在合作关系。

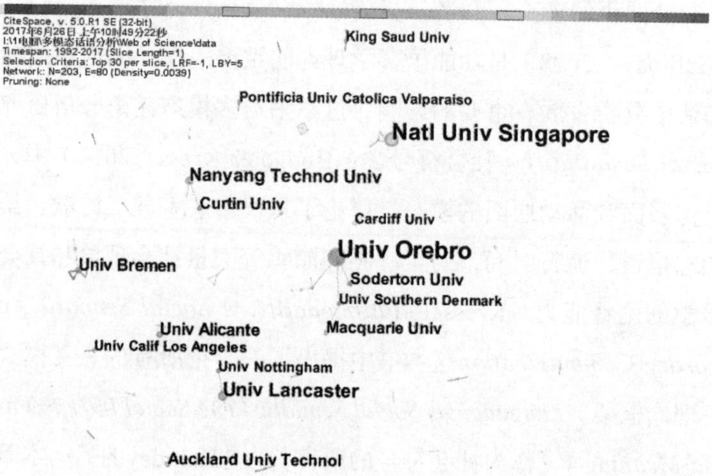

图4 国外多模态话语分析研究机构分布知识图谱

多模态话语分析研究领域的主要机构是一些知名高校。以几个较大的节点为中心，整个图呈现为几个大的聚落。每个聚落中的机构之间都存在一定的合作关系。表1列出了在该领域发文量排名前十的机构：瑞典厄勒布鲁大学、新加坡国立大学、英国兰卡斯特大学、新加坡南洋理工大学、德国不来梅大学、西班牙阿利坎特大学、英国诺丁汉大学、澳大利亚麦考瑞大学、瑞典索德脱恩大学、智利瓦尔帕莱索天主教大学。从数据显示的首现年份（指收集到的数据中某机构首次出现的时间）看，这些机构的研究成果也是近些年的居多，再次说明了多模态话语分析研究近几年的蓬勃发展态势。

表1 国外多模态话语分析研究机构频次排序表

被引频次	首现年份	机构名称
17	2013	Orebro University
13	2008	National University of Singapore
10	2008	Lancaster University
7	2010	Nanyang Technological University

续表

被引频次	首现年份	机构名称
6	2012	Universität Bremen
6	2012	University of Alicante
6	2013	University of Nottingham
6	2009	Macquarie University
5	2015	Sodertorn University
5	2013	Pontificia Universidad Católica de Valparaíso

3.1.5 经典文献

一般来说，某一领域的高被引文献都是该领域中比较重要的文献。图5展示了该领域的重要文献。其中一部分是论文，也有一部分是著作。从中可以看到，Kress在该学科发展的过程中贡献较大，从2001—2010年这十年间，以他的研究成果（Kress，2001；2006；2010）为中心形成三个大的聚落。2010年以后，Machin的研究成果也比较显著，以他的研究成果（Machin，2012；2013）为中心形成了新的聚落。

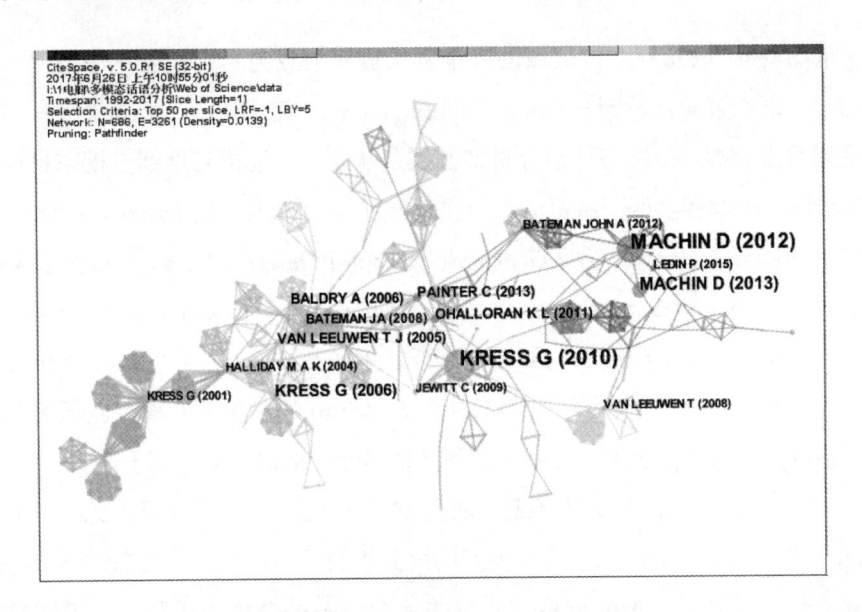

图5　国外多模态话语分析研究文献共被引知识图谱

3.1.6 研究热点

为了了解多模态话语分析的研究热点及趋势，对上述高被引文献进行聚类分析（图6）。

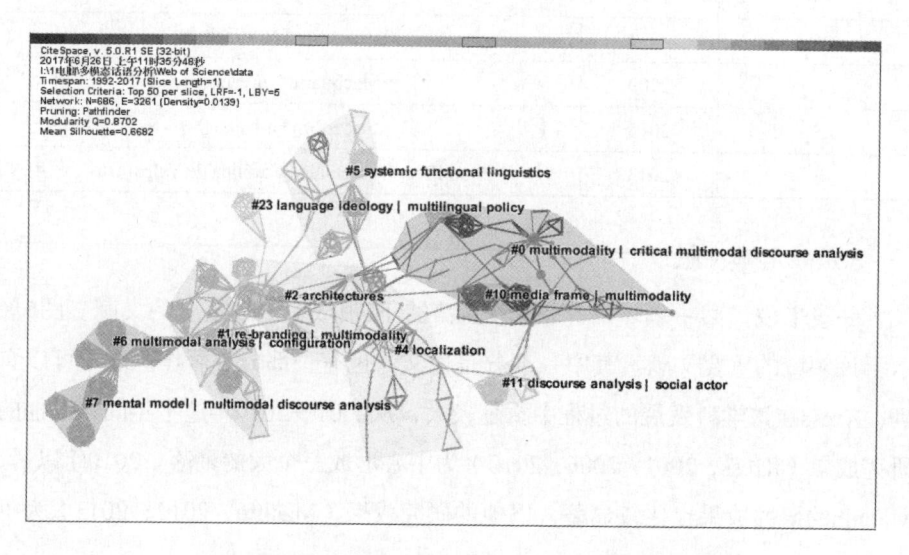

图6 国外多模态话语分析研究文献共被引关键词聚类

从图6中可以看到，该领域的一个发展过程大致为：多模态——结构——重构——语言多元化政策——系统功能语言学——定位——框架理论——多模态批评话语分析。多模态话语分析的发展是从系统功能语言学到多模态批评话语分析的一个过程。四个重要节点的文献分别是：*Multimodal Discourse*（Kress，2001）；*Reading Images: The Grammar of Visual Design*（Kress，2006）；*Multimodality: A Social Semiotic Approach to Contemporary Communication*（Kress，2010）；*How to Do Critical Discourse Analysis: A Multimodal Introduction*（Machin，2012）。前三本著作前文介绍过，另外一本Machin的著作是对批判性话语分析感兴趣研究者的必读之书，书中提供了通俗易懂的话语分析的例子。

我们还统计了该领域研究成果的关键词（表2）。可以发现，语言（language）和手势语（gesture）是多模态话语分析的主要对象。多模态话语分析的研究已经不单是对文本的挖掘，它也关注会话时的身势动作等。关键词教室（classroom）和读写能力（literacy）体现了研究对教学语境的关注，这说明多模态话语分析在教学领域的应用也是多模态话语分析从理论走向实践的一个发展趋势。符号学（Semiotics）是多模态话语分析的理论基础之一。批判话语分析（critical discourse analysis）是早期话语分析的方法，它以系统功能语言学为理论基础，研究话语表层形式与深层社会结构和权势之间的关系。性别（gender）和身份（identity）这两个关键词说明了多模态话语分析也涉及身份研究的角度和方法，用此方法可以探索如何通过多模态符号判断人物的身份、种族属性等信息。

表2　国外多模态话语分析研究关键词频次排序

排序	频次	首现年份	关键词
1	90	2009	multimodality
2	56	2010	discourse
3	22	2009	discourse analysis
4	21	2009	language
5	21	2008	critical discourse analysis
6	19	2006	multimodal discourse analysis
7	17	2008	gesture
8	15	2011	conversation analysis
9	13	2011	multimodal analysis
10	11	2009	communication
11	11	2008	social semiotics
12	10	2014	literacy
13	9	2013	organization
14	9	2011	semiotics
15	8	2015	english
16	8	2016	classroom
17	7	2011	multimodal
18	7	2015	gender
19	7	2014	identity
20	7	2013	conversation

3.2 国内多模态话语分析的研究状况

3.2.1 发文量

我们根据CNKI数据库的相关数据做出了2007—2017年多模态话语分析研究的发文量分布图（图7）。从中可以看到，发文量呈持续增长态势，2009年之前数量不多且增幅较小，之后呈大幅度增长态势，2014到2017年之间出现了波动，但总体相对较多。与国外研究从90年代初开始到2004年大幅增长相比，国内研究起步相对较晚，增势较强。

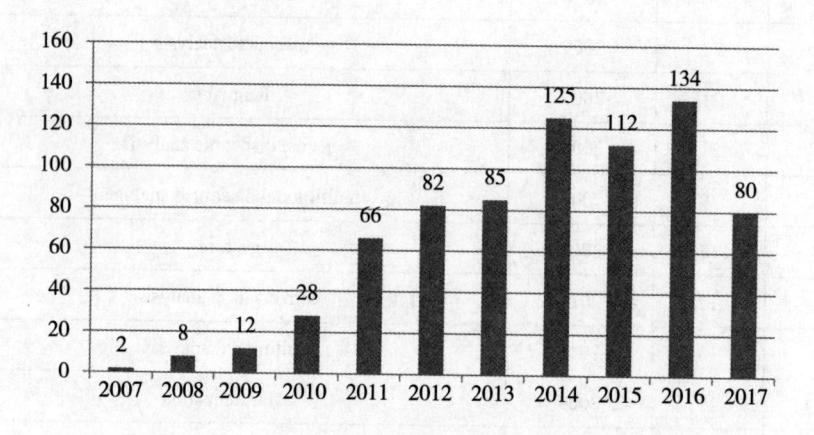

图7 CNKI数据库中多模态话语分析相关文献发文量分布（2007—2017）

3.2.2 研究机构

从各个机构的发文量来看（图8），国内从事多模态话语分析研究的主要机构有上海大学、同济大学、江苏科技大学、中山大学、江苏大学等。

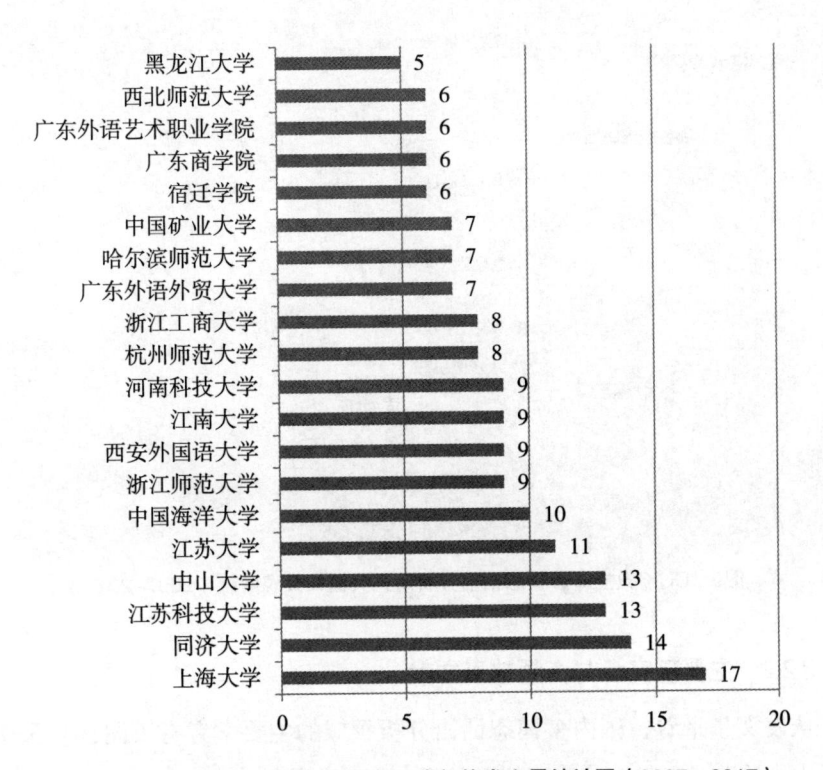

图8 CNKI数据库多模态话语分析研究机构发文量统计图（2007—2017）

3.2.3 研究主题

关键词共现网络可以辅助分析文章的主题，以及各个主题之间的关系。从关键词共现网络中（图9）可以看到，几个比较大的节点，除了多模态话语分析以外，还有视觉语法、多模态隐喻、意义构建、构图意义、社会符号学、电影海报、公益广告、英语教学等。这些关键词之间都有复杂的连线。国内的多模态话语分析研究主要分两部分：一是理论引介，比如构图意义、语篇分析、互动意义等等；二是实践探索，如多模态教学和英语教学。对比国外研究情况可以看到，国内多模态话语分析的研究虽然有理论方面的探索，但更注重应用，在英语教学方面的实践比较丰富，在汉语教学中的应用可能是一个新的发展趋势。

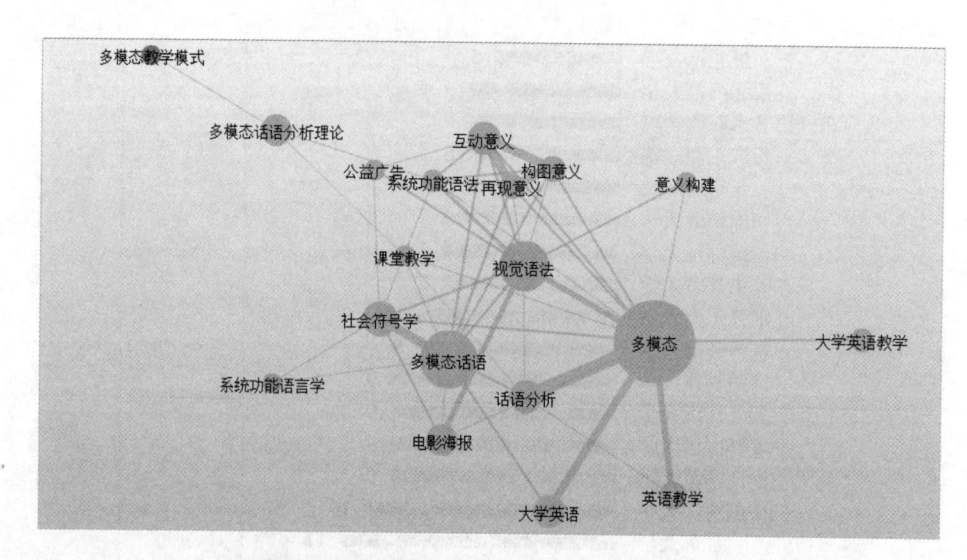

图9 CNKI数据库多模态话语分析研究关键词共现网络（2007-2017）

3.2.4 主要研究者与高频被引文献

从发文量来看，国内多模态话语分析领域的主要学者有（图10）张德禄、周棋丰、曾蕾、李妙晴、张发祥、管乐、王秋华等。

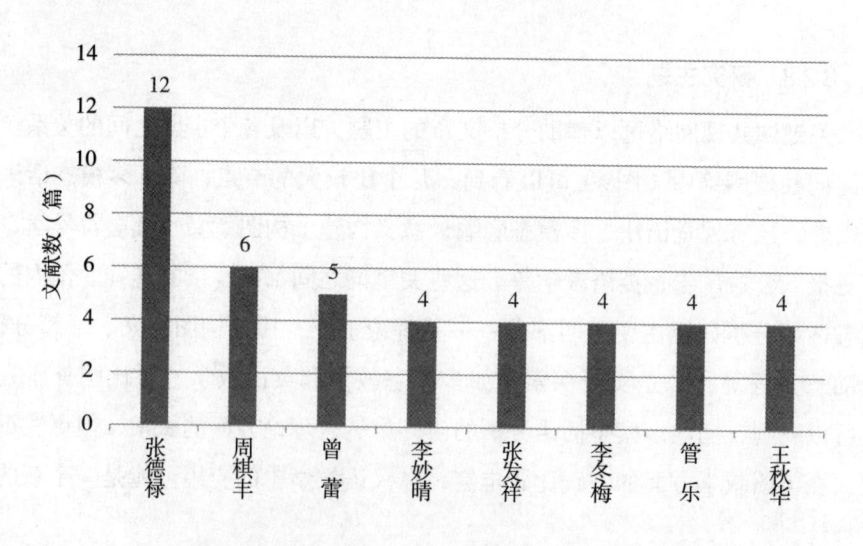

图10 CNKI数据库多模态话语分析研究作者发文量统计图（2007-2017）

张德禄在这方面的研究成果相对较多，从被引情况（表3）来看，排名前五的高被引文献中有三篇都是他的研究成果。《多模态话语分析综合理论框架探索》对多模态话语研究动态进行了简单述评，然后根据系统功能语言学理论尝试建立一个多模态话语分析的综合框架。作者认为多模态话语可以从文化、情景、话语意义、语法、形式和媒介多个层次进行研究。《多模态话语理论与媒体技术在外语教学中的应用》则从实践的角度来探讨根据多模态话语分析的框架如何为现代媒体技术条件下的外语教学实践提供选择有效教学过程和实践的指导。《多模态话语模态的协同及在外语教学中的体现》主要探讨在大学英语课堂教学中，各种不同模态是如何相互协同，共同完成教学目标的。这几篇文章展示了多模态话语分析从理论到实践的一个发展过程。

表3 CNKI数据库2007—2017多模态话语分析研究高被引文献信息统计表

文献名称	作者	发表时间	被引频次
多模态话语分析的理论基础与研究方法	朱永生	2007	1536
多模态话语分析综合理论框架探索	张德禄	2009	1281
多模态话语理论与媒体技术在外语教学中的应用	张德禄	2009	741
多模态话语模态的协同及在外语教学中的体现	张德禄 王璐	2010	423
多元读写能力研究及其对我国教学改革的启示	朱永生	2008	350

朱永生的两篇文章在该领域的影响力也比较大。其中《多模态话语分析的理论基础与研究方法》解答了与多模态话语分析相关的四个问题，包括多模态话语的产生，多模态话语的定义，多模态话语分析的性质和理论基础，多模态话语分析的内容、方法和意义。《多元读写能力研究及其对我国教学改革的启示》一文从理论和应用两个层面进行研究，讨论了多元读写研究的发端和多元读写的含义，指出西方国家对多模态研究的重视，讨论了西方国家多元读写研究的一个实例及其对我国教学改革的启示。

四、结语

本文对文献数据进行挖掘，客观描写了国内外多模态话语分析的研究状况，分析得出了该领域的主要学者、核心期刊、经典文献、主要研究机构等。研究发现，国外该领域的理论研究在语言和手势语两方面的讨论较多，应用方面的研究主要涉及课堂教学和读写能力；国内研究在对理论进行引介与讨论的同时，也很关注教学方面的应用，研究热点以应用层面居多，涉及视觉语法、意义构建、构图意义、社会符号学、电影海报、公益广告、英语教学等。对比国内外多模态话语分析的研究状况，可以看出，国外研究起步较早，理论基础扎实，研究团体间合作比较多；国内研究起步相对较晚，研究者或研究机构间缺少合作。国外理论研究较多，国内主要借鉴、应用国外理论。多模态话语分析在汉语教学中的应用、多领域的合作、对各模态之间的互动与互补关系的研究，以及基于语料库的研究将是新的发展趋势。

参考文献

陈悦、陈超美、刘则渊、胡志刚、王贤文（2015）CiteSpace知识图谱的方法论功能，《科学学研究》第2期。

顾曰国（2007）多媒体、多模态学习剖析，《外语电化教学》第114期。

国防（2016）多模态话语分析研究热点及趋势分析，《外语与外语教学》第3期。

何山燕（2011）国内多模态话语分析研究述评，《重庆文理学院学报（社会科学版）》第3期。

胡壮麟（2007）社会符号学研究中的多模态化，《语言教学与研究》第1期。

李杰、陈超美（2016）《CiteSpace：科技文本挖掘及可视化》，北京：首都经济贸易大学出版社。

刘燕（2011）多模态话语分析研究在中国的发展，《晋中学院学报》第28卷第5期。

秦永丽（2012）我国近10年多模态话语研究综述，《榆林学院学报》第22卷第5期。

滕萍凤（2015）我国多模态话语研究的动态与综述，《海外英语》第3期。

张德禄（2009）多模态话语分析综合理论框架探索，《中国外语》第1期。

朱永生（2007）多模态话语分析的理论基础与研究方法，《外语学刊》第5期。

Halliday. M.A.K. (1978) *Language as Social Semiotic: The Social Interpretation of Language and Meaning*. Hodder Arnold; New edition.

Halliday. M.A.K.（2008）*An Introduction to Functional Grammar*. London: Edward Arnold.

Hodge R. & Kress G.（2012）*Social Semiotics*. Cornell University Press.

Kress G. & van Leeuwen T. (2001) *Multimodal Discourse: The Modes and Media of Contemporary Communication*. London: Hodder Education Publisher.

Kress G. & van Leeuwen T. (2006) *Reading Images: The Grammar of Visual Design*. London: Routledge.

作者简介

王笑，清华大学附属中学秦汉学校教师。

黄伟，北京语言大学汉语国际教育研究院/语言科学院副研究员，博士，主要研究方向为计量语言学。

多模态理论在中介语语料库建设中的应用研究

邢晓青

内容提要 多模态理论在诸多方面的应用都取得了丰厚的研究成果，基于对以往多模态理论应用研究的考察，我们可以分析得到多模态语料在各个研究领域的应用价值，并为多模态理论在中介语语料库建设中的应用提供借鉴。同时发现模态语料具有充盈性、互动性等特点。通过对对外汉语教学的相关研究的概观，我们可以看到相关研究者对语料的某些方面的需求。由此看出，多模态语料库的建设对中介语的研究的诸多方面都有价值，集中体现在语料的标注内容上。本文以此为基础，提出多模态中介语语料库的标注框架。

关键词 多模态；中介语语料库；语料标注

一、已有的多模态语料的应用研究

任何话语都有多模态的固有特性，对该问题进行研究让我们更全面地了解人类的信息传递、研究教育性的社会互动、工作场所的话语等各种社会互动过程（Scollong&Levine，2004）。Simpson对一次以多模态化为主题的国际会议的议题概括如下（朱永生，2007）：（1）多模态化和新的媒体；（2）在学术和教育情景下的多模态化的应用；（3）多模态化与识读实践；（4）多模态化语料库的建立；（5）多模态化的类型学；（6）多模态话语分析及其理论问题。Baldry&Thibaul则列出多模态研究的6个课题：（1）什么叫多模态语篇；（2）如何对这些语篇进行转录和分析；（3）对多模态语篇进行分析或建立多模态语篇语料库时需要哪些技术；（4）把多媒体的意义生成资源（meaning-makingresources）综合应用到超级语篇（hypertext）后，怎样才能使我们的意义生成潜能（meaning-makingpotential）成倍地增加；（5）在我们所处的电子学习时代，如何使语言研究与多模态和多媒体联系起来；（6）多模态话语分析能以什么方式、在多大程度上给语言学带来新的变化。（Baldry & Thibault 2006）。

从理论上说，多模态语料库语言学与其上位范畴语料库语言学一样，在研究范式上可以分为语料库驱动研究与基于语料库研究（李文中，2010：39—40）。以上国内外多模态研究课题主要围绕多模态运用于话语分析、教学、识读研究、多模态语篇的分析等方面展开。

1.1 多模态理论运用于教学

在外语教学和中小学的教学中，都有学者开始探索多模态教学方法。主要包括以下三个方面：（1）对多模态教学技术的探索；（2）对多模态教学程序的探索；（3）对学生的多模态识读能力的培养。张德禄（2009）分析探讨了多模态话语理论与媒体技术在外语教学中的应用问题；顾曰国（2007）探讨了多模态与教育技术的关系；李毅、石磊（2010）初步探讨了多模态隐喻在教学中的应用；张德禄和丁肇芬（2013）探索了外语教学中多模态的选择框架。陈瑜敏、秦小怡（2007、2008）考察了教育语境下介入意义在多模态语篇中的图文体现形式问题；王慧君和王海丽（2015）研究了多模态视域下翻转中小学课堂教学模式研究。Royce, T.（2002）研究了不同符号在多模态话语中的互补性以及在第二语言课堂教学中多模态的协同性等；顾曰国（2007）提出多模态互动学习对学习效果影响的假设，分析了多模态学习对记忆力和心理认知的影响，并提出了通过对多模态学习进行建模来研究多模态学习的思路。Kress（2001）结合课堂的环境谈到分析多种模态共同作用的研究做法：（1）不同符号工具在教室内的作用：教师采用了什么样的课件，老师和学生与这些课件的互动。（2）模态彼此之间的关系：通过共现的模态，并在上课过程中对模态的观察，认定模式的重复、再解释和转换。通过对出现情况的比较，认定人们的习惯性为。这些行为在特定时间、特定语境下发生，并有确定的功能。（3）模态之间的表达和信递的矛盾，如说的和做的矛盾：为什么在上课时的某一点上会引入动作？为什么它会促使教师和学生这么做？另外，多模态语料库的建设有助于留学生的自主学习，有助于激发学习者的学习兴趣，提高学习效率。顾曰国

(2007)提出多模态的学习能调用学习者的听觉、视觉、兴趣,能帮助学习者记忆和学习。

1.2 学生多模态识读能力的研究

写作的逻辑曾经塑造页面的顺序和书本,作者的形象和写作的方式占统治地位。现在图像和屏幕占统治地位,相应的设计者和图像的模式占统治地位。对于接受者而言,传统的以读写为主的识读能力在多媒体时代已不够使用。比如学生的任务就是将教师的各模式和符号资源转变为理解。韦琴红(2009)就多模态化与大学生多元识读能力问题进行了研究。李华兵(2017)以新课标小学英语教材图文关系为例进行了多模态的意义潜势与多元识读能力研究。

1.3 多模态理论应用于多模态话语的分析

动态多模态语料分析起来情况比较复杂,所以基本以静态的多模态语料分析为主。有代表性的比如说赵秀凤(2013)对《经济学人》期刊上关于中国和别国的政治漫画的隐喻构建进行了分析。目前有学者开始探索动态多模态语料的分析框架。蓝纯、蔡颖(2013)通过分析21则海飞丝电视广告,研究语言、声音、图像等多个模态综合作用带来的广告效果。该文不仅分析了各模态的表达效果,还着重分析了各模态之间的互动作用。胡瑾、曾蕾(2006)对三维空间中的国际学术会议英语演讲语篇多模态意义的构建进行了分析,认为三维空间中视觉、听觉、手势等彼此结合,身体动作在信息传递中也发挥了同文字表达一样的功效。

多模态话语分析的意义在于将语言和其他相关的意义整合起来,不仅可以看到语言系统在意义交换过程中发挥的作用,而且也可以看到如图像、颜色、音响、版式等其他符号系统在整个交际过程中所产生的效果,从而使话语意义的理解更为全面与准确,进而发现人类如何综合使用多种模态达到社会交际的目的,对于推动我国语言学研究发展、加深对符号学的认识都有着积极的促进作用。R. Barthes是最早进行多模态话语分析的研究者,他在1977年发表的论文《图像的修辞》(*Rhetoric of the image*)中探讨了图像在表达意义上与语言的相互作用。Kress, G. & van Leeuwen, T. (2001) 研究了模态与媒体的关系，专门探讨了多模态现象规则地表达意义的现象，包括视觉图像、颜色、语法以及报纸的版面设计和不同媒介的作用等。

总之，多模态指的是通过多模态的感官感知多模态的符号，从不同研究视角出发的研究者分别侧重于强调多模态的符号性或感官。在对广告、影视作品、会议、教学的分析中，多模态理论都有极大价值可待挖掘。

目前总体来说，多模态分析的对象以广告，影视作品居多。与语言学本身相距较远。同时，这些研究未能发挥多模态对真实话语研究的优势和初衷。Thibault（2004）对多模态作为各种符号资源的研究比较具体。他从身体动力学的角度区分动态研究和静态研究：（1）动态研究指面对面的互动及录像机的使用。（2）静态的表达媒体，如文字+图片。传统上对笔录和口语的模态强调语言方面，而把其他资源，如姿势、语音音律、注视、动作等看作是"副语言的"，不把这些看作是能与语言同时作用的完整符号资源（胡壮麟，2007）。

1.4 运用于特殊儿童语言习得

通过多模态语料，我们可以观察到除了语言行为之外的非语言交际的行为。我们可以借此来对语言发展障碍的语言习得者的一些外显特征与语言发展做相关性研究。比如汉语儿童多模态口语语料库的建设包括典型发展儿童长期跟踪口语语料库与发展障碍儿童口语调查语料库（谢楠，2017）。基于此语料库，谢楠对语言障碍儿童和正常儿童对反语理解的表现进行了研究，对汉语儿童语言中趋向动词的习得个案、儿童句末语气词'嘛'的个案进行研究、还根据一名女童（1；00-1；10）的阶段性语料对其词汇发展概貌进行说明。

1.5 运用于人机交互

人机交互也逐渐从用文字向声音向多模态的交互发展。对眼神、表情、动作体势与特定语境下的语用表达等方面研究，为人机交互的研究提供语料、理论基础及描写框架。REPER语料库为研发用于视频人物的自动识别研究系统，选取了两个法语电视频道（BFM TV 与 LCP）共计60个小时的新闻及辩论电视节目作为语料,并对其中的人物姓名、话轮、说话时长、命名实体、副语言现象(犹豫、不流畅等)、视频头像分离、头像描述、人物确认等进行了标注。

二、多模态语料的特点及在中介语交互中应用的潜在价值的理论探讨

通过对以上多模态语料库建设情况的考察和基于多模态理论所做的一些应用研究,我们发现多模态语料在许多方面都表现出巨大的价值。多模态理论应用于话语分析,应用于教师的多模态教学研究与学生的多模态识读研究,应用于广告、漫画、影视作品、学术会议等,为学术研究开辟了新的研究领域。

我们需明确多模态语料可以用来干什么,才能进一步规划好语料库建设的各个环节,尤其是切分、标注等环节。多模态材料的一系列加工处理,与书面语语料处理的不同,切分视角随着研究视角的转变而转变,标注的内容也因研究目的的改变而不同。那么,对于中介语多模态语料库来说,有价值的研究视角主要在哪里呢?搞清楚这个问题,我们才可以进一步确定切分的视角,并根据不同的研究目的进行不同的标注。已有的书面语语料库和口语语料库的建设和应用情况,最主要的是对留学生在对汉语的使用上词语、句法偏误情况的分析。也有一些语料库既标注了偏误,也对使用正确的情况也进行了标注,以便更全面考察留学生的语言水平,比如张宝林建设的全球汉语中介语语料库。可以看出以往对中介语语料库建设的基本要求,也是要尽可能地全面反映留学生的语言水平。而书面语语料库擅长的是提供留学生在书面语词汇和句法的使用情况,本身不足以全面提供语义和语用方面的分析基础,更不用说根据书面语语料来考察交际能力,但多模态语料库能做到这一点。

2.1 多模态语料的特点

通过对表格中的多模态语料库的观察,我们可以发现多模态语料有以下几个特点:

2.1.1 多模态语料的充盈性

通过对多模态语料库的考察，我们发现多模态语料具有充盈性的特征，这在婴儿行为语料库中最为明显。结合具体的语境，可以研究婴儿在年龄、意图（需求、请求、意见、发现）、话语（单独元音、单独名词、指示词）、语气（正常、强调、疑问、觉察）、目光焦点、手势（展示、传递、指向）等方面的具体表现，还可以对各表现之间的关系进行研究，即对多个模态之间的互补与非互补等关系进行研究。再比如HuComTech语料库，关注多模态语料体现的句法特征、话轮转换、表情、目光方向、眉毛变化、头部运动、手形、副语言现象、触碰、身体姿势等，来研究即兴话语中语言特征与非语言特征的本质及时间关系；比较正式交际及非正式交际的差异。

即席的多模态的语料是最具有真实性的语料，在语言使用的表现上与书面语语料有很大不同。其特点体现在即席的多模态语料是交际双方互动的语料，口语性强，互动性强。每段会话的开始和结束都有相应的会话双方的身份确认，会话所在的时间和空间的因素，会话中的省略和修正等现象也真实地还原再现了真实的会话的过程。即席会话中的时间空间表达、语气词的使用、问候告别、提问应答、前后指代连贯等，都具有多模态语料库的特征，而多模态语料库中显现出来的特征正是对最真实会话的还原。

综合以上已建设的语料库来看，我们可以把多模态语料充盈性的特征概括体现为以下几个方面：

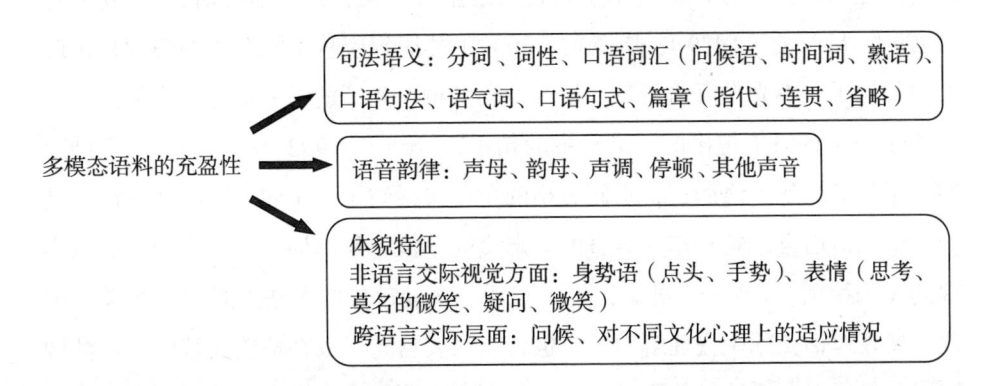

多模态语料的充盈性
- 句法语义：分词、词性、口语词汇（问候语、时间词、熟语）、口语句法、语气词、口语句式、篇章（指代、连贯、省略）
- 语音韵律：声母、韵母、声调、停顿、其他声音
- 体貌特征
  非语言交际视觉方面：身势语（点头、手势）、表情（思考、莫名的微笑、疑问、微笑）
  跨语言交际层面：问候、对不同文化心理上的适应情况

语料库是语言学研究的基础设施。与之前的中介语书面语语料库相比，多模态中介语语料库价值更大。多模态语料库本身可以观察到说话者的言语行为

和非言语行为以及所处的物理语境。在言语交际中，言语行为、非言语行为、物理语境都参与意义的构建。通过考察多模态语料库，我们可以全面观察二语学习者的交际过程。多模态的视频语料能够较为详细地重现在言语交际过程中参与意义构建的所有信息。

多模态语料库可以反映二语学习者在语法、语义、语用各个层面的掌握情况。在语音方面，如果有多模态语料库，那么我们可以用语料库来研究停顿、节奏、韵律和语块加工。具体来说，我们可以标注说话者的节奏是否与母语者有显著的差异，说话者说话时哪里有明显的停顿，停顿原因是什么。另外，多模态语料的信息丰富性体现在以下3个方面：（1）多模态语料库的语料是对学生汉语水平全面、真实、可靠的反映。它不仅可以反映语音方面的信息，比如说声母、韵母、声调、重音、停顿等，还能反映出说话者在哪里停留时间较长，并通过考察语料找出其长时间停顿的原因。（2）从语用方面来讲，多模态语料库包含了丰富的语用信息，研究者可以把二语习得者说的话和周围的环境结合起来，这才是真正的话语。（3）多模态语料库中的语料是口语的形式，是学生即时语言能力的全面体现。我们也可以从多模态语料库中看出学习者的语言应用的能力和策略。这对于以实际应用为目的的二语学习者是非常重要的。

2.1.2　提供了从互动交际能力的角度研究语言的角度

多模态语料是全方位再现交际过程的语料，一方面能充分体现会话双方的交际互动，另一方，也展示了语言动态生成过程，是"活的语料"。赵元任（1979）、吕叔湘（1979）、陆镜光（2000）都提到应从交际互动的角度来理解汉语的句子。不光是汉语研究，研究英语和德语句子的学者也是这么做的，比如Lerner（1991）提出的"进行中的句子"、Auer（1992）讨论的"永不结束的句子"等。就英语而言，不同类型的单位包括句子、小句、短语和词汇等结构。就汉语而言，句子作为语言的动态交际单位，是由词、短语等加上语调实现的（朱德熙，1985）。可见，句子和话轮构建单位的语法形式密切相关。因此，要在对话交际中去理解句子，也就是说要将句子放在话轮交替中去看其构建以及句子对会话运作的贡献。近来的研究表明，当人们在互动交际中使用语言时，不仅仅依赖语法单位，还要依赖会话行为、身体姿势和语境等信息（Li，

2014）。

自语料库作为一种研究方法被提出之后，学者们意识到语料库研究的最大优势就在于它是对大量的、最真实、最自然的语言材料进行研究。与之前通过内省进行研究的方法相比，前者更具有说服力，因为语料库的语料是真实可信的。张宝林强调，语料进行转写和标注时，要忠于原文，坚持原汁原味地转写。语料库从书面语语料库到口语语料库再到多模态语料库的升级，语料的真实性在不断提升。人们在使用语言进行交际的过程中，周围的一切语境一起构成交际的内容，书面语的书写形式让我们抓住了语言的文字表现，口语的语音形式让我们抓住了口语的语音表现，而多模态语料库让我们抓住了交际的所有内容，包括说话者和听话者，包括话语的词汇、语法、语音、语用等各个方面的信息，是对交际最大程度的还原，所以说多模态语料是最真实的。

2.1.3 多模态语料可以用来研究多种模态共同作用的机制

学习者多模态语料即二语学习者作为说话人时的言语行为和二语学习者作为听话者时的回应。我们不仅可以看到说话者说了什么话，是怎么说出来的，说话时语音有何特点，说话者说这句话的时候用怎样的手势，还可以观察二语学习者作为听话人时在语言上和神情动作上做出了怎样的回应。

顾曰国（2007）曾经提出多模态语料库可以做到"言思情貌"整一。利用多模态中介语语料库，我们可以对言思情貌方面的内容进行研究：比如说了什么、在想什么、什么情感状态、什么外貌表现；又比如当外国人听到一些话的时候皱眉头，表明了什么情绪，或者是在语言的理解上有什么问题，或者是想要回应却想不出来怎么表达。

之前的研究侧重点在于二语学习者的产出能力，利用书面语语料库分析作文语料中各层次的偏误，用学习者产出的口语语料分析学习者在语音上的偏误。但很少有学者关注二语学习者的语言接受能力。例如在两人的交谈中，二语学习者对说话者发出的哪些信息是理解了的，哪些存在疑惑，为什么。我们在与二语学习者日常交流时，有时会感觉到非常费劲，原因何在？一方面在于二语学习者难以流畅地表达心中所想，另一方面在于二语学习者听不懂或不确定对方的意思，即没能成功接收。因为语言的产出能力可以通过二语学习者产出的材料进行分析,但二语学习者的接受能力却无法直接观察到。所以,目前研究二语学习者接受能力的论文十分匮乏。

语料库经历了从书面语语料库到口语语料库到多模态语料库的发展历程。我们在语料库中观察到的信息越来越多,字、词、句、口语、语音等。有了多模态语料库之后,还能从中看到一些非语言交际的内容,包括说话者的身势、表情、手势、状态、情绪、感受等。这些信息不仅可以看出学习者的汉语语言的使用水平,还能在一定程度上看出学习者的交际能力和交际能力背后的心理动态等方面的信息。比如说我们可以发现二语学习者在与母语者交谈时,学习者作为听者,会集中注意力去听对方的话,尤其是初学者,会在听的过程中竖起耳朵表现出很专注地捕捉信息,还会伴有皱眉、靠近等动作。在回答之前,有的学习者会再思考片刻,或者会默默地重复一次刚才说话者所说的内容以帮助自己接收理解;如果念出声音,可能含有与对话者确认信息的意思。从以上例子中看出,学习者在交际时所使用的非语言行为,对于研究二语学习者的接受能力有很大帮助。

2.1.4 多模态语料库与认知语言学相结合

语料库作为一种研究语言的新的方法,具有自身的一些优势:语料库中的语料是大规模的,是自然产出的语料,具有多样性、代表性,能让研究成果更可靠、更客观。语言社团是不同质的,不同的语境中产出的语言带有不同的特点,这是语料库本身的优势。多模态语料库的建设更能凸显语料库方法本身所具有的优势。

语料库与认知语言学相结合,但是在结合的过程中,Heylen等(2008)认为语料库的语料都是产出的结果而非说话的过程,所以还需要心理语言学进行证明,多模态语料库的出现可弥补这一问题。多模态语料库的语料不仅可以转写为产出的语料,而且还能以视频形式再现说话者的说话过程,所提供的有价值的信息不仅包括言语行为的结果,还包括言语行为的过程。以上语料库还标注了对话双方的目光关注焦点的变化、身体姿势的变化等。这些标注内容拓宽了研究对象的范围,也扩大了语料库语言学的功能。

所以,我们是否可以通过语料库中偏误现象的标注来进行认知上的研究?

在以往的书面语语料库中，我们只能看到结果；在多模态语料库，我们不仅可以能看到说话者所说的话，还能观察到说话者在说话过程中的情感变化、语音变化，甚至通过这些外在的东西看到内在思维上的变化。索绪尔区分了语言学的研究对象语言和言语，言语不仅包括说话的结果，也包括说话的过程，多模态中介语语料库不仅可以能考察非在线语言的产出结果，还可以研究在线语言产出过程中丰富的信息，语料库的应用价值将大大提高。

总之，与只有音频语料相比，视频语料更能完整地还原会话互动过程。多模态中介语语料库涵盖参与交际过程意义构建的所有内容，包括言语行为、动作、手势、表情以及周围的物理环境等。如果说之前的音频材料是盲人拄着拐杖听着风声判断方向走路，视频语料则让我们睁开了双眼判断一切。这就是多模态语料库的价值。

2.1.5 建设对比语料库解决主观性强的问题

多数语料库涉及正常行为者与非正常行为者的对比。比如CHIL语料库收录了40名"睡眠呼吸障碍症"患者与40名健康人员录制的西班牙语语料。ErlangenCLP唇裂音频语料库是由818名唇裂或腭裂患者以及380名对照组录制的德语语料构成。多模态语料分析的主观性非常强，我们可以运用对比的方法降低其主观性，附上正常行为的多模态语料作为对比的参照，结论更具说服力。再者，当我们进行书面中介语研究时，我们可以借助已建成的母语语料库，或借助母语书面语研究的成果作为参照。但对于多模态语料来说，母语多模态语料研究本身也是个空缺。多模态语料的参照语料库变得尤为重要。

2.2 多模态中介语语料库的应用价值

综合已建成的多模态语料库的用途，基于多模态语料库的应用研究，和目前对汉语和汉语中介语的研究，我们发现多模态语料库在中介语研究的诸多方面能够发挥巨大价值。在实际会话中，语调、韵律、话语标记、省略、连贯、指代、语气词、语境、体势、表情对语言表达都会有影响。而这些信息只有在多模态语料库中才能大量全面展现。已建成的多模态语料库和基于多模态语料库的研究上两节已讨论，下面讨论基于多模态中介语语料库的留学生汉语教学相关研究。

　　笔者利用可视化分析软件，分析了留学生学汉语的相关文献共44901篇。首先对这些文献做了聚类分析。它们所围绕的中心点如图1所示。一方面是教学策略和教学计划，一方面是留学生偏误分析，另外是关于留学生跨文化交际和跨文化适应能力的研究。对于教学的研究，直接的任务是需要建立师生互动的多模态语料库，来研究教学实际的教学活动，非本文的研究重点。而且，提高教学的基础是掌握留学生的语言习得情况的研究和跨文化交际能力。那么我们多模态中介语语料库将服务的关键字包括"偏误""习得""跨文化交际"。偏误的分析在很大程度上反映习得情况。

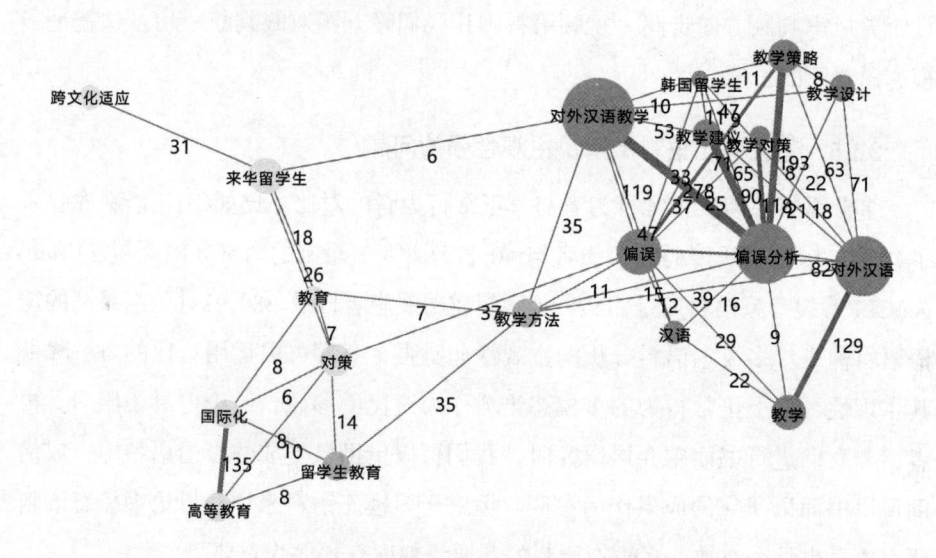

图1　对外汉语教学相关论文的关键词聚类

　　偏误研究方面，如图2、图3所示，研究内容主要包括留学生汉字、词汇（成语）、语法（量词、离合词、趋向补语等）、语音、语义、语用、篇章等偏误。偏误分析所运用的方法主要是对比分析方法。较多的偏误分析是专门针对某个国家的留学生。

　　在习得研究的关键字中，我们发现独特的关键字是"认知"和"情感"。由此可见，对习得的研究光有学生的产出的语料是不够的，还需要有学生学习过程的语料，才能满足研究者对语料的需求。而体现学生认知和情感的语料最好是多模态语料。

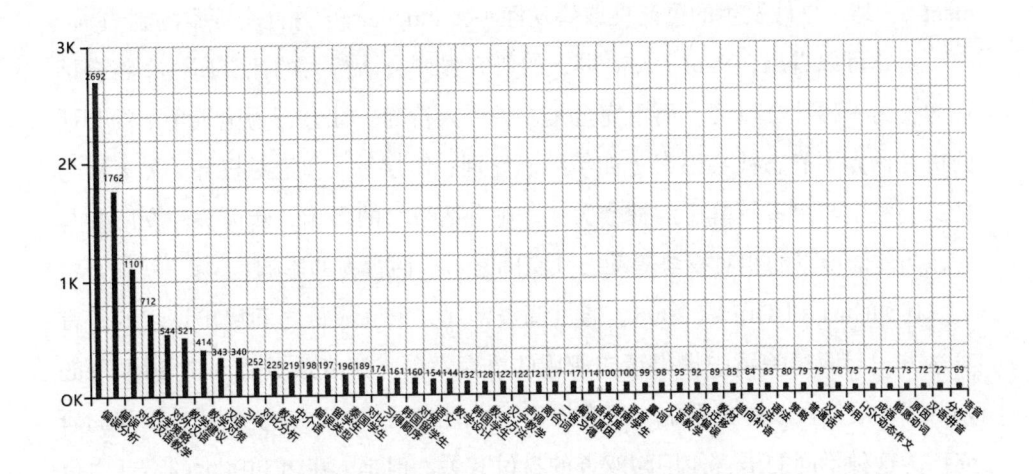

图2 与偏误研究相关的文章的关键字次数排序

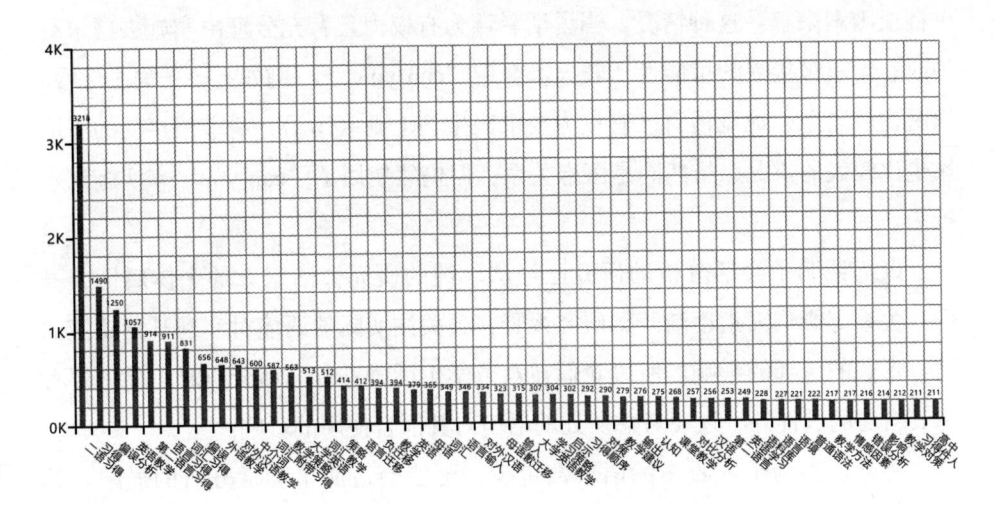

图3 与习得研究相关的文章的关键字次数排序

2.3 结合语境的留学生会话分析

以往的会话分析认为,语言使用受交际双方的年龄、性别、教育程度等因素的影响,并从这些角度进行会话含义、会话礼貌和会话结构研究。Drew 等学者则认为,"语言传递的不是意义,而是行为"(Drew,2011a)。说话人为实施某一行为所做的语言形式选择,会受到诸如实施某一行为的权利(entitlement）、某一事件发生的可能性或偶发性（contingency）等社交因素的制约。

由此可以看出，Paul Drew 等人的研究强调会话行为的社交属性，将会话行为视为一种社会行为，而不完全是一种个人行为。社会行为论视角下的会话分析，扬弃了静态社会因素（如年龄、性别、阶层等）和绝对权势（如老板与员工、医生与患者等静态的社会关系）对会话行为的影响，转而关注交际参与者在当前语境下的相对权势等动态社交因素对会话行为的影响。

比如Curl 和 Drew（2008）通过调查发现，家庭成员之间提出请求的语言表达方式与医患关系中提出请求所用的语言不同。家庭成员之间常使用"can you..."，但是在医患关系中，患者提出请求时常用"I wonder if..."。以往的研究认为这种不同的语言使用与双方的身份有关。但是，患者和医生的会话中也有使用"can you"的情况，Curl 和 Drew（2008）用权力和行为实施可能性这两个社交因素来解释这种情况。当说话者认为有权力且有充分理由实施去请求行为时，请求被接受的可能性比较大，会用"can you..."。例如：孩子失去呼吸，情况比较紧急，他觉得自己有权力要求医生马上到家诊治，请求被接受的可能性也比较大的情况，虽然同是医患关系，但仍然使用了"can you"来实施请求行为。

以上证明了会话分析的研究已经从单纯的研究会话双方的个体属性、身份、关系等影响因素逐渐开阔研究视野，去关注实际的语境对实现某种功能的语言形式的选择的影响。所以我们在对留学生话语进行会话分析时，除了要考虑其自身的属性外，还要考虑所处的语境对其语言使用的影响。

另外，因为个人收集的语料数量少，可能会造成了会话分析的局限。姜迪（2007）研究了韩国留学生话语标记使用情况和偏误类型。但是他使用的语料较少，缺乏统计意义，也没有与母语者话语标记的使用进行对比。难以说明是因为个人语言使用习惯体现出来的话语标记的使用的个体差异，还是对汉语话语标记掌握情况上的原因。比如有些中国人说话时也非常喜欢使用"然后""那个"等。

2.3.1 词汇语法分析

针对留学生词汇和语法偏误的研究，材料基本以都是书面语为主，结果不一定能说明实际交际中的口语语法习得情况，多模态语料库才能提供二语学习者最真实的生活交际对话中的词汇和语法表现。

2.3.2 语音分析

之前的语音研究主要是围绕最基本的字词本身的发音来进行研究，少有把语音研究与实际会话中意义的表达联系在一起进行研究。比如以下对话中的"你干吗"在实际的视频语料中是这样的情境：中国小孩拿着一颗刚取出来的鸟蛋给留学生看，留学生1不小心把它弄碎了一点，留学生2说"你干吗"表示责怪。表示责怪的"你干吗"与表示关切的"你干吗"语调是不同的。这样的研究就需要实际语境的信息。

小孩：姐姐，你看这个。
留学生2：让我拿一下。
留学生1：哎呀，你干嘛呢。

2.3.3 语义分析

引用率最高的语义偏误研究是萧频和张妍做的印尼学生汉语单音节动词语义偏误的主要类型及原因的研究（2005）。文中的语料来自该论文写作者自建的学生作文语料库，文中举到了这样的语义偏误例句。如：

（1）我为他的变化非常开心。作者认为是"变化"语义偏误，并改为"我为他的改变感到非常开心"。
（2）他看我好像看鬼。作者改为"他看见我好像看见鬼一样"。

但是我们总觉得其实原句也是可以接受的，并不属于非常典型的例子。
《现代汉语词典（第六版）》对两个词的解释：

变化：动词、名词，事物在形态上或本质上产生的新情况。
改变：动词，事物发生显著的差别，改换，更动。

例子中的"变化"一词的使用并无不妥。例子中的"看"和"看见"的选择也需要根据语境来判断是否是语义偏误。如果两个人本来就在对话，则用"看"，如果是被看见的一方突然出现，则应该用"看见"。

为什么会出现难以找到让读者认为非常典型的语义偏误的例子？一个最重要的原因是语义的理解离不开真实的语境：一部分是上下文语境，一部分则需依赖真实的情景语境。

2.3.4 语用分析

通过对知网文献的筛查，发现研究留学生语用偏误的论文非常少。核心期刊上几乎没有人发表过相关的文章，仅有一些硕士学位论文研究了语用偏误。祁琳（2010）研究了留学生汉语习得过程中的语用偏误类型，根据自己建设的中介语语料库，把语用偏误类型大致分为以下几类：

（1）词语运用偏误：（对老师说）我朋友在等我，我要走了（要—得）

（2）语句运用偏误：在教室里，老师问学生："安娜去哪儿了？"学生回答："那谁知道？"

（3）身势语偏误：在上课时，老师问留学生"吃饭了吗"，该学生随后向教师做了一个用手向喉咙比画的动作。

（4）社交用语使用偏误：称呼语、招呼用语、道别用语、道歉用语、邀请用语、赞扬用语。

笔者认为这样的偏误分类仅仅是基于其表现形式的浅显分类，而如作者举的例子，例（1）句子与对听话者的身份不相宜，例（2）的句子感情色彩不适宜，例（3）是跨文化语用差别造成的语用偏误。语用偏误分类应该有更好的框架。该文重点不是某种偏误的深入研，但是从语用偏误的研究现状来看，留学生的语言水平最大程度上体现在语言的实际使用中。但是，针对中介语语用表现的研究非常不足，一定程度上是由客观原因造成的：语料难以收集，目前也没有适合用于语用研究的语料库。关于语言本体语用的研究在理论和方法上为研究中介语语用表现提供了参考。

基于儿童多模态口语语料库，研究者就儿童的语气词（Zhang et al., 2016）、趋向动词、情态词（Chen, S. & Y. Ma, 2017）的习得和使用等进行了研究，另外基于儿童多模态口语语料，对自闭症儿童（ASD）和普通儿童（TD）的反语理解能力进行了研究（Wang et al.，2006）。而这些研究中涉及的语气词、趋向动词、情态词、反语等使用在多模态语料中才能够抓到更全面还原的表现。

说话的目的最终是指向意义的表达，即语用目的的实现。陈新仁（2011）认为多模态分析方法的引入能让现有语用学理论更有解释力。根据语用学的关联理论，说话者为了让听话者尽量少付出努力就能理解他所说的话，会充分利用各方面的表达来表意。黄立鹤（2017）以"满意"类言语行为为例构建了多模态语用分析的框架，包括说话者、听话者、情感状态、语音、意图状态、情境、核心内容等方面，分析了满意行为表现过程中的多次重音和表情上变化的语用价值，说明了多模态语料的语用价值。多模态研究方法的引入不仅可以对已有的礼貌问题、会话含义、语用身份构建、权力运作、语用标记、预设等语用学研究话题进行定量的研究和重新的审视，同时开拓了从认知、情感和社会角度来进行语用学研究的新视野。

2.4 跨文化交际研究

建设母语者与留学生的多模态对比语料库，多模态语料可以观察到会话双方在非语言交际和口语语言交际的文化特征。比如交际双方距离的远近、眼神的接触、表情的变化、体势的变化。进一步可以在语言文化对比研究的基础上进行跨文化交际的研究。

另外，多模态语料库本身还可以作为教学资源，把母语者的真实交际拿到课堂，把学生的真实交际拿到课堂，辅助教学。不管是基于多模态语料库去研究中介语的各个方面的表现，还是对中介语语料库的建设过程的研究，都会对母语本体的研究起到促进作用。

三、结语

从以往的基于语料库的研究和前人关于留学生交际能力与语境相关的语言使用的研究，我们可以看到研究者对语料、对标注的需求。之前，很多研究者都是自己根据研究需求录制少量音频语料，或者用书面语语料去研究。

但是这样的做法有几点缺陷：第一，这样的研究说服力有限，书面语的语料和专门录制的音频语料都难以代表留学生在真实的语境下的交际能力和语言使用能力；第二，自己录制的语料采集难，语料规模小，偏误研究者多在自己的文章中提到受到语料量的限制而带来的局限性；第三，语料重复利用率低；第四，缺乏语料库的检索功能，需要人工处理语料。

基于学界之前所做的留学生语言使用的偏误研究以及对留学生语言交际能力、留学生非语言交际能力、会话分析、跨文化交际等方面所做研究的考察，我们发现在诸多方面都存在对多模态语料库建设的需求，在诸多方面都有其用武之地。另外，对多模态语料库的标注内容也提出了一定要求。

基于以上三方面考察，笔者提出的多模态中介语语料库的标注框架如下：

　　　　　　　　　　标注内容　　　　　标注工具　　　　　　　文件格式
（1）句法语义：分词　词性、　　corpus word parser、antconc　　txt
　　　　　　　口语词汇（问候语、时间词、熟语的使用）
　　　　　　　语法（口语句法特征）
　　　　　　　篇章（指代、连贯、省略）
（1）语音韵律：声母　韵母　声调
　　　　　　　停顿　其他声音。　　　Praat,　　　　wav，eaf格式
（2）语用特征：语气词　功能　场景标注　话轮　话语标记
（4）体貌特征：非语言交际：身势语（点头、手势）、
　　　　　　　　　　　　　表情（思考、莫名的微笑、疑问、微笑）
跨语言交际层面：问候、对不同文化心理上的适应情况。Elan, mpg, textgrid

通过对多模态理论的应用的考察，我们可以分析得到多模态语料在各个研究领域的应用价值，并为多模态理论在中介语语料库建设中的应用提供借鉴。同时，得出了多模态语料具有充盈性、互动性等特点。另一方面，通过对对外汉语教学的相关研究的概观，我们可以看到相关研究者对语料的某些方面的需求。

综合已有的对多模态理论的应用、对多模态语料特点的归纳和中介语研究对多模态语料提出的要求三方面的探讨，我们得出，多模态语料库的建设对中介语研究的诸多方面都有用武之地，集中体现在语料的标注内容上。

参考文献

陈新仁、李民（2013）社会行为论：会话分析的新视角，《外语与外语教学》第6期。

陈瑜敏、秦小怡（2007）教科书语篇多模式符号的介入意义与多声互动，《外语与外语教学》第12期。

冯德正、张德禄、Kay O'Halloran（2014）多模态语篇分析的进展与前沿，《当代语言学》第1期。

冯德正、邢春燕.（2011）空间隐喻与多模态意义建构——以汽车广告为例，《外国语（上海外国语大学学报）》第3期。

冯德正（2011）多模态隐喻的构建与分类——系统功能视角，《外语研究》第1期。

顾曰国（2013）论言思情貌整一原则与鲜活话语研究——多模态语料库语言学方法，《当代修辞学》第6期。

顾曰国（2007）多媒体、多模态学习剖析，《外语电化教学》第2期。

何　美（2014）《大学英语多模态语料库建设与应用》，天津大学硕士学位论文。

何山燕（2011）国内多模态话语分析研究述评，《重庆文理学院学报(社会科学)》第3期。

胡壮麟（2007）社会符号学研究中的多模态化，《语言教学与研究》第1期。

黄立鹤（2015）语料库4.0：多模态语料库建设及其应用，《解放军外国语学院学报》第3期。

黄立鹤（2017）言语行为理论与多模态研究——兼论多模态语料库语用学的逻辑，《北京第二外国语学院学报》第3期。

黄　伟（2015）多模态汉语中介语语料库建设刍议，《国际汉语教学究》第3期。

蓝纯、蔡颖（2013）电视广告中多模态隐喻的认知语言学研究——以海飞丝广告为例，《外语研究》第5期。

李华兵（2017）《多模态的意义潜势与多元识读能力研究》，西南大学博士学位论文。

李毅、石磊（2010）教学中的多模态隐喻——应用隐喻研究的新方向，《外语电化教学》第3期。

李文中（1999）语料库、学习者语料库与外语教学，《外语界》第1期。

刘剑、胡开宝（2015）多模态口译语料库的建设与应用研究，《中国外语》第5期。

孟艳丽、李晶（2014）多模态语篇中语义连贯对读者加工理解的影响———项对中国英语培训广告的眼动实验，《鲁东大学学报(哲学社会科学版)》第2期。

祁　琳（2010）《俄罗斯留学生汉语习得过程中的语用偏误分析及对策研究》，吉林大学硕士学位论文。

韦琴红（2009）多模态化与大学生多元识读能力研究，《外语电化教学》第2期。

王慧君、王海丽（2015）多模态视域下翻转课堂教学模式研究，《电化教育研究》第12期。

谢楠、张笛（2017）汉语儿童多模态口语语料库建设研究，《外语电化教学》第5期。

张德禄（2009）多模态话语分析综合理论框架探索，《中国外语》第1期。

张德禄、丁肇芬（2013）外语教学多模态选择框架探索，《外语界》第3期。

赵秀凤（2013）多模态隐喻构建的整合模型——以政治漫画为例，《外语研究》第5期。

朱德熙（1985）《语法答问》，北京：商务印书馆。

朱永生（2007）多模态话语分析的理论基础与研究方法，《外语学刊》第5期。

Baldry, A. & P.J.Thibault(2006) *Multimodal Transcription and Text Analysis*. London: Equinox Publishing.

Chen, S. & Y. Ma(2017) *A Case Study of Early Acquisition of Chinese Modals*. Paper presented at the 3rd International Conference on Social Science and Higher Education，Hainan，Sanya.

Facrch & kasper(1983)*Strategies in Interlanguage Communication*. New York: Longman.

Forceville, c.&E.Urios-Aparisi(2009)*Multimodal Metaphor*, Belin / New York:Mouton de Gruyter.

Halliday, M.M.K. & C. Matthiessen.(2004)*An Introduction to Functional Grammar*, London:Arnold.

Lerner, Gene(1991)On the syntax of sentences-in-progress, *Language in Society* 20,3:441-58.

Luke, Kang Kwong(2000)Postposed sentential constituents as post-completion devices in conversational turn-taking, *Studies of the Chinese Language* 4:303-10.

Kress, G.R.(2001)*Multimodality*, A paper presented at the International Literacy Conference,

CapeTown, 13-17November.

Royce, T(2002)*Multimodality in the TESOL classroom:Exploring visual-verbal synergy*, TESOL QUARTERLY, 36(2). 191-205.

Kress, G. and van Leeuwen, T. (1996) *Reading Images: The Grammar of Visual Design*, London: Routledge.

Spiliotopoulos, Vakua(2005)*Developing Multiliteracy in Adult ESL Learners Using On-line Forum*s, InternationalJournal of the Humanities.

Scollon, Ron&Levine, Philip(2004)*Multimodal Discourse Analysis as the Confluence of Discourse and Technology.* Washington DC. :George town University Press.

Wang, A.T(2006) et al. *Neural Basis of Irony Comprehension in Children With Autism: The Role of Prosody and Context*, Brain.

Wen, Lian (1992)Comprehension Strategies of Chinese Sentences, *Studies of the Chinese Language* 4:260-4.

Zhang, D, Xu, Q. & X. Li. (2016) *An investigation on children's use of sentence final particle "ba"-based on a case study of Chinese Children's Language Corpus*, Paper presented at the 2016 3rd International Conference on Education Reform and Modern Management, Tailand:Chiengmai.

作者简介

邢晓青，北京语言大学语言科学院硕士，现为北京第二实验小学通州分校语文二级教师。

标注、录写与检索研究

汉语中介语语料库标注标准研究*

闫慧慧

内容提要 汉语中介语语料标注的科学性、全面性和实际标注操作中的可行性是汉语中介语语料库标注的重要原则。要保证语料标注的科学性，首先应保证"标注规范"的科学性，其次应注重标注过程的严密性；语料标注的全面性分为标注内容的全面性和标注角度的全面性：标注内容应充分吸收汉语本体研究成果，在字、词、短语、句、标点层面进行标注，同时也应适当进行探索；标注应从正确形式和偏误形式两个角度考虑；在语料标注过程中，还应充分考虑实际操作中的可行性，从语料标注人员角度与语料库使用者角度出发，语料标注深度的有限性以及"分版标注"与实际情况相符；中介语语料在标注时应尊重原作，最大限度地保留中介语特色、最大限度地尊重作者原意。

关键词 汉语中介语语料库；标注；科学性；全面性；可行性

一、引言

近年来，一些基于语料库的研究不断涌现，汉语中介语语料库成为学者们重要的研究工具，汉语中介语语料库也因此获得了长足的进步。但是现阶段更加值得注意的是汉语中介语语料库仍存在许多不足之处。张宝林（2015）指出：汉语中介语语料库发展至今，虽取得了较大成就，但是在建设方面，仍没有统一的建设标准，在建设汉语中介语语料库的过程中，存在着极大的随意性，这

---

* 本研究得到语言资源高精尖创新中心项目（编号：KYD17004）、北京市社会科学基金项目重点项目（编号：15WYA017）、教育部哲学社会科学研究重大课题攻关项目（批准号：12JZD018）的资助。

种随意性在许多方面均有体现，如在语料收集、语料规模、语料标注、语料查询方式等方面。

本文主要针对汉语中介语语料库标注标准进行讨论。关于汉语中介语语料库的标注问题环节，前人已有一些研究，张宝林（2013）对标注模式进行了深层次的解释，同时在标注内容与标注方法上提出新理念。肖奚强、周文华（2014）对汉语中介语语料库的全面性及类别问题进行了论证。赵焕改、林君峰（2019）针对"汉语中介语语料库"的标注代码阐述了现有语料库标注代码存在的问题及标注代码的设计原则与方法。除此之外，也有前人针对"HSK动态作文语料库"的不足之处提出建议，如任海波（2010）等。以上学者均对汉语中介语语料库标注的部分环节进行了研究，并未对标注问题进行全面的、整体性的研究。

本文在笔者参加建设"全球汉语中介语语料库"的实践基础上，根据前人研究，特别是"全球汉语中介语语料库"的建设工作，从语料标注的科学性、全面性、可行性对汉语中介语语料库的标注标准进行全面探讨，并提出一些观点和主张，以期对汉语中介语语料库的标注工作有所参考与借鉴。

二、语料标注的科学性

2.1 "标注规范"的科学性

语料标注的科学性应该首先体现为"标注规范"的科学性（张宝林，2013）。而标注代码在"标注规范"中又有着重要的作用，标注代码的制定是标注工作的重要环节，标注代码的设计是否科学直接影响到语料的标注效果以及语料库的使用（赵焕改、林君峰，2019）。所以，一套合理、科学的标注代码是建设语料库的基础。除此之外，还应在实际标注过程中对标注代码进行验证，如有易产生标注分歧之处应及时对此作出说明。笔者认为，标注代码的科学性应体现在以下两个方面：标注代码的逻辑性、标注规范对于标注分歧之处应明确说明。

2.1.1 标注代码的逻辑性

在现阶段，有多种标注方法可供语料库建设者使用，如手工标注、人标机助、机标人助、计算机自动标注等（张宝林，2013）。但是在汉语中介语语料库的实际建设中，语料情况是复杂多样的，如"把"字句的偏误用例，张宝林将此分为"回避"、"泛化"及其他偏误三大类。以"把"字句的"回避"为例，"回避"即该用而未用，如"有一些软件会帮你直接翻译中文成你的母语"，计算机能否识别出此句应为"把"字句？能否对此句的正误作出正确判断？"目前汉语中介语语料库的标注几乎不可能像汉语母语者语料库那样进行计算机自动标注，人机互助的标注也仍处于起步阶段，大部分的标注工作还是需要人工进行"（肖奚强、周文华，2014）。因此，标注代码的设计应与人的思维习惯相适应，语料库标注代码应具很强的逻辑性，易于人的理解。

以"全球汉语中介语语料库"标注代码为例，标注代码的整体设计、各层面之间的联系、各层面内部均有很强的逻辑性。

从标注代码的整体设计来看，各层面标注代码均以其名称的汉语拼音首字母开头，如字层面偏误标注代码均以"字"的汉语拼音首字母"Z"开头，词层面均以"词"的汉语拼音首字母"C"开头，语篇层面均以"语篇"的汉语拼音首字母"YP"开头，等等。如此，标注代码的设计符合人的思维习惯，易于语料库建设者接受，各层面根据其代码可与其他层面分隔开来，且清楚明了。

从标注代码的各层面联系上看，每一层面也不是完全独立或毫无联系的，如在字层面，有"别字"一类偏误，即该用此字而误用作了彼字，标注代码为"Zb"，而在词层面，也有"别词"一类偏误，即该用此词用作了彼词，标注代码为"Cb"。"别字"与"别词"均为本该用此而用作了彼，本质相同，故标注代码均为"本层面代表字母+b"，"别字"与"别词"虽属不同层面，因偏误本质相同，所以标注代码的设计也相呼应。

从同一个标注层面内部来说，同样要注意各偏误类型标注代码的逻辑性、关联性，如"别词"标注代码为"Cb"，"缺词"标注代码为"Cq"，"C"代表所属层面，除所属层面代表字母外，其他字母一律小写，同时也是选取了与偏误类型名称关联较大的字母作为标注代码的一部分，标注代码整体均由"所属层面代表字母（大写）+偏误类型代表字母（小写）"组合而成，标注代码整体均与汉语拼音进行联系，使用者易联想、易掌握。

2.1.2 标注规范应对易产生标注分歧的问题作出明确说明

以全球汉语中介语语料库为例，在标注规范外，另外整理了《常见问题解答》，并且本着"发现问题及时更新"的原则，不断将新发现的标注问题补充到《常见问题解答》中。在建设语料库的过程中发现词层面标注疑问主要有以下三类，《常见问题解答》对每一类问题进行了明确：

第一，在对同一条中介语语料进行标注时，有时会出现多种标注方式，即可用采取甲方式也可采用乙方式，但两种标注方式同样存在好坏之分，如：

（1）当然我们还会面临从广告得到欺诈性信息。①

（2）当然我们【还】[Cb也]会【面临】[Cb收到]从广告【得到】[Cb而来]【 】[Cq的]欺诈性信息。

（3）当然我们还会【面临】[Cd]从广告【 】[Cq中]【得到】[Cb收到]欺诈性信息。

在例（1）中，共有四处标注，"还"改为"也"更地道，但作为中介语可以不改，且将"面临"改为"收到"、"得到"改为"而来"，这两组词在概念义上并不相近，将这两组词标为词语误用只是为了修改而修改，较为勉强；在例（2）中，共进行了三处标注，三处标注均为必要标注，即如果空缺则不合语法，且例（2）中将"面临"标为多词，将"得到"改为了"收到"，"得到"与"收到"概念义相近，色彩义有差异，标为词语误用较为贴切。相较于例（1），例（2）的改法更好。

第二，在对同一条中介语语料进行标注时，有时会出现多种标注方式皆可且无好坏之分的情况，如：

---

① 本文语料如无特别说明均来源于"全球汉语中介语语料库"，网址 http://qqk.blcu.edu.cn/。

(4)这些都取决于每个人的欣赏观念和广告商的实力而不同。

(5)这些都取决于每个人的欣赏观念和广告商的实力【而】[Cd]【不同】[Cd]。

(6)这些都【取决于】[Cb因]每个人的欣赏观念和广告商的实力而不同。

例(4)因杂糅导致句子问题,结构杂糅可按多词处理,标注前面的词多余或标注后面的词多余均较为妥当。

第三,在标注时同样也会产生是否应该进行标注的疑问,如:

(7)小红梦到去长城跟朋友。

这句话的正确形式应该是"小红梦到跟朋友去长城",其错误原因在于语序,由于语序、逻辑等问题导致的错误在词层面无须标注。

在标注中会遇到各种各样的情况,有些情况存在多种标注方式或者是容易产生标或者不标的疑问,如果不对此进行说明,那么不同的标注员处理同一类问题时就会产生不同的处理方式,所以在建设语料库的过程中,应该对有疑问的标注方式进行明确,以保证标注的一致性。

肖奚强、周文华(2014)认为,汉语中介语语料库应当注重标注集的准确度,标注集的准确度是指标注集的制定准确而无遗漏。标注规范中的标注代码应具很强的逻辑性,易于使用,同时,一些易产生标注分歧的问题也应在标注规范中明确,标注规范应反复在实践中验证是否合理、科学,这样才能最大限度地方便研究者进行研究。

2.2 标注过程的严密性

标注过程是语料库建设中的关键环节,张宝林(2013)提出:通过制定严密的标注规范、严格规范标注流程、对标注员进行严格有效的培训等方法,尽最大可能将语料标注的错误率降到最低。有了严密的标注规范与标注流程,关键在于严格掌控标注各个环节。

语料库中语料数量多、规模大,标注环节具有影响语料库效用的关键作用,必须要关注语料标注的每一个环节。笔者认为,在语料库进行语料标注时,可从以下几个方面对标注的方式及质量进行把控。

2.2.1 标注方式的选择

语料标注可根据语料库规模的大小,选择由项目组成员负责所有标注,也可选择项目组成员作为负责人,招募标注员参加标注。以全球汉语中介语语料库为例,目标规模为2200万字熟语料,如此庞大的规模非几人之力所能完成,故采用第二种标注方式。

如需采用第二种标注方式,有两种标注方式可供选择:一是集中培训、集中标注,即召集标注员选一地点集中培训,培训后根据任务在此地集中标注;二是集中培训后分散标注,即召集标注员集中培训,标注员领取任务后可根据自己时间安排在任何时间任何地点标注。两种方法各有利弊。集中培训有利于标注规范的准确传达,方便问题的集中解答与讨论。集中标注可有效监督标注员的标注工作,遇到问题及时解决,但是集中标注的时间场地受限,所以标注数量有限,也会影响进度。分散标注不受时空限制,标注员可自己分配、安排时间,可标注语料数量较多,但是不利于控制标注员的标注质量,且因标注质量或标注员时间安排等问题容易拖延进度。

2.2.2 标注审核人员应对标注规范有准确、到位的理解

以全球汉语中介语语料库为例,标注员标注完一篇语料后,该语料还不能"入库"(指能够进入被用户查询到的语料库,下同),待审核人员完成对该语料的审核后方可"入库"。如此,语料审核人员的工作尤为重要,它决定着"入库"的语料标注质量。因此,标注审核人员应对标注规范有准确、到位的理解。如标注人员与审核人员对标注规范没有准确、到位的理解,则会出现较为明显、严重的错误,如下标注:

(8)他们想跟他【聊家】[Cb聊天],可是他们不想跟他们【聊家】[Cb聊天]。

(9)通知天气越来越暖和了,春天正是大家一起爬上【的】[Cb山]好【的】[Cb时]候不冷不热正合适。

"Cb"为"词语误用"。"词语误用"是现代汉语中存在此词，但是在此处该用此词而用了彼词。在现代汉语中并无"聊家"一词，不属于"词语误用"偏误。同时，在"词语误用"偏误类型中，从学生角度看，是学生大约知道此处应是哪一个词，但是在输出过程中出现问题，写成了与正确词语或形近或音近的别词或生造词。

再如例（9），首先第一处"爬上【的】[Cb山]"中"爬上"为短语，此处可写为"爬上山/爬山"，即有两种改法，一是可以将"上"改为"山"，二是可以标为缺"山"一词，"的"可标为多词或可不标；第二处"好【的】[Cb时候"，"候"为单音节语素，须与"时"搭配成词"时候"，同样，"的"可标为多词或可不标，这两处有"的"稍显啰唆，但是语法层面并不算错，即此句可修改为：春天正是大家一起爬上山/爬山（的）好（的）时候。

以上两例均为因对标注规范理解不到位而产生的明显、重大的错误，准确掌握标注规范是可以完全避免的。

2.2.3 发现问题应当及时解决

语料库作为一项实际工作，在语料的标注及审核时，会发现各种问题，包括语料库设计的不合理之处及语言使用问题，发现问题也是重要的一个环节，发现问题、提出问题有利于今后的语料库建设。标注中遇到新的语言现象应当及时研究解决办法，并将新的补充规则添加到标注规范之中。语料标注是一个边实践边探索的过程，需要不断积累经验，深化理论认识，逐步积累，最终达到完善。

中介语语料库语料标注是一个以语言学知识为主但是实际情况又复杂多样的工作，"标注时出现错误在所难免"（肖奚强、周文华，2014），建设一个被研究者普遍接受的汉语中介语语料库并不能一步到位，需要边建设边完善，甚至需要学界各类人士的帮助，"HSK动态作文语料库"与"全球汉语中介语语料库"均设置了"用户反馈、留言"功能，用于征纳该语料库使用者的建议及问题，并有专门负责人员定期查看、答疑，标注语料有问题之处也可及时修改，修改后的结果需管理员审核后入库，不断完善汉语中介语语料库，为研究者更好地服务。

三、语料标注的全面性

无论是在建设还是使用过程中,语料标注的全面性都是中介语语料库建设应当重视的问题。语料标注的全面性也是近年学者讨论的热点,肖奚强、周文华(2014)从语料标注的广度、深度、角度和准确度四个维度来思考语料标注的全面性问题;张宝林(2013)认为作为通用型汉语中介语语料库,语料标注的内容必须全面,才能保证语料库功能的全面。据此,我们把语料标注的全面性分为两个方面:标注内容的全面性和标注角度的全面性。

3.1 标注内容

内容全面的语料标注可以满足汉语教学与研究的多方面需求。关于语料标注,"从理论上讲可以包括汉字、词汇、语法、语义、语用、标点符号等层面的标注。如果是口语语料库,还应包括语音、韵律等的标注"(肖奚强、周文华,2014)。但是语料库建设者应考虑语料标注的可行性(丁信善,1998),如在语义语用等层面本体研究尚不完善,语料库需依附于现有本体研究之上,因此难以制定一份合理、有说服力、可执行的标注规范。所以汉语中介语语料库建设者应当在二者之间寻求一种平衡。但这也并不意味着只在字词短语句等比较成熟的层面进行标注,同时也应当考虑二语习得研究者的需求,可尝试在其他需求较大的层面做出标注尝试。

"HSK动态作文语料库"对字、词、句、篇章进行了标注,"全球汉语中介语语料库"在已有研究的基础上,对字、词、短语、句、语篇、语体、修辞、标点进行标注,是迄今为止标注内容最为全面的汉语中介语语料库。

以语体为例,近年来学界对于语体语法本体知识已有一定研究,汉语中介语语料库在语体方面也应有所尝试。因为语体语法研究尚不充分,故"全球汉语中介语语料库"在语体层面将偏误标注列为以下几种类型:口语语体中误用书面语词[YTsc]、口语语体中误用书面语短语[YTsd]、口语语体中误用书面语句式[YTsj]、书面语语体中误用口语词[YTkc]、书面语语体中误用口语短语[YTkd]、书面语语体中误用口语句式[YTkj],同时还将具有书面语和口语特征的词、短语、句分别标注出来。

总的来说，语料标注应在充分考虑本体研究与实际可操作性的基础上，尽可能多地对多个层面进行标注，以满足汉语教学与研究的多方面需求。

3.2 标注角度

汉语中介语语料库收集以汉语为第二语言的学习者语料，它的特点就在于汉语中介语语料库中包含二语学习者在学习汉语时产生的大量偏误用例，但并非百分之百的偏误用例，即在汉语中介语语料库中虽包含大量语言偏误，但也不乏正确语言用例。"中介语语料库必须进行偏误标注，这是由中介语的特点决定的，也是学者们研究的需要。"（肖奚强、周文华，2011）但是，"中介语的研究不仅要关注学生的偏误用例，更要关注学生的正确用例。"（肖奚强、周文华，2011）

张宝林（2008、2013）提出"基础标注＋偏误标注的标注"模式，并进一步解释基础标注是对语料中正确的语言现象进行的标注。在汉语中介语语料库中使用"偏误标注＋基础标注"模式为基本模式，即在语料标注的各层面同时从偏误用例和基础用例两个角度出发进行标注。如"把"字句、"被"字句，要考察汉语学习者的习得情况，仅考察偏误用例是不全面的，同时也应考察学生的正确用例，在"全球汉语中介语语料库"中，句式标注从偏误与正确形式两个角度进行标注。

但是标注角度与标注内容之间的关系并非死板僵化的，而是可以根据实际情况灵活掌握的。即使是从偏误与正确形式两个角度进行标注，也并不是说所有标注内容都要进行偏误标注和基础标注。例如字层面、词层面等，正确的汉字、词等是可以检索到的，如将偏误与正确全部标注出来，则是每一字、每一词均需标注，这样一来，徒增语料标注人员的标注负担与语料库使用者的检索、查看负担，所以字词等层面不需标注正确形式。

四、语料标注的可行性

4.1 标注深度的有限性

任海波（2010）认为，汉语中介语语料库应进行标注深加工，方便研究者进行更多的研究。肖奚强、周文华（2014）认为，语料的标注深度对于语料库的建设与使用是非常重要的，蜻蜓点水式的标注只能提供有限的信息检索，其利用价值并不高。两位学者均以"HSK动态作文语料库"为例，分别从句法结构和篇章的深加工等方面，指出蜻蜓点水式标注的利用价值并不高，同时肖奚强、周文华（2014）还认为标注的深度应体现为标注的层次性，按层进行标注。对汉语中介语语料进行标注时，为方便用户做研究，应进行语料的深加工。但语料标注并不是越深越好、越详尽越好，汉语中介语语料的标注深度应是有限的，这是由汉语本体研究的成熟度、标注及审核人员的水平与用户使用时的标注可靠度决定的。

4.1.1　汉语本体研究的成熟度影响标注深度

汉语中介语语料库的建设必须以汉语本体研究为基础，现阶段汉语本体研究对部分层面并不深入，如在语义语用方面的研究并不成熟，同一个语言现象究竟是语义问题还是语用问题并不容易分清楚（张宝林，2013）。如在语义、语用层面汉语本体研究尚不充分，则在标注时对二语学习者语言现象的偏误类型就无法做出准确判断。

4.1.2　标注、审核人员的水平影响标注深度

语料标注人员多为语言学在读研究生，对于一些语言现象的判断可能并不准确，如"全球汉语中介语语料库"中语体层面的书面语标注：

（10）为了不【影响】{YTsc}心情，他只好将原本贴在大门外的春联，福字贴在了大门里面。

《现代汉语》（第7版）中解释"影响"有三个意思，此处应为第一个意思：（动）对别人的思想或行动起作用，且此意并未标注书面语词或口语词，而在"全球汉语中介语语料库"语体层面却标注为书面语词。"影响"一词并无很强的语体色彩，标注员的错误理解导致了标注错误。

标注、审核人员水平有限，对某些语言现象的认识不够，易导致标注出错，在几乎无争议的语言现象中尚且无法做到百分之百正确，若进行更深层次

的标注，则其正确性更令人怀疑。如参照冯胜利（2010）的语体三分系统，将语体分为通俗体、正式体、典雅体，再将典雅体分为古句型、古虚词等。标注、审核人员能否正确认识语言现象并做出正确判断？笔者认为值得怀疑。故有限的标注深度在实际标注过程中更为可行。

4.1.3 有限的标注深度符合语料库使用情况

语料库作为一种工具，是为便于二语习得研究者考察发现而存在的。因此，为多数学者所接受的问题，语料库建设者可进行详尽标注；如果是学界仍存在争议的问题，语料库建设者只提供便于研究者查找的线索即可，不可根据一家之言进行标注，这样反而不利于研究者进行查找，这样的语料库也有失公允。语料标注的过程是由标注、审核人员完成的，由于标注人员水平有限，语料标注深度应与标注人员能力相匹配，不可一味追求标注的深度，而降低语料标注的准确度。因此，汉语中介语语料库在语料标注的深度上应是有限度的，并非一标到底，越深越好。

4.2 "分版标注"符合实际情况

在二语习得者的语料中，一条语料中某个偏误现象可以从此层面理解、标注，也可以从彼层面去理解、标注，即同一个语言错误可以从不同层面理解，同一偏误属于不同层面的现象。如：

（11）有一个字我写了几次也不能记住它是怎么写。

此句为偏误句。从字层面来看，此句末尾缺字"的"；"的"是一个字，也是一个词，所以从词层面来看，此句缺词"的"；而从句层面来看，是"是……的"句结构的不完整，是"是……的"句的错误句式，同一语言错误从字、词、句层面来看是不同的偏误类型。

对于此种情况，有两种标注方法：一是在同一条语料下标注多层面的错误，即一种语言错误现象可在其后标注多种语言偏误类型；二是"分版标注"，即在不同层面标注出相应的偏误类型。我们赞成"分版标注"，"分版标注"既与语料标注情况相适应，也能满足研究人员的检索、研究需要。

同一偏误可以从属于不同层面时，应在不同层面分别标出，这是受多位学者认可的标注方式（张宝林，2013；肖奚强、周文华：2014）。首先，此种方式方便语料库建设者标注。如"全球汉语中介语语料库"，语料标注内容涉及多个层面，每个层面有专门人员负责，即不同的人负责不同的层面。在这种分版标注的情况下，当同一偏误可以从属于不同层面时，可在不同层面分别标出。其次，此种方式方便语料库使用者检索查找。用户的研究情况是多样的，"同一偏误可以从属于不同层面时，应在不同层面分别标出"可以最大化地满足用户需求。

五、语料标注与语料的真实性

5.1 标注时应最大限度地保留中介语特色

张宝林（2013）指出，语料标注要忠于原作，要最大限度地保持第二语言学习者汉语中介语的"原汁原味"，不能为了修改语料而使中介语语料变得面目全非。中介语本就是学习者母语和目的语之间的一种过渡性语言，中介语有其自身的特点，这些特点也有利于我们发现本体研究的不足，推进本体研究，加深我们对汉语、对语言的认识，不必将中介语语料改得非常地道，如果一定要求中介语地道，则往往会使语料变得面目全非，如：

（12）比如说他常常听音乐，听的太大的声音。
（13）比如说他常常听音乐，听的【太】[Cd]【大】[Cd]【的】[Cd] 声音【 】[Cq很]【 】[Cq大]。

我们非常清楚地明白作者想表达的意思：他常常听音乐，音乐的声音很大。参照"全球汉语中介语语料库"标注代码，如将例（12）改为地道的表达如例（13）。例（13）的修改过大，反而不方便研究者查看。其实本句在词层面并无太大问题，多为语序的问题，语序问题并不属词层面问题。

5.2 标注时应最大限度地尊重作者原意

在留学生语料中,标注时可能有多种标法的,选取改动少、符合原句味道的改法。如:

(14) 我觉得商人在与客户谈判时应该让步,或看情况【 】[Cq让步]。

在此句中,即使不进行标注,句意也很清晰,所以不进行标注为好。

(15) 如果只有钱,但是身体不好,这有钱没有用。

在此句中,"这"用在此处貌似不合母语者写作习惯,加了"这"更显口语化,加上"这"也并不影响句意的表达,在语法上不能算错,所以不作修改为好。

六、结语

尽管汉语中介语语料库已有较大发展,但是在建设过程中仍然存在各种各样的问题,这些问题在语料库使用时会更加凸显,也因此对汉语教学研究产生不良影响。语料标注是语料库建设最为重要的一环,以实践为基础的汉语中介语语料库标注标准研究对建设语料库具有极为重要的意义。

本文从汉语中介语语料库建设的科学性、全面性、可行性与保持原作特色四个方面对汉语中介语语料库标注标准研究进行了阐述。首先,汉语中介语语料库的标注应具科学性,要注重"标注规范"的科学性、标注过程的严密性;其次,汉语中介语语料库的标注应具全面性,应当从标注内容和标注类别两个方面来把握标注的全面性;语料库标注还应考虑实际操作的可行性,笔者认为,标注深度应当是有限的,同时认为"分版标注"符合实际情况;最后,在标注时还应当最大限度地尊重、保持原作特色。

参考文献

曹贤文（2020）二语习得研究"需求侧"视角下的汉语学习者语料库建设,《华文教学与研究》第1期。

崔刚、盛永梅（2000）语料库中语料的标注,《清华大学学报》第1期。

陈海峰（2017）汉语中介语语料库的零位标注,《海外华文教育》第2期。

陈若昕（2016）《江西师范大学汉语中介语语料库建设研究》,江西师范大学硕士学位论文。

冯胜利（2010）论语体的机制及其语法属性,《中国语文》第5期。

冯胜利、施春宏（2018）论语体语法的基本原理、单位层级和语体系统,《世界汉语教学》第3期。

胡小清、许小星（2020）韩国汉语学习者中介语口语语料库的建设及意义,《华文教学与研究》第1期。

黄昌宁、李涓子（2002）《语料库语言学》,北京：商务印书馆。

黄菁菁（2015）《汉语学习者声调语料库的建设与应用》,华中师范大学硕士学位论文。

蒋琴琴（2019）近十年国内汉语中介语语料库建设研究概述,《海外英语》第6期。

李芳艾（2014）《面向对外汉语的虚词语料库建设研究》,湖南师范大学硕士学位论文。

李桂梅（2017）"全球汉语中介语语料库"的平衡性考虑,《华文教学与研究》第2期。

李娟、谭晓平（2016）汉语中介语语料库应用及发展对策研究,《曲靖师范学院学报》第2期。

任海波（2010）关于中介语语料库建设的几点思考——以"HSK动态作文语料库"为例,《语言教学与研究》第6期。

王建新（2005）《计算机语料库的建设与应用》,北京：清华大学出版社。

肖奚强、周文华（2014）汉语中介语语料库标注的全面性及类别问题,《世界汉语教学》第3期。

焉德才、胡晓清（2013）基于偏误反馈的对韩汉语词汇教学信息库建设,《华文教学与研究》。

杨丽姣、肖航（2015）面向语义搜索的语料库语境信息标注研究,《语言文字应用》第1期。

张宝林、崔希亮（2015）谈汉语中介语语料库的建设标准，《语言文字应用》第2期。

张宝林（2013）关于通用型汉语中介语语料库标注模式的再认识，《世界汉语教学》第1期。

张宝林（2010）汉语中介语语料库建设的现状与对策，《语言文字应用》第3期。

张宝林（2010）回避与泛化——基于"HSK动态作文语料库"的"把"字句习得考察，《世界汉语教学》第2期。

张宝林（2019）《汉语中介语语料库标注规范研究》，北京：北京大学出版社。

中国社会科学院语言研究所词典编辑室（2016）《现代汉语词典（第7版）》，北京：商务印书馆。

赵焕改、林君峰（2019）关于汉语中介语语料库标注代码的思考，《海外华文教育》第1期。

周文华（2015）汉语中介语语料库建设的多样性和层次性，《汉语学习》第6期。

作者简介

闫慧慧，北京语言大学汉语言文字学专业硕士研究生毕业，研究领域为对外汉语教学和语料库语言学，现为北京市昌平区第一中学语文教师。

试论汉语中介语语料库的元信息标注

文 雁

内容提要 有关汉语中介语语料库标注的讨论，多集中于标注原则、方式、代码、流程等，标注内容偏重探讨语言学信息的添加，而鲜少论及元信息标注的价值和意义。本研究试图分析对元信息标注认识不足的原因，阐释元信息标注对汉语中介语语料库建设的价值和意义，并参照已有的语料库元信息标注内容，对比汉语中介语语料库的元信息参数，提出规范汉语中介语语料库元信息标注的原则和初步构想，以供同人参考讨论。

关键词 汉语中介语语料库；元信息标注；意义；标注内容

在大数据的时代背景下，国内各大高校及科研院所都在为不同研究目的积极研发建设汉语中介语语料库，目前，网上开放的有"HSK动态作文语料库""留学生汉语中介语语料库"和"汉字偏误标注连续性中介语语料库"。其中，"HSK动态作文语料库"（2.0版）[1]规模最大、标注信息最为丰富，语料规模为424万字。基于语料库的语言学研究方法也逐渐成为语言学研究的主流范式之一，受到越来越多的重视。究其根本，缘于大规模真实语料的分析与统计可以帮助研究者克服自身的主观性和片面性，实证方法能够增强结论的说服力和可信度。

不过，应用语料库开展的研究首先受制于语料库本身的建设质量，语料库中的语料是否足以代表汉语学习者的语言、对语料的加工是否科学、所提供的

---

[1] "HSK动态作文语料库"1.0版于2006年12月建成并上网试运行，语料规模为400万字。1.1版是1.0的升级版，语料规模扩展为424万字。2018年上线的HSK2.0版保留了HSK1.1版的全部语料，并进行了软件系统的升级更新，使检索、统计、下载等功能更加便捷。语料库网址：http://hsk.blcu.edu.cn

统计数据是否严谨等等,都会影响基于语料库开展的研究。正如英国著名语料库语言学专家John Sinclair所说:"任何语料库研究均开始于语料库体的建立,语料库的设计及选材几乎控制以后所要做的一切基于语料库的研究工作,研究结果的好坏只与语料库的建设质量有关。"①

一、问题的缘由

1.1 关于元信息标注的研究成果

在语料库建设环节中,语料标注,即给语料"植入"语言学和非语言学信息,是语料库与文本数据库、电子图书馆的重要区别之一,也是建设语料库、体现语料库之研究价值的关键环节。标注加工后的熟语料库便于计算机进行高效准确的检索与统计,从而为用户使用或开展研究提供方便。

中介语语料库的标注尤其复杂,这是由中介语的特点决定的。中介语语料规范度和可接受度存在巨大差异,一方面,正确与错误混杂的语言表现正是代表中介语的真实材料;另一方面,这给语料标注增加了难度。目前,除了分词和词性标注可以实现机标人助之外,各语言层面的标注基本依靠人工完成,人力、物力和时间上的投入极大。另外,具体应该标注哪些内容、以怎样的方式进行标注、标注的颗粒度如何把握,这些问题需要建库者根据建库目标以及实际情况进行判断与选择,难以避免主观性,也难以达成一致性。

关于汉语中介语标注的讨论,学界多集中于标注原则、方式、代码、流程等等(张宝林,2010、2013、2015、2016;曹贤文,2013;施春宏、张瑞朋,2013;肖奚强、周文华,2014),标注内容的讨论基本围绕各类语言学信息的添加,鲜少讨论元信息标注的价值和意义。笔者在CNKI数据库中进行的文献检索(截至2016年6月21日),可以佐证这一结论。

为查询准确,笔者将搜索范围限定在哲学与人文科学、社会科学Ⅰ辑和社会

---

① John Sinclair, Corpus Concordance Collocation,《语料库、检索与搭配》,上海外语教育出版社,1999年。

科学Ⅱ辑内；为查询全面，采用"全文"检索方式，以"汉语中介语语料库/汉语学习者语料库"并含"背景信息/元信息/元语言标注/元标注"为关键词进行8组搭配检索，最多得到的检索结果为49条。根据摘要内容，删除不相关文献，所得文献数量为36条，包括硕博士学位论文10篇、期刊论文26篇。通过文献阅读，发现大多仅涉及元信息标注内容的描述，并没有专门讨论其意义与价值。后用"元数据"进行检索，查找到何婷婷、沈辉宇（2005）专文讨论了语料库元数据规范设计，此文发表后十余年，被引量仅为4篇。

1.2 研究不充分的原因

较之语言库建设与应用的成果，专文讨论元信息标注的成果不多，这从某种意义上说明元信息标注还没有受到足够的关注。原因大致有以下几个方面。

首先，语料库语言学是一个非常年轻的研究领域。一方面，伴随计算机功能的飞速发展，语料库建设发展迅速，从理念到技术都在不断更新换代。另一方面，从事语料库建设的人数有限，很多问题尚未进行深入的研究。语料库一旦建成，首先服务于语言研究，因此应用语料库的研究成果大大多于对语料库建设的探讨。

其次，语言学标注是体现语料库应用价值的关键因素。标注越丰富多样，语料库的科学研究价值就越高。语言是一个多层次的结构系统，现代语言学对语言各个层面的研究在不断细化与深入。作为建设者，为了使语料库更有价值，必然会把标注作为建设重点，尤其是对语料进行语言学标注。

再次，大多研究者在使用语料库时，受研究目标驱动，关注焦点集中在语料所添加的语言学信息。当这些信息能够与研究需求相匹配时，可以借助计算机对标注信息进行自动统计，再运用统计学的方法进行推论，以数据支持结论。比较起来，元信息标注似乎只提供了研究切入的角度，具有聚类与检索的作用，但无法提供直接推导结论的数据。

另外，就目前开放的几个汉语中介语语料库而言，语料的背景信息可以基本保证语料的简单聚类，尤其是目前习得领域所关注的几个因素，比如学习者国籍、汉语水平等，这些参数支持的对比研究还存在相当大的探讨空间，因此，研究者并未对语料元信息标注提出更多诉求。

那么，元信息对语料库建设到底具有怎样的意义？对于语料库的动态发展能够起到什么作用？对推进语言研究具有怎样的价值？能否为中介语语料库的标注另辟蹊径？笔者认为，有必要对元信息在汉语中介语语料库的建设与使用中所具有的意义和价值进行更充分的认识与讨论。同时，本文试图通过参考国内外大型语料库元信息参数设置与前人研究成果，对比汉语中介语语料库元信息设计，立足于中介语研究框架，提出汉语中介语语料库元信息标注的初步构想。

二、元信息标注对语料库建设的意义和价值

2.1 元信息标注与元信息标注规范

元信息（Metadata）可以理解为关于数据的数据或关于数据的信息，语料库所标注的元信息是"有关语料库中文本的非语言信息，这些信息可能包括文本的外部信息（如引用源、出版商、出版年代、作者、作者性别、语境等）和文本的内部结构信息（如标题、段落、文献、伴随口语的副语言特征等），这些信息有别于文本内部的句法结构、词性、语义特征等语言信息。元信息一般在文本的头部（有时也与文本分离、单独存放）用特定的符号标记出来，这种标记称为元信息标注（metadata markup）。"[①]元信息还有很多名称，比如元语言、元标注、元数据、背景信息等，尽管指称有别，不过核心的内容是基本一致的，即元信息是文本的解释性信息，说明该文本的整体质性和相关的外部信息。

为了提高电子（网络）信息资源的利用率，实现资源共享与交换，国际上已经研制了多种元数据规范。以Dublin Core（简称DC）为例，这是国际范围通用的适用于资源发现系统的元数据标注，由15个元数据标记元素组成。楼向英（2011）调查了在图书管理中使用DC元数据规范的编码体系（Encoding Schemes）进行实际著录的应用情况，并得出以下结论：DC元数据在图书馆领

[①] 梁茂成、李文中、许家金（2010）《语料库应用教程》，北京：外语教学与研究出版社。

域的普及较好，所有受调查者都认为对数据进行规范控制是有益的，84.93%认为元数据的使用方便资源的聚类，80.82%认为有利于互动操作的实现，91.78%认为有利于资源的合理组织，对资源的揭示有很大的益处。

针对不同领域，在不同的应用环境中，元数据在内容、格式上都有所不同。在语言信息资源领域，影响较大的元数据规范有DC元数据、OLAC、TEI等。我国也根据国际规范编制了元数据规范应遵循的基本标准。语料库中的语料是宝贵的电子信息资源，为了实现这些资源的共享与交换，提高语料的利用率，语料库的元信息也应尽快规范化、标准化。对于汉语中介语语料库而言，元信息标注同样具有不容忽视的重要意义和价值。

2.2 汉语中介语语料库元信息标注的意义和价值

2.2.1 元信息标注是评估语料库"质"的具体依据

语料库并非是语料的随意集合，语料的代表性和平衡性决定了语料库的价值。不过，针对不同类型的语料库，代表性和平衡性的内涵会有所不同。以中介语语料库与母语语料库在语料的代表性上的差异为例。母语语料库在采集语料时面对海量语料，必须根据建库目标进行筛选，语料的代表性有赖于社会语言学的指引与建库者的主观判断。中介语语料数量相对较少，也无法判断何种语料更具有代表性，因此，建库者更关注语料的真实性、自然性。无论是哪种类型的语料库，都应该把"能够代表特定的语言或语言变体"作为最终目标，也就是说，语料库的代表性是各类型语料库的共同追求。具体来说，中介语语料库的代表性应如何评测？

笔者认为，中介语语料库的代表性需从两个方面评价：量与质。"量"即语料规模，"质"包括语料的真实性、多样性和平衡性三个维度。"真实性"指收录的语料均为学习者自然产出语料；"多样性"指语料性质不一，类型丰富；"平衡性"就是这些不同性质的语料应该以一种接近真实使用的实际比例分布。对于通用型语料库，还应考虑语料的全面性问题。"全面性"指语料覆盖面广，包括了应该有的各种不同类型的语料。"量"与"质"二者兼顾，才能保证其代表性。语料库规模一贯受到重视，被认为是影响语料库功能的一大因素。但是，如果没有"质"的保证，规模再大也难以保证语料库的代表性。

元信息标注从本质上类似信息管理所用的类目标签，标注元信息也就是对语料进行分类，语料的分类细目和各类别的语料数量能够客观说明并具体体现出语料的多样性、平衡性和全面性，同时对语料的真实性抑或是多大程度上的自然性有更准确的描述。元信息标注的作用是把对语料库"质"的定性描述用客观的统计数据表现出来，用客观的数据进行语料库"质"的评估。显然，这对于语料库的设计与建设都具有指导意义。

2.2.2 元信息标注是语料库动态发展的重要参照，是实现语料充分利用的重要保障

目前，已经开放的三个汉语中介语语料库中，仅"HSK动态作文语料库"进行过版本更新。语料库在建成之后是否需要更新发展？从当下的大型语料库建设情况看，动态发展是语料库建设的必然趋势，也是保持语料库生命力的必要条件。

语料库的动态发展是指语料库在实现建设初既定目标后的继续建设。它至少可以包括以下内容：（1）合并同性质的语料库，整合资源，对语料库的规模进行扩充；（2）调控语料添加，对语料库的"质"加以完善，使之在真实性、多样性和平衡性等维度上更为合理；（3）对语料库进行再次设计和规划，充分利用已采集语料，进行语料库结构的调整和重组。也就是说，语料库的动态发展不单指规模的增长，也可以是质量的完善，还包括语料库结构的优化。

在元信息标注的参照下，语料的利用率会显著提高，语料库的动态发展将更科学合理，有效地降低盲目性。比如，在语料充分足量的条件下，可以根据元信息聚类，创建满足不同研究需求的子语料库。又如，不同科研院所建设的同性质语料库，可能存在规模或语料类型有限的问题，合并语料库可以保证语料充足，而且可以补足语料类型上的缺陷。

2.2.3 元信息标注是研究者推进中介语研究的前提条件

中介语被认为是一个独立的语言系统，有其自身的系统性，这既是中介语理论的基础假说，又是需要验证的一大假设。国内外不少研究成果表明，中介

语有其内在大纲，并不会因学习者国别、母语、性别、年龄等不同违背习得顺序。但迄今为止，尚无研究具体系统地描述出某种语言的习得规律和中介语发展规律，这也正是二语习得研究方兴未艾的原因。

肖奚强（2011）指出，"全面地统计分析各学习阶段的中介语中各个语言要素的状况，描写、解释不同语言背景的学生所产生的汉语中介语系统，检验、完善中介语理论，为语言教学与测试提供参考"[①]，是中介语研究的基础性工作。也就是说，只有系统地描述出汉语中介语各个层面的状况，才能够揭示汉语中介语发展的规律，而这些描写必然要综合考虑学习者习得汉语的各个外部要素（国籍、学习地点、学习时间等）和内部要素（年龄、性别、动机等），否则这种描写仍是粗疏且不严谨的。另一方面，假设缺少这些要素的支持，研究也就只能止步于描写，而无法对中介语发展做出解释。中介语语料和学习者的元信息，不仅是研究切入的角度，而且应该是开展研究的基础。在此基础上进行的对比分析既能推进中介语研究的深度，又能拓宽中介语研究的视角。比如，目前汉语习得研究多从国籍、母语背景、学习阶段等角度进行对比，如果元信息标注了学习者学习动机，就可以从学习动机的角度观察分析。张继东、夏梦茹（2015）基于BNC中口语语料子库的调查，通过对语料元信息的设置，考察了男性与女性在立场标记语使用情况的差异，类似研究都得益于元信息标注的支持。

2.2.4　元信息标注是突破中介语标注困境的另一途径

中介语的特殊性大大增加了标注难度与工作量。关于汉语中介语语料库中的语言学标注，任海波（2010）、宋春阳（2015）、赵玮（2015）都做过详细的考察，指出语料标注存在漏标、错标、标注不一致等问题。笔者认为，根本原因在于：其一，中介语语料库的语言学标注基本依靠人工完成，尽管有详细的标注规范为指导，标注仍是一项基于标注员主观判断的工作，很难确保标注的一致性和客观性；其二，标注内容越丰富，规则越多，不一致的情况越严重，错误率也更高；其三，各个语料库的标注规范本身就存在很多不一致，标注结

[①] 肖奚强（2011）汉语中介语研究论略，《语言文字应用》第2期。

果也就不可能统一。更为严峻的事实是，对中介语语料库而言，短期内要完全实现机器自动标注，或者部分实现自动标注，都是困难的。

  为了保证标注质量，张宝林（2010）提出应该采取完善标注规范设计、加强标注规范操作性、有效培训标注员、注重标注审核以及使用软件检查标注结果等一系列措施。这些措施无疑能够提高标注的一致性，但仍然不足以从根源上解决问题。另外，在原则、流程、内容、代码上保持标注一致，也存在明显的弊端。G.Leech（1993）针对语料库标注提出了7条基本原则，其中之一是"任何标注模式都不能作为第一标准。即使有，也只能通过实践在大量比较中形成"①。统一标注规范在理论和操作上都很难实现，因为建设语料库的目标各不相同，建库者所持的语言观也有差异。再者，把标注囿于某个统一的理论框架内，势必会阻碍获得新的发现，阻碍学科发展，反而降低了语料库应有的价值。

  元信息标注不同于语言学标注：其一，它基本上是客观信息的添加，除了语料文本的描述信息，其余内容不需要太多的主观判断；其二，中介语语料库建库目标明确，主要服务于二语习得、语言教学、语言测试等领域的研究，二语习得理论框架学界基本达成共识，元信息标注内容相对容易实现统一。简而言之，在汉语中介语语料库建设中，语言学信息的标注依赖主观判断，内容繁多，难以统一，短期内无法实现机器自动标注；而元信息标注客观性强，内容比较明确，易于统一，理论上可以实现机器自动标注。可见，元信息标注可视为突破中介语标注困境的另一途径。

三、语料库元信息标注内容

3.1 国外影响较大的语料库元信息标注

  英国国家语料库BNC采用TEI标注规范，元信息参数达30余个。类似的很

---

① 丁信善（1998）语料库语言学的发展及研究现状，《当代语言学》第1期。

多大型国家语料库都非常重视元信息标注。以俄语国家语料库（Национальный корпус русского языка）为例，该库元信息标注共25个参数。其中3个用于描述作者，9个用于描述文本本身，3个用于描述受众，5个用于描述文本的图书编目信息，5个辅助参数用于描述文本的其他信息。[①]具体参数如下：

Ⅰ.描述作者：作者姓名、性别、年龄；

Ⅱ.描述文本本身：文本名称、文本创建时间、文本篇幅、文本功能领域、文本主题、所描述事件的地点与时间、文本类型、文学作品的文本体裁、文本的文体；

Ⅲ.描述受众：受众年龄、受众受教育程度、受众规模；

Ⅳ.描述文本的图书编目信息：文本来源、发行者名称、出版社名称、出版年份、文本媒介类型；

Ⅴ.描述文本的其他信息：电子文本质量、预先规划的子语料库名称、备注、文本提供者、责任人。

从其参数设计看，元信息标注遵循以下几个原则：（1）全面性原则。覆盖了语料的描述型元数据、管理型元数据、保存型元数据和技术型元数据。（2）弹性原则。俄语国家语料库由11个子库构成，除必要的参数外，不同子库的元信息标注内容不尽一致。（3）准确与模糊并行原则。有的信息尽量准确，有的信息用模糊概念描述，方便操作。（4）遵从国际标准原则。其设计根据TEI标注规范，并结合俄语的特点进行了微调。

3.2 何婷婷"语料库元数据规范设计"

何婷婷（2005）针对汉语通用型语料库存在的问题，参考DC元数据规范、《中文连续出版物机读目录细则》以及BNC等大型语料库的篇头信息后，为语料库设计了6大元数据类型：（1）语料的知识版权信息，包括语料原作标题、语料载体的标记信息、语料原作的创建时间、语料原作的出版时间、语料原作

[①] С. О. Савчук, *Метатекстовая разметка в национальном корпусе русского языка: базовые принципы и основные функции*.

的版权所有者、语料原作的形式。(2)语料创建者的背景信息,包括创建者类型、创建者个人信息(如性别、籍贯、母语、年龄等)。(3)语料载体的发行信息,包括媒体类型、发行范围类型、发行范围、发行周期、印数。(4)语料的内容信息,包括语体、文体、主题。(5)语料的采集方式信息,书面语语料和口语语料分别进行讨论。书面语语料的采集方式包括样本的抽取方法、样本在原文中的位置、原文字数、样本字数;口语语料的采集方式包括谈话环境、事件、地点、时间长度、字数。(6)语料的管理信息,包括语料编号、语料标题、语料的标注更新时间、语料所属单位、语料使用许可权说明、语料使用许可范围与时间、语料的录入方法、语料的标注方法、语料的采集责任人、语料的标注软件、语料的标注责任人。

此文发表后并未引起太多关注和讨论,令人遗憾。不过,中介语语料库与母语语料库性质不同,差异较大,因此,这个设计也仅作为一种参考。

3.3 国内汉语中介语元信息标注的内容及问题

客观地说,国内第一个开放的汉语中介语语料库"HSK动态作文语料库"很重视元信息添加,标注了语料本身的背景信息和语料产出者的背景信息。之后所建的汉语中介语语料库也多以此库为参考,标注了语料的元信息。因循旧例,自然有一定的道理,不过,也带来了一个问题,即少了全面的反思。由于已建成的开放的汉语中介语语料库不多,笔者通过文献了解了3个汉语中介语语料库的元信息标注,具体内容如下表1:

表1　3个汉语中介语语料库的元信息标注

	HSK动态作文语料库（简称"HSK库"，11项）	外国留学生汉语学习过程语料库（简称"过程库"，29项）	全球汉语学习者语料库（简称"全球库"，21项）①
学习者背景信息	国籍、性别、口试分数、客观性考试中的听力理解测验分数、阅读理解测验分数、综合表达分数、参加高等汉语水平考试的总分、是否得到汉语水平证书以及证书等级	姓名（以代码显示）、性别、国籍、是否华裔、母语或第一语言、掌握的其他语言及程度、年级、专业、汉语学习时间、学习地点（国内外、京内外）、学习目的；是否参加过HSK考试、参加次数、作文考试分数、考试总分、是否获得水平证书、证书等级、各学期的综合课、阅读课、写作课、口语课、翻译课、词汇课、语法课、修辞课成绩	姓名（以代码显示）、性别、国籍、是否华裔、母语或第一语言、掌握的其他语言及程度、年级、专业、汉语学习时间、学习地点、学习目的；是否参加过HSK考试、作文考试分数、考试总分、是否获得水平证书、证书等级
语料描述信息	考试时间、作文题目、作文分数	标题、文体、写作时间、写作地点（课上、课下、考场等）、得分	标题、文体、字数下限、写作时间、写作地点（课上、课下、考场等）、得分

从上表可以看出，3个语料库所标注的元信息从数量到内容都有所不同，主要原因在于建库目标有差异。一方面，元信息内容在日趋丰富，比如，"HSK库"仅关注学习者国别与性别的差异，后两个库则添加了语别、母语、第二语言、学习汉语时间、地点等信息。另一方面，"全球库"删减了"过程库"中学习者课程成绩信息，原因是"全球库"所采集的语料来自世界各地的汉语学习者，不同院校的课程成绩可比性不强，没有实际参考价值。不过，总体上说，3个语料库元信息标注都包括了学习者背景信息和语料描述信息两个类型。

那么，这些标注内容是否足够？以正在建设中的"全球库"的元信息标注为例，笔者有如下几点看法。

---

① 本文成稿时"全球库"尚在建设中，表内所列内容为当时课题组暂定的标注内容。现"全球库"更名为"汉语中介语语料库建设与应用综合平台"，于2019年3月上线发布。截至2020年5月23日，语料库规模已达1.07亿字，其中熟语料7771万。语料库网址：http://qqk.blcu.edu.cn。语料元信息标注有所调整，共19项，具体包括：国籍、性别、年龄、现有文化程度、其他外语及程度、学习目的、作者类型、母语或第一语言、是否华裔、汉语水平等级、HSK等级；作文题目、所属课程、产出地点、产出日期、字数要求、时间要求、分数、文体。

（1）从信息类型看，语料缺少了管理型元信息。比如语料编号、语料所属单位、语料保存格式、语料标注责任人等。

（2）从标注内容看：第一，学习者背景信息尚未完全覆盖目前中介语研究关注的各个因素，比如年龄、学习者文化程度、是否有汉字背景、习得地点（高校、教育机构、其他）等。第二，某些信息提供的选择不全。比如学习地点（用"学习环境"更为准确），学习者只有国内、国外两种选择，但不少学习者既在祖籍国学习汉语，又有在中国学习的经历，备选信息无法准确反映学习者的真实情况。第三，某些参数很难作答，比如多次参加HSK考试的学习者，应该如何填写其作文成绩等。

（3）语料描述信息没有进行语体（口语、书面语）区分，内容也有些粗略简单。"全球库"将成为规模最大的汉语学习者口、笔语语料库，针对不同语体的语料，应该在文本描述信息上加以区别，否则会缺失很多重要的信息。元信息标注与语言学标注不同，它无法分层、分阶段添加，最优选的途径是在建设之初按照设计完备成熟的方案一次性采集。

四、汉语中介语语料库元信息标注设想

中介语语料库首先服务于二语习得研究，因此，元信息的标注参数应优先考虑影响语言习得的因素。Ellis（1994：18）谈到二语习得研究的四大领域，其中学习者外部因素研究、学习者内部机制研究和学习者研究偏重探索影响二语习得和语言发展的原因，这为语料的元信息标注提供了参考依据。另外，国内一些研究也从不同角度论及影响汉语习得的因素以及它们对语料库建设的价值，比如，施春宏、张瑞朋（2013）关于平衡性质量参数（包括程度参数）的思考，郑通涛、曾小燕（2016）对中介语语料库建设中学习者特征信息的认识，这些探讨也为元信息参数设计提供了有益的补充。

此外，笔者还了解了在建的"全球库"元信息采集方式：即学习者填写背景信息表格，由标注员完成电脑录入，再补充语料的描述信息。这种操作模式程序多，工作量大，效率低且容易出错，也有很大的提升空间。基于这些认识，笔者将在下文中梳理标注汉语中介语语料元信息需要注意的问题，并对标

注的具体内容提出构想，尽管设计还较粗陋，仍希望能有抛砖引玉之用。

4.1 元信息标注需要注意的问题

（1）保证信息的完备性，保证语料与信息的对应和语料编码唯一性。元信息应包括学习者背景信息、语料描述信息和语料管理信息，这些信息作为篇头文件对语料文本进行说明，标注代码的含义应在语料库使用指南中告知用户。语料的编码可以根据元信息内容和随机码组成，这样可以确保语料编码不会重复。

（2）针对不同性质的语料（口语、笔语、视频等）设计相应的描述参数，提高准确性和客观性。专用型语料库的同性质语料，可以设计其他描述参数细分类目，以便提高语料的研究价值。比如，同为作文语料，可以通过文体类型、篇幅长度、完成地点、有无时间限制、可否使用工具书等进行细致描述。

（3）元信息标注区分必选与可选参数，可以根据信息的丰富度实现语料的分级，元信息内容越丰富，语料利用价值越大。比如，"母语或第一语言"为必选参数，"掌握其他外语及程度"就可以作为可选参数，有的学习者可能只掌握了母语，有的则掌握多门外语，而且语言掌握程度难以采用统一标准衡量。换言之，把具有普遍性的信息设定为必选参数，其他设定为可选。元信息采集完整的语料有更多待挖掘的价值，可以单独保存。

（4）提高标注效率，减少人工参与量，增加机器自动完成度。目前的元信息标注没有有效地利用适当的软件和语料库操作平台。比如，学习者可以线上填写超级表格，表格设置为下拉菜单或勾选答案，替代手动输入，标注员可以快捷地收集统计信息，数据导入语料库操作平台。文本描述信息和管理信息由标注员后期补充。当然，如果能开发相应的软件线上完成，就可以最大程度地避免人工操作造成的错误，提高标注效率。

4.2 元信息标注基本内容

语料库性质与用途的差异，会影响元信息标注内容的设计。由于篇幅有限，这里提出的基本内容是针对"全球库"口、笔语语料设计的，且口语语料假定为已经过文字转写。元信息分为三大类型，括号中为可选参数。

（1）学习者背景信息：姓名；性别；年龄；国籍；是否华裔；母语或第一语言；是否有汉字背景；文化程度；（掌握的其他语言及程度）；学习汉语环境，即母语环境、目的语环境或二者兼有；学习汉语时间，如有在母语和目的语环境学习经历，则分别记录学习时间；学习地点，即高校、教育机构或其他；学习目的；（是否参加过HSK考试）；（考试总分）；（是否获得水平证书及证书等级）。

（2）语料描述信息

Ⅰ笔语语料：标题；体裁；（主题，可多标）；文本类型，如考试作文、平时习作或语段等；文本篇幅；（字数下限）；（写作时间）；写作地点，如考场、课上、课下；得分，仅标注考试作文。

Ⅱ口语语料：产出场景，如课上、工作、表演、生活；类型，如朗读、独白、对话、讨论；（话题，可多标）；时长；语料清晰度；有无噪声干扰；得分，仅标注口试语料。

（3）语料管理信息：语料编号、语料所属单位、语料保存格式、语料入库时间、语料采集责任人、语料标注责任人、语料使用许可范围与时间。

本文认为元信息标注对于汉语中介语语料库建设和发展具有理论与应用价值，其客观性与相对稳定性比较容易实现机器自动标注，减少人工标注的工作量，保持一致性，方便研究者检索与提取符合研究需求的语料，推进中介语研究。不过，这并不意味着语料的语言学标注及研究不重要。再者，随着中介语研究的发展，元信息标注的内容必然会随之继续扩大和细化，这也是学科发展的内在需求。由于笔者水平有限，对如何实现机器自动标注元信息的操作流程知之甚少，敬请相关领域的专家不吝赐教。

参考文献

曹贤文（2013）留学生汉语中介语纵向语料库建设的若干问题,《语言文字应用》第2期。

丁信善（1998）语料库语言学的发展及研究现状,《当代语言学》第1期。

冯志伟（2016）《应用语言学中的语料库》导读，Huston, Susan. *Corpura in Applied linguistics*，北京：世界图书出版公司；伦敦：剑桥大学出版社。

何婷婷、沈辉宇（2005）语料库文本描述的语言规范——语料库元数据规范设计,《语言文字应用》第4期。

何婷婷（2003）《语料库研究》，华中师范大学博士学位论文。

李　俏（2011）《"HSK动态作文语料库"语料分析研究》，云南师范大学硕士学位论文。

梁茂成、李文中、许家金（2010）《语料库应用教程》，北京：外语教学与研究出版社。

梁茂成（2015）梁茂成谈语料库语言学与计算机技术,《语料库语言学》第2期。

楼向英（2011）DC元数据记录的规范控制,《图书馆学研究》第4期。

任海波（2010）关于中介语语料库建设的几点思考——以"HSK动态作文语料库"为例,《语言教学与研究》第6期。

施春宏、张瑞朋（2013）论中介语语料库的平衡性问题,《语言文字应用》第2期。

宋春阳、郑章、李琳（2015）汉语中介语语料库偏误分类系统考察——以HSK动态作文语料库为例,《上海对外经贸大学学报》第2期。

肖奚强（2011）汉语中介语研究论略,《语言文字应用》第2期。

肖奚强、周文华（2014）汉语中介语语料库标注的全面性及类别问题,《世界汉语教学》第3期。

张宝林（2010）汉语中介语语料库建设的现状与对策,《语言文字应用》第3期。

张宝林（2013）关于通用型汉语中介语语料库标注模式的再认识,《世界汉语教学》第1期。

张宝林、崔希亮（2015）谈汉语中介语语料库的建设标准,《语言文字应用》第2期。

张宝林（2016）再谈汉语中介语语料库的建设标准,《语料库语言学》第1期。

张继东、夏梦茹（2015）性别语言立场标记语的使用特征———项基于英国国家口语语料库的研究,《外语研究》第6期。

赵　玮（2015）中介语语料库词汇错误的标注问题及改进建议——以"HSK动态作文语料库"为例,《云南师范大学学报（对外汉语教学与研究版）》第2期。

郑通涛、曾小燕（2016）大数据时代的汉语中介语语料库建设,《厦门大学学报（哲学社会科学版）》第2期。

С. О. Савчук (2005) Метатекстовая разметка в национальном корпусе русского языка: базовые принципы и основные функции, Национальный корпус русского языка: 2003-2005. Результаты и перспективы. Москва, 62-88.

Ellis, R. (1994) *The Study of Second Language Acquisition*, Oxford: Oxford University Press.

John Sinclair,《语料库、检索与搭配》,上海外语教育出版社,1999.

Leech, G. (1993)Corpus annotation schemes, *Literary and Linguistic Computing*. 8(4):275-469.

作者简介

文雁,暨南大学华文学院讲师,北京语言大学在读博士。主要从事对外汉语教学、汉语习得、语料库建设与应用等领域的研究。

汉语中介语语料库的语篇衔接与连贯标注研究*
——基于HSK动态作文语料库

张 悦

内容提要 目前汉语中介语语料库建设中尚无较完善的语篇标注标准，现有的标注方案中的标注内容较为有限，标注标准略显笼统，在系统性和科学性方面也稍显欠缺。本文基于胡壮麟（1994）的语篇衔接与连贯理论，以小句为标注基本单位，以语篇衔接与连贯为标注内容，以全面性、科学性、系统性和可操作性为标注原则，制定了一套标注方案。具体说来，将标注内容划分为逻辑衔接语、指称、替代、省略、词汇衔接等五大类，以"基础标注+偏误标注"为标注模式，采用人标机助的标注方式进行标注。希望本标注方案能弥补前人研究的不足，进一步完善汉语中介语语篇标注的标准。

关键词 汉语中介语语料库；语篇衔接；语篇连贯；语篇标注；标注方案

一、引言

本文属于汉语中介语语料库语料标注的研究范畴，探讨的是语篇标注的标准问题。语篇教学一直是国际汉语教学领域的难点问题（张宝林，1998；孙晓华，2008；郭利霞，2009；张迎宝，2011；吕文华，2012），目前学界已经意识到利用中介语语料库进行书面语篇教学与研究的必要性（张宝林，2008；崔希亮、张宝林，2011）。国内有关汉语语篇标注的相关研究（练睿婷、史晓东，2008；陈莉萍，2008a、2008b；邱武松，2010；王之岭，2013），其标注内容较

---

* 基金项目：教育部重大攻关课题"全球汉语中介语语料库建设和研究"（12JZD018）；国家语委"十三五"规划项目"'一带一路'国家本土中文师资样板数据库构建研究：以缅甸为例"（YB135-24）。

为有限，标注标准略笼统，在系统性和科学性方面也稍显欠缺。具体说来主要存在以下问题：

第一，语篇标注的理论基础众说纷纭。目前的学界主要使用的理论有三种：修辞结构理论（RST理论）、语篇词汇化树邻接语法和篇章语法学，学界各执一词，莫衷一是。与此紧密相联的问题是对基本语篇单位（EDU）的划分各不相同。

第二，语篇标注内容的分类各不相同。有的较为笼统，不能全面反映语篇信息；有的过于烦琐和复杂，不便于标注者标注和使用者理解；有的标注方案不成熟，尚在探索之中；有的方案并未进行大量的语篇标注加以实践和完善。

第三，标注方案各不相同。从理论基础到具体标注方法上都有明显差异，大致分为三种：一种受RST理论或语篇词汇化树邻接语法影响较大；一种是基于计算语言学的相关研究；最后一种是采用句群理论、篇章语言学或其他相关理论所制定的标注方案。

此外，在标注代码和符号上，有的方案利用计算机语言学，使用标注软件进行标注，标注代码复杂，标注结果也不便于使用者理解。

本文拟以汉语中介语语料库中的语篇为研究对象，从衔接与连贯的角度出发，基于语篇衔接与连贯理论，确定标注内容、标注基本单位、标注符号以及标注位置等，制定一套相对完整的语篇标注方案，以期有助于汉语中介语语料库建设。

二、语篇标注理论基础的选择

语篇标注理论的选取取决于标注目的，一切标注都是以满足语料库使用者和研究者的需要为前提的。目前学界广泛采用的语篇理论主要有修辞结构理论（RST）、语篇词汇化树邻接语法和篇章语法学。下面分别介绍上述几种理论以及本文的理论选择。

2.1 修辞结构理论（RST）

修辞结构理论（Rhetorical Structure Theory，以下简称RST理论）是美国学

者W. C. Mann和S. A. Thompson于20世纪80年代初在系统功能理论的框架下创立的篇章生成和分析理论。RST理论的出发点是从功能的角度研究句际关系，其关注的焦点是篇章的整体性和连贯性。篇章各小句不是杂乱无章地堆在一起，而是存在着修辞结构关系。因此，RST理论通过描写篇章各部分之间的结构关系来分析语篇。

早在20世纪90年代，就有学者提出使用RST理论进行语篇标注。真正大规模运用该理论进行语篇标注是在2001年，美国南加州大学由Daniel Marcu主持的研究小组以RST理论为支撑建立了语篇标注的语料库。国内也有采用RST理论进行汉语语篇结构研究的，如乐明（2008）提出的汉语篇章结构标注项目CJPL、邱武松（2010）的汉语语篇修辞结构实验等，都尝试使用RST理论对汉语语篇（非中介语）进行语篇标注，但标注结果并不理想。

2.2 语篇词汇化树邻接语法

语篇词汇化树邻接语法是宾州语篇树库所使用的语篇理论，该理论认为语篇连接词是语篇衔接的主要手段，并将语篇连接词分为照应型和结构型两种，还提出了隐式和显式连接，并对语义连接关系进行了分类。国内也有使用该理论进行语篇研究的相关文章，但是该理论存在一个明显的缺陷，即只侧重语篇连接词这一种语篇手段。

2.3 汉语句群理论

吴为章、田小琳（2000）认为句群是"在语义上有逻辑关系，在语法上有结构关系，在语流中衔接连贯的一群句子的组合，是介于句子和段落之间的，或者说是大于句子、小于段落的语言表达单位"。其研究基本属于汉语本体研究，未考虑语料标注的相关问题。陈莉萍（2008）指出汉语的句群理论与韩礼德、哈桑的理论有很多相似之处，提出句群理论可以作为理论基础对汉语语篇进行大规模的标注，但该理论目前缺乏实践的检验，更多的是理论层面的论述。

此外，陈平（1991）、廖秋忠（1992）、郑贵友（2002）、徐赳赳（2010）

等也对篇章语言学做了很多有益的探索，阐述了对语篇衔接与连贯两种手段的具体认识，对语篇标注具有借鉴意义。

2.4 语篇衔接与连贯理论

韩礼德与哈桑有关衔接与连贯的相关理论是目前语言学界广泛采用的篇章语言学理论之一，该理论重点解决篇章的衔接问题，且偏重于语言内部，尤其是词汇句法的体现过程。该理论除了语篇连接词这一种语篇手段外，还提出了其他语篇衔接手段，较语篇词汇树邻接语法更为全面。

韩礼德、哈桑的理论以英语语料为研究对象，胡壮麟（1994）则是以汉语和英语两种语料为研究对象，对中介语语料更实用一些。对语篇的衔接与连贯进行了详细的讨论，在更大范围内探索了语篇衔接与连贯的各种手段并进行了细致的分类。本文选取胡壮麟（1994）的衔接与连贯理论作为本文语篇标注的理论基础，理由如下：

（1）相比其他理论来说，该理论是从衔接与连贯的角度出发，考察语篇衔接与连贯所使用的各种手段，更贴合本文的研究方向。(2）该理论以英语和汉语语篇为考察对象，和单纯的英语语篇研究相比，更适合汉语中介语语料的标注需要。(3）与黄国文（1988）、郑贵友（2002）、张德禄（2005）等人的语篇衔接与连贯手段分类方法相比，胡壮麟（1994）的分类方法相对简洁明确，更加便于理解和使用。

三、语篇基本标注单位的确定

对于语篇标注基本单位的划分，学界一直众说纷纭。通过观察各类研究的标注结果，我们发现以自然句为基本单位是行不通的。乐明（2008）以句子为单位进行了大规模的新闻语篇标注，在标注结果中也提到了标注结果不甚理想，在下一步的工作中要降低颗粒度，修正基本标注单位。陈莉萍（2008a、2008b）对句群理论的相关论证和对语篇基本单位的说法只是站在理论角度，以谈话的话轮为基本单位在汉语中介语语料中不完全适用。邹红建、杨尔弘（2007）以事件为语篇基本单位的研究也存在漏洞，若仅对事件进行标注，会忽略很多语篇信息。

目前来看，以小句为语篇标注的基本单位占据主流。邢福义（1995）提出小句中枢说之后，郑贵友（2004）也认为小句是语篇分析的基本单位，并且复句的分句也应作为语篇分析的基本单位。本文确定以小句为汉语中介语语篇标注的基本单位，理由如下：

（1）以小句为语篇标注的基本单位，颗粒度较小，能够最大程度反映语篇信息，相对来说具有全面性；（2）以小句为语篇标注的基本单位具有普适性，无论是中介语语料中的议论文还是记叙文，或者其他文体，均无限制，不会像话轮一样具有单一性。（3）与以句子为基本标注单位相比，能获取更多语篇细节性的信息，能够展示小句之间的衔接与连贯手段，方便对各种偏误情况进行标注。

四、语篇语料的来源与选取

本文的语料来源于"HSK动态作文语料库"，采取简单随机抽样的方法抽取了部分议论文语料。只抽取议论文这一种体裁是为了保持语料的纯净，避免文体等其他不必要因素的干扰，提高标注的准确性。所抽取的题目有三个："我们对男女分班的看法"、"如何面对挫折"和"如何看待安乐死"。根据统计学原理，置信区间若设为90%，误差不超过5%，则样本量不少于269篇。参见下表：

表1　不同置信区间和抽样误差下的样本量表

抽样误差 \ 样本量	不同置信区间的Z统计量		
	90%	95%	99%
	1.64	1.96	2.58
10%	67	96	166
5%	269	384	666
3%	747	1067	1849

因此，本文选取了270篇议论文语料，主要从衔接和连贯两大方面对议论文语料进行考察，其中衔接主要包含指称、结构衔接、逻辑衔接和词汇衔接四

个方面，然后根据各种偏误的出现率决定是否进行下级小类的划分。我们通过重点观察汉语中介语语料中语篇的衔接和连贯手段的使用偏误情况，探查出标注工作应关注的重点和难点，进而确定标注的内容和具体分类。

五、汉语中介语语料库的语篇标注方案

5.1 标注原则

本方案参照崔希亮、张宝林（2011）和张宝林（2013）的相关论述，以全面性、科学性、系统性和可操作性为标注的基本原则。

全面性是指语篇标注需要涵盖篇章语言学的基本内容，结合外国学生语篇的偏误率和第二语言教学的实际情况确定标注的基本内容，能够间接反映中介语语篇的特点和第二语言教学的重难点。同时，采取"基础标注+偏误标注"的标注方法，可更全面地反映语篇信息。

保证标注的科学性应做到以下几点：标注内容的确定参考了汉语篇章语法学公认的基本理论；要求标注员有较为深厚的语言学功底，能够对各种语篇现象进行科学判断和准确标注；最后，要求标注员严格遵守标注规则和工作守则。

系统性是指语篇标注内容是一个系统的体系，能够基本涵盖汉语篇章语言学中的语言现象。从总体看来，整个标注体系是一个树状图，层级关系明显，界限分明，具有系统性。标注具有系统性对于使用者和研究者来说更方便实用，这样不仅反映的语篇信息较为全面，而且使用者也可根据自己的需要截取不同深度的标注内容。

可操作性具体是指所提出的标注方案应该是脚踏实地的，便于合理运用到实际的语篇标注工作中。要实现标注方案的可操作性，需更多地参考中介语语篇中各种语篇手段的使用情况、出现频率、偏误等，一切标注方案的制定应以语料为基本出发点。最后，据此标注方案所得的标注结果也应能够满足语篇教学与研究的需求。

5.2 标注深度

标注深度是指标注的深入程度，体现为标注内容的层次性。标注深度的深浅取决于语料的实际面貌，取决于中介语语料的偏误数量，偏误率越高，需要标注的层次越深。下面以逻辑衔接为例：

（1）① 我们认为帮助人家自杀（安乐死）是杀人罪{CD的}。② 不管她要不要死，不应该帮助她自杀。③ 因为人的生命不是自己来选择的，[BC.]而是上帝给人的。不过我们也十分了解这件事。

分句②出现了逻辑衔接语漏用的偏误，应该使用"不管……，都……"的搭配，作者漏用了"都"造成逻辑衔接语的残缺。这一偏误属于逻辑衔接语这是第一层；第二层是逻辑衔接语漏用的偏误；第三层是因果类逻辑衔接语漏用的偏误；第四层是因果类（条件类）逻辑衔接语漏用的偏误。究竟应该标注到哪一层呢？这就涉及如何确定标注深度的问题了。

本文认为，标注深度是由汉语中介语语料的实际情况决定的，应该以标注的实际需要为导向。在语料试标过程中，我们发现逻辑衔接类偏误率极高，是从低分段到高分段都普遍存在的一种偏误，有必要对其进行深入标注，方便使用者获取更多信息。如果仅仅标注到第一层，所反映的信息几乎为零；如果标注到第二层，即逻辑衔接语漏用，使用者所能获得的仅仅是简单的错误类型，即漏用导致的偏误，所获得的数据也只是漏用的偏误数量而已；如若标到第三层，即因果类逻辑衔接语漏用，使用者则可得知是哪类逻辑衔接语出现了偏误，偏误率如何，进而可以推测偏误产生的原因；如若能标到第四层当然最好，能够反映最多的信息，可是我们需要考虑到一些实际的问题。

如果对逻辑衔接语的偏误进行详细分类，有两个问题需要解决：一是逻辑衔接语的分类问题，目前，学界对部分逻辑衔接语的分类还存在一些争议，只采取一种分类方法难以服众，多种方法综合又会造成标注的混乱。第二，标注过于深入会增加标注员的负担，可能会造成标注工作出现分歧或者准确率过低的情况。因此，我们认为标注到第三层是最好的选择。从理论上来看，逻辑衔接语的部分分类确实存在争议，站在理论的角度难以入手。但是外国学生的作文一般使用的逻辑衔接语手段都较为简单且使用目的明确，中低分段的作文尤其如此，高分段的作文由于水平较高，有的会使用一些较为复杂的篇章手段，但迄今为止并没有逻辑衔接语偏误出现过于复杂难以分析的情况。我们选择标注到第三层，只给出使用者一个大致的分类（并列类、因果类、转折类或者顺序类），其下位小类可以由使用者再进一步探究。

另外，在一个完整的标注方案中，本文认为各类偏误的标注深度不可能是一致的，有的语篇手段偏误率很高，耗费时间和人力对其进行深层次标注是有价值的，如逻辑衔接的偏误就是如此。有的语篇手段的偏误率极低，没必要对其进行深入标注。

5.3 标注内容

张宝林（2013）提出了"基础标注+偏误标注"的标注模式。"基础标注"是指对中介语语料中的正确语言现象进行标注，"偏误标注"是指对中介语语料中的错误语言现象进行标注，两种标注结合能够尽可能全面地反映语料的面貌。我们认为这种标注方式是科学合理的，也易于操作。因此，本方案也采取"基础标注+偏误标注"的标注模式。具体标注内容如下：

表2 基础标注的内容

衔接	逻辑衔接语	并列类逻辑衔接语
		因果类逻辑衔接语
		转折类逻辑衔接语
		顺序类逻辑衔接语
	省略	名词省略
		动词省略
		小句省略
	替代	

续表

衔接	指称	人称指称
		指示指称
		比较指称
		零式指称
	词汇衔接	

注：① 在基础标注中，没有办法对语篇的连贯程度做标注，故忽略这一项。

② 为了简化标注符号，使标注结构更简洁更易理解，我们直接把衔接手段分为五类，省略掉"结构衔接"这一层，即逻辑衔接语、指称、替代、省略和词汇衔接。

③ 逻辑衔接语：并列类主要包括平列、递进、换言、补充和选择；因果类主要包括因果、条件、目的、假设；转折类主要包括转折、让步、对比、对立；顺序类主要包括时间顺序、空间顺序和逻辑顺序。

④ 词汇衔接和替代偏误率极低，暂不做下位分类了。

表3　偏误标注的内容

衔接	逻辑衔接语	逻辑衔接语冗余	并列类逻辑衔接语冗余
			因果类逻辑衔接语冗余
			转折类逻辑衔接语冗余
			顺序类逻辑衔接语冗余
		逻辑衔接语误用	并列类逻辑衔接语误用
			因果类逻辑衔接语误用
			转折类逻辑衔接语误用
			顺序类逻辑衔接语误用
	逻辑衔接语	逻辑衔接语漏用	并列类逻辑衔接语漏用
			因果类逻辑衔接语漏用
			转折类逻辑衔接语漏用
			顺序类逻辑衔接语漏用
		逻辑衔接语搭配不当	并列类逻辑衔接语搭配不当
			因果类逻辑衔接语搭配不当
			转折类逻辑衔接语搭配不当
			顺序类逻辑衔接语搭配不当
	指称	指称词对象不明确	
		指称词冗余	
		指称词误用	

续表

衔接	省略	该省而未省	
		不该省而省	
	替代	替代不当	
	词汇衔接	词汇衔接不当	
连贯	连贯	语义不连贯	

注：① 逻辑衔接语偏误率很高，所以对其进行了较为细致的标注。

② 指称词冗余也可以划入结构衔接中该省而未省这一偏误分类中。但为了避免偏误划分的重复，我们只把指称词该省而未省标注为指称词冗余。

③ 替代和词汇衔接两种手段偏误率较低，就不再对其进行下级分类了。

④ 连贯方面的偏误只标注"语义不连贯"这一种。

5.4 标注符号

本方案的标注符号主要采用汉语拼音首字母编码的形式，代码中的大写字母表示性质，小写字母表示类别。同时，为了方便使用者分清楚基础标注和偏误标注，基础标注我们使用大括号{}表示，偏误标注使用中括号[ ]表示。具体的标注符号如下表所示：

表4 基础标注的标注符号

衔接	逻辑衔接语{L}		并列类逻辑衔接语{Lbl}
			因果类逻辑衔接语{Lyg}
			转折类逻辑衔接语{Lzz}
			顺序类逻辑衔接语{Lsx}
	省略{SL}		名词省略{SLm}
			动词省略{SLd}
			小句省略{SLj}
	替代{TD}		
	指称{ZC}		人称指称{ZCrc}
			指示指称{ZCzs}
			比较指称{ZCbj}
			零式指称{ZCls}
	词汇衔接{CH}		

表5 偏误标注的标注符号

衔接	逻辑衔接语 [L]	逻辑衔接语冗余 [L-ry]	并列类逻辑衔接语冗余 [Lbl-ry]
			因果类逻辑衔接语冗余 [Lbl-ry]
			转折类逻辑衔接语冗余 [Lzz-ry]
			顺序类逻辑衔接语冗余 [Lsx-ry]
		逻辑衔接语误用 [L-wy]	并列类逻辑衔接语误用 [Lbl-wy]
			因果类逻辑衔接语误用 [Lyg-wy]
			转折类逻辑衔接语误用 [Lzz-wy]
			顺序类逻辑衔接语误用 [Lsx-wy]
	逻辑衔接语 [L]	逻辑衔接语漏用 [L-ly]	并列类逻辑衔接语漏用 [Lbl-ly]
			因果类逻辑衔接语漏用 [Lyg-ly]
			转折类逻辑衔接语漏用 [Lzz-ly]
			顺序类逻辑衔接语漏用 [Lsx-ly]
		逻辑衔接语搭配不当 [L-dp]	并列类逻辑衔接语搭配不当 [Lbl-dp]
			因果类逻辑衔接语搭配不当 [Lyg-dp]
			转折类逻辑衔接语搭配不当 [Lzz-dp]
			顺序类逻辑衔接语搭配不当 [Lsx-dp]
衔接	指称 [ZC]	指称对象不明确 [ZC-bmq]	
		指称词冗余 [ZC-ry]	
		指称词误用 [ZC-wy]	
	省略 [SL]	该省而未省 [SL-ws]	
		不该省而省 [SL-bgs]	
	替代 [TD]	替代不当 [TD-bd]	
	词汇衔接 [CH]	词汇衔接不当 [CH-bd]	
连贯	连贯 [LG]	语义不连贯 [BLG]	

5.5 标注方式

本方案主张以人工标注为主,机器标注为辅的方式。具体来说,对段落、句子和小句的划分可采取机器自动划分的方法,并进行人工检查,具体的标注工作则基本依靠人工标注来完成。

在语料标注的过程中，要求尽量做到维护语料的原貌，只进行语篇层面的标注，而不对原始语料做任何修改。在判断偏误的标准上，我们只关注语篇手段的使用是否正确，而不关注是否符合母语者的使用习惯。基础标注和偏误标注可放在同一版语料中进行。因为使用了不同括号区分基础标注和偏误标注，不会出现混淆情况。

5.6 标注位置

在语篇中，某些衔接与连贯手段的基础标注或偏误标注可能只跨越两个小句，有的则是需要跨越几个句子甚至段落。因此，不同语篇手段的标注位置不可能完全一致，需要视情况而定。

先谈逻辑衔接语。逻辑衔接语的基础标注中，有的逻辑衔接语单独出现，有的成对出现，顺序类逻辑衔接语的数量多且跨度较大。对于单独出现的逻辑衔接语，我们在逻辑衔接语言之后标注代码，如下：

（2）① 那"安乐死"究竟可不可取呢？② 我们认为"安乐死"这个问题，③ 直接关系到"人的生命的尊严，④ 所以{Lyg}不能随便开口。

对于成对出现和数量较多的逻辑衔接语，则采取标注代码置于句尾的方法，并使用数字加注该标注所涵盖的范围。例如：

（3）① 我们对男女分班表示反对。② 虽然男女分班被认为可以避免学生早恋，③ 但是我们认为男女分班弊大于利。{Lzz②-③}

逻辑衔接语的偏误标注中，搭配不当所出现的位置跨度较大，可标于语段末尾。例如：

（4）① 我们不支持男女分班。② 因为我们一开始工作不管男女一定要互相尊重、互相帮助。③ 我们认为学校不只是学文化的，④ 而是学习在实际社会上怎么活下去。[Lbl-dp③-④]

其他偏误，冗余、误用和漏用所出现的位置较为确定，可直接标注在偏误出现的位置，简单明确。例如：

（5）①但是，②过早的恋爱也有些问题。③还没形成自我们，④根本不清楚男女分别的所以［Lyg-ry］就开始谈恋爱，⑤这就惨了。⑥不能公开所以不能告诉父母，⑦周边的朋友们也许还小而没有人谈过恋爱。

指称、省略、替代和词汇衔接的基础标注位置和偏误位置比较固定，可以在语篇衔接手段使用及其出现偏误的位置进行标注。例如：

（6）最重要的是病人、其家庭人们、医生他们精神上的痛苦怎么去掉。但是不要按每个人的主观意见来判断。所以这个观点［ZC-bmq］在法律上明显是现在的世界中，比较大的问题。不仅中国，美国，日本也是很伤脑筋的。

语义不连贯的偏误情况较为复杂，跨度较大，我们将其标于语段的末尾，并使用序号标示所涵盖的范围。例如：

（7）①{CP{CD对}男女分班有利的地方是除了可以避免学生早恋外，②更重要的是男学生较爱动，③上课时［F时］女孩子较爱讲话，④在老师讲课时［F时］如果不分班老师较难抓住他们的特点。⑤但如果分班，⑥老师可按学生的性格进行教学。⑦P}另外{CC2另一方面［C］}，⑧男生与女生同班不利的一方面［C］是，⑨男生爱作［B做］弄女生，⑩{CD在}上课时［F时］不专心听课，尤［B有］其是高班的学生。［BLG①-］

5.7 标注实例节选

如何看待"安乐死"

①我们［F们］如果{Lyg}要分析"安乐［F樂］死"是否可取，②{SL-mc}首先{Lsx}要从［F從］正面及反面两［F兩］方面去分析。③首先［Lsx-ry]"安乐[F樂]死"无[F無]疑[C]是可以帮[F幫]助一些身患绝[F絕]症或顽[F頑]疾的病人解决长[F長]期所承受的压[F壓]力及痛苦。④但{Lzz}应[F應]该[F該]由谁[F誰]去作出这[F這]个[F個]决定,⑤便是{Lbl}问[F問]题[F題]之[C]所在。⑥以本人{ZC-rc}愚[C]见[F見],⑦{SL-mc}认[F認]为[F為]"安乐[F樂]死"并[F並]不可取。⑧首先从[F從]道德观[F觀]念角度去看,⑨人类[F類]生命是最宝贵[F貴]及神圣[F聖]的,⑩任何人均无[F無]权对[F對]任何人[TD]的生命作出决择[F擇]。第[C]二从[F從]法律观[F觀]点去看,我们认[F認]为[F為]无[F無]论[F論]如何也不可能将[F將]"安乐[F樂]死"写[F寫]成一条[F條]法律而{CC去}令它{ZC-mc}合法化。[BC,]因为{Lyg}[F為]不能用文字完全地写[F寫]出什么情况或什么[F麼]原因下,才可作出这[F這]个{ZC-zs}[F個]决定{Lyg-},内里[F裏]同时[F時]亦包括许多客观[F觀]及主观[F觀]因素,这[ZC-wy][F這]实[F實]在是太复[F複]杂[F雜]。{Lsx⑧-}{CP从[F從]另一方面去看{Lbl},如果{Lyg}"安乐[F樂]死"合法的话[F話],会[F會]带给[C]其他人{CD有}不良影响[F響],特别是{Lbl}年轻[B青]人,因为{Lyg}[F為]他们{ZC-rc}[F們]分析能力不高,社会经[F經]验[F驗]尚浅[F淺],可能他们[SL-ws][F們]会误[F誤]认[F認]为[F為]生命是可以自己随[F隨]便地去结束的,对[F對]他们[F們]会造成负[F負]面影响[F響],对[F對]生命不懂珍惜。[ZC-bmq-]P}因为{Lyg}[F為]人生不如意事,[BC、]十常八九,无[F無]论[F論]做什么[F麼]事情都[B到]应[F應]该[F該]全力以付、发[F發]挥[F揮]自己最高{CQ的}能力,{ZC-bmq}生命才会有意义[F義]。{Lyg-}

六、余论

制定一套完整的语篇标注方案是一件很复杂的事情,本文所提出的汉语中介语语篇标注方案远远不能用"完整"来形容。本方案仍然存在一些尚未解决的问题:

（1）对语篇进行大规模的标注，不仅涉及语言学理论层面的问题，更要考虑到标注方案的可行性，即技术层面的问题。

（2）本文在标注内容方面的探讨也无法做到尽善尽美，标注的理论基础在语言学界本来就是一个难题，在内容的确定上难免会出现模棱两可的地方。

在下一步的工作中，我们的计划对语料进行更大规模的试标，验证该方案的可行性和适用性，并根据标注中所出现的问题，进一步完善标注方案；进一步做技术方面的探索，在标注代码、标注工具、标注位置等方面能够支持大规模的语篇标注。

参考文献

陈莉萍（2008）汉语语篇结构标注面临的挑战与对策，《南通大学学报·社会科学版》第5期。

陈莉萍（2008）汉语篇章结构标注的理论支撑，《南京航空航天大学学报（社会科学版）》第3期。

陈　平（1991）《现代语言学研究——理论方法与事实》，重庆：重庆出版社。

崔刚、盛永梅（2000）语料库中语料的标注，《清华大学学报（哲学社会科学版）》第1期。

崔希亮、张宝林（2011）全球汉语学习者语料库建设方案，《语言文字应用》第2期。

段慧明等（2000）大规模汉语标注语料库的制作与使用，《语言文字应用》第2期。

郭利霞（2009）20世纪80年代以来对外汉语语段教学研究综述，《华北电力大学学报（社会科学版）》第6期。

何安平（2008）语料库语言学的新热点——与话语分析的互动，《现代汉语（季刊）》第4期。

何立荣（1999）浅析留学生汉语写作中的篇章失误，《汉语学习》第1期。

胡壮麟（1994）《语篇衔接与连贯》，上海：上海外语教育出版社。

黄国文（1988）《语篇分析概要》，长沙：湖南教育出版社。

李　斌（2007）中介语语料库建设中的语言错误标注方法，《暨南大学华文学院学报》第3期。

练睿婷、史晓东（2008）语篇标注语料库的建设研究，《第四届全国学生计算语言学研讨会论文集》。

梁燕、冯友、冯良坤（2004）近十年我们国语料库实证研究综述，《解放军外国语学院学报》第6期。

廖秋忠（1992）《廖秋忠文集》，北京：北京语言学院出版社。

刘敏贤、杨跃、周正履（2011）语篇标注与宾州语篇树库，《唐都学报》第2期。

刘世铸、张征（2003）修辞结构理论与RST工具，《外语电教化》第4期。

卢伟（1999）语料库在对外汉语教学中的应用，《厦门大学学报（哲学社会科学版）》第4期。

吕文华（2012）语段教学内容的选择和分布，《语言教学与研究》第1期。

邱武松（2010）汉语语篇修辞结构标注实验，《第五届全国青年计算语言学研讨会论文集》。

任海波（2010）关于中介语语料库建设的几点思考——以"HSK动态作文语料库"为例，《语言教学与研究》第6期。

隋桂岚等（2003）语料库、统计学与文本分析，《辽宁工程技术大学学报（社会科学版）》第6期。

孙晓华（2008）近年来留学生篇章衔接偏误研究综述，《语言教学与研究》第2期。

田然（2003）现代汉语叙事语篇中的NP省略，《语言教学与研究》第6期。

田然（2004）叙事语篇中NP省略的语篇条件与难度级差，《语言教学与研究》第2期。

王之岭（2013）《汉语中介语语料库篇章标注研究》，北京语言大学硕士学位论文。

肖奚强、周文华（2014）汉语中介语语料库标注的全面性及类别问题，《世界汉语教学》第3期。

辛平（2001）对11篇留学生汉语作文中偏误的统计分析及对汉语写作课教学的思考，《汉语学习》第4期。

邢福义（1995）小句中枢说，《中国语文》第6期。

徐赳赳（2010）《现代汉语篇章语言学》，北京：商务印书馆。

姚双云、胡金柱、舒江、沈威（2012）篇章连贯语义关系的自动标注方法，《计算机工程》第7期。

乐明、冯志伟（2005）篇章修辞结构树库概述，《全国第八届计算语言学联合学术会议论文集》，北京：清华大学出版社。

乐明（2008）汉语篇章修辞结构的标注研究，《中文信息学报》第4期。

乐明、冯志伟（2004）RST的理论发展和工程应用综述，《第二届全国学生计算语言学研讨会论文集》。

张宝林（1998）语段教学的回顾与展望，《语言教学与研究》第2期。

张宝林（2010）汉语中介语料库的建设的现状与对策，《语言文字应用》第3期。

张宝林（2013）关于通用型汉语中介语料库标注模式的再认识，《世界汉语教学》第1期。

张德禄（2005）语篇衔接中的形式与意义，《外国语》第5期。

张美娜、迟呈英、战学刚、亓超（2008）基于篇章结构的文本自动标引算法，《计算机应用与软件》第9期。

张迎宝（2011）对外汉语篇章教学的研究现状与存在的问题，《汉语学习》第5期。

郑贵友（2002年）《汉语篇章语言学》，北京：外文出版社。

郑贵友（2004）"小句中枢说"与汉语的篇章分析，《汉语学报》第1期。

邹红建、杨尔弘（2007）以事件标注为核心的语篇标注研究，《第三届全国信息检索与内容安全学术会议论文集》。

作者简介

张悦，中央民族大学国际教育学院硕士毕业生，现就职于字节跳动科技有限公司，研究方向国际汉语教学。

汉语学习者口语语料库建设语用标注研究 *

段海于

内容提要 在语料库的建设方面国内外已经取得了很大的成就,而学习者口语语料库建设较薄弱。汉语学习者口语语料库可以借鉴已经建成的相关语料库,如口语语料库、学习者语料库及汉语中介语语料库等。然而这些语料库很少涉及汉语语用标注,我们根据汉语语用本体研究成果以及汉语语用习得现状,提出了具体的可供参考的语料库建设四大语用标注原则与六大板块的标准内容。

关键词 口语语料库;语用标注原则;语用标注内容

一、引言

在语料库语言学中有两种研究范式,梁茂成(2012)介绍了以Sinclair为代表的语料库驱动研究范式和以Halliday为代表的基于语料库研究范式。他们对待语料标注有截然不同的看法:语料库驱动的研究范式主张"干净文本原则";而基于语料库的研究范式主张语料标注,标注信息可以为语料库使用者提供深层信息,从而为语料库增值。在母语者语料库中,语料基本上都是符合规范的语言,通过检索软件可以正常检索,但是学习者口语语料库不仅具有口语的特点,而且存在大量的偏误,如果不进行标注,生语料库在使用时很不方便,也不能很好地发挥语料库的价值。

---

* 本研究得到语言资源高精尖创新中心(编号:KYD17004)、教育部哲学社会科学研究重大课题攻关项目(批准号:12JZD018)、北京市社会科学基金项目重点项目(编号:15WYA017)的经费资助。

建成的开放使用的口语语料库及汉语语用标注的语料库都很少见。现有的汉语学习者语用研究多数是以调查问卷的形式基于少量语料的个别语用行为研究，如孙晓曦、张东波（2008）研究美国大学生汉语"请求"言语行为，杨黎（2015）探索美国留学生语言水平、语言环境与汉语学习者"感谢"言语行为语用能力发展之间的关系等，常敬宇（2000）、王昀（2011）调查了委婉语习得现状，提出对教材和教学的改进建议。目前缺少基于语料库的更具普遍性的研究，因此有必要建设汉语学习者口语语料库，通过语用等信息标注充分发挥语料库的价值。

二、语料库现状考察

基于语料库建设的文献调研和语料库的实际考察，现有的语料库为汉语口语语料库的建设提供了很多值得借鉴的地方。世界上已经建立了不少的口语语料库，如世界上第一个英语口语语料库是1981年瑞典Svartvik主持的LLC语料库，它是SEU语料库中的口语材料，包括不同情景的日常交谈录音。口语表达往往含有很多的语用信息，英语学习者语料库建设及标注相对比较完善，而汉语中介语语料库在词汇语法方面有一定的标注，却没有语用标注。建成的开放使用的汉语学习者口语语料库，如暨南大学华文学院口语语料库[①]，是个有声的生语料库。另外还有一些建设设想，并没有具体的语用标注说明，如杨翼（2006）就提出了汉语学习者口语语料库建设的基本设想，于丽（2017）提出了新疆少数民族预科生汉语口语中介语语料库建设的构想，但都没有详细的标注内容及过程。

这些已经建成的语料库或建设构想以及基于语料库建设的研究，都会为汉语学习者口语语料库的建设提供值得借鉴的地方，但是不能为汉语口语语料库的建设提供具体的语用标注方面标准，因此，在对口语语料库建设的迫切需要情况下，有必要加强语用标注的标准研究，推动汉语学习者口语语料库的建设。

---

① 暨南大学华文学院口语语料库网址：https://huayu.jnu.edu.cn/corpus5/Default.aspx。

三、语用标注原则

汉语中介语语料库的标注大都是从字、词、语法角度进行偏误标注，张宝林（2013）对"基本标注+偏误标注"做了新的概括与解释，肖奚强、周文华（2014）提出"正确信息＋偏误信息"标注。因此，研究汉语学习者语用习得情况，不仅要研究偏误还要关注他们正确习得的地方。因此，本文提出了语料库建设过程中语用标注的四点建议性原则。

3.1 全面性与相对性

汉语学习者口语语料库在标注时要坚持全面性原则，既要有言语性标注又要有非言语性的标注，既要有正确标注又要有偏误标注。但是无论怎样，都不可能再现话语的原貌，在标注时就要根据语料库建设目的，有针对性地标注。它不是一个专门做语音的语料库，在语音标注上没有必要特别详细，如曹文、张劲松（2009）提到的声调特征点、边界调等，就不需要标注出来；口语语料库有口语的特点，决定其在语法标注上不能像书面语语法一样严格，口语会经常出现重复、倒装、句子成分残缺的情况；肖奚强、周文华（2014）认为在标注的广度上，由于汉语语用本体研究不够深入，就不要进行这方面的标注，然而，如果没有语用的标注，这样的口语语料堆砌在一起，依旧是一个生语料库，不能发挥语料库应有的价值。口语语料库建设任务为汉语语用的本体研究提供了方向，应该在现有成果的基础上进行标注，进一步推动语用的发展，带动学习者在语用习得方面的研究。

3.2 科学性

在标注时，只要有相关的国家标准都应该执行，在语音偏误标注时要依照《汉语拼音方案》，仍然不能满足时可以借助国际音标；分词和词性标注都有相应的国家规范；语法方面，可以根据张宝林（2013）的标注体系进行标注，但是在语用上没有规范，因此我们在语用本体和习得研究基础上，总结归纳语用标注的类型，先通过计算机学习进行自动识别标注，然后进行人工校对。另外，尽量提高标注员的标注质量，做到同样的偏误同样的标注，不漏标、错标，标注尽量前后一致。

3.3 通用性

分离式标注（Stand-off annotation）是一种不在原文上进行标注的标注形式，运用XML来传输和储存数据，它的标签没有被预定义，可以根据设计者的意图决定标注什么内容，往里添加任何可扩展的标记语言，同时在不需要某类标注时容易去除而不影响其他原文和标注内容，这样的标注语言和标注形式为目前不完善的语用标注提供了更正的机会，同时有利于实现标注内容在不同语料库之间的共享，提高语料库建设的速度。

3.4 适度性

偏误标注有一定的主观性，一个严格的标注员会把语料标上各种偏误，而一个宽松的标注员同样的语料就没有标几个偏误。学习者在目的语习得过程中很难完全达到母语者的水平，我们不能按照母语者的严格标准去要求学习者，如在语法上，口语语料不能完全按照书面语的语法规范进行标注，同样，语用的标注也要适度，标出那些研究者关注的、学习者容易出现问题的地方。

四、语用标注内容

20世纪80年代，语际语用学在国外刚刚兴起，是基于语用学和二语习得领域的交叉学科，Kasper和Blum-Kulka（1993）主编的*Interlanguage Pragmatics*是第一部第二语言语用学习得领域的著作。汉语语际语用学的研究多与对外汉语教学相关，主要分为语用语言习得研究和社交语用习得研究。现在口语语用习得研究基本上是基于调查问卷，课堂活动记录等小范围研究，调查对象的母语背景、汉语水平相对有限，因此，研究结果的普遍性和可靠性都需要进一步考察。因此，汉语口语语料库语用的标注既要根据现有的语用本体研究成果，如冉永平（2006），唐红芳（2007），何自然、冉永平（2009）和索振羽（2014）等，又要考虑汉语学习者语用习得特点以及研究者所关注内容进行标注。

4.1 语用语言标注

语用语言标注也是从语音、词汇、语法与语篇的角度，但是与书面语语料库的标注的偏误是不一样的。在语用语言中标注出因为语用原因而产生特殊含义的语音、词汇、语法等，主要指二语学习者在习得汉语时，受中国文化影响而出现的正确的或错误的语用现象。

4.1.1 语音

4.1.1.1 声调

汉语是有声调的语言，汉语的音节非常简单，普通话有意义的音节约有400个，声调在区分词义上具有很重要的作用，但是世界上大部分的语言没有声调，学习者在习得声调时就存在一定的困难。在口语中没有文字的支撑，声调偏误就会造成歧义，语用中的声调的偏误不是因为学习者不认识某个词而发错了音，而是没有注意到在具体的语境中如何准确地使用。

（1）我呢，我暑假一般就，嗯，大部分是睡懒觉。[①]

这位学生在介绍自己暑假一般都做了些什么，"一般"的声调由"yìbān"发成了"yíbàn"，我们不能从学习者的话中准确地理解所说的内容，"yíbàn"很容易误解成"一半"，留学生的暑假生活"一半"在睡觉，"一半"在做其他事情，而"一般"是"通常"的意思，不是确切的时间段，所以学生想要表达的应该是"yìbān"。

4.1.1.2 停顿

停顿是指说话或朗读时，段落之间，语句之间、后头出现的间歇。平时人们说话时，必须停下来换气或为了使自己的表达结构层次更加清楚。

（2）学生：为什么很多老师……[②]

[①] 本文引用的例句基本上来源于香港大学汉语学习者口试语料，主要为简单对话和问答。
[②] 有些语料来自师生实际交谈内容，不是录音。

老师：很多老师？

学生：为什么我们的作业很多啊……老师

通过这个对话的语境，我们知道是留学生停顿错误闹出的笑话，老师故意顺着他的思路，让学生自行改正。

4.1.1.3 重音

重音是语句中发音时气流冲击声带的力量较强，听起来特别清晰并且停延时间较长的音。句子中每个词的音强都是不一样的，在日常的实际交往中，语用所能传递的信息往往比语法的正确性更重要，为了突出或强调某个词，通过说话者的语气就可以判断所说话语的重点信息。

（3）呃，我也太喜欢，呃，去海边儿游泳，很多。

虽然这个句子从语法的角度会发现很多的问题，但是通过留学生的话语的重音就知道他在重读"游泳"，他很喜欢游泳，去海边不是为了做其他事情，而是"游泳"了。

4.1.1.4 语速

语速是说话者在一定时间内所说话出的词的多少，这与说话者的个人习惯相关，对于二语学习者，还与他们对目的语知识和交际能力的习得情况有关。而语用中所指的语速是在具体语境中的语速，在时间紧急或充裕等不同语境中所表现出的不同语速，在时间紧急或说话者紧张的情况下，语速往往较快，在平时正常交谈时语速比较适中。

（4）呃，我明白你的时间，呃，很紧，可是你是我的朋友，呃，请你请你请你，呃，帮我个忙。

这段话是留学生在请求一个时间紧促的人的帮助，他的汉语不是很流畅，可是他在努力提高语速，三个"请你"快速地连续说出，表现出一种情况紧急的氛围。

4.1.1.5 句调

句调是整个句子音高升降模式，主要体现在句末的音节上，从而区分了四种句类，陈述句、疑问句、祈使句和感叹句。

（5）语境：你的同学昨天没来上课，今天你在路上碰见他，于是你问他为什么没来上课。以下答案哪个比较恰当。

A.你昨天怎么没来上课啊？ B.你昨天怎么没来上课？ C.你昨天为什么没来上课？（转引自蔡环环，2010）

4.1.2 词汇

语言与文化相互依存，词汇最能反映一个民族特有的文化，如数词"八、六"等比较吉利，颜色词"中国红"、成语典故"豁然开朗"、歇后语"王八看绿豆——对上眼儿了"、惯用语"炒鱿鱼"、俚语"嘴皮子"，比喻用词"诸葛亮"等，在留学生学习汉语时很容易出现偏误。

4.1.2.1 文化内涵

（6）赵亮就是这样的牛脾气，这里的"牛"是指赵亮（　　）。

A.愚蠢 B.倔强 C.勤劳（转引自蔡环环，2010）

这个题目旨在考察学习者对汉语中某些词具有特殊的文化意义，"牛"是很勤劳的动物，除了勤劳，牛的脾气也是很倔强的，从"牛"身上的这些性格衍生出了丰富的文化内涵。

4.1.2.2 感情色彩

（7）语境：老师在夸奖一位学习成绩不错的学生。

老师：你的口语不错。

学生：老师胡说。

（8）语境：留学生当众夸老师。

学生：我们老师很会说话，说得很有意思。

4.1.2.3 风格色彩

（9）看的很多的，呃，比较小的商店，比如说卖鞋子还是卖衣服，还是卖书，然后还有卖吃的，卖食品的，而且卖音乐。

4.1.2.4 形象色彩

（10）我看到一个男人，他比较，呃，年轻的，他有，呃，咖啡色的头发。

4.1.3 语法
语用语法偏误是指那些从语法的视角观察没有错误，而不符合语用的表达习惯句式、句型的选择，整句与散句的使用情况等。

（11）在太阳下睡觉可能有，可能对美国人比较好舒服。
（12）这所房子被我爷爷建造的。

4.1.4 语篇
4.1.4.1 指称
指称包括人物指称、事物指称、时间指称、地点指称与语篇指称等。

（13）语境：学生以客人的身份入住酒店。
　　　经理：您好，我是这儿的经理，您有什么问题就跟我说。
　　　学生：我就是说，我以前，呃，打电话给你们来准备，你们会让我们在这里睡觉。
（14）语境：泰国课堂上，老师与学生的对话。
　　　老师：谁忘记带书了？
　　　学生：Peng（自己的名字）忘记带书了。（转引自蔡云龙，2014）
（15）下雪的时候，（美国某个地方）特别特别漂亮的风景，我先出去玩，然后回家喝热巧克力，这让我比较合适。

4.1.4.2 逻辑衔接

（16）昨天晚上我走路的时候，我看到一个小偷，在，商店外边拿了一个东西，然后打破这个跑去，自行车去，然后他撞了一个车，然后他受伤了。

4.1.4.3 词汇衔接

（17）比如说中国父母经常是养孩子们长大上大学，上一个好大学以后他们就肯定会有比较多的机会找好工作，美国和其他西方国家的父母，也觉得这样，可能他们的孩子们没有那么大的，那么多的紧张。

4.2 社交语用语言标注

中国文化下的日常社交用语有很多，大致分为以下几类：日常寒暄语、日常礼貌语、日常交谈语、间接表达语及其他。

4.2.1 日常寒暄语

4.2.1.1 称呼语

称呼语是指称呼自己、对方和他人的词语，在不同语言中的使用方式大相径庭，在年龄辈分、职务、爱称与昵称、称呼语的种类等经常出现偏差，如在西方文化背景下，孩子可以直呼父母、老师等的名字来显示亲近，在中国这样称呼则不合适。学习者是适应了汉语的称呼方式还是迁移了母语的称呼方式，就需要在语料库中需要标出来。

（18）语境：在饭馆儿吃完饭后，留学生在结账时的用语。
　　　　学生：小姐，结账。

4.2.1.2 招呼语

日常生活中人们见面用的最多的是"你好"，基本上任何场合都可以使用，在汉语中介语口语中就没有必要标出，但是刚刚见面说了"你好"后，没过多长时间再次相见使用"你好"就不太合适了，因为中国人一般情况不会这样连续使用，这时就要以偏误的形式标出来。

有时留学生模仿中国人的一些"马路语言"，如"老小子，你还没死啊"，如果是两位年长的关系密切的朋友这样问候可以表示亲热，然而不分场合地使用，见到老师或同学也这样问候，就是没有完全了解中国问候语的习惯而导致的偏误；无论在什么地方、什么时间都这样使用，就是泛化的偏误，此时就需要标注出来进行研究。

4.2.1.3 询问语

（19）学生：老师，听说你最近身体不太健康是吧？
老师：嗯，没什么事儿。
（20）语境：老师因为有事情，没有去上课。
学生1：昨天你为什么没有过来？
学生2：对啊，老师，你昨天怎么没有过来上课啊？（转引自罗欢，2012）

前一个对话留学生违反了中国人趋吉避凶的心理倾向，中国人询问对方身体状况一般都是问好而不问坏，致使老师陷入尴尬的状态。后一个对话留学生在询问原因，可是他却没有考虑身份地位，"为什么"可以在同级别身份的人群中使用，这样询问比自己地位高、年龄长的人就显得不尊重。

4.2.1.4 介绍语

向他人介绍自己或把一方介绍给另一方，中国人一般采取贬己尊人的原则，而有些称呼名称有"专利性"，不是每个人都可以使用。在介绍时谦辞和敬语就体现得特别明显，如果学习者没有习得或没有接受中国这种传统文化，就容易造成社交礼仪的失误。

"这是我的爸爸，这是我的妹妹"可以作为平时的介绍方式，没有任何的敬语或谦辞，但是一个哥哥拿着照片在介绍时说"这是我弟弟的老婆"，虽然可以理解他是在介绍自己的"弟弟的女朋友"，可是听起来就不符合母语者习惯,"老婆"的使用主体最好是"丈夫或老公"。

4.2.1.5 告别语

在告别时最常用的是"再见",一般情况下不需要标注。如果留学生使用一些中国比较地道的告别语,就表明他们在接受或融入中国文化,此时,就应该标出正确使用或错误使用的情况,如道别时表示关心对方的话语"走好""慢走""路上当心"等。对平辈或比自己身份低的人多用嘱咐语气,对长者多用敬重口气说"请多保重""珍重"等。然而,这些地道的表达也要区分使用的场合,有的留学生在食堂与同学或老师道别时使用"慢走"就明显不合适。

4.2.2 日常礼貌语

4.2.2.1 感谢语

中国人一般是感谢某人、国家等,而很少感谢一个具体的事物,在越是关系亲近的人中感谢语使用越少,回答他人的感谢时一般用"不用谢""别客气",在比较正式的场合有时使用"这是我应该做的"。而外国人就会感谢具体的某事东西,也会更多地感谢亲人、朋友等。

(21)呃,谢谢你们谢谢你们,呃你们都太客气。呃,我知道我们都是美国人,呃,我们会麻烦你很多,呃,我们太差了,呃…可是你们都太客气。

4.2.2.2 道歉语

道歉是最常用的承认自己不当或有危害言行的方式,道歉在世界上各种语言中都有,但是学习者不免会受母语的影响,在具体的使用方式和使用次数上有差异,就需要在语料库中标出来。

(22)A:我是想帮忙,可是现在开始时间这么紧,恐怕很难。
　　　学生:唉,我太道歉,我给你道歉,呃,我特别对不起,我知道那么多麻烦。

4.2.2.3 敬语与谦语

中国自古以来就是礼仪之邦,中国的礼貌原则讲求"贬己尊人",既可以体现在称呼语上,也体现在行为方式上,而外国人更讲求平等。这种不同的方式值得在语料库中标出来。

(23) 你先是应该打电话给你以前的老师,可能在大学老师还是以前的老板,问,问一下他给你一个好的,好的,呃。

(24) 语境:期末考试后,老师在发放试卷,读到了一个成绩很有进步的学生。
老师:马克这次考试进步很大呀,不错,不错,老师没看错你。
学生:谢谢老师,我每天学很晚。

4.2.3 日常交谈语

4.2.3.1 请求语

请求别人帮自己做某件事情,以恰当的请求方式、合适的理由,请他人完成力所能及的事情。用礼貌的话语请求他人更容易得到帮助,一般情况下"请"字为先,还有一些客套话"劳驾""有劳您",而留学生表示请求帮助时的表达方式跟中国人有很大不同,就需要标注出来。

(25) 呃,我明白你的时间,呃,很紧,可是你是我的朋友,呃,请你请你请你,呃……帮我个忙。

4.2.3.2 建议语

建议语是针对某件事为对方提出自己的意见或建议。中国人往往站在自己的立场上考虑问题,而外国人更倾向于让对方自主决定。在回应他人的建议时,无论是接受还是拒绝都应该值得关注。

(26) 学生1:你说呢,我应该选什么专业好呢?
学生2:我觉得最重要是,你自己要决定,因为你自己要,什么学习有感兴趣。

4.2.3.3 同意语与拒绝语

拒绝行为本身就是一种失礼行为,会威胁到受话者的面子,因此人们更倾向于使用间接的拒绝方式,利用反问的语气、委婉的理由,使对方的面子威胁降到最小程度。中国人在表达拒绝时,一般是先肯定,再委婉表达拒绝,这种方式对于习惯直接表情达意的西方人是很难习得的。如回绝别人的邀请时,"好的,可是……"。

4.2.3.4 赞扬语与批评语

在中国人的礼貌原则中崇尚"贬己尊人、谦虚谨慎",努力抬高对方的地位,夸赞他人的优点,而在回应他人的赞扬时却很谦虚,往往对他人的赞扬持否定的态度,批评他人时通常不是直接批评。外国人更加讲求直接的、实事求是的态度,外国人与中国人的这种不同的赞扬方式和批评方式应该在语料库中标出来。

(27)老师:你的英语说的太好了!
　　　学生:谢谢,我平时就特别喜欢学习英语。

4.2.4 间接表达用语

4.2.4.1 委婉语与禁忌语

委婉语是指用婉转或温和的方式来表达某些事实或思想,以减轻其粗俗的程度,除了避讳外,为了减轻听/读者的刺激和压力,不直接表达对对方的不满或厌烦,而采用比较含蓄迂回、先扬后抑的方式,或一些不确定的词进行否定,使用合适的理由、托词表示拒绝等。

(28)学生1:周六一起去看颐和园,怎么样?
　　　学生2:好是好,可是快要考试了。

禁忌语是人们生活中总有一些不能、不敢或不愿说出具有不愉快联想色彩的词语，如果说出来就可能会引起听话人的不快和反感，于是就会用其他的词汇来替代。不同母语背景的人有不同的禁忌语。有时留学生不理解中国的文化，或把母语的禁忌迁移到了汉语中来，这些都应该在语料库中标出来。

（29）在课堂上，老师和俄罗斯学生谈论家庭情况，学生回答："我家里有爸爸、妈妈、姐姐和我，我爷爷奶奶已经死了。"（去世了/不在了）（转引自祁琳，2010）

4.2.4.2 反语

反语是用跟本意相反的词语来表达本意，含有嘲弄、讽刺的意思，有时留学生不能正确地理解中国人的反语，在点明真正的意义后才可能明白。他们说出来的反语，从语气来说缺少几分嘲弄的感觉。

（30）老师：马克，你的汉字写得可真漂亮啊。

马克：谢谢老师。

老师：课下再写五遍。

4.2.5 其他

4.2.5.1 邀请语与拜访语

中国人重礼仪、爱面子的传统，为了表达自己邀请的诚意，常常会多次比较隆重地邀请；有时只是形式上的邀请一下，给对方一个模糊的时间点，并不是真正希望对方答应。而外国人的邀请更加直接明了，一般会提前预约，即使一句"吃了吗？"，外国人都会误以为是邀请他去吃饭。

（29）中国老师：有时间到我家里面包饺子吃啊！

泰国学生：好啊，好啊，这个周六放假，老师你有时间吗？

中国老师：啊（尴尬），好吧。（转引自蔡云龙，2014）

（32）中国学生：有空咱们一起吃饭吧。

留学生：好的啊，什么时候？

中国学生：什么时候都可以啊。

留学生：哦，好，谢谢你，再见。（转引自罗欢，2012）

4.2.5.2 送礼语与收礼语

中国人讲究"礼尚往来""礼轻情意重"。中国人不会主动向对方要礼物，根据送礼的对象，说的话也有很大的讲究，收礼人礼貌回应的方式与其他国家也有很大的不一样，这些需要在语料库中标出来，研究留学生对汉语及文化的接受程度。

（33）语境：留学生去中国朋友家做客，带了些水果。

中国人：你能来我这儿，我就已经很高兴了，还带什么东西？

留学生：我想请你帮忙，所以送你东西。（转引自岳曲，2011）

4.3 言外之意标注

在交际过程中，说话人应该遵守合作原则，要提供真实、足量、相关、简明的信息，如果说话人违反了合作原则，如违反量的准则、质的准则、关系准则与方式准则，那么听话人就要根据当时的语境推断出说话人的真正意图及话语的真正含义。而留学生往往只能理解字面意思，不考虑话语的言外之意，造成信息的错误理解。

（34）语境：一个留学生上课迟到了。老师通过问时间责备他，留学生却没有明白言外之意。

老师：你看，都几点了？

学生：现在是八点半了。

（34）语境：中国人看见与泰国邻居的朋友来做客。

中国人：家里来客人啦！

泰国人：我们不会很吵的。（转引自蔡云龙，2014）

4.4 会话修正标注

4.4.1 自我引发——自我修正

（36）呃，要是你找不到工作，应该用后门或者关系，呃，呃，应该给一个朋友一个，打个电话，呃告诉他们他们应该，呃，帮你找工作。

4.4.2 对方引发——自我修正

（37）学生：那是操场，多热闹啊！
老师：操场？（模仿学生的音"chāo chǎng"）
学生：操场（学生纠正"cāo chǎng"）

4.4.3 自我引发——对方修正

（38）学生：中国菜（chài），对不对？
老师：是中国菜（cài）

4.4.4 对方引发——对方修正

（39）学生：我最喜欢的中国菜是饺子。
老师：不是菜（chài），是菜（cài）

4.5 语码转换及语码混用标注

语码转换是学习者全部使用自己熟悉的语言来代替汉语，而语码混用是借助自己熟悉的语言表示那些无法用目的语来表示的词。

（40）问一下他给你一个好的，好的，呃，所以如果，然后你应该好好准备一个CV。

（41）我已经有一个reservation，就是，呃，你会deal了么？

4.6 话语标记标注

话语标记是人们言语交际中经常使用的独立于主体话语之外的话语，它虽然不对话语产生根本性的影响，但是绝对不是冗余的成分，它可以帮助说话者更好地表达自己的主观情感态度，又可以使听话者理解信息并保持会话的顺利进行。外国人口语中话语标记使用上比较单一，经常重复使用，在语料库中标出后可以研究其不足并明确教学的方向。

（42）然后呢，然后你要给其他的你对兴趣的公司，给他们你的经历历史，然后他们应该会给你。

（43）我我特别喜欢住在家里，就是因为我的家是在美国的村，农村部，就是说城市外的。

至今很少有建成的汉语中介语口语语料库，并且无论是书面语还是口语语料库都没有语用标注，因此，这里提出的语用标注内容标准都是总结性的、建议性的，同时也是开创性的，根据研究本体语用知识及可能的研究需求，拟定表1为汉语学习者语料库语用标注内容：

表1 汉语学习者口语语料库语用标注内容

语用语言标注	语音	声调、停顿、重音、语速、句调、其他
	词汇	文化内涵、感情色彩、风格色彩、形象色彩、其他
	语法	句型、句式、整散句、其他
	语篇	指称、逻辑衔接、词汇衔接、其他
社交语用语言标注	日常寒暄语	称呼语、招呼语、介绍语、询问语、欢迎语、告别语、其他
	日常礼貌语	感谢语、道歉语、敬语与谦语、其他
	日常交谈语	请求语、建议语、同意语与拒绝语、赞扬语与批评语、其他
	间接表达用语	委婉语与禁忌语、模糊语、反语
	其他	邀请语与拜访语、接待语、送礼语与收礼语、祝贺语、其他

续表

言外之意标注（违反合作原则）	违反量的准则	
	违反质的准则	
	违反关系准则	
	违反方式准则	
会话修正	自我引发——自我修正	
	对方引发——自我修正	
	自我引发——对方修正	
	对方引发——对方修正	
语码转换及语码混用标注	语码转换	
	语码混用	
话语标记语用标注	言说类话语标记	别说、我说、说真的等
	坦言式话语标记	老实说、说白了等
	立场话语标记	要我说、让我说、我觉得等
	答语话语标记	可不是、对了、是啊等
	转折话语标记	不是、别说、算了、其实、事实上、问题是等
	埋怨责怪话语标记	真是的、何必呢、你看你、不是我说你等
	超预期话语标记	不料、谁知等
	其他	推测类、对照类、类比类、共鸣类等

五、结语

通过对现有语料库与汉语语用本体知识及汉语语用习得研究的考察，提出了汉语学习者口语语料库语用标注的四个建议性原则：全面性与相对性、科学性、通用性与适度性。同时总结出了参考性的语用标注的六大模块内容：语用语言标注、社交语用语言标注、言外之意标注、会话修正、语码转换及语码混用标注和话语标记语用标注，并且每个类别都分出了具体的标注信息。这些标注内容不同于以往那些基于某种理论的主观性很强的标注，而是相对客观的具体的标准内容。然而，由于汉语语用本体研究的不足与考察范围的限制，又无现成的语用标注标准可供参考，因此，汉语学习者口语语料库语用标注标准存在一定的不足，语用标注的分类涵盖的范围和广度问题，以及标注可能存在交叉问题，语用语言和社交语言等虽是不同方面，但毕竟都是通过汉语词汇来表现的，某些社交语言本身就有词汇特殊的文化内涵等。以上方面期望以后在实际的建设过程中可以不断完善。

参考文献

蔡环环（2010）《泰国留学生汉语语用失误调查》，西南大学硕士学位论文。

蔡云龙（2014）《泰国学生汉语习得社交语用失误分析》，吉林大学硕士学位论文。

曹文、张劲松（2009）面向计算机辅助正音的汉语中介语语音语料库的创制与标注，《语言文字应用》第4期。

常敬宇（2000）委婉表达法的语用功能与对外汉语教学，《语言教学与研究》第3期。

何自然、冉永平（2009）《新编语用学概论》，北京：北京大学出版社。

梁茂成（2012）语料库语言学S研究的两种范式：渊源、分歧及前景，《外语教学与研究》第3期。

罗　欢（2012）《东南亚留学生汉语语用失误现象探析》，湖南师范大学硕士学位论文。

祁　琳（2010）《俄罗斯留学生汉语习得过程中的语用偏误分析及对策研究》，吉林大学硕士学位论文。

冉永平（2006）《语用学：现象与分析》，北京：北京大学出版社。

孙晓曦、张东波（2008）美国大学生汉语"请求"言语行为能力研究，《世界汉语教学》第3期。

索振羽（2014）《语用学教程（第二版）》，北京：北京大学出版社。

唐红芳（2007）《跨文化语用失误研究》，成都：西南交通大学出版社。

王　昀（2011）《留学生汉语委婉语习得状况研究》，山东大学硕士学位论文。

肖奚强、周文华（2014）汉语中介语语料库标注的全面性及类别问题，《世界汉语教学》第3期。

杨　黎（2015）目的语环境中美国留学生汉语感谢言语行为的习得，《世界汉语教学》

第4期。

杨　翼（2006）建立汉语学习者口语语料库的基本设想,《汉语学习》第3期。

于　丽（2017）汉语口语中介语料库建设的构想,《现代语文》第2期。

岳　曲（2011）《对外汉语教学中跨文化交际语境下的语用失误研究》,东北师范大学硕士学位论文。

张宝林（2013）关于通用型汉语中介语语料库标注模式的再认识,《世界汉语教学》第1期。

Kasper, G.& S. Blum-Kulka (1993) *Interlanguage pragmatics*, Oxford: Oxford University Press.

作者简介

段海于，北京语言大学语言学及应用语言学硕士毕业生，现为北京市怀柔区第一中学高中语文教师，研究方向为语言学及应用语言学。

汉语中介语口语语料库语料标注刍议[*]

杨 帆

内容提要 为有效提高汉语中介语口语语料库的使用价值，对其进行科学的标注显得尤为重要。本文通过对国际上主要的英语口语语料库、国内主要的英语学习者口语语料库和汉语中介语语料库的转写及标注情况进行了调查，并在此基础上，区分了汉语中介语笔语语料库与口语语料库、口语语料库和语音语料库的不同之处，提出了汉语中介语口语语料库的标注原则、标注模式、标注内容和标注代码及汉语中介语口语语料库建设未来努力的方向。

关键词 汉语中介语口语语料库；标注原则；模式；内容；代码

一、引言

自20世纪90年代以来，国内的语料库建设向加工深度发展，相较于发展较为成熟的笔语语料库，口语语料库的建设相对滞后。根据对中国知网的数据统计，口语语料库相关研究仅占所有语料库研究中的16%，其中口语语料库建设的相关研究仅占口语语料库相关的研究的11%。对语料库深加工是语料库价值的重要体现，同时研究者也愈发意识到口语语料库建设及深加工研究的缺乏阻碍研究二语学习者语言的全貌，学习者中介语口语语料库建设及其深加工研究成为必然。对语料库的深加工即实现语料库的结构化，包括对语料进行转写、分词、分层分级标注，建立检索系统等。汉语中介语笔语语料库的转写与规范

---

[*] 本研究得到语言资源高精尖中心项目（编号：KYR17004）、北京市社会科学基金项目重点项目（编号：15WYA017）、教育部哲学社会科学研究重大课题攻关项目（批准号：12JZD018）、北京语言大学研究生创新基金项目（中央高校基本科研业务费专项资金）的资助。

研究目前已相对成熟，汉语中介语口语语料库建设可以参考笔语语料库和其他中介语口语语料库的建库经验，总结出一条符合汉语中介语口语语料库特点的转写规则与标注规范。由此尽可能扩大语料库的使用价值，更好地为语言研究者、教学者服务。

汉语中介语口语语料库的转写和标注规范的科学确立需要立足当下，明确目的与需求，追根溯源继承已有成果，由此得出切实可行、符合汉语中介语口语特点的规范。

二、对国内外口语语料库标注的考察

本文分别对国际上主要的英语口语语料库、国内主要的英语学习者语料库及汉语中介语语料库的建设情况进行了考察，发现了一些问题。

2.1 国际主要英语口语语料库及其标注的考察

通过corpus Finder搜索引擎，截至2017年6月13日，共检测到全球95个英语语料库，其中纯口语语料库12个，纯笔语语料库72个，口笔语综合语料库11个。全球语料库中口语语料库与笔语语料库数量比例为1：3.6，可见国际上口语语料库建设情况好于国内，但较笔语语料库仍相对滞后。

对以上23个英语口语语料库[①]进行考察，发现其中有9个含词性标注，1个[②]含句法标注，11个[③]有转写或标注规范，2个是完全没有标注的生语料库。目前[④]通过以上途径有权限且能免费查到的口语语料库只有如下10个语料库，分别是英国学术英语口语语料库（BASE）、英国国家语料库（BNC）、美国现代英语语料库（COCA）、国际英语语料库（ICE）、John Swales 会议语料库（JSCC）、美国中南大西洋地区语言地图集库（LAMSAS）、密歇根学术英语口

[①] 23个口语语料库包括口笔语综合语料库，详见附表1。
[②] 国际英语语料库中的英国子库，即ICE-GB，全称是International Corpus of English- The British component。此语料库权限未公开。
[③] 只能查阅少数几个，且多是转写惯例。
[④] 截至2018年2月以前公开权限且通过互联网可查的英语口语语料库。

语语料库（MICASE）、纽卡斯尔泰恩赛德英语电子语料库（NECTE）、中央刑事法庭语料库（OBC）、西海岸世界性新闻组网络库（WestLabUSENET）、苏格兰文本与演讲语料库（SCOTS）、维也纳-牛津国际英语语料库（VOICE）。①通过对以上语料库的转写和标注情况的考察，我们可以归纳出以下几点内容。

2.1.1 标注内容的差异性较大

大多数英语口语语料库只是在转写时规定了相应的转写体例，标注方面主要做了词性标注和语料的背景信息和个人信息的标注，而对一般意义上的词、句、篇、语体、语用、语义等标注规范目前并未涉及；偏误标注方面均没有涉及，只有国际英语口语语料库（ICE spoken part）和苏格兰文本与演讲语料库（SCOTS）提到了对于语法偏误采取不标注的意见。

2.1.2 各个语料库转写的粗细程度不同，相同转写内容的标记符号及标记方式不同

例如，学术英语口语语料库（CASE）、英国学术英语口语语料库（BASE）和国际英语口语语料库（ICE spoken part）和英国国家语料库（BNC）就有详细的转写体例并可以下载，而当代美国英语语料库（COCA）只是在每句话后面标记了说话人和句尾标记#。再如，对于停顿这一现象的转写，英国学术英语口语语料库（BASE）大于0.2秒的算停顿，且所有停顿全部用秒数标记，如<pause dur="0.3"/>；英国国家语料库（BNC）停顿大于5秒才标记秒数，否则就只标记<pause/>；国际英语语料库（ICE）对于停顿用<,>和<,,>标在停顿的词语后面，分别表示短停顿和长停顿，停顿以感知上是一个音节的长度为区分，长度为一个音节的为短停顿，长于一个音节的为长停顿；维也纳-牛津国

---

① 这些语料库的英文全称依次是：BASE（British Academic Spoken English Corpus）、BNC（British National Corpus）、COCA（The Corpus of Contemporary American English）、ICE（International Corpus of English）、JSCC（The John Swales Conference Corpus）、LAMSAS（A Linguistic Atlas of the Middle and South Atlantic States）、MICASE（Michigan Corpus of Academic Spoken English）、NECTE（Newcastle Electronic Corpus of Tyneside English）、OBC（Old Bailey Corpus）、WestLabUSENET（Reduced redundancy USENET corpus）、SCOTS（Scottish Corpus of Texts & Speech）、VOICE（Vienna-Oxford International Corpus of English）。

际英语语料库（VOICE）用（.）来表示半秒的停顿，长停顿则直接在括号里标记秒数，如（1）就是停顿一秒。

2.1.3 标注格式较统一

大都是XML格式，即使早期建设的语料库，后来其标注模式也开始兼容XML格式。可见，在国际上XML具有很强大的优点和互通性，是各种应用程序之间进行数据传输的最常用的工具。维也纳–牛津国际英语语料库（VOICE）除了使用了XML格式，还将其翻译成了HTML格式，以便在网络上通用。这些对实现汉语中介语口语语料库使用上的通用性提供了客观、成熟的实例。

2.1.4 词性标注有共性也有个性

多采用兰卡斯特大学的CLAW Tagger，但又有差异，BNC并用the CLAWS4 automatic tagger 和Template Tagger，包括标点和模糊标记有91个词层面的标记，ICE采用UCREL CLAW7 tagset，有137个标记，而VOICE在Penn Treebank基础上修改后自创了一套含69个标记的词性标注体系。

2.2 国内主要学习者英语口语语料库及其标注的考察

我国最著名的学习者语料库有三个，分别是中国学习者英语语料库、中国学生英语口笔语语料库（以下简称"口笔语库"）和中国学习者英语口语语料库（以下简称"口语库"）。由于本研究为口语语料库的标注研究，所以横向比较了口笔语库和口语库的标注情况。表1从文本头和文本中两个方面进行了比较。

表1 "口笔语库"和"口语库"语料标注对比说明

	口笔语库			口语库		
	标注内容	标注符号	中文解释	标注内容	标注符号	中文解释
文本头	语体	\<SPOKEN\>	口语	转写序号	\… \\>	转写开始，序号，磁盘号，在所属部分结束后，关闭该标注。

续表

	口笔语库			口语库		
	标注内容	标注符号	中文解释	标注内容	标注符号	中文解释
文本头	考试级别	<TEM4>	英语专业四级考试	参与者及其人数	<participant interlocutor=1 speaker=3/>	分别表示"参与者、考官、考生及其人数"
文本头	考试年份	<GRADE2>	2年级	——	——	——
文本头	组别	<YEAR00>	2000年	——	——	——
文本头	任务类型	<TASK1> <TASK2> <TASK3>	第1项任务（复述）第2项任务（即席讲话）第3项任务（对话）	讲话始末	<sp1>…</sp1>	表示第一号考生讲话，讲话内容放在两对尖括号中间，每次讲话开始都需做此标注。
文本头	性别	<SEXT1F,T-2F,T3M,F>	第1项说话人为女生 第2项说话人为女生 第3项说话人为男生和女生	考生性别	<speaker sp1=female sp2=female sp3=male/>	表示第一、第二、第三个考生的性别依次是女、女、男
文本头	组内排名	<RANK07>	小组内的得分排序为第7	考官性别	<interlocutor gender=male/>	考官性别男
文本中	语法错误	< >	got<get>,<>中为时态、用词错误或缺漏	——	——	——
文本中	发音错误	< >	need<leed>,< >中为发音错误	语音错误	重音错误: psychological［S2］	该词的重音错发在第二个音节上
文本中	发音错误			语音错误	加音: class［Pa-r］ success［P1c-er］	字母a后加了一个卷舌音；第一个C后加了一个元音
文本中	发音错误			语音错误	减音: understand［Mer］ magazine［M2a］	D后的短元音未发出来；第二个a的元音未发出来
文本中	发音错误			语音错误	错音: Banana［2a-ac］	第二个a错发成了［ac］

续表

		口笔语库		口语库		
	标注内容	标注符号	中文解释	标注内容	标注符号	中文解释
文本中	非流利停顿	…	I…think非自然/非正常停顿（超过0.3秒的停顿时间）	停顿	对较长时间的停顿或犹豫 …	
					更长时间停顿或犹豫 ……	
	重复	I was, was, was	自我重复/修正	重复	多次重复的音节 for-for-for-for-ward	重复转写该音节并在其间加"-"号
					重复的语句或短语 you can communication you can communicate with each other.	中间不加标点
	口语特征	eh, um, oh, ah, yeah, ya, well	停顿填充词	非言语声音	mm, mn, erm, er hm	
	——	——	——	打断	<interrupted>…</interrupted>	被以后的人打断
	词性赋码	用英国兰卡斯特大学研发的CLAWS4自动词性赋码器Java版（137种符号，改进后的SWECCL共146种）	对英语母语的词性赋码准确率达到99.7%以上，对中国英语学习者性赋码准确率可达到94.7%（需研究者做出研究结果的可靠性声明）	词性赋码	用TOSCA/LOB	基于概率的赋码工具有较高的准确性，通过抽样调查，该工具的准确率在97%左右。但由于文体原因，有些单词的错误率极高，如非言语声音符号Mm，赋码正确率只有3%左右。不过可以使用支持"正则表达式"工具的查找替换功能，进行修改。

2.2.1 与国际上主要的英语口语语料库比较

以上两个语料库的转写内容远粗略于国际上主要的英语口语语料库，转写内容相对简单，可以查到的标记符号也相对简易清晰。

2.2.2 两者之间比较

由于二者皆为中介语料库，偏误标注是其一大亮点，但标注程度不同。口语库标记了四类发音偏误，发音偏误分类较细，而口笔语库只交待了其中一类的发音偏误，比较局限；口笔语库除发音偏误，还交待了语法偏误的标记方法，而口语库则只标记了发音偏误。究其原因，标注内容与建库目的紧密相关。口语库更多地注重发音上的特点，所以对于发音偏误标记较为细致；而口笔语库本身还标记笔语语料，标记语法偏误有利于与笔语语料偏误进行横向对比，更能充分实现语料库的价值。

2.2.3 语料库标注格式处理略有不同

口笔语库只将标注格式处理成XML格式，而口语库不仅如此，还兼容了HTML格式，以便在浏览器上使用。

2.3 汉语中介语语料库的建设及标注情况

汉语的中介语笔语语料库目前公开的有六个，北京语言大学的汉语中介语语料库、南京师范大学的外国学生汉语中介语偏误信息语料库、中山大学的留学生中介语语料库、暨南大学华文学院的留学生汉语中介语语料库、北京语言大学的HSK动态作文语料库和广外-兰卡斯特汉语学习者语料库。

但汉语中介语口语语料库建设严重滞后，目前已建成的只有北京语言大学的汉语学习者口语语料库、暨南大学华文学院的留学生口语语料库和广外-兰卡斯特汉语学习者语料库[①]。前两者均为生语料库，使用价值有限，后者进行了些深加工，经考察主要有以下几个方面：词性标注、基本信息标注和偏误标注的深加工。词性标注包括11类词[②]，分别是形容词JJ、副词AD、基数词CD、连词C［CS］、限定词DT、感叹词IJ、名词N.*、序数词OD、介词P、代

---

① 广外-兰卡斯特汉语学习者语料库既包括笔语库又包括口语库，总共有8个子库，其中5个是口语库，语料类别分别为口头咨询类、口头采访类、口语考试、口语课堂练习和演讲。

② 词性标记用英文缩写作为代码。

词PNU、动词V.*。同时提出使用的赋码集为中文宾州树库标记集[①]的词性标记集33+1个；基本信息标注主要有国家、第一语言、语言等级（初级、中级和高级）、说话者身份、分数等；偏误标记主要有5个level和4个type，[②]所有的偏误靠这五个level和4个type组合进行标注。这种组合式的宽式偏误标记方法值得我们参考。

此外，HSK动态口语语料库标注研究的文献（王之岭、杨雯，2011）也为本研究提供了很好的参考，但其中也有些不足之处。如标注格式并未统一，文中提到用XML语言进行标注仍需一步商榷。还有，XML要求所有标记都要有开始符<>和关闭符</>，但在文中所列的偏误标注中有的偏误有开始符、关闭符，有的则缺失，且关闭符的标记也不是很准确，以"每天继续的话，不如家里、在家的看电视<ws,比>。"为例，是对比字句偏误的标记，此句没有开始符，且关闭符缺少"/"，按照XML语言则应该至少标记为"<ws,比>每天继续的话，不如家里、在家的看电视</ws,比>。"

总之，由于对汉语中介语口语语料库建设的重视不足，对语料库标注规范的成熟研究少之又少，唯一公开可查的汉语中介语语料库——广外–兰卡斯特汉语学习者语料库也只做了宽泛的几类偏误标注，并没有区分词、句、篇等层面的偏误，更没有从语体、语用、语义等方面做更多的努力；此外，只做偏误标注不做基础标注，很难全面了解二语学习者语言水平的全貌。因此，在前人研究的基础上，本研究主要提出汉语中介语口语语料库的标注原则、标注模式、标注内容与标注代码等。

三、汉语中介语口语语料库的标注原则

Leech（1993）最先指出，在标注语料库时，应当遵循公开性、通用性、一致性和确定性的原则。张宝林（2013）在研究汉语中介语笔语语料库过程

[①] 中文宾州树库标记集英文为 Chinese Penn Treebank part-of-speech tagset。中文宾州树库标记集由词性标记集33个、句法标记集23个、功能标记集26个和空范畴标记7个组成。

[②] 5个level分别是form、orth、mean、punct和col；4个type分别是anom、incl、omit和wo。

中，提出了全面性、科学性、忠于原作、标准化与通用化的标注原则，张宝林、崔希亮（2015）将其进一步归纳为全面性与相对性、科学性与通用性和只标不改原则。在实际标注中，这些原则基本能规范笔语语料的标注过程。而汉语中介语的口语语料具有极大的不规范性和多变性，如何在文本转写和标注中充分保留原始语料的特征是一个有待解决的难题。（田清源，2005）本研究在笔语语料标注的实践基础上，结合口语语料库预标注过程中遇到的实际情况，提出口语语料库的如下原则。

3.1 最大限度的真实性

标注过程中应最大限度地保持口语语料的原貌。只有真实的语料才能为研究者提供客观的数据保障，所以在一般情况下，标注应最大限度保持口语语料的原貌，不修改语料本身，即标注去掉后仍是语料的本来面貌，以保持最"原汁原味"的转写语料。但汉语中介语口语语料中常会遇到无法识别的语音和不完整的发音，无法完全"忠实原作"，所以为了方便计算机自动分词和词性标注，我们只对无法识别或不完整的发音用相应的汉字[①]代替，并在该字后面加标注来提示研究者。这样做的好处有三个：一是这种微改不影响对口语词汇、语法、语篇、语义、语用等多方面的研究；二是用相应的汉字来代替方便计算机自动分词和词性标注，不会出现一个字符就断一次的现象，其准确性需再进行人工校对；三是全篇界面整齐，不会出现汉字、其他符号混居的现象，保持了转写语料的流畅性。所以语料标注要遵循最大限度的真实性。

3.2 全面性

指标注内容的全面，能在体现口语语料语音层面的同时，还涵盖了口语语料各个层级，包括词（包括熟语）、短语、句、篇，而语体、语义、语用也涵盖在词、短语、句、篇这些语法单位的下位标注中。语料标注的全面性可以保证语料库功能全面（张宝林，2013），但由于口语语料都是转写而来，所以字、

[①] 无法识别的语音可用一最不常用的汉字代替，以免和原文发生冲突，出现二义性（何婷婷，2003）。而不完整的发音则用与其相对应完整的汉字来直接书写。

标点符号的标注则没有必要标注了。

3.3 科学性

语料标注的科学性指语料标注要正确、准确，符合汉语词、句法结构的相关规范，符合一般的语法规则。对同类语言现象的判断与标注，要具有一致性。（张宝林，2013）

3.4 通用性

语料标注的通用性指口语语料库的标注代码与汉语中介语笔语语料库、母语口语语料库之间尽可能互通，打破分散、独立建立语料库的局限，以发挥其更大的价值。目前无论是国际英语语料库还是国内英语语料库，大都采用XML语言来进行标注，它通过描述文件逻辑结构的方法，使置标具有通用性，并通过一系列的声明（declaration），使各个系统都能理解文件的信息与置标。（冯志伟，1998）口语语料库的标注也应该采用这一标注语言。

3.5 渐进性

由于口语语料标注工作的繁重，标注工作不可能一蹴而就，对于没有争议的内容先标注，有争议的在标注中研究，在研究中标注；多层标注的先标大类，再标小类，以求标注工作有节奏地不断完善。

四、汉语中介口语语料库的标注模式

由于近年来学界不仅关注汉语二语学习者的偏误现象，同时也越发重视二语学习者中介语的表现分析，即同时关注二语学习者的正确表达与偏误表达，以求更加全面地掌握学习者的学习情况。在这种背景下，张宝林教授于2008年提出通用型汉语中介语语料库"基础标注+偏误标注"的标注模式，于2010年进行了深入探讨，并于2013年再次探讨。根据实践运用，我们知道这种标注模式能更加全面反映二语学习者的学习状况，更符合中介语语料库的特点。所以我们认为汉语中介语口语语料库也要遵循这个标注模式。

4.1 "基础标注+偏误标注"标注模式的两点必要性

与汉语中介语笔语语料库采用同一标注模式，采用大部分同一的标注符号，可以使两库语料联通，横向比较笔语语料和口语语料，从而将汉语中介语研究引向深化。

对口语语料进行基础标注和偏误标注，不仅可以进行偏误分析，还可以进行表现分析，更能反映汉语二语学习者的言语运用全貌。

4.2 标注语料的存储

为了使页面干净整洁，基础标注和偏误标注可分版标注，词汇、语法、语篇、语义、语用等不同层面的基础标注和偏误标注也自成一版标注并单独存储。研究者可根据研究需要任意搜索来调用某一层面的基础标注和偏误标注。

五、汉语中介语口语语料库的标注内容

根据对国外主要的英语语料库、国内主要的英语学习者口语语料库和汉语中介语语料库标注的考察，依据上文提出的标注原则及模式，我们提出汉语中介语口语语料库的标注内容应包括如下几点。

5.1 元信息标注

元信息标注包括语料信息和个人信息。元信息标注尤为重要，它有利于数据有秩序地储存，更是分析某种语言现象背后原因的重要参考因素，是基于语料库的定量研究进行因素分析的必要条件。

文件信息包括文件编号、标题、编辑信息（编辑的时间、格式）、该语料容量、语料记录时间、语料来源、任务类型、话语参与者人数等；人物信息包括话语参与者的身份、姓名、年龄、学历、国籍、是否华裔、职业、母语或第一语言、掌握的其他语言及程度、学生类别、年级、专业、学习目的、学习时

间和地点；是否参加过HSK考试、考试种类、参加次数、客观题考试总分、作文考试分数、口试分数、证书等级等。

5.2 语料的前期处理

这一部分包括对口语语料进行转写、分词和词性标注。其中语料转写规范非常重要，且应非常细致，其中很大一部分与标注系统中的语音标注、副语言信息标注等工作重合，即在转写过程中进行的语音的标记恰巧也包含语音偏误标注的重要内容。如针对不完整的发音在转写过程标记的实际读音，也正是对不完整发音的语音偏误标注的体现。语音标注重点在下文中阐述。

5.3 基础标注内容

基础标注的层级参考词、短语、句子、语篇的语法单位分类。由于汉语语法的特殊性，大部分短语可以加标点直接构成句子，故为了减少标注的繁复性，标注体系中直接标注句子，不标注短语。

所有的语法单位都由形式和意义两部分组成，在笔语语料库中单独列出的语义、语用、语体标注（张宝林，2013）各自的下位分类不外乎为词、句、篇的语义、语用和语体标注，所以为了简化标注体系，我们可以较合理地重新整合口语语料库的标注体系，将语义、语用、语体分配到词、句、篇的标注中，成为它们的下位分类，从而形成新的标注体系：声音标注、词汇标注、句子标注和语篇标注。这样也可以在一定程度上避免同一语言现象的跨类标注[①]。由此，汉语中介语口语语料库基础标注可分为如下几个层级。

5.3.1 声音标注

主要体现在对非正常停顿、拖音、音调、音强、重复、话语重叠等副语言信息的标注，咳嗽、深吸气、打喷嚏等非言语声音的标注，以及伴随动作发出的影响交际的声音。

---

① 标注过程中常会遇到同一语言现象，既可以标记为A层，又可以标注为B层。如"老师，你媳妇儿漂亮吗？"，既可以看作语义的问题，又可以看作语用的问题。（张宝林，2013）

5.3.2 词汇标注

对特殊词汇现象进行标注,如离合词、方言词、熟语、外文词、字母词等。由于地域方言词、部分社会方言词和熟语中的惯用语、歇后语是典型的口语词语,是口语语料库重要价值的体现之一,所以应着重看待。方言词下还应细标为社会方言和地域方言,社会方言下还可细标为行业方言、阶层方言、年龄方言、性别方言;熟语下可细标为惯用语、歇后语、成语三个小类。

5.3.3 句子标注

句子要标注特殊句式、句类、句型、句子成分等。

句式的下位分类秉承着笔语语料库[①]的分类方式,即把字句、被字句、比字句、连字句、有字句、是字句、"是……的"句、存现句、兼语句、连动句、双宾语句、形容词谓语句的偏误。

句类可分为陈述句、疑问句、祈使句和感叹句,其中陈述句可细标为肯定句和否定句,疑问句可细标为是非问、特殊问、选择问和正反问句(黄伯荣、廖旭东,2007:97-101)。

句型的标注在口语语料库中也尤为重要,口语句子多短小,非主谓句和主谓句的比例在口语和笔语里有何异同,也依托于对句型进行的标注来体现。句型可分为主谓句和非主谓句。主谓句还可细标为名词性谓语句、动词性谓语句、形容词性谓语句;非主谓句可细标为名词性非主谓句、动词性非主谓句、形容词性非主谓句、叹词句和拟声词句。

句子成分可细标为主语、谓语、动语、宾语、定语、状语、补语、中心语,另外根据主语和谓语、动词和宾语的语义关系,可增加标注主语的语义特征和宾语的语义特征。

5.3.4 语篇标注

语篇包括对话发生的场合、时间、地点、对话双方的关系,指代关系、语法衔接手段(省略、替代、照应等)、词法衔接手段(复现关系、同现关系

---

① 汉语中介语笔语语料库这里指的是"HSK 动态作文语料库"。

等)。学术界的共识是，语篇语体可分为口头语体和书面语体，口头语体的下类包括谈话语体和演讲语体，书面语体下类包括为法律语体、事务语体、科技语体、政论语体、文艺语体、新闻语体、网络语体七种。

5.4 偏误标注内容

中介语是指在第二语言习得过程中，学习者通过一定的学习策略，在目的语输入的基础上所形成的一种既不同于其第一语言也不同于目的语，随着学习的进展向目的语逐渐过渡的动态的语言系统。二语学习者在二语上势必会出现一些不同于母语者的偏误，这些偏误是我们了解其语言使用情况的一扇窗，所以在汉语中介语口语语料库标注中不可或缺地要标注言语偏误信息。汉语中介语口语语料库偏误标注的标注层级采用与基础标注同样的层级，可以从以下几方面来考虑。

5.4.1 语音偏误

根据转写语料，标记声母、韵母、声调、语调、重音、轻声、儿化、外语词语音偏误，不完整发音和语音存疑。拿转写过程中遇到的发音不完整偏误举如"电影yua[①]院的后边有一个银行""就是要xu，呃，需要很长时间"，正常转写后的语料应为"电影院院的后边有一个银行""就是要需，呃，需要很长时间"，用XML语言标注过后则为"电影<incomphon value=yua>院</incomphon>[②]院的后边有一个银行""就是要<incomphon value=xu>需</incomphon>，呃，需要很长时间"。

5.4.2 词汇偏误

词汇偏误包括错词、缺词、多词、词处理存疑四大类。错词情况较为复杂，可细分为词语误用、构词成分不全、错序词、生造词、外文词、离合词、同义叠加、熟语和偏误存疑九类偏误。其中词语误用还可细分为理性意义、色

---

① yua, xu 为转写时听到的话语者不完整的发音，暂用汉语拼音标记，方便普通读者理解。

② Incomphon 为 incomplete phonation "不完整发音"的英文简写。Value 是音值，yua 和 xu 是用汉语拼音表示的实际发音，由于发音一闪即过，没有声调。

彩意义、语法意义、语用偏误,以及音同或音近造成的误用、因含共同语素造成误用、表达不具体等偏误①。

由于口语是较鲜活的语体,口语语料库的标注应更能体现这一特点。因此,我们认为熟语和词语误用的下类色彩意义应标得更为细致。熟语应细标为惯用语、歇后语、俗语、谚语或成语的偏误。色彩意义偏误还可细分为感情色彩、语体色彩、形象色彩、宗教色彩、阶层色彩、地域色彩、年龄色彩、性别色彩意义等偏误,其中语体色彩应细分为口语或书面语的偏误。

5.4.3 句子偏误

句子偏误包括句式、句类、句型、句子成分、语序、词语重叠、歧义句、未完句、固定格式等偏误的标注。

句式偏误的下位分类秉承着笔语语料库②的分类方式,即把字句、被字句、比字句、连字句、有字句、是字句、"是……的"句、存现句、兼语句、连动句、双宾语句、形容词谓语句、句式杂糅和错句存疑的偏误,又根据全球汉语中介语语料库③的标注规范增添了使动句、重动句和比较句的偏误。

句类偏误可分为陈述句、疑问句、祈使句和感叹句的偏误,其中陈述句偏误可细标为肯定句和否定句偏误,疑问句偏误可细标为是非问、特殊问、选择问和正反问句的偏误。

句型的标注在口语语料库中也尤为重要。口语句子多短小,非主谓句和主谓句的比例在口语和笔语里有何异同,也依托于对句型进行的标注来体现。句型可分为主谓句和非主谓句,主谓句还可细标为名词性谓语句、动词性谓语句、形容词性谓语句的偏误,非主谓句可细标为名词性非主谓句、动词性非主谓句、形容词性非主谓句、叹词句和拟声词句的偏误。(黄伯荣、廖旭东,2007:83-87)

句子成分的偏误可细标为成分残缺、成分多余和成分搭配不当偏误。

---

① 词语误用的分类可参考杨帆,《第四届汉语中介语语料库建设与应用国际学术研讨会论文集》中《汉语中介语词语误用研究及对偏误标注建设的建议》,待出版。

② 汉语中介语笔语语料库这里指的是"HSK动态作文语料库"。

③ 全球汉语中介语语料库正在建设。

5.4.4 语篇偏误

语篇偏误包括指代关系、语法衔接手段（省略、替代、照应等）、词法衔接手段（复现关系、同现关系等）、紧缩句、语篇存疑等偏误的标注。

值得注意的是，无论是基础标注还是偏误标注，凡是带有下位分类的标注，均只标注最下位的分类，不必再进行上层标注，它们之间可利用计算机的关键词统计将它们聚合到一起，如句型可分为主谓句和非主谓句，非主谓句可细标为名词性非主谓句、动词性非主谓句、形容词性非主谓句、叹词句和拟声词句，那么在进行标注的时候如遇叹词句，只需标记叹词句，不需要标注非主谓句。最后系统统计偏误信息时会将所标注的同一类别的下位分类标注，聚合在一起。如系统会将所标记的叹词句等同一层级下位分类，统计在句型下面的非主谓句下，这样从属关系清楚，标注内容也清晰。

另外，对于张宝林（2013）提出的"对同类偏误现象认识不同，分类不同，采取的标注方式也不同"这一问题，我们采用词、句、篇分版标注，这样既兼顾了不同层面的标记内容，使得基于此的不同层面的研究得以展开，也更能贯彻标注的全面性原则。

总的来说，汉语中介语口语语料库的标注具有多层级性，每层可采取分版标注，避免影响语料的可读性，而且通过技术可以对标注内容进行出现或隐去处理。具体每一项要标记什么可在汉语二语研究者和教育者中间进行调查，进而突出重点需求，方便语料重点标注，增加语料库使用价值，这一点将在后续研究中实现。

六、汉语中介语口语语料库的标注代码

根据对国际上主要英语口语语料库和国内英语学习者口语语料库的调查，目前大部分语料库标注均采用国际通用的 XML 格式，虽然具体的标记代码存在一些细微差别，但不同语料库之间仍可以在一定程度上互通，有效地增加单个语料库使用的价值。汉语中介语语料库由于它自身的特殊性，我们之前均采用拼音进行标注，这不仅符合中国标注者的习惯，更使得标注代码易记、易标。那么请计算机领域学者将我们标注的汉语拼音标注代码与 XML 进行有效链接，

便能有效解决标注的互通性问题，有一箭双雕的目的。具体的标注代码将在后面的研究中专门探讨。

七、总结

汉语中介语口语语料库的标注研究工作在建设语料库的过程中起到非常重要的作用。它能更好地发挥语料库的价值，便于不同领域的汉语二语研究者、教育者查找、检索有用信息，进而推进对汉语二语学习者的研究、教学与测试工作。

本文对目前研究尚不充分的汉语中介语口语语料库的标注进行研究，明确了汉语中介语口语与笔语语料库、口语语料库与语音语料库的区别，并通过考察国际上主要的英语语料库、国内主要的英语学习者语料库以及汉语中介语语料库的标注，提出汉语中介语口语语料库的标注原则、标注模式、标注内容和标注代码的选择。值得一提的是，在标注内容中对标注体系提出了新的分类层级，并提出部分标注中存在问题的解决对策。

需要注意的是，本文提出的标注原则、标注模式、标注内容和标注代码需要在大量的实践中进一步去验证其可行性。在实验中不断进行修正，不断更新，以期为制作出一套有推广意义、有明确细则的汉语中介语口语语料库标注规范做好充分的准备工作。

参考文献

胡凡霞、王雪莹（2013）HSK动态口语语料库的语料转写研究，《第七届全国语言文字应用学术研讨会论文集》，中国应用语言学会编，湘潭：湘潭大学出版社。

黄伯荣、廖序东主编（2007）《现代汉语（增订四版）》，北京：高等教育出版社。

何婷婷（2003）《语料库研究》，华中师范大学博士学位论文。

田清源（2005）汉语学习者口语语料库计算机系统设计，《第七届全国计算语言学联合学术会议论文集》，北京：清华大学出版社。

王芳、王晔、李文中（2005）COLSEC的转写与标注对口语语料库建设的启示，《天中学刊》第5期。

王韫佳、李吉梅（2001）建立汉语中介语语音语料库的基本设想，《世界汉语教学》第1期。

卫乃兴、李文中、濮建忠（2007）COLSEC语料库的设计原则与标注方法，《当代语言学》第3期。

杨惠中、卫乃兴（2005）《中国学习者英语口语语料库建设与研究》，上海：上海外语教育出版社。

杨翼、李绍林、郭颖雯等（2006）建立汉语学习者口语语料库的基本设想，《汉语学习》第3期。

张宝林（2013）关于通用型汉语中介语语料库标注模式的再认识，《世界汉语教学》第1期。

张宝林、崔希亮（2013）"全球汉语中介语语料库建设和研究"的设计理念，《语言教学与研究》第5期。

张宝林、崔希亮（2015）谈汉语中介语语料库的建设标准，《语言文字应用》第2期。

Adolphs S., Knight D. (2010) Building a spoken corpus: what are the basics?

Clarke R. J., Windridge P. C., Dong D. (2003) Effective XML representation for spoken language in organisations.

Du Bois, J. W., Schuetze-Coburn, S. et a1. (1993) Outline of discourse transcription. In Jane Edwards & Martin Lambert (eds.), *Talking Data: Transcription and Coding in Discourse Research*, 45-89. Hillsdale, NJ: Lawrence Erlbaum.

Gilquin G. (2015) From design to collection of learner corpora. *The Cambridge Handbook of Learner Corpus Research*. Cambridge: Cambridge University Press.

Kohn K, Ziai R. (2011) The SACODEYL search tool-exploiting corpora for language learning purposes. *New Trends in Teaching and Language Corpora*. 321-327.

Leech. G. (1993) Corpus annotation schemes. *Literary and Linguistic Computing* 8(4):275-281.

Sherstinova T. (2015) Macro episodes of Russian everyday oral communication: Towards pragmatic annotation of the ORD speech corpus. *Speech and Computer. Springer International Publishing*, 268-276.

附表1：国际上主要的英语口语语料库建设情况

Total corpora: 23 Clear filters

Corpus	Start	End	Periods	Word Count	Text Samples	Spoken/Written	Annotation	Format	Availability
BASE-British Academic Spoken English Corpus	2000	2005	PDE			Spoken		Download	Free subscription
BNC-British National Corpus			PDE	100,000,000		Written &Spoken	Tagging Other	Download	Free subscription
CASE-Corpus of Academic Spoken English	2012		PDE		300	Spoken	Tagging Other	Online	In preparation
The Corpus of Contemporary American English (COCA)	1990	2009	PDE	520,000,000	-	Written &Spoken	Tagging	Online	Free subscription
DECTE-Diachronic Electronic Corpus of Tyneside English	1960	2000	PDE	804,266	99	Spoken		Download DVD	From compiler
ELFA-English as a Lingua Franca in Academic Settings	2001	2008	PDE	1,010,834	165	Written &Spoken		CD	License required
HARES-Helsinki Corpus of Regional English Speech	1970	1980	PDE			Spoken	Other	Download	License required
HD-Helsinki Corpus of British English Dialects	1970	1985	PDE	1,008,641	187	Spoken	Other	On-site	Free subscription
ICE-International Corpus of English						Written &Spoken	Tagging Other	Download CD	Free subscription

续表

Corpus	Start	End	Periods	Word Count	Text Samples	Spoken/Written	Annotation	Format	Availability
(ICE-GB) International Corpus of English-The British component	1990	1993	PDE	1,061,264	500	Written &Spoken	Tagging Parsing	CD	License required
(ICE-GBR) International Corpus of English-Gibraltar	2000	1993	PDE	1,000,000		Written &Spoken			In preparation
(ICE-NIG) International Corpus of English-Nigeria	2000		PDE	1,000,000	902	Written &Spoken	Tagging	Download	Open access
(ICE-SCO) International Corpus of English-Scotland	2013	2016	PDE	1,000,000		Written &Spoken	Tagging	Download	In preparation
JSCC-The John Swales Conference Corpus	2006	2006	PDE	100,000	23	Spoken	None	Download	Open access
LAMSAS-A Linguistic Atlas of the Middle and South Atlantic States	1933	1974	PDE			Spoken	Other	Online	Open access
LLC-The London-Lund Corpus of Spoken English	1953	1987	PDE	500,000	100	Spoken	Other	CD	License required
MICASE-Michigan Corpus of Academic Spoken English	1997	2001	PDE	1,800,000	152	Spoken	Other	CD Download Online	Open access

续表

Corpus	Start	End	Periods	Word Count	Text Samples	Spoken/Written	Annotation	Format	Availability
NECTE-Newcastle Electronic Corpus of Tyneside English	1969	1994	PDE		62	Spoken	Other	Download DVD	Free subscription
OBC-Old Bailey Corpus	1720	1913	EModE LModE	14,000,000		Spoken	Tagging	Online	Free subscription
WestLabUSENET-Reduced redundancy USENET corpus	2005	2011	PDE	6,089,697,946	22,799,995	Written &Spoken	None	Download	Open access
SCOTS-Scottish Corpus of Texts & Speech	1945	2007	PDE	4,000,000	1177	Written &Spoken	Other None	Online	Open access
SCPS-Small Corpus of Political Speeches	1789	2010	PDE	655,479	239	Written &Spoken	Tagging	On-site	License required
VOICE-Vienna-Oxford International Corpus of English	2000	2007	PDE	1,023,043	151	Spoken	Other	Online	Free subscription

附表2：对于附表1部分术语的解释

Corpus		Some corpora consist of subcorpora (CEEC, CEEM). In these cases both the entire corpus and the subcorpora have been listed; the subcorpora are indented.
Start, End, Periods		The period labelling follows roughly the categorisation below unless a particular period is specified in the name of the corpus.
	OE	Old English c. -1300
	ME	Middle English c. 1300-1500
	EModE	Early Modern English c. 1500-1700
	LModE	Late Modern English c. 1700-1900
	PDE	Present Day English 1900-
Word count, Text samples		Left empty when the word count or number of text samples is unknown.

续表

Spoken/Written	Shows whether the corpus material is from written sources, recorded speech or both.	
Annotation	Tagging	Part-of-speech annotation
	Parsing	Syntactic annotation
	Other	Annotation of, e.g., discursive features, text structure, phonetic features, orthography, etc.
	None	
Format	CD/DVD	The corpus is distributed on a disc.
	Download	The corpus can be downloaded from the internet.
	Online	The corpus is accessible online without downloading.
	On-site	The corpus can only be accessed locally.
Availability	Open access	The corpus is can be freely used by anyone.
	Free subscription	The corpus is free to use but requires a subscription.
	Licence required	A paid subscription is required.
	Commercial	
	In preparation	
	Not available	The corpus is not available to external users for copyright reasons.

作者简介

杨帆，北京语言大学语言学及应用语言学专业博士研究生毕业，现任山东科技大学讲师，国际交流学院国际中文教育教研室主任。主要研究方向为汉语中介语研究与资源建设、国际中文教育，主持教育部及省市教研科研课题多项，发表论文多篇。

汉语中介语语料库口语及视频语料转写研究*

梁丁一

内容提要 口语及视频语料的转写曾是一大难题，中介语语料转写尤其如此，因而导致口语语料库建设滞后，汉语中介语多模态语料库尚无建成者。在今天语音识别技术得到很大发展的情况下，可将转写工作交给机器，只需人工进行校对工作，采取"机器转写+人工校对"的转写模式。在校对上可以采取以下几项措施：(1) 删除多余标点；(2) 增添缺失标点；(3) 修改用错标点；(4) 将学生名字隐去；(5) 将文字修改为原意；(6) 增减遗漏或多余文字；(7) 对存疑语音一律用空格或括号代替；(8) 用汉语拼音记录不熟悉的小语种词汇，对其他词汇保持原状；(9) 按照"一人一段"的原则划分段落。这些方法能够有效地保证语料的准确性，并有利于未来用户的研究。

关键词 汉语中介语语料库；口语语料；视频语料；转写

一、引言

21世纪以来，北京语言大学、南京师范大学、中山大学、暨南大学等相继开展了汉语中介语语料库的建设与研究，建立了规模不等的汉语中介语语料库（颜明、肖奚强，2017）。但是，在汉语中介语语料库的建设中，口语/多模态语料库的建设刚刚起步，目前已知的大型多模态语料库只有中国社会科学院的"现代汉语现场即席话语多模态语料库"（邢晓青，2018：108-114）。这种口语/

---

* 本研究得到语言资源高精尖创新中心项目（编号：KYD17004）、北京市社会科学基金重点项目（编号：15WYA017）、教育部哲学社会科学研究重大课题攻关项目（批准号：12JZD018）的资助。

多模态语料库建设滞后的情况,原因之一是语料转写困难(张宝林、崔希亮,2018:69-84)。

在早期的口语语料库建设研究中,经常可以看到"转写录音材料,耗费大量的人力财力"这样的表述(杨翼等,2006)。经实践后发现,情况确实如此,而且转写后还面临着诸多问题。像HSK动态口语语料库在对小规模样本进行转写时,就遇到了如单纯汉字转写的准确性问题、如何转写无法分辨或完全听不清的内容等问题。建设者们相应地提出了一些解决措施,对口语语料库的建设起到了一定的促进作用(胡凡霞,2011:321-327)。

现在,在建设全球汉语中介语语料库的过程中,我们同样进行了口语及视频语料的转写工作,发现以往让人头疼的转写问题在很大程度上由机器解决了,但如何校对机器转写的文本却成为了一个新问题。针对这一问题,本文将结合前人的研究成果,以全球汉语中介语语料库为例,重点探讨以下三个问题——机器转写的优势、转写中遇到的问题和转写规范,以期全面彻底地解决语料转写问题,从而促进全球汉语中介语语料库的建设与发展。

二、机器转写的优势

以往,人们对机器转写的顾虑多是"机器能否准确地、高质量地完成转写工作",在转写实践中主要是采用人工转写的方式,而人工转写的方式较为费时、费力。在进行汉语中介语语料库的口语及视频语料的转写工作中,我们发现科学技术的发展已经让较高质量的机器转写成为可能。

我们所使用的机器转写工具,是由科大讯飞研发的"讯飞听见"系统,它主要用来进行汉语母语者的转写。但是,即使转写的是汉语作为第二语言的学习者的口语或视频语料,它依旧具有时间短(1小时音频最快5分钟出稿、最慢10分钟出稿)、准确率高(可达95%以上)的特点。相比于人工转写(1小时音频最快需2-3小时转写),"讯飞听见"具有极大的时间优势。以几段共长达1小时19分钟10秒的口语考试录音为例,从提交订单到订单完成,"讯飞听见"实际只用了4分钟就完成了文字转写,而且错误率也较低。以下为该口语考试录音结果的转写文本:

然后我决定了我的梦想是空校的话最好，所以我选择我的梦想是空桥。我的专业是化工，所以一点我有一点担心。但在我看来，所谓空小的这样的职业，看起来很有魅力美丽，所以我想挑战成了虹桥。我的二姐的职业是空姐，所以我很羡慕他。对我来有一点难，因为我说的是方言。

对于这段文本，即使不查阅原录音文件，依旧可以猜测出该学生谈论的话题是职业或梦想。根据录音对其进行校对后发现，转写文本只在一些细微之处有所错误，比如遗漏语气词、用错人称代词等。校对过的文本如下（校对之处已用下划线标示）：

然后我决定了我的梦想是空少的话最好，所以我，嗯这个选择我的梦想是空少。嗯我的专业是化工，所以有一点我有一点担心。但在我看来，所谓空少的这样的职业，嗯看起来很有美丽魅力，所以我想挑战成了空少。我的二姐的职业是空姐，所以我很羡慕她。对我来有一点难，因为我说的嗯是方言，

由此可知，"讯飞听见"的准确率是可以保证的。基于这些转写文本，校对人员可以先进行校对，之后再交由标注人员在系统中标注，从而大大节省了以往录入文本所消耗的人力和财力资源。

三、机器转写中的问题

"讯飞听见"的机器转写文本主要存在标点使用、文字使用和段落划分三个方面的问题，可细分为标点错误、文字错误、文字遗漏或多余、不清晰的内容无法转写、外语词无法转写、段落划分不清六小类问题。

3.1 标点错误

机器转写的文本有时存在没有标点或者标点错误的情况，会对后续的标注工作造成一定的困难。下面我们选取三例来说明这个问题：

(1)是不是这样,呢

根据视频,例中留学生说话流畅,并没有语音停顿,但是机器却多出了一个逗号,并且结尾处缺少问号。

(2)请问对红楼梦的研究形成了红学名著对文学是不是影响更深刻

根据视频,例中留学生说话有所停顿,而不是一口气说到底,但是很显然,机器转写文本却缺少了表示停顿的逗号,而且同样在结尾处缺少问号。

(3)刚才对方辩友说新加坡,新西兰,那……

例(3)的标点问题与留学生的语音无关,而是和汉语的标点习惯有关。句中"新加坡"和"新西兰"是两个并列的地点,一般会用顿号连接,机器却使用了逗号进行连接。

3.2 文字错误

机器转写过程中会犯的文字错误有三种:第一,留学生发音是对的,机器却转写错了;第二,留学生发音是错的,机器便记录了他的错误发音;第三,留学生发的是错误音节,机器却转写了对的字。具体情况如下:

(4)到了今天没迟到

例(4)录音中原本说的是"阿萨德今天没有迟到",机器却未能将人名转写出来。但是,与此同时产生了一个新问题——语料中涉及真实姓名的文本该如何处理呢?

（5）对方边友，我们今天讨论的不是嗯各国的教育的不同

（6）对方备用

例（5）、例（6）中的"对方边友"及"对方备用"是机器如实反映了留学生的错误发音情况。然而，是保留这种发音偏误，还是将其改为正确文字呢？这些都需要结合具体的标注规范进行考虑。

除此之外，第三种情况往往和留学生的声调有关。比如，留学生把"见"发成第二声，把"高"发成第二声，但是字典却没有对应字——这种情况是写拼音呢，还是标注声调呢，或者保持原样呢？这都是处理转写文本时需要解决的问题。

3.3 文字遗漏或多余

机器有时无法识别环境嘈杂情况下的发音，因此会有所遗漏或增加。如下例：

（7）所以我是跟你解释而已啊。

在视频中，辩论赛选手原话为"所以我不是跟你说的，我是跟你解释而已啊"，但是由于环境嘈杂，机器对中间一些话没有识别出，存在遗漏情况，影响了语料的完整性。

3.4 不清晰的内容无法转写

由于部分留学生的口语水平较低，机器转写文本有时会出现一些不知所云的内容。依据音频/视频校对时的发现，这些内容出现的情况如下：留学生在发音时比较含糊或是语焉不详，于是不仅机器无法识别他本来想表达的意思，人工校对时也不解其意。例如，我们在校对时曾见过"陶学强的叫为扭还姓儿"这样一句话，和留学生的语音进行核对后发现似像非像，但是人们却并不明白该名学生在说什么。这种情况需要根据后续标注需求进行妥善处理。

3.5 外语词无法转写

留学生在交际过程中,有时会不自觉地使用母语。对于这些外语词/短语/句,机器转写时只能按照发音转写为汉字,但是这些汉字与其他非外语词/短语/句混杂在一起,并不便于用户识别。因此,如何进行校对值得思考。如下例所示:

(8)那你……

例(8)的语料来自一场辩论赛,说话的学生是一名日本人。根据现场视频可知,该学生是将想说的是日语里的"什么"(音同"那你"或"纳尼")——那么这种情况该如何处理呢?是写汉字,还是写拼音呢?这也是接下来需要解决的问题之一。

3.6 段落划分不清

机器转写语料时并不会进行合适的分段,因此几个人说的话总是混杂在一起。如下例:

(9)但我们可以但不算是证据呀,不不不是不是,重点不是。他说的对他说的,但是我们比利用产生太阳能,双方……

例(9)是来自一场辩论赛提问环节的语料,涉及三位说话人——两位选手和一位主席——但是机器转写出的文本却完全无法区分说话对象,导致看的人一头雾水,而且也不便于后续的标注工作。

四、口语及视频语料转写规范

针对以上三大类、六小类问题,我们以提高语料的转写效率、保证语料的处理质量为宗旨撰写了《"全球汉语中介语语料库"转写规范》,以期为后续进行汉语中介语的平台标注服务。

4.1 转写模式

转写模式为"机器转写+人工校对"。

"机器转写"指转写工作全部交由机器完成，具体使用的转写工具为科大讯飞开发的"讯飞听见"系统（网址：https://www.iflyrec.com/）。

"人工校对"主要针对机器转写中出现的问题，涵盖标点使用、文字使用和段落划分三个方面，具体包括六小类问题。由于校对需为后续的中介语标注服务，因此文本处理需有助于中介语的标注工作。例如，标点符号需处理为合乎汉语表达习惯的标点符号，因汉语学习者的发音错误而造成的转写错误需改为汉语学习者原本想表达的正确文字。

另外，值得注意的是，为尊重并保护语料作者的隐私，在校对中如果发现文本中存在作者或是其他人的姓名，需以×××代替；如有学号、分数等，也一律删除。

4.2 标点使用转写（3项）

本部分主要解决例（1）、（2）和（3）所展示的标点错误问题，详见表1。

例（1）中，留学生说话流畅，因此需要去掉句中的逗号，并在结尾添加问号标示出疑问语气。最后修改为：是不是这样呢？

例（2）中，留学生中途自然停顿了两次，但是机器转写的整句话都缺少标点，因此需要手动添加逗号及问号，改为：请问，对红楼梦的研究形成了红学，名著对文学是不是影响更深刻？

例（3）中，"新加坡"和"新西兰"两个并列地点之间使用的是逗号，不符合汉语的标点习惯，因此需人工校对为：刚才对方辩友说新加坡、新西兰，那……

依据这一原则对文本进行校对后，意思的表达变得更加准确，文本更加流畅，便于为后续标注服务。

表1 标点使用转写

问题类型	转写问题示例	校对示例	校对释义
标点多余	是不是这样,呢?	是不是这样呢?	删除多余标点
标点缺失	请问对红楼梦的研究形成了红学名著对文学是不是影响更深刻	请问,对红楼梦的研究形成了红学,名著对文学是不是影响更深刻?	增添缺失标点
标点用错	刚才对方辩友说新加坡,新西兰,那……	刚才对方辩友说新加坡、新西兰,那……	修改用错标点

4.3 文字使用转写(5项)

本部分主要解决文字错误、文字遗漏或多余、不清晰的内容无法转写、外语词无法转写这四小类问题,具体规范分为5项,详见表2。

第一,文字错误。在上文中已提到校对时可能会发现的文字错误有三种。对待第一种涉及真实姓名的情况,需隐去以保护其隐私。除此之外的第二和第三种情况则需要改为规范汉字,从而便于后续的标注工作。第二种情况是机器如实反映了留学生的语音偏误的情况,如例(5)、例(6)中的"边友"和"备用"都是"辩友"的发音偏误。但是,由于我们的标注规范是对正确汉字进行标注(如"边友"的"边"属于声调错误,最后会被标注为【辩】[Yd],而"备用"的"备"属于韵母偏误、"用"属于韵母偏误和声调偏误,最后会被标注为【辩】[Yy]【友】[Yy][Yd]),因此在校对时需将转写的错误文字改规范汉字。第三种情况是虽然存在声调偏误,但由于无法找到对应字,机器便转写了留学生想表达的正确发音。在以往的研究中,有人曾采用过拼音汉字双重转写的方法(胡凡霞,2011:321-327),但是我们认为这种方法可能不便于使用者的搜索,而且为了使语料库中所有的语料标注保持一致性,我们决定依旧只保留规范的汉字。例如,留学生把"见"发成第二声,把"高"发成第二声,校对时将保持"见""高"的汉字使用,而不加任何拼音备注。

第二,文字遗漏或多余。对于这种情况,校对时需增减遗漏或多余的文字。如例(7),机器因环境嘈杂遗漏了5个字,而且也没有标示出留学生语音中的自然停顿,因此校对时需及时增补,修改为:所以我不是跟你说的,我是跟你解释而已啊。这样才能确保语料的完整与真实,从而方便语料库使用者的研究工作。

第三，不清晰的内容无法转写，这类问题主要会被归为语音存疑偏误。语音存疑偏误是指，由于留学生存在发音问题，机器转写与人工校对皆无法辨别留学生所想表达的内容，于是便将此类发音问题做"存疑"处理。对于这种情况，校对员在校对时可将无法辨别的文字打为空格，或是用"（）"括号标示此处有存疑的文字，以便后续在系统中进行标注。如：陶学强的叫为扭还姓儿。这是由机器转写的完全语义不通的句子，虽然校对员在校对中对音频进行了听辨，却还是无法辨别留学生想表达的原意。对这种情况，可直接将"叫为扭还姓儿"打成六个空格，或者使用六个括号"（）"替代。

第四，外语词无法转写，此类情况分两种方式处理。对于标注员或大部分人可能比较熟悉的语言，例如英语的词、短语或句子，采取保持原状的做法，照录英语。例如"艾姆扫瑞"，校对员可以判断出这是"I'm sorry"的错误转写，因此将其改为英文即可。针对语料中存在的人们不太熟悉的小语种的词、短语或句子，处理方法则是使用汉语拼音标示。如例（7），虽然经查阅可以确认后日本学生想说的是"什么"（日语词"なに"，音同"那你"或"纳尼"），校对时仍以汉语拼音将其拼写为"nani"，从而保持处理外语语料的一致性。

表2 文字使用转写

问题类型	转写问题示例	校对示例	校对释义
暴露学生隐私	阿萨德今天没迟到	×××今天没迟到	将学生名字隐去
记录学生错误发音	对方边友，我们今天讨论的不是嗯各国的较育的不同	对方辨友，我们今天讨论的不是嗯各国的较育的不同	修改为学生想表达的意思
文字遗漏或多余	所以我是跟你解释而已啊。	所以我不是跟你说的，我是跟你解释而已啊。	根据音视频，增减遗漏或多余文字
无法转写语音存疑内容	陶学强的叫为扭还姓儿。	陶学强的_____。	对存疑语音一律用空格代替
用汉字记录学生的外语词汇	那你……	nani…	用汉语拼音记录不熟悉的小语种词汇
	艾姆扫瑞……	I'm sorry…	对较为熟悉的英语词、短语或句子，采取保持原状的做法

4.4 段落划分转写（1项）

本部分主要解决例（8）所展示的段落划分不清这一问题，详见表3。

欧可丝曾提出三种转写格式：自上而下立体式、左右平行式和上下分离式（Ochs,1979；转引自陶红印,2004）。由于转写文本需契合综合平台的标注系统，我们最终基于第一种格式，按照"一人一段"的原则进行了段落划分。按照此原则，例（8）修改如下：

正方三辩：但我们可以……

正方一辩：但不算是证据呀……

正方三辩：不不不是不是，重点不是。他说的对他说的，但是我们比利用产生太阳能……

主持人：双方……

按照"一人一段"的原则对段落进行重新划分，三位说话人的说话内容都独立成段，十分清晰。虽然这种方法无法像上下分离式一样显示两位说话人同时说话的现象，但是我们依旧可以用省略号这个标点符号标示出话语存在未尽之意，因此这种段落划分的方法可以满足用户的使用需要。

表3　段落划分转写

问题类型	转写问题示例	校对示例	校对释义
无分段，多人话语混杂	但我们可以但不算是证据呀，不不不是不是，重点不是。他说的对他说的，但是我们比利用产生太阳能，双方……	正方三辩：但我们可以…… 正方一辩：但不算是证据呀…… 正方三辩：不不不是不是，重点不是。他说的对他说的，但是我们比利用产生太阳能…… 主持人：双方……	按照"一人一段"的原则对段落进行重新划分

五、结语

在全球汉语中介语语料库口语及视频语料的转写过程中，我们认为口语及视频语料的转写工作可交由机器完成，人工只需校对和标注，因为目前的语音识别处理技术已经达到了这样的水平。经实践检验，机器确实可以胜任这一工作，而且通过使用"讯飞听见"，极大地节约了人力、提高了效率。在人工校对及标注方面，针对标点使用、文字使用和段落划分这三类问题提出了一些解决措施。这些方法能够有效地保证语料的准确性，反应留学生的发音状况，并有利于用户的研究。但是，由于对全球汉语中介语语料库的口语及视频语料的转写工作尚未全部完成，对一些非言语性成分的标注规范尚未完善，因此现在的探索可能还不够成熟。在接下来的工作中，我们将不断发现问题，解决问题，以期形成统一规范，促进汉语中介语口语语料库和多模态语料库的建设与发展。

参考文献

胡凡霞（2011）HSK动态口语语料库的语料转写研究，《语言文字法制化、规范化、标准化、信息化建设——第七届全国语言文字应用学术研讨会论文集》，中国应用语言学会（筹）、教育部语言文字应用研究所。

陶红印（2004）口语研究的若干理论与实践问题，《语言科学》第1期。

颜明、肖奚强（2017）论汉语中介语语料库建设的基本问题，《语言文字应用》第1期。

杨翼、李绍林、郭颖雯、田清源（2006）建立汉语学习者口语语料库的基本设想，《汉语学习》第3期。

邢晓青（2018）多模态语料库建设研究，《第四届汉语中介语语料库建设与应用国际学术讨论会论文选集》，张亚军、肖奚强、张宝林、林新年主编，北京：世界图书出版公司。

张宝林、崔希亮（2018）关于汉语中介语语料库标注规范研究的新思考——兼谈"全球汉语中介语语料库"标注规范的设计，《第四届汉语中介语语料库建设与应用国际学术讨论会论文选集》，张亚军、肖奚强、张宝林、林新年主编，北京：世界图书出版公司。

Ochs, Elinor (1979) Transerition as theory. In E. Ochs & Bambi Shieffelin (eds.), *Developmental Pragmatics*, 43-72. NY: Academic Press.

作者简介

梁丁一，北京语言大学汉语国际教育研究院2018级硕士毕业生，主要研究方向为语言学及应用语言学。

汉语中介语笔语语料录入标准研究*

齐菲　段清钒　张馨丹

内容提要　21世纪以来，汉语中介语语料库在对外汉语教学与研究中的作用日益受到学界的重视，汉语中介语语料库的数量日益增多，建库体系日趋完善。但从目前已建成的汉语中介语语料库来看，仍有一些问题值得我们关注。比如收集的语料以何种方式输入，又如何确保语料的真实性，这是建设汉语中介语语料库需解决的基础问题之一。因此文章专门探讨汉语中介语笔语语料录入相关问题，提出现阶段语料录入应以人工录入为主，且需遵守三大原则：实录原则、标识系统性原则以及保密原则，以期促进语料库建设的规范化和标准化，进而确保应用研究结果的有效性。

关键词　汉语中介语语料库；人工录入；实录原则；标识系统性原则；保密原则

一、引言

目前，汉语中介语语料库建设发展迅速，北京语言大学、南京师范大学、中山大学等已陆续建立了规模不等的汉语中介语语料库。汉语中介语语料库的建设能为我们较直接地展现汉语学习者的学习情况，但"各语料库标注代码不一致带来的首要问题是语料库之间语料共享困难"（赵焕改、林君峰，2018），这在一定程度上使各语料库无法发挥其最大效用。就语料录入来说，存在录入

---

* 本研究得到语言资源高精尖创新中心项目（编号：KYD17004）、北京市社会科学基金项目重点项目（编号：15WYA017）、教育部哲学社会科学研究重大课题攻关项目（批准号：12JZD018）的资助，谨致谢忱。

不系统、不全面等问题，而解决这些问题的关键在于制定统一的标准，标准是推动汉语中介语语料库建设全面而深入的要素之一。在建设汉语中介语语料库的过程中，能看出两种不同的旨趣："一是以建库为目的，二是以建库为手段。"（颜明、肖奚强，2018）因此在语料标注环节对于标什么以及如何标，不同的中介语语料库，其标注体系不同。但在语料录入过程中，汉语中介语语料库都应最大限度保持语料的真实性，这就确立了语料录入的最终目标。张宝林、崔希亮（2015）提出"对录入与转写的语料进行严格校对。这是确保语料真实可用的重要环节。"曹贤文（2013）以及张宝林、崔希亮（2015）文中都提到语料录入应尽量保持语料原貌，以及错字录入规则。但上述文章并没有明确指出汉语中介语语料库应采用何种录入方式，录入过程除了注意错字的录入，还有哪些需要注意的方面？汉语中介语语料录入，除了坚持"实录"原则，是否还需遵守其他原则。至今这些问题尚未有文章进行充分讨论。因此本文着重探讨汉语中介语笔语语料录入原则以及如何处理录入过程中的具体问题，以期最大程度保持语料原貌，有效处理语料标注前的核心环节，提高语料标注的有效性，从而推进汉语中介语语料库高质量建设。

二、笔语语料录入方式

笔语语料录入即把文字输入计算机。文字输入有哪些方式且何种方式最适合汉语中介语语料库录入是录入标准研究需解决的问题之一。目前汉语中介语笔语语料录入主要有两种方式：第一，文字识别系统。对于一些纸质印刷品、大量图片资料、手写稿等可以通过文字识别系统输入，比如OCR技术，"将图像信息中的印刷体文字通过相应的转换形成一定的字符，并与字符数据库进行比对，最终将标准的文本信息输出"（王学梅，2019）。该方式能够快速生成文本，但也存在一个问题：如何确保识别正确率。就印刷体汉字而言，"由于图片拍摄的清晰度和光照等因素，或者文档扫描不完整，甚至于原件的污损等原因，都有可能造成文字的切割错误，从而影响文字的识别正确率"（刘冬民，2018）。而对于汉语中介语语料来说，不仅上述提及的客观因素会影响识别正确率，汉语学习者汉字书写不规范对文字识别系统也是一个很大的挑战，识别率有待进一步考察。第二，人工录入，即由录入员将纸质版语料或者图片版语料录入为文本，文本格式是txt还是xml，可根据建库实际情况进行选择。

相比文字识别系统，人工录入具有较强的灵活性：对于电脑字库中没有的汉字，人工录入可根据录入标准用相应的编码形式代替，而文字识别系统可能会识别成与该字形相近的字，这在一定程度上会削弱笔语语料的真实性以及语篇语义的准确性。人工录入能够提高非规范汉字字形识别率。汉语学习者汉字书写字形不如印刷体文字整齐、规范，常常会出现一个汉字多种字形。由于语料录入人员为汉语母语者且具有一定的文字基础，虽然字形不规范，但母语者能够根据已有的汉字知识准确录入汉字。在录入完成后，建库人员将对人工录入语料进行再次审核，进一步提高录入准确性。以全球汉语中介语语料库建设与应用平台为例（以下简称"全球库"），"我""北""我"截取于汉语学习者笔语语料，"我"字形的规范性逐渐递减。如果使用文字识别系统进行识别，我们无法确定识别的准确率，且文字识别系统识别完成后，需要人工进行二次校对。而人工录入的灵活性能够克服文字识别系统面临的一些问题，且与专业录入人员进行合作将会大大提高录入效率。因此为了保证汉语中介语语料库的建设质量，本文认为人工录入的方式更能适应汉语中介笔语语料的录入，就目前计算机技术来说，该方式是最优的录入方式。

现今，大多数的汉语中介语语料库采用人工录入，但所建的语料库不同，建设者使用的录入媒介也不同，大致可分为线上录入和线下录入。线上录入是指依托语料库一体化建设平台，对上传的图片版语料进行录入。语料上传——语料录入——语料标注，各环节环环相扣，体现了汉语中介语语料库建设流程的连贯性。典型的线上录入平台是全球库，该平台充分利用互联网带给我们的便捷，以众包[①]思想指导录入工作。线下录入是指在文本中完成语料的录入，待完成语料加工的一切工作后才入库。就目前来说，该方式是汉语中介语语料库采用的较普遍的一种录入方式。笔者认为两者最大的差异在于线上录入具有极强的连贯性与开放性，录入员一旦完成某条语料的线上录入，审核员通过后即可进行语料标注，标注审核完成后即可实时检索，实现了"边建设边开放"。

---

① 众包：指利用互联网将工作分配出去，工作者利用业余时间完成任务，并获得一定的报酬。

线上录入符合当今信息化时代的发展趋势，今后会更加普遍。但在线上录入，还需注意录入员对平台操作的熟练度以及录入员使用的浏览器是否支持上传的图片语料，因此汉语中介语语料库建设可应根据建库实际情况选择相应的录入方式。

三、笔语语料录入原则

语料录入是其他环节的基础，处理得当与否决定语料标注是否有效，所建成的语料库是否可信。目前已有学者对汉语中介语语料库建设的其他环节进行研究探讨，但未有关于汉语中介语笔语语料录入标准的研究，录入以何为纲且原则是什么，该问题的解决有利于推动录入标准研究的发展。

3.1 实录原则

汉语中介语语料库建库目的是为了更好地为对外汉语教学与研究服务，提供最真实的语料，以供学界研究使用。语料录入的核心原则为"实录原则"（张宝林、崔希亮，2015），即人工录入过程中对汉语学习者语料不添、不漏、不改，以"保持语料原貌"为纲。因此在建库基础环节——语料录入，应该严格把关，确保录入语料的真实性。

3.1.1 汉字与标点符号的真实性

汉语中介语语料库中的语料为汉语学习者在学习汉语过程中所产出的主观成段、成篇表达，这些语言材料并不全部正确。正确的语言现象按照语料原貌录入，错误的语言现象也是汉语学习者学习情况的反映，且有利于对外汉语教师发现教学问题，制定相应解决办法。因此在录入环节，应全面展示汉语学习者的语言真实面貌，如实记录错误的语言现象是保持语料真实性的重要方面。

在录入过程中，会碰到一些可识别的错字、标点错误，对于这些错误，我们坚持"只录不改"，不改汉字书写错误，不改词语搭配错误，不改语法错误等。以"全球库"为例，汉语学习者在书写汉字时，会出现各种各样的错误。比如"好"写为拆分字"女""子"，"龙"写为繁体字"龍"等；在使用标点符号方面，有时该用逗号的地方用了句号，或者把句号写为一个点等。以上出现的错误，录入过程中不得修改。

3.1.2 语料格式的真实性

除了注意录入字与标点的真实性外，还需注意保持原始语料格式。语料中出现的空格、分段、居中等均需如实录入，不对语料格式做任何改变。在汉语中介语语料录入过程中，大多数建设者已注意到录入内容应与原始语料保持一致，但有时忽略了语料格式的真实性，录入文本没有分段、空格，一段贯之，在一定程度上削弱了录入文本的真实性。

3.1.3 汉语母语者信息无须录入

录入过程中并非所有的语言文字都需录入。如果收集的语料是留学生的课下作业，一般会有教师对作文的修改以及评语，这些文字无须录入。我们所需录入的语言材料是汉语学习者的主观成段表达，教师批改的文字属于汉语母语者语料，不符合建库的性质。因此录入过程中汉语母语者信息不予录入，目的是为了保持语料库语料的纯粹性，仅需如实录入汉语学习者的主观表达，真实反映汉语学习者的汉语水平。

3.2 标识系统性原则

对于一些可识别录入的语言材料，如实录入即可。而对于一些无法准确识别因而难以录入的语料，应当坚持标识系统性原则。标识系统性原则是指在笔语语料录入过程中，无法如实录入需遵守的原则。不同的汉语中介语料库，处理无法直接录入的文字和标点符号时，所采用的标识方式也不同。但不管采用何种标识，该标识应与语料库的其他环节保持相关性，成为语料库系统中的一部分，而不是自成体系。这样做一来有利于保持汉语中介语语料库各环节的一致性，二来有利于减轻语料库使用者识记标识的负担。如果对这些无法录入的语料处理不当，在一定程度上会影响语篇语义的准确性和流畅性，进而降低语料的真实性。

3.2.1 错字标识

错字是指由笔画部件的组构错误、缺失或者书写不清晰导致的汉字偏误。在录入过程中表现为电脑标准字库中不存在的汉字。比如汉字部件组构错误，"忍"字原本由上"刃"下"心"组合，而汉语学习者在书写过程中写为上"刀"下"心"，不成汉字，即错字。

对于错字的录入，不同学者处理方式不同。肖奚强、周文华（2014）指出："汉字偏误的主要形式有错字和别字，别字比较容易处理，……对于错字在语料库中的呈现有多种方式，可以用其他字代替、造字或截图。"曹贤文（2013）提出用"*"代替，并在后面的括号中标出正确的汉字。在语料库中输入"*"即可检索出错字所在的句子，且在后面标出正确的汉字有利于语料库使用者更好地理解句义。而中山大学汉字偏误连续性中介语语料库字词句偏误标注版（以下简称"中山库"）采用truetype[①]造错字，并对非成字的汉字类型进行细分，分为笔画误加、笔画误代、笔画遗漏等。此外，中山库以图片的形式储存错字，能够最真实地展现汉语学习者的语料原貌，但是该形式是否有利于错字的检索，张瑞朋（2012）对此进行了考察，并指出中山库无法对图片进行准确查找和对比，且不支持对各笔画之间的对比查找。错字类型分得越细，标注代码数量越多，将会增加使用者识记代码的负担。"对于错别字的标注，怎样实现对错字的分析、统计和使用是个难点，也是目前语料库建设中的趋势和难点"（张瑞朋，2012）。这不仅是中山库需要进一步完善的地方，同时也是汉语中介语语料库建设过程中需解决的问题之一。

基于标识易于检索、易于识记以及标识系统性原则，本文认为错字的录入应该使用简单且意义清晰的编码形式，并且该编码形式应与其他偏误的标识处于同一系统中。本文分别以中山库、HSK动态作文语料库和"全球库"为例进行说明。三者都是采用汉语拼音首字母进行标识，但全球库使用的编码形式更具全面性和系统性。中山库与全球库的错字标识都是由两个汉语拼音字母组成，一个字母表示标注的层面，另一个字母表示偏误的类型。在中山库中，以

[①] TrueType 是由 Apple 公司和 Microsoft 公司联合提出的一种新型数学形描述技术，能够进行字形构造。

"错字"二字的拼音首字母为标识,即"CZ"。该标注简单明了,但错字标注与字层面其他偏误的标注处于同一系统时,稍显不连贯。首先,该库中的错字与别字标识不明确。中山库中,错字与别字分别是"CZ""CBZ",别字的代码却是"错别字"的拼音首字母,这容易使人认为别字等同于错别字,错字与错别字属于同一级别的偏误。另外,错字与字层面其他偏误的标注代码不协调,比如繁体字"F",仅以第一个汉字的首字母为标注代码。而在HSK动态作文语料库中,字层面偏误类型的标注代码具有一致性,均采用第一个汉字的首字母表示,比如:用大写字母[B]表示别字,用大写字母[C]表示错字,但该标注模式没有体现出标注的层面。为了使错字标注代码更准确、全面,全球库使用汉语拼音大小写字母对错字进行标识,大写字母表示标注的层面,小写字母表示偏误类型,这样的编码方式更具层级性,本文对此将做进一步说明。全球库中的错字,用代码[Zc]标识,标注层面的代码在前,具体偏误类型在后,并用"[ ]"区别汉语学习者语料中出现的英文字母,并在错字之处,用正确的汉字代替。比如:应【该】[Zc],"Z"表示字层面,"c"表示字层面的错字,"该"字为录入人员根据语篇语义以及汉字字形,录入的正确书写形式。而对于一些看不清楚且无法准确判定汉字原貌的字,全球库中一并处理为字存疑,并设计了相应的标注代码,即用[Z?]进行标识。"Z"表示字层面,"?"表示无法判断该字属于何种偏误类型。比如:更[Z?][Z?]保存自己的生命,表示"更"与"保存自己的生命"中间有两个字无法判断。而别字,繁体字,拆分字虽然也是字层面的偏误,但能通过电脑标准字库输入语料库,因此在录入环节不做标识,按照语料原貌录入。全球库中的错字标注代码,既简单又明确,且易于检索,为其他汉语中介语语料库提供了一定的参考价值。

汉语中介语语料库各个环节既独立又联合,独立是指各个环节互不干扰,分工明确,录入环节只需进行语料录入,忠实原作,无须修改。联合是指各个环节环环相扣,具有极强的连贯性。录入完成后,进入语料标注环节,标注出语料中的语言偏误现象。因此录入环节只需做错字和存疑字的标注,一方面是为了保证语料的真实性,对一些无法录入的字符做特殊化处理;另一方面体现了各环节之间的联合,录入环节与标注环节使用的标注代码处于同一系统中。

3.2.2 非标准标点符号标识

非标准标点符号是指输入法中无法录入的标点形式。无法直接录入的标点有以下两种类型：第一，汉语学习者标点书写错误，造成无法直接录入，比如语料作者将"？"下面的"."写为"。"第二，汉语学习者书写不清晰，无法判断正确的标点。为了保持字与标点层面的一致性，笔者认为非标准标点也应该使用标注代码对其标识，这样能够更加准确地反映汉语学习者的真实水平，也利于研究汉语学习者标点符号的使用情况。

与字、词、句等层面相比，汉语中介语语料库对标点层面设计的标注代码较少。在录入环节，如何标识无法录入的标点符号是汉语中介语语料库建设者必须解决的一个问题。本文仍以全球库为例，全球库中对于这类错误的标点符号进行了统一的代码标注。[Bcx] 为标点形错代码，代码 [Bcx] 中的大写字母"B"表示标点层面，小写字母"cx"为形式错误两个词语第一个字的首字母。比如：【？】[Bcx] 表示该问号写法错误。此外，有些标点不清晰且无法准确识别，我们用标点存疑 [B？] 标识，表示该位置的标点无法判断。但标点缺失、标点错位、标点多余等错误在录入环节不用考虑，这属于语料标注的内容。

针对无法录入的文字与标点符号，全球库的处理方式具有极强的连贯性。层级清晰的标注代码使得汉语中介语语料库更全面、更系统，这样不仅确保了使用者阅读语料时的流畅性，也在最大程度上保持了汉语学习者的语料原貌。此外，代码标注有利于研究者进行语料检索，研究汉字标点相关问题。

3.3 保密原则

录入环节的保密原则是对语料提供者私人信息的二次保护。在完成语料作者背景信息的收集后，建库者应对此信息进行保密。但有些作文话题，比如"自我介绍""我的家人""我最佩服的一个人"等，语料中难免会涉及作者私人信息，比如姓名、学号、电话号码等。对于此类情况，本文建议在语料录入环节一律用"×××"代替。虽然汉语中介语语料库建设取得了很大成绩，但面向大众开放的语料库较少，语料库资源共享成为汉语中介语语料库建设未能解决的问题。一来由于版权限制等因素，一些建成的语料库只供学校内部人员使用，校外人员无法登录；二来语料库中的有些语料涉及作者私人信息，不方便公开。为了进一步推动语料库资源共享的局面，对语料作者隐私的保护是建库过程中必不可少的工作。且对语料作者私人信息的保密处理是也对语料作者最大的尊重。"今天是一个以互联网、云计算、大数据为显著特征的信息时代，其核心观念是开放。"（张宝林、崔希亮，2015）笔者期待解决上述问题后，有更多的汉语中介语语料库面向大众开放，尽早实现资源共享的局面。

上述三大原则是汉语中介语笔语语料录入时应该遵循的原则。实录原则是语料录入中的核心原则，失去该原则，语料录入就没有价值。标识系统性原则是针对无法直接录入的字符所提出的重要原则，这一原则能够降低语料的失真程度，对于整个语料库系统来说，也更能体现语料库的系统性。实录原则与标识系统性原则之间关系十分紧密，后者是对前者的补充，对实录原则中无法实录的部分做最大程度的保持，保持汉语学习者的真实水平。保密性原则是我们对语料作者的最大尊重。因为有了语料作者的语料产出与提供，才有了成千上万的语料以供学者进行研究，语料作者的隐私是语料建库中必须要考虑的一个问题，保密性原则是对作者隐私保护的体现。

四、结语与展望

汉语中介语语料库正处于"建库热"时期，注重数量的同时，也应严格把控所建语料库的质量。一个好的汉语中介语语料库，建库者应严谨对待每个环节。语料录入是建库的基础环节，同时也是确保标注质量和研究结论有效性的重要部分。"语料录入质量也只有对照原始语料才能做出准确评价。"（张宝林，2015）因此语料录入过程中，坚持以实录原则为核心，最大程度保持语料的真实性，确保录入质量；坚持标识系统性原则是无法实录部分应遵守的准则，且该原则有利于语料库体系更加统一；遵守保密原则，保护语料作者私人信息，对语料提供者表示最大尊重。与此同时，我们也期待改善语料库资源较封闭的局面。

汉语中介语语料库的建设需要多领域的人才共同努力，文字识别软件录入可能是今后发展的一个方向，但在那之前，需要技术人员解决上述所涉及的问题，完善识别软件，促进该软件在汉语中介语语料库中的应用。因笔语语料录入标准是汉语中介语语料库建设领域较少谈及的话题，且未有专文进行探讨。本文提出的录入原则不一定全面，但希望引起建库者对录入环节的重视，推进汉语中介语笔语语料录入标准研究的进一步发展。

参考文献

曹贤文（2013）留学生汉语中介语纵向语料库建设的若干问题，《语言文字应用》第2期。

贡贵训（2019）现代汉语教学语料库建设及应用，《保定学院学报》第6期。

胡晓清等（2019）《国别化汉语中介语动态语料库建设与研究》，北京：中国社会科学出版社。

蒋琴琴（2019）近十年国内汉语中介语语料库建设研究概述，《海外英语》第6期。

刘冬民（2018）《基于深度学习的印刷体汉字识别》，广州大学硕士学位论文。

刘　华（2020）全球华语语料库建设及功能研究，《江汉学术》第1期。

吴　涛（2009）《基于数字墨水技术的留学生作文标注和评测系统研究》，北京语言大学硕士学位论文。

肖奚强、周文华（2014）汉语中介语语料库标注的全面性及类别问题，《世界汉语教学》第3期。

颜明、肖奚强（2018）论汉语中介语语料库建设的基本问题，《第四届汉语中介语语料库建设与应用国际学术讨论会论文选集》，北京：北京语言大学出版社。

张宝林、崔希亮（2015）谈汉语中介语语料库的建设标准，《语言文字应用》第2期。

张宝林（2019）从1.0到2.0——汉语中介语语料库的建设与发展，《国际汉语教学研究》第4期。

张宝林　等（2014）《基于语料库的外国人汉语句式习得研究》，北京：中国书籍出版社。

张瑞朋（2012）留学生汉语中介语语料库建设若干问题探讨——以中山大学汉字偏误中介语语料库为例，《语言文字应用》第2期。

赵焕改、林君峰（2018）关于汉语中介语语料库标注代码的思考，《第四届汉语中介语语料库建设与应用国际学术讨论会论文选集》，北京：北京语言大学出版社。

作者简介

齐菲,北京语言大学语言科学院,2018级硕士研究生,主要研究方向为语言学及应用语言学。

段清钒,北京语言大学语言科学院博士研究生,专业为语言学及应用语言学。

张馨丹,北京语言大学语言学及应用语言学专业硕士毕业生,现任职于北京市西城区市场监督管理局。

ELAN 操作的几个关键问题*
——兼谈语宝标注软件的使用

李 斌

内容提要 ELAN是由荷兰内梅亨马普心理语言学研究所开发的一个跨平台的多媒体（模态）转写标注软件，功能强大，在国内外广泛使用。操作好ELAN需要注意：版本选择及偏好设置、不同工作模式之间的适时切换、不同模式下的快捷键精选与设置、层设置及自定义词汇的添加、模板的保存和使用、媒体文件的支持及第三方工具利用、eaf文件的查找及替换等几个关键问题。语宝标注是国内第一个和ELAN兼容的转写标注软件，支持几乎所有音视频文件的波形显示，自动断句和手动断句相结合，内置专门模板，交互直观，操作便捷。快速断句和转写可用语宝标注来完成，多层的精细标注用ELAN来操作。

关键词 ELAN；操作；关键问题；语宝标注

ELAN(EUDICO Linguistic Annotator)是由荷兰内梅亨马普心理语言学研究所开发的一个跨平台的多媒体（模态）转写标注软件，免费开源。从2001年起，ELAN已发布多个版本[①]，功能日益强大，同时支持音频与视频文件的转写与标注，软件界面有英文、日文、德文、西班牙语、简体中文等十多种语言可供选择，支持Unicode等多种编码，支持各种语言及国际音标等符号的输入和显示。ELAN还可以添加不限数量的标注层，可进行多个层级、各种形式的标注，

---

* 本研究得到国家科技支撑计划项目"有声数据库技术工具研究"子课题（2014BAK04B0203）、中国语言资源保护工程专项课题（YB2003C006）的资助。

① 目前最新版本是6.0，2020年11月25日发布，下载地址：https://archive.mpi.nl/tla/elan/download。

支持单个或多个eaf文件各种条件的检索。ELAN还支持导入或导出Praat、Shoebox、Toolbox、Transcriber等软件的数据格式。

ELAN在语言保存、态势语研究、话语分析、儿童语言研究、语言心理研究、课堂教学行为研究、口语语料库建设等方面被广泛使用。在国外，伦敦大学亚非学院的Hans Rausing濒危语言保存、荷兰内梅亨马普心理语言学研究所的Dobes濒危语言存档、美国Texas德语方言保存等大量项目使用ELAN进行转写与标注。在国内，有国家社科和教育部多个重大项目使用ELAN进行转写与标注，如汉语方言自然口语有声基础语料库建设（刘俐李，12&ZD177）、基于汉语和部分少数民族语言的手语语料库建设研究（龚群虎，12&ZD226）、新疆多民族语言有声调查与数据库建设（张定京，13&ZD1236）、数位典藏的理论探讨和软件平台建设及实践语言研究（徐世璇，14ZDB156）、中国方言文化典藏（教育部重大，曹志耘，11JZD035）。笔者从4.12版（2011年6月）起开始对ELAN进行汉化（已汉化了20多个版本）和持续研究，对ELAN进行了适合中文环境的设置与改造，开发过两个配套增效软件，利用ELAN转写了十多万字的湖南双峰方言，自建了一个小型的多媒体汉语方言自然口语语料库。主持开发了基于eaf[①]数据格式的协同多媒体语料库平台"小方"。主持开发了和ELAN兼容的转写标注软件"语宝标注"，在"中国语言资源保护工程"推广使用。

ELAN功能强大，但牵涉的概念和模式众多，操作复杂。笔者在操作和研究过程中发现：要使用好ELAN，需要注意版本选择及偏好设置、快捷键设置、标注层的各种操作及设置、模板的创建与使用、单个和多个eaf文件检索等问题。语宝标注把ELAN繁杂的模式和设置进行了精减和一致化，在文件创建、自动断句、添加断点、句段合并、快速转写、文件导出等核心功能上进行了创新或优化，操作直观便捷。本文还简单介绍了语宝标注的使用。ELAN和语宝标注的详细使用方法请参考软件自带的帮助手册。

---

① eaf 是 ELAN 的数据存储格式，实际上是 XML 格式。

一、版本选择及偏好设置

1.1 版本选择

ELAN支持Windows、Mac、Linux等平台，每个平台每年发布约3个左右的更新版本。从笔者对Windows和Mac平台ELAN的测试来看，Windows版本的ELAN对媒体文件的兼容性好于Mac版本的，Linux相对小众。Windows操作系统的使用者在国内占大多数。如果项目组利用ELAN进行标注，应该首选Windows版本。软件的开发是一个逐步完善的过程，要尽量使用新的较稳定的版本。ELAN4.7版对工程文件.eaf的结构进行了修改，如果使用4.7以前版本打开4.7或4.7以后版本创建的.eaf文件，会丢失一些数据。近来笔者使用过的相对比较稳定的Windows版本有4.94版、5.3版、6.0版等。4.94版、5.3版存在高分辨率屏幕部分区域字体显示过小的问题，如果你的电脑分辨率是全高清（1920*1080）以上，那就应该选用更高的版本。从5.9版起，ELAN的软件内核进行了更新，但5.9版和6.0版均存在对中文文件夹和中文件文件名支持不好的问题，如果转写标注的内容存放在中文文件夹中或eaf文件命名使用了中文，会出现双击eaf文件（已关联ELAN）不能直接打开的情况。要避免这个问题，最好ELAN相关文件夹和文件名都使用英文，或者采用从ELAN文件菜单打开eaf文件的方法。ELAN官网目前能下载到的最新版本是6.0版，下文除个别引用材料外，均使用ELAN6.0 Windows版本来演示说明。

1.2 偏好设置

1.2.1 界面设置

ELAN使用的是Java编程语言开发的，其程序界面和一般的Windows程序会有一定差异，我们可进行设置，使其界面和Windows界面保持一致，方便文件浏览和选取。具体操作步骤如下：

在软件菜单栏选择：编辑→软件设置→偏好设置→平台/操作系统→使用Windows式样界面。（图1）

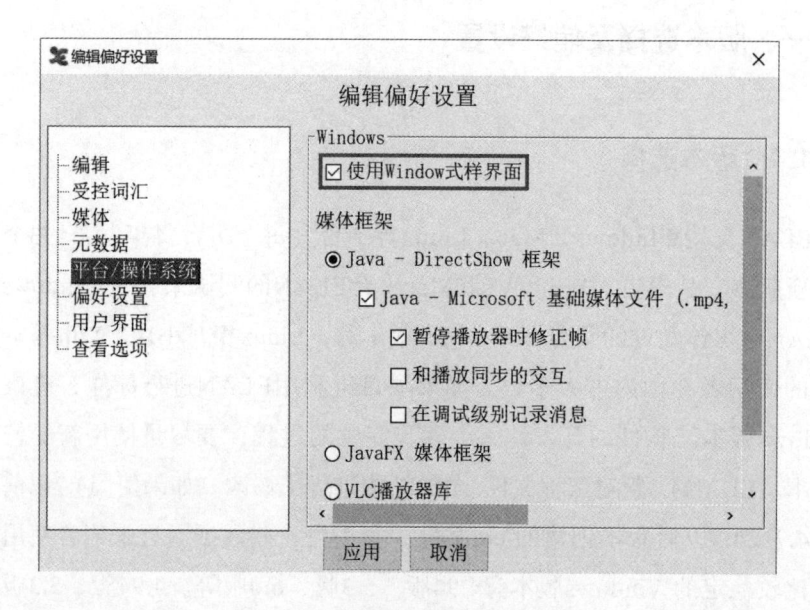

图1 勾选"使用Window式样界面"

1.2.2 自动播放媒体设置

在软件菜单栏选择：编辑→软件设置→偏好设置→媒体。

把自动播放媒体下的两个复选框都选中，点击"应用"按钮保存，激活自动播放媒体功能，见图2。此功能激活之后，在标注模式里点击标注段[①]就能够直接播放，方便多次回放某一标注段。

---

① 是指在按照标注要求所切分的单元，如字、词、句、语素等，在标注层上被两根短竖线隔开。

标注、录写与检索研究

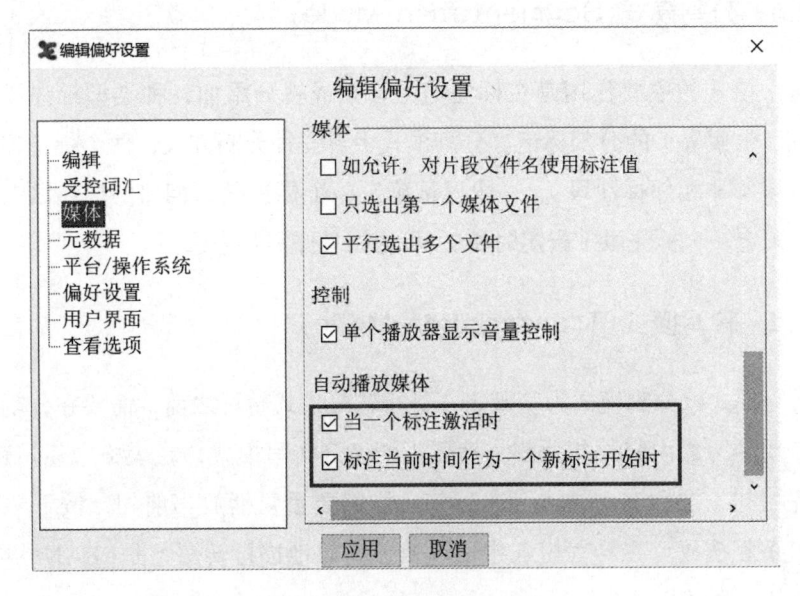

图2 激活自动播放媒体功能

二、不同工作模式之间的适时切换

ELAN共有五种工作模式（Working Modes），这五种工作模式各有各的工作场景和专长，在ELAN"选项"菜单下可进行选择（图3），也可自定义快捷键进行快速切换。使用者需要区分各个模式的不同作用，适时切换。

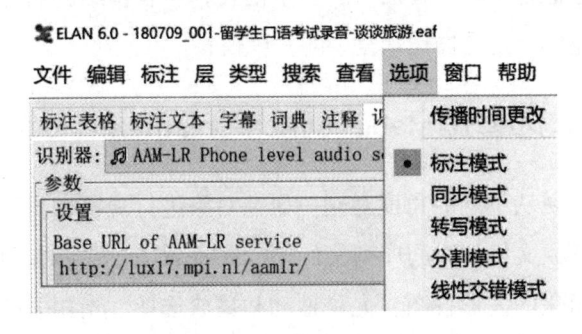

图3 切换不同模式

2.1 分割模式(Segmentation Mode)

这个模式的主要作用是在标注前为音频或视频添加各种类型标注段（如句、词、语素等）的分割标记。分割模式中有三种分割方式，两个标记连成一个标注段（非相邻标注段）、一个标记确定一个标注段（相邻的标注段）和一个标记确定一个标注段（指定时长），可根据具体需要来选择。

2.2 转写模式(Transcription Mode)

转写模式以分割模式为基础，在进行转写模式转写之前，需要在分割模式中对需要转写的内容逐句分割，然后再切换到转写模式，在表格中逐句转写，转写完一句，按回车键进入到下一句，如需要重复播放当前句，按下"Tab"键可以重复播放。在转写模式中可以快速高效地进行转写，是ELAN最顺手、最便捷的一个模式。

2.3 标注模式(Annotation Mode)

ELAN可添加不限数量的标注层，有时候某个音频或视频文件，我们需要转写文字、标注国际音标、翻译、标记偏误等等多种标注操作，在这个模式下使用者可按需添加标注层，进行标注。另外标注完成的内容还可以"表格""文本""字幕"等形式逐层查看或多层对照查看，即时校对修改。标注模式是ELAN中功能最全面、最强大的一个模式，所有精细的切分标注工作都可在这个模式下完成，也是操作最复杂的一个模式。

2.4 媒体同步模式(Media synchronization mode)

这种模式方便从不同的角度对同一研究对象进行观察和研究。除了同步视频，还可同步音频文件和时间序列文件（timeseries files）。对于每个音频文件，都添加了一个简化的波形视图，允许拖动和播放选择。当相关的波形播放器被激活时，波形就会被激活，最多可以有一个时间序列播放器，可用于同步多个时间序列文件。

2.5 线性交错模式（Interlinearization mode）

线性交错模式（行间模式）是一种面向文本的模式，用于对一行或多行行间文本进行解析、注释等精细标注。这些标注可以手动调用一些内置分析器（Analyzers）或词典（Lexicons）来进行（需授权）。单击标注段可以播放声音，双击每个标注段都可以进入编辑状态，进行修改。以下是官方帮助手册的示例图片（图4），有多个标注层。

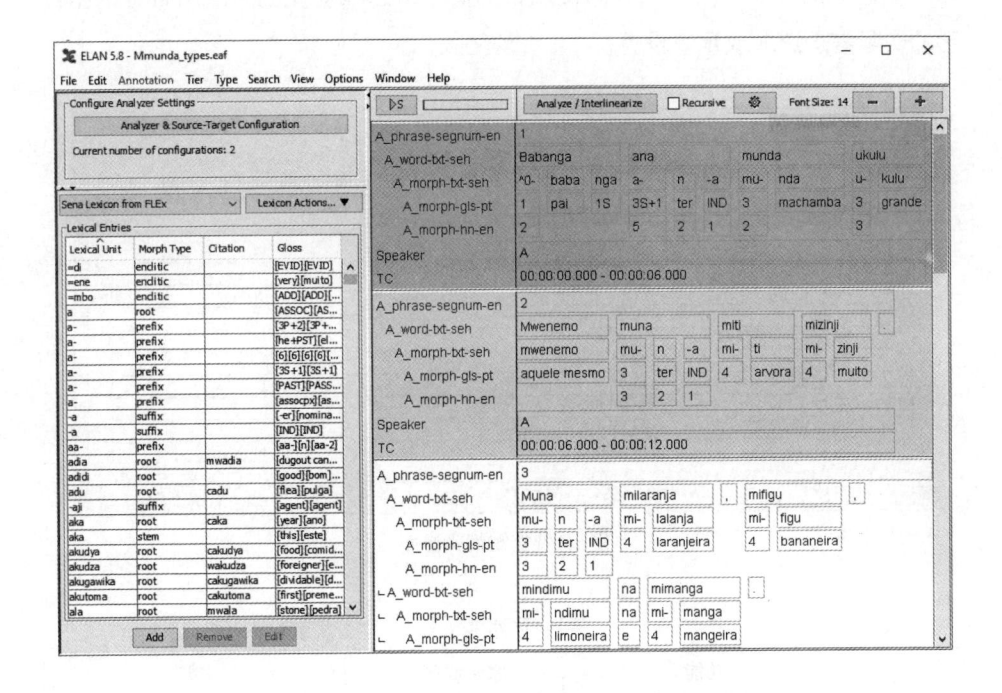

图4　线性交错模式示例

三、不同模式下的快捷键精选与设置

3.1 快捷键精选

一般来讲，使用快捷键可以提高软件的操作效率，但过多的快捷键反过来又可能会影响到操作效率。ELAN对标注、同步、转写、分割、线性交错[①]等5个操作模式都提供了不同的快捷键（图5），另外还为这些模式设置了共同的缺省快捷键，所有快捷键一共155个（6.0版）。如此众多而模式各异的快捷键，会给使用者带来记忆和操作的困扰。这就需要我们根据自己操作的需要精选并记忆高频的快捷键。笔者精选了18个常用的快捷键，其中共同的快捷键8个，标注模式快捷键5个，转写模式快捷键5个。（详见表1），分割模式快捷键9个（详见表2），谨供参考。其他模式因使用较少而没有选取快捷键。使用者可根据自己的实际需求选取或重新设置。

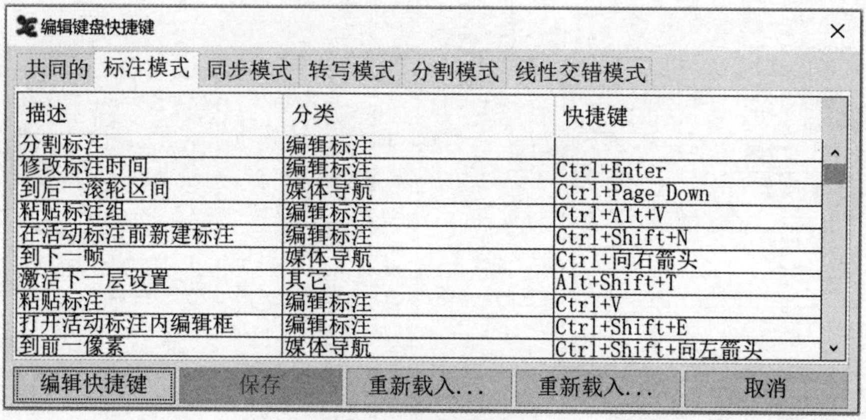

图5 快捷键编辑界面

表1 快捷键精选

序号	功能	原始快捷键	备注
1	添加新层	Ctrl+T	共同（各模式都能用）
2	新建文件	Ctrl+N	共同
3	撤销	Ctrl+Z	共同
4	查找	Ctrl+F	共同
5	保存	Ctrl+S	共同
6	关闭文件窗口	Ctrl+W	共同
7	编辑链接文件	Ctrl+ALT+L	共同

---

① 翻译为"行间模式"更准确，将在ELAN后继版本中进行修改。

续表

序号	功能	原始快捷键	备注
8	退出程序	Ctrl+Q	共同
9	播放选段	Shift+空格	标注模式,有冲突
10	复制标注	Ctrl+D	标注模式
11	清除选段	ALT+Shift+C	标注模式
12	删除标注	Ctrl+ALT+D	标注模式
13	播放暂停	Ctrl+空格	标注模式,有冲突
14	播放暂停	TAB键	转写模式
15	和上一标注合并	Ctrl+Shift+空格	转写模式
16	和下一标注合并	Ctrl+Shift+A	转写模式
17	删除标注	Shift+Delete	转写模式
18	保存并移到下一标注	Enter（回车键）	转写模式

3.2 快捷键设置

ELAN缺省的快捷键是根据西文的使用环境设置的,在简体中文环境下,有一些快捷键跟中文输入法产生冲突,无法使用,如标注模式下的播放暂停的缺省快捷键是Ctrl+空格键（笔者改为F3）、播放选段的缺省快捷键是Shift+空格键（改为F4）,这两个缺省快捷键在中文输入法状态下的相应播放功能完全不起作用。分割模式中的插入断点的快捷键是回车键,在实际使用中也经常无法正常操作。快捷键的冲突问题不解决,ELAN会很难顺手使用,我们需要对某些快捷键进行重新设置（见表2）。

快捷键的设置以顺手、无冲突、尽量避免多键组合为原则,使用者可根据自己的操作习惯灵活设置,具体操作如下：依次点击ELAN菜单栏上的"编辑→软件设置→编辑快捷键",选择相应模式,打开快捷键设置列表。点击选中表格"描述"列中需要调整的快捷键,再点击表格底部的"编辑快捷键",弹出修改当前快捷键的对话框,按选键盘设置快捷键,最后点"保存"按钮,保存刚才设置的新的快捷键。设置完成后,重新运行ELAN,新设置的快捷键才能生效。

在全盘考虑各个键位的布局及使用习惯,笔者调整和新增了ELAN一些常用快捷键，在实际使用中操作起来更顺手。下面以分割模式为例对部分快捷键进行了修改设置（表2）。

表2 分割模式中部分快捷键修改设置

序号	功能	原快捷键	新快捷键
1	插入断点	Enter（回车）	K
2	删除断点	Backspace(回退)	Delete
3	到起点	Ctrl+B	A
4	到终点	Ctrl+E	;（分号键）
5	播放\暂停	Ctrl+空格	D
6	到前一像素	Ctrl+Shift+左箭头	J
7	到后一像素	Ctrl+Shift+右箭头	F
8	向前一秒	Shift+右箭头	Ctrl+左光标键
9	向后一秒	Shift+左箭头	Ctrl+右光标键

四、层的相关设置与操作

"层"（Tier）是ELAN中最重要的概念之一，所有的标注内容都依托层而存在。与层相关的概念有层名（Tier name）、独立层（Independent tier）、父层（Parent tier）、参照层（Referring tier）、附属层（Dependent tier）、层类型（Tier type）、原始类型[①]（Stereotype）、自定义词汇（Controlled vocabularies，受控词汇）等，独立层和其他层没有依存关系，参照层和附属层必须有一个父层，删除父层参照层或附属层也会被删除，删除父层标注，参照层或附属层的标注也会被删除。原始类型是对层与层之间的关系的一种约定和约束，有5种类型：无（None）、时间细分（Time Subdivision）、象征细分（Symbolic Subdivision）、包含于（Included In）、象征关联（Symbolic Association）。自定义词汇是为快速一致化的标注而设置的，可以直接选择统一的自定义标注代码或符号，无须逐个录入，减少标注错误。使用ELAN标注统一的项目，添加多少新层，层与层

---

① "stereotype"起初译为"原始类型"，译为"固有类型"更好。

之间是什么关系，层如何命名，层类型如何设定，原始类型如何指定，哪些层需要自定义词汇，最好事先规划好。下面是具体操作说明。

4.1 层、层类型的添加及设置

4.1.1 创建层及层命名

导入待标注的音频或视频，保存工程为eaf文件，缺省添加的第一层层名是default，需要根据实际情况对层名进行修改，在层名上单击鼠标右键，选择"更改此层属性"，在弹出"更改层属性"窗口，删除层名框中的"default"，键入新的层名（图6），接着点击"改变"按钮，第一层的层名就修改好了。在添加其他新层之前，先要对层类型进行设置。点击菜单"类型"，每一层都对应一个层类型，如话语、音节、词性、手势等。官方态势语标注示例中各层的命名是这样的：第一层，K-Spch（男人K的话语，类型为Utterance）；第二层，W-Spch（男人W的话语，类型也是Utterance）；等等。其他层名详见表3。

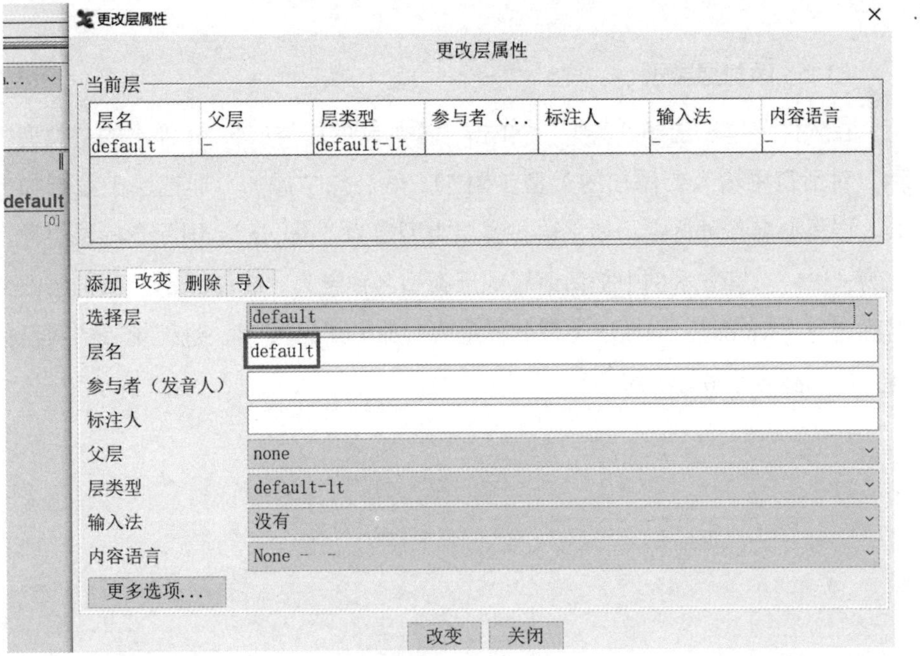

图6 修改缺省层名

表3 官方态势语标注示例的层属性

层序号及层名		父层	层类型	原始类型	自定义词汇表
1	K-Spch	-	utterance	-	-
2	W-Spch	-	utterance	-	-
3	W-Words	W-Spch	Words	时间细分	-
4	W-POS	W-Words	part of speech	象征关联	POS
5	W-IPA	W-Spch	phonetic_transcription	象征关联	-
6	W-RGU	-	gestures	-	-
7	W-RGph	W-RGU	Gesture_phases	时间细分	Gesture_phases
8	W-RGMe	W-RGph	gesture_meaning	象征关联	-
9	K-RGU	-	gestures	-	-
10	k-RGph	K-RGU	gesture_phases	时间细分	Gesture_phases
11	K-RGMe	k-RGph	gesture_meaning	象征关联	-

4.1.2 添加层类型

在软件菜单栏选择"类型",单击"添加新的层类型",在弹出的"类型名称"对话窗中输入要添加的类型(图7),然后点"添加"即把层类型添加上去。层类型名称可自定,如汉语拼音层类型定为"pinyin",国际音标层层类型定为"IPA"。官方示例中把话语层的层类型名称定为"utterance"、词汇层类型名称定为"words"、词性层类型名称定为"part of speech"。进行统一的项目标注,层类型名称最好要统一。

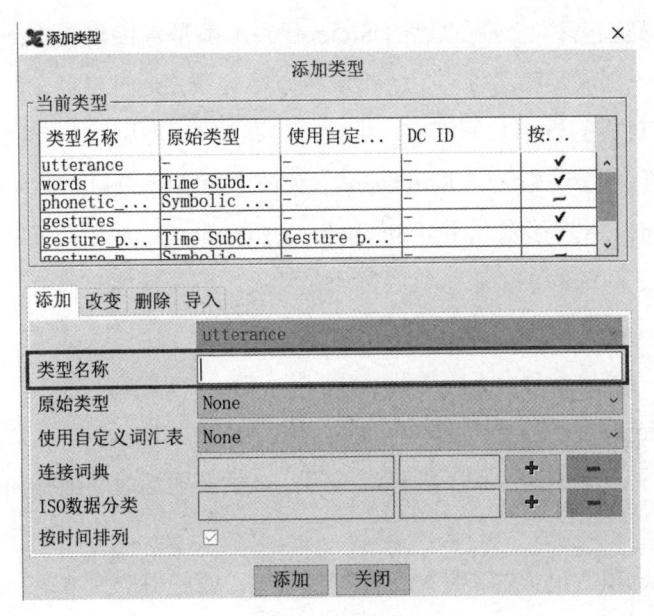

图7　添加层类型

4.2　原始类型的指定

表4　层原始类型及其特点

原始类型	特点
None（无）	独立层，无父层。标注直接链接到时间轴，标注不能重叠。
时间细分 （Time Subdivision）	对应附属层，必须有父层。父层上的标注可以细分为较小单位，而小单位与时间段相关联。如：在父层上转写的话语（句子）可以细分为词，然后每个词都链接到相应的时间段，对应包含在父标注段内的细分段，这个细分段是时间对齐的。
象征细分 （Symbolic Subdivision）	对应附属层，必须具有父层。类似于时间细分，但细分的单位不能链接到时间段。较小的单位形成一个单位链（有序序列）。例如，父层上的单词可以细分为单个形态，与时间间隔无关。
包含于 （Included In）	对应附属层，必须具有父层。此类型的层上的所有标注都链接到时间轴，并附在父层注释的边界内。但是，子标注之间可能会有间隙（与时间细分不同）。例如，一个有静音的句子可以被分割成词，而静音对应于子标注中的一个间隙（即单独的单词）。
象征关联 （Symbolic Association）	对应附属层，必须具有父层。父层上的标注不能进一步细分，即父层标注与其在此层上相关标注之间有一对一的对应关系。例如父层上的一个句子有对应翻译，如英文对应的普通话翻译，或者一个词的解释。

层和层类型名称、原始类型（Stereotype）都是直接相关的，每添加一个新层，都要添加层类型名称，也要指定层原始类型，通过自定义词汇表输入的层还要指定对应的自定义词汇表。上文已经指出有5种层原始类型（表4）：无（None）、时间细分（Time Subdivision）、象征细分（Symbolic Subdivision）、包含于（Included In）、象征关联（Symbolic Association）。原始类型其实是一种父层与附属层之间的约束关系。父层是独立层级，不受其他层约束，其原始类型为"无"（None）。附属层是对父层的解释、分析、说明等，受到父层的约束，不同类型的约束关系对应不同类型。

为更直观地展现原始类型，下面结合ELAN官方的一个实例来说明，选取的是一段英文对话中两个句子的标注（图8），主要展示时间细分和象征关联两种原始类型。

①W-Spch层，最顶层，父层，逐句转写层，原始类型为"无"。

②W-Word层，对W-Spch层的逐词切分，是W-spch的附属层，原始类型为"Time Subdivision（时间细分）"。

③W-POS层，词性标注层，是W-Words的附属层，原始类型为"Symbolic Association（象征关联）"。

④W-IPA层，国际音标逐句标注层，是W-Spch的附属层，原始类型是"Symbolic Association（象征关联）"。

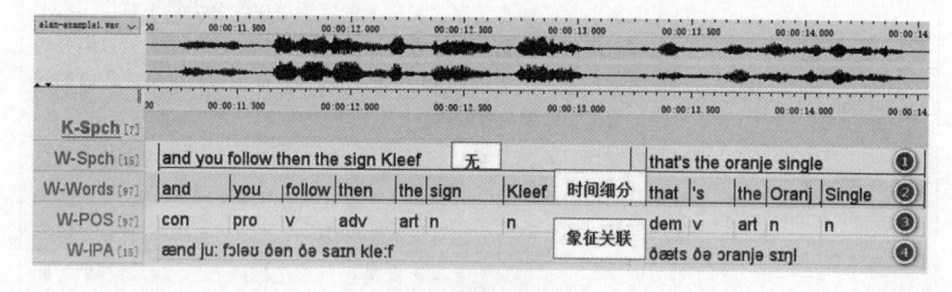

图8 原始类型示例

4.3 自定义词汇的添加与设置

语料标注是一项非常烦琐、细致的工作，标注内容越丰富，标注的层次越深,标注人员需要记忆的规范条款就越多,标注过程中也就越容易出现错误,包括代码使用不一致的现象。(张宝林、崔希亮,2013) ELAN对某些需要频繁输入的代码或符号通过自定义词汇(受控词汇)来规范标注。使用者只需在受控词汇弹出表格中选择相应代码或符号即可。

4.3.1 添加自定义词汇

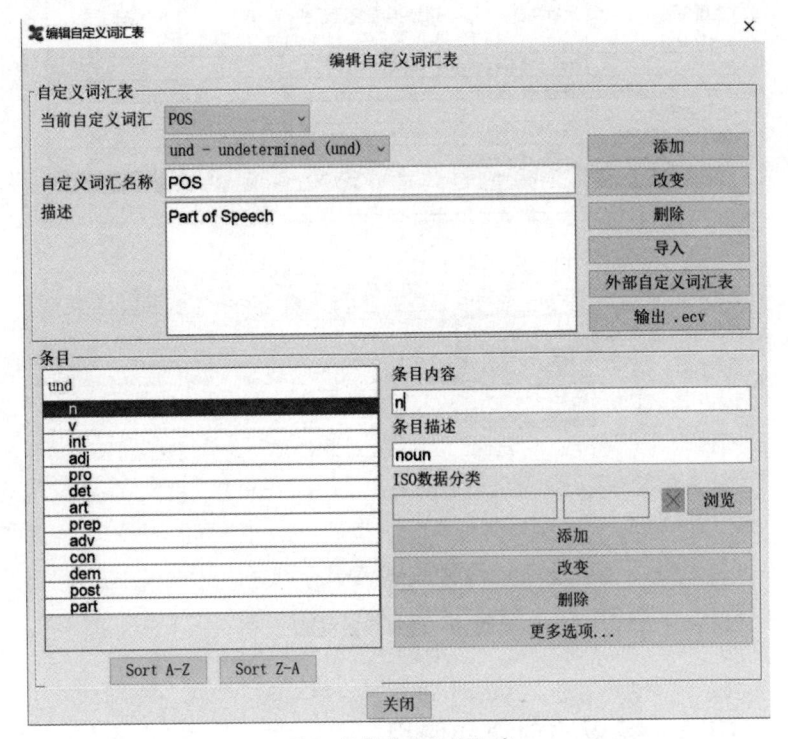

鼠标左键单击"编辑">"编辑自定义词汇",显示"编辑自定义词汇表"对话窗(图9):

图9 编辑自定义词汇表

(1)在"自定义词汇名称"输入框,输入名称和描述,这里名称是"POS",描述是"Part of speech"(词性)。

(2)单击"添加"按钮,添加自定义词汇的名称到"当前自定义词汇列表",依次输入每个受控词汇条目及其描述,点击ISO数据分类下方的"添加"按钮确认添加。全部完成后,点击"关闭"。

4.3.2 输入自定义词汇

Part of Speech层对应的层类型设置为"Part of Speech",使用自定义词汇选择"POS"。(图10)

在标注模式进行标注时,在对应的标注段双击,或右键选择"修改标注内容",即可弹出自定义词汇表供选择,点击相关条目即可插入到标注段中。

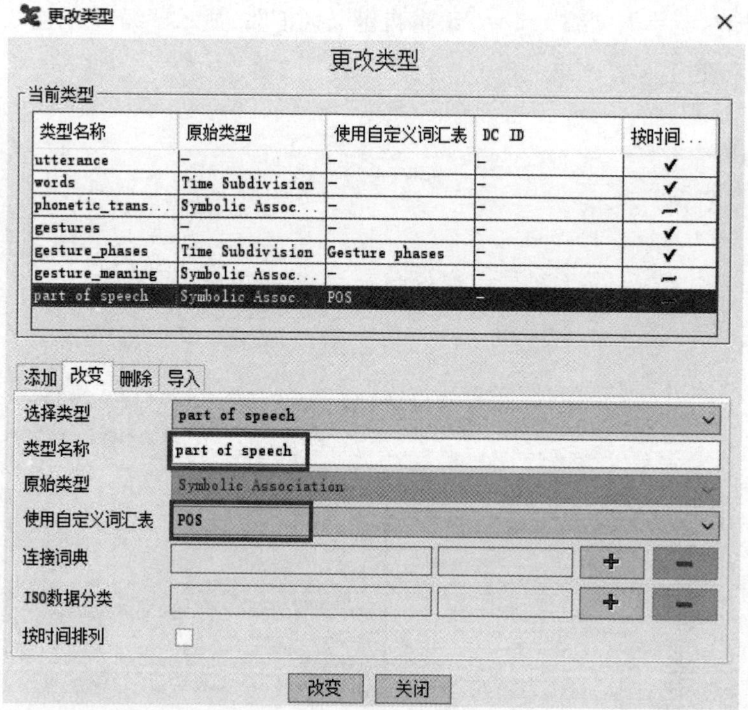

图10 选择自定词汇

五、ELAN 模板的创建和使用

通过模板(Template)的使用,ELAN可快速新建统一的层,然后保存为模板文件。要标注的媒体文件通过模板,就可以自动设置层名,批量设置层类型、层类型、原始类型、自定义词汇(受控词汇)等公共内容。通过添加受控词汇就可以批量设置标注代码,标注时只需要点击选择相应代码就可以了,避免手动输入带来的错误和偏差。

5.1 模板的创建

打开ELAN，导入一个音频或视频文件，保存为eaf文件。按照要求添加层、修改层名、修改层属性、添加层之间的固有类型（Stereotype）。完成这些操作后，点击文件→保存为模板→输入模板文件名（扩展名为.etf）→保存。这样就新建了一个模板文件，文件扩展名为*.etf,文件名可自定义，最好使用英文，如：笔者对留学生口语考试进行简单标注所用的模板命名为OralTest_template.etf。

5.2 模板的使用

使用模板新建一个文件的时候（图11），把待标注的音频或视频文件与模板文件放到一个文件夹，如下图：把2018年7月9日的口语考试1号考生的录音和模板放在001文件夹中，打开ELAN→新建→选择模板→把媒体文件和模板文件一起选中，按向右的双键头图标把这两个文件选择到"已选的文件"窗口，按"确定"按钮，创建文件。新建的eaf文件会把模板中的层、层名附着到添加的媒体文件上。这样的新建的eaf文件会把模板文件中的层名、层属性、固有类型等属性带过来，以免每次新建eaf文件都要进行设置。

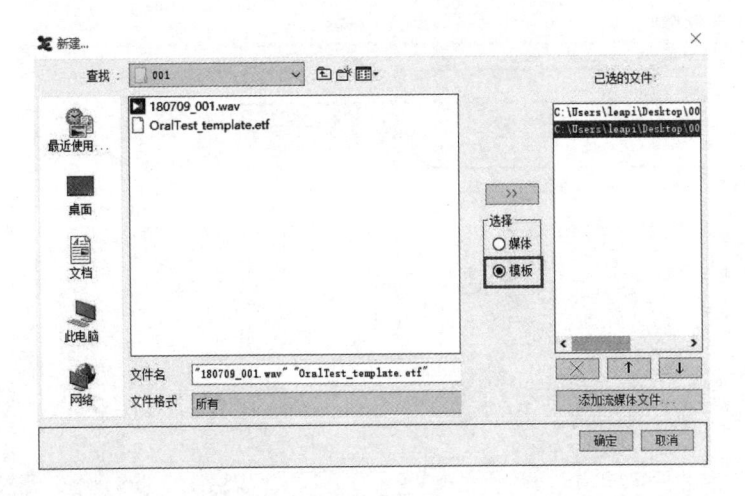

图11　使用模板

六、单个及多个 eaf 文件的检索

ELAN的转写标注数据以XML格式存储在eaf文件中。ELAN的检索功能非常强大，主要有查找（及替换）、在多文件查找及替换、在多个eaf文件中查找、快速搜索、在多个eaf文件中结构化查找等五种检索方式，其中快速搜索和在多个eaf文件中查找大同小异。在标注好的一定数量的语料基础上，利用ELAN的检索功能，我们就可以在本机建立多媒体或多模态标注语料库。下面重点介绍单个eaf和多个eaf文件的检索需要注意的一个问题。

6.1 单个eaf文件的检索

打开一个eaf文件，在软件菜单栏选择：搜索→查找（及替换），或点击快捷键Ctrl+F，调出搜索界面。我们可选择不同层，不同的间隔时间、区分大小写、正则表达式等条件进行检索。特别需要注意的是如果要对汉字等双字节字符进行检索需要把"正则表达式"前的复选框勾选上（图12），否则不能检索出结果。检索英文等单字节字符不存在这个问题，这可能是ELAN的一个bug，要特别注意。

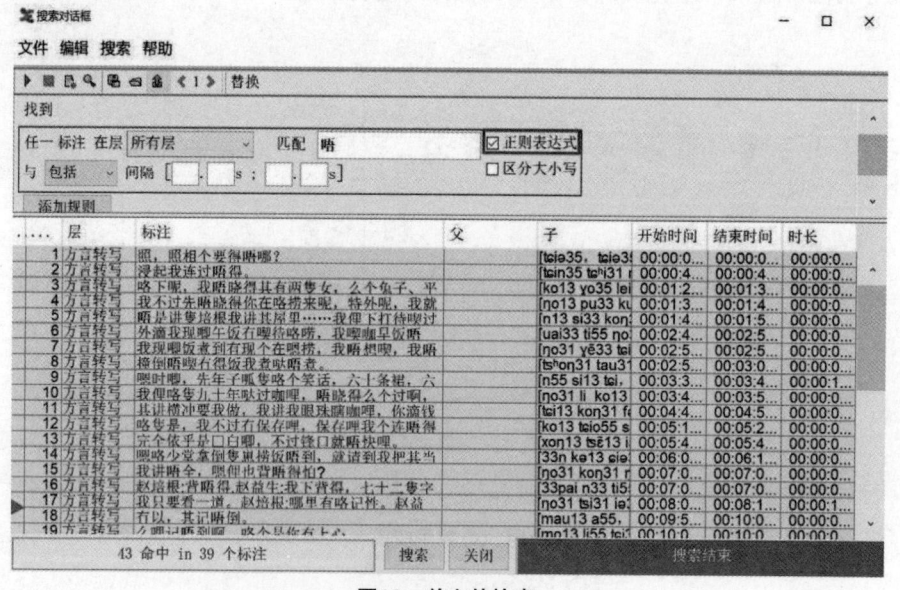

图12　单文件检索

6.2 多个eaf文件的检索

打开ELAN，在软件菜单栏选择：搜索→在多个eaf文件中查找，弹出多文件搜索界面，这里最重要的操作是"定义搜索范围"（图13），点击指定含有多个eaf文件文件夹，然后就可以进行多个eaf文件的检索了。如果需要检索汉字等双字节字符，同样注意要勾选"正则表达式"。具体的检索方法就不做介绍了。

图13 多文件检索

七、媒体文件的支持及第三方工具利用

7.1 媒体文件的支持

这里的支持是指能够导入ELAN进行播放和转写标注操作。音频和视频文件格式众多，显示波形能够方便使用者对文件进行添加、断点、合并等各种操作。目前，ELAN直接支持波形显示的只有Wav格式，其他多种音频或视频格式是可导入ELAN中进行标注的，但不能显示波形。解决视频文件不显示波形的文件，就需要通过一个工具从视频文件中提取Wav文件，链接到对应的视频文件，这样就可以显示波形了。具体操作详见下文。除了波形显示的问题，ELAN对视频文件的支持还存在以下几个问题：

（1）导入的m2ts\mts视频格式文件存在声音和画面不同的问题；
（2）高码流视频文件存在不能播放的问题；

(3)FLV格式的视频文件不能导入。

解决上述三个问题的办法都可使用视频转换工具进行转换。问题(3)还可以使用安装音视频解码包(如终极解码)的办法来解决。

为了避免出现以上问题,我们建议利用ELAN进行转写标注时,音频文件最好统一使用Wav格式文件(44.1KHZ,单声道),视频文件使用MP4格式文件(720P)。

7.2 第三方工具的利用

7.2.1 更多媒体格式的支持——终极解码

ELAN支持的音频和视频格式有限,安装终极解码可以让ELAN支持几乎所有常见的音视频格式。笔者安装的终极解码的版本是2014新年版(目前也有更新的版本)。双击安装包即可进行安装,安装过程中注意不要勾选播放器及辅助工具这个选项(图14)。

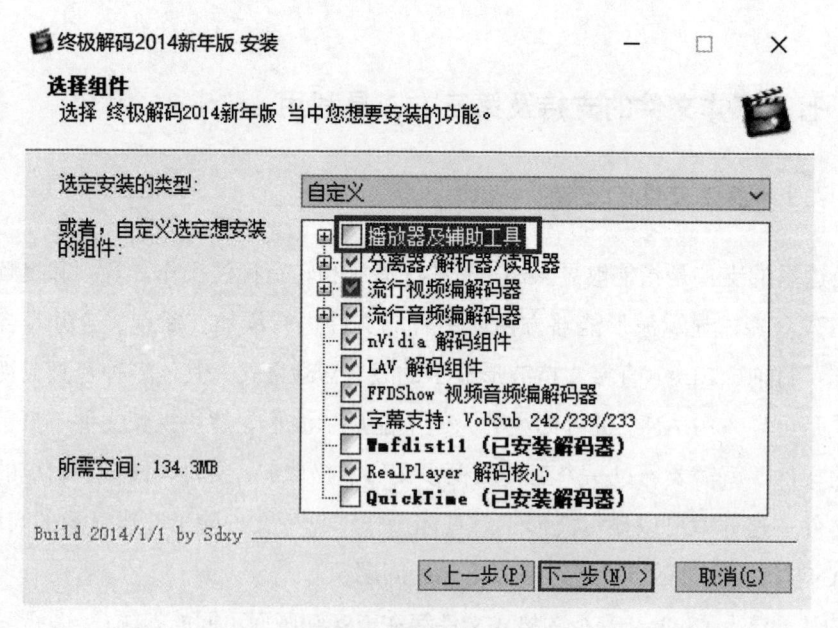

图14 安装终极解码

7.2.2 Wav文件提取工具——Pazara Extractor

ELAN导入视频不能显示波形，但提供了一个链接相应Wav文件显示波形的办法。首先我们使用一个工具把Wav文件提取出来，能够从视频中提取Wav文件的工具很多，如VLC Player、AVS4U audio converter、Pazara Extractor等。这里简单介绍免费的音频提取工具Pazara Free Audio Extractor（2.1版）。

下载安装运行→点击添加文件（文件夹）按钮→输入目录选择"同输入目录"→输出格式选择Wav, 44100HZ, Mono→最后点击"转换"按钮提取出Wav文件（图15）。

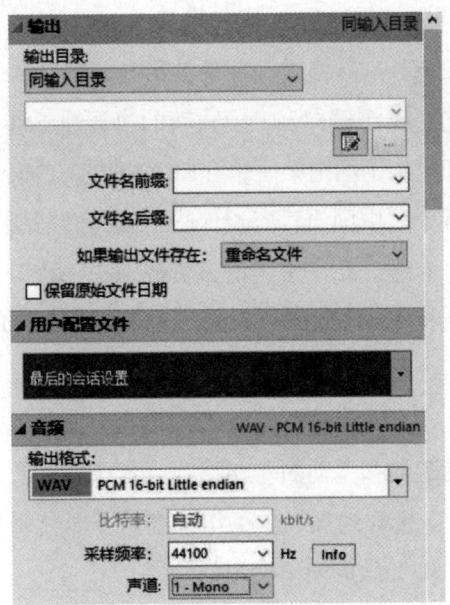

图15　用Pazara Exctractor提取Wav文件

7.2.3　视频转换工具——万兴通用转换器

视频转换工具也有很多种。笔者使用得比较多的是万兴通用转换器（Wandershare UniConverter），这个转换器使用方便，转换速度快，画质损耗较少。不足的是需要付费购买。ELAN导入M2ts、mts格式视频（即使安装终极解码）会存在音频和视频不同步的现象，另外导入大码流视频（1080P、4K），可能会存在不能播放的问题，均可通过万兴通过转换器转换成码流小一点的MP4格式视频来解决。万兴通用转换器操作直观简单，点击添加文件或文件夹按钮添加文件后，再点小齿轮图标设置视频参数，一般选720P（1280*720）就够了，原始视频注意保存。然后点击"转换"按钮进行转换。另外，万兴通用转换器也可以把视频中的音频提取出来，点击齿轮按钮，选择Wav格式后就可以转换了。除了万兴通用转换器，也可以使用格式工厂、HandBrake等其他免费的转换工具。

八、语宝标注软件的使用

随着对ELAN研究的不断深入，我们发现ELAN还存在一些不足，如：对媒体文件支持不够，仅支持Wav格式文件的波形显示；功能繁杂、操作复杂，学习的时间成本比较高；操作模式多，模式间的协调性不够；程序执行效率有待提高。为此，我们开发出了国内第一个和ELAN兼容[①]的转写标注软件——语宝标注。语宝标注内置了"中国语言资源保护工程"转写所需的汉语方言及民语模板，从2016年下半年起，在"中国语言资源保护工程"项目推广使用。语宝标注操作简单，它支持Wav、MP3、Wma、Mpeg、MPEG2、MPEG4等多种音频和视频格式的导入，所有能够导入的媒体都支持波形显示。软件设置了"标注模式""转写模式""全文模式"三种工作模式，三种模式各司其职，平滑切换，无缝对接。自动断句和手动断句相结合，在录音音质较好的情况，自动断句准确率在80%以上，极大地提高了工作效率。下面介绍2021年2月3日最新升级的语宝标注1.1.167.0203版的简单使用。

8.1 下载安装

ELAN目前只有Windows版本，打开语保工程采录展示平台语宝标注下载页面[②]，下载最新版软件安装压缩包，解压。在安装包上单击鼠标右键，选择"以管理员身份运行"，缺省安装，直接点击"安装"按钮即可快速完成安装。

[①] 语宝标注可以导出eaf文件格式，Elan可以打开使用，但在Elan中保存的eaf文件，语宝标注可能打不开，目前还不能做到双向完全兼容。

[②] 地址：https://zhongguoyuyan.cn/tools-download/index.html?lang=cn

如需要把程序安装在其他位置,点击"浏览"按钮选择安装位置。下图是语宝标注的软件工作界面。(图16)

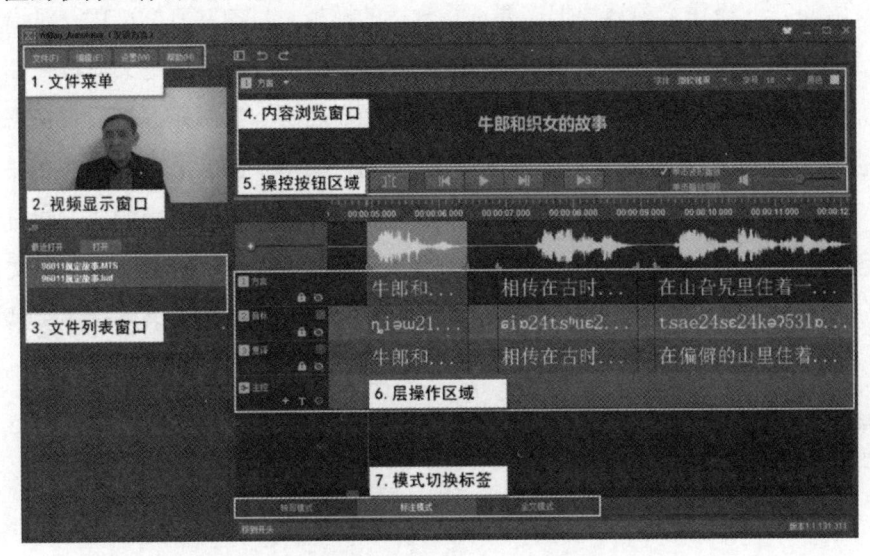

图16 语宝标注的软件工作界面

8.2 右键设置

从此版本开始,语宝标注可直接支持在待操作音视频文件上单击鼠标右键进行快速操作。在安装完成后,退出程序,在语宝标注程序图标上选择"以管理员身份运行",打开程序,点击软件菜单栏"设置",在弹出菜单中点击最后一项"安装右键打开项",安装成功后,则此项变成"卸载右键打开项"。(图17)

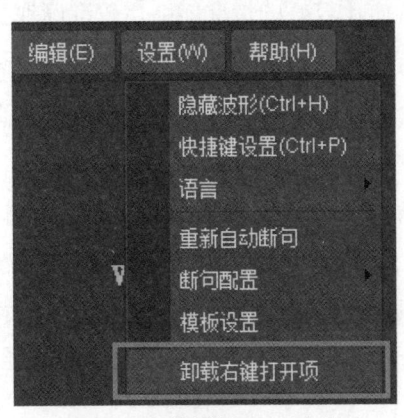

图17 安装右键打开项成功

8.3 创建文件

在进行此操作之前请根据需要选择合适的模板，目前共有标准版、汉语方言、民族语、英语听译四个内置的模板，也可借助ELAN来自定义模板，如果只是少量的标注也可以选择标准版，自行添加命名层。选择好模板后，在需要标注的音频或视频文件上单击鼠标右键，选择"用语宝标注新建文件夹并打开"就可直接把文件导入软件，根据预设的模板自动设置好对应的层，同时完成波形显示、自动断句，并自动生成媒体文件同名的Baf数据文件和同名文件夹。ELAN需要几分钟、多个步骤才能完成的文件添加操作，语宝标注一秒即可完成。选择"用语宝标注打开"不会生成媒体文件同名文件夹（图18）。

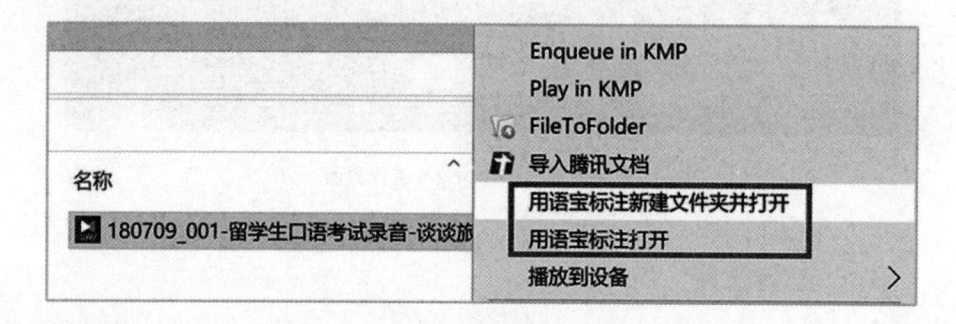

图18 右键选项

8.4 句段调整

语宝标注在录音音质比较好的情况能够比较准确地自动断句。碰到不准确的断句，需要手动进行调整。如果两个句段需要合并，只需按住前一个句段右端的断点标签往第二个句段的左断点标签的右边拖动，直到出现青色方块状图标（图19，）松开鼠标左键即可完成合并。

如果要添加一个新的句段，可在波形的左端单击鼠标右键，选择"插入断点"，添加句段左标签，然后在句段的右端单击鼠标右键，选择"插入断点"，添加句段右标签。如果要把某个句段一分为二，则只需在此句段中单击鼠标右键，选择"插入断点"，即可把此句段分成两个句段。句段调整可以在所有模

式中进行，操作也非常直观，比ELAN要方便许多。

图19 拖动合并句段

8.5 转写或标注

在标注模式的色块处单击，即可进入编辑状态，完成一个句段的转写或标注后，回车即可进入到下一句段，如果当前句段没有听清楚，还可以点Tab键反复播放。如果超过两层，还可右键选择"回车垂直优先"或"回车水平优先"，即先进行垂直的录入还是水平的录入。另外，如果要以垂直的表格形式快速转写，也可以切换到转写模式中进行转写。单击表格进入编辑状态，点Tab键，或在表格中单击均能重复播放当前句段。

8.6 导出文件

完成转写或标注后，按快捷键Ctrl+E，可快速将导出eaf（ELAN数据文件）、SRT（视频字幕文件）、XLS（Excel 97-2003工作薄文件）等各种格式的文件。（图20）下图是使用语宝标注对留学生口语考试的一段录音进行的标注。总共有三层：第一层是文字转写层（ZX），第二层是语音偏误层（YYPW），第三层是语法偏误（YFPW）。

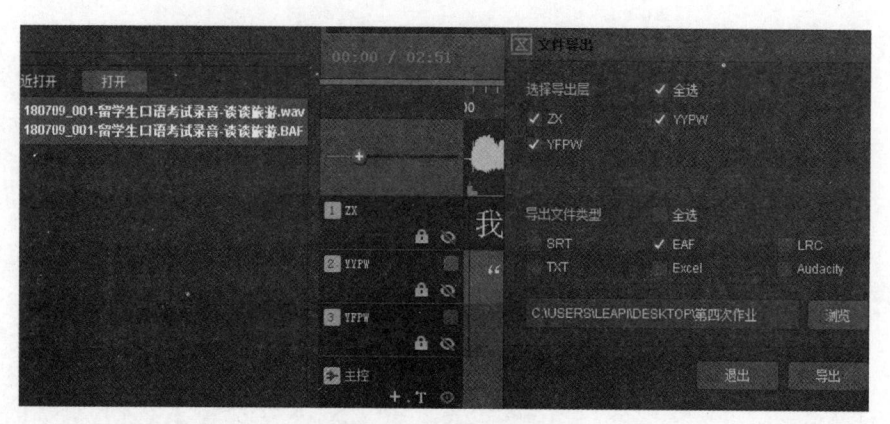

图20 语宝标注导出示例

导出时选中"全选"复选框,可导出所有层的标注内容。也可只选择某一层或几层导出。选择了导出层与文件类型之后,点击"导出"按钮即可缺省导出相关文件到媒体文件所在文件夹,也可点击"浏览"按钮选择不同导出文件夹。

九、小结

本文从本人的实践出发,选取了一般操作ELAN时需要注意的几个关键问题来谈,限于篇幅,只能浅尝辄止。有关数据分类、网络词典、网络自定义词汇(受控词汇)、WebLicht(语料自动标注服务)、远程打开eaf文件等需要网络权限的功能均未能涉及,这些网络远程服务大都需要授权账号,存在一定的"卡脖子"的问题。ELAN已经持续开发了20多年,不同类型的需求的不断添加,各种文件格式陆续获得支持,也使其变得越来越臃肿,操作越来越复杂,具有一定的使用门槛。语宝标注起初基于中国语言资源保护工程的专门任务开发,在软件操作的人性化、操作的简捷性、执行效率等方面都具有自己鲜明的特点,全国有1000多所高校和研究机构的语保工作者在使用,圆满完成了中国语言资源保护工程(一期)的汉语方言和少数民族语言转写任务。我们也欣喜地看到有学者把语宝标注用于互动语言学研究、汉语视听说教学、英语听力教学、字幕制作等不同场景。随着研究的深入,软件的升级开发,我们也将引入科大讯飞、百度等平台的在线语音识别功能,让转写功能更简单,更便捷。

参考文献

李　斌（2012）《用Elan建设汉语方言单点多媒体语料库》,《方言》第2期。
张宝林、崔希亮（2015）《谈汉语中介语语料库的建设标准》,《语言文字应用》第2期。
《ELAN帮助手册》, https://www.mpi.nl/corpus/manuals/manual-elan.pdf（2021-3-10）。

作者简介

李斌，博士，北京语言大学出站博士后，湖南师范大学国际汉语文化学院副教授，硕士生导师，ELAN官方汉化作者，语宝标注软件研发负责人。

汉语中介语语料库的检索系统*

张宝林

内容提要 自2018年起，汉语中介语语料库建设进入了2.0时代，其显著特征是"精细而丰富"①，语料检索方式的增加与进步正是这种精细化特点的突出表现之一。以往一些难以检索的语言现象现在可以很方便地进行查询，不仅扩展了语料库的功能与使用价值，方便了广大用户查询语料，从而可以更好地服务于汉语教学与研究；而且提升了语料库的建设水平，丰富了语料库本体研究的内容，推动了汉语中介语语料库的发展。

关键词 汉语中介语语料库；检索方式；技术条件；自动分词与词性标注

一、引言：检索的作用与现状

1.1 作用

语料库②建设是一项十分复杂的跨学科系统工程，从提出建库任务、进行总体设计，到语言学专业人员收集语料和背景信息、进行语料的录入、转写与标注，再到计算机软件专业人员进行需求分析、制定软件开发蓝图、开发语料库管理与检索系统，乃至语料的入库、统计、试运行、调试维护等，每一步都包

---

* 本研究得到语言资源高精尖创新中心项目（编号：KYD17004）、北京市社会科学基金项目重点项目（编号：15WYA017）、教育部哲学社会科学研究重大课题攻关项目（批准号：12JZD018）的资助，谨致谢忱。

① 见张宝林（2019）。

② 如无特别说明，本文所谓语料库均指汉语中介语语料库。

含着大量艰苦繁重的工作,可谓默默付出,艰苦备尝。英国著名语言学家、语料库语言学奠基人利奇（Leech,1998:xvii）教授不无感慨地指出:"只有对收集与建立计算机语料库有第一手经验的人,才能充分理解建库过程中的艰苦。建立一个对质量、设计标准等给予恰当注意的语料库,比起预先估计的复杂程度,总是要多花费一倍的时间,有时甚至多花费10倍的时间。"[Only those who have first-hand knowledge of this work can fully appreciate that the compilation of a corpus (with proper attention to quality, design criteria and so on) always takes twice as long as one thought, and sometimes ten times as much effort.]（王建新,2005:57）由此可见,语料库建设者不仅要有扎实的专业基础知识,更要有严谨的工作态度和坚韧不拔的意志品质。

然而,语料库建设者的这些付出与艰辛,作为语料库最终用户的研究者可能并不知晓,也可能并不留意。他们所关注的是对语料库的使用,即如何从语料库中获取他们在教学与研究中所需要的语料。这就和语料库的检索方式产生了十分密切的关系,用户正是通过检索来使用语料库的。应该说,检索方式是用户使用语料库的基本方式。而从语料库建设角度来看,根据用户的使用需求研制与开发检索方式是一个十分重要的问题,关系到语料库的功能、价值与建设水平,具有十分重要的意义。过去的语料库建设对此关注不够,只有最基础的检索方式,远远不能满足用户的使用需求。从汉语中介语语料库建设标准的角度看,建设语料库的根本目的与宗旨就是满足用户的使用需求,为汉语教学与研究服务。因此,制定语料库建设标准必须充分关注语料库的检索方式,并做出相应的规范,研制开发多种检索方式,以便从多种角度检索语料,更好地发挥语料库的作用。

1.2 现状

从汉语中介语语料库的实际情况看,检索方式一般有两种:字符串一般检索和标注内容的检索。前者可以对库存语料按照具体的汉字、词汇、短语、句子进行检索,例如要查询"学""学习""学习汉语""我喜欢学习汉语",可在检索框里先后输入这些检索对象,回车即可检索到相应的语料。

后者是对标注内容的检索，即对依据标注规范进行了各层面标注的语言文字现象的查询；对语言的哪些层面做了标注，即可检索到相应的内容。例如对语料做了字、词、语、句、句子成分、语篇、语体、语义、语用、修辞格、标点符号、语音、体态语等层面的标注，对汉字进行了包括错字、别字、错序字、繁体字、异体字、拼音字等在内的偏误标注，即可对这些标注内容进行检索。

存在的问题是，仅有这两种检索方式查询语料的功能不强，甚至可以说十分薄弱，导致库存语料中存在的很多语言现象无法查询，因而严重影响了语料库功能的发挥，不能很好地为汉语教学与研究服务。例如"是……的"句、"连"字句等句式，"一……就……""爱……不……"等半固定结构、某词前后词语的搭配情况、近义词或易混淆词的对比用法、乃至离合词"离"的用法等均无法查询，而这些语言现象在汉语二语教学与研究中是非常重要的。建设语料库的目的既然是为汉语教学与研究服务，就应该解决这些问题，提高语料库的建设水平，更好地为教学与研究服务。

二、检索方式

语料检索是用户使用语料库的基本方式，对用户而言具有十分重要的意义；对语料库建设来说，则直接影响着语料库功能的发挥，标志着语料库的建设水平。因此，对语料检索系统应进行周密设计，便于用户从各种角度查询所需要的语料，从而最大限度地发挥语料库的功能，实现其使用价值。

从使用需求出发，并结合汉语汉字的特点，除上面提到的两种检索方式之外，还可以有其他六种检索方式。

2.1 特定条件检索

字符串一般检索可以对"学""学习""学习汉语""我喜欢学习汉语"等具体的字、词、语、句进行检索，其检索对象不论长短，都只是一个检索单位。而"爱……不……""一……就……""是……的"句、"连……也……"等却有两个检索单位，字符串一般检索对这种语言现象无能为力，无法查询。

检索单位的数量不同是这两类检索对象的根本区别。而对这两种不同检索对象的不同处理能力，也充分表现出字符串一般检索这种检索方式的缺陷和不足。

"特定条件检索"这种检索方式是针对具有两个检索单位的语言现象而专门研制开发的，可以解决"是……的"句、"连"字句等特殊句式，"越……越……""不……不……"等半固定结构，"用……做……"等自由组合结构，以及成对使用关联词语的复句等特定语言现象的检索问题。例如：

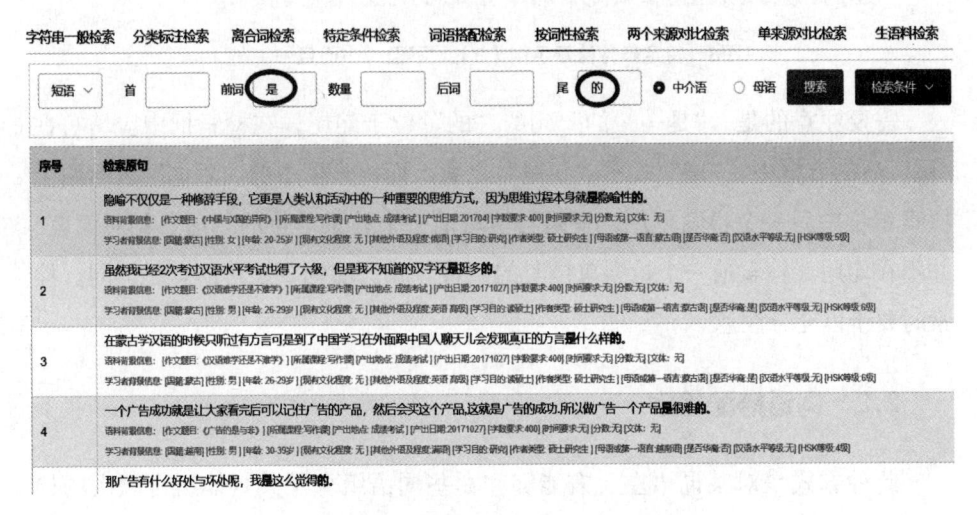

图1 特定条件检索示例（1）："是……的"句

图2 特定条件检索示例（2）："半……半……"

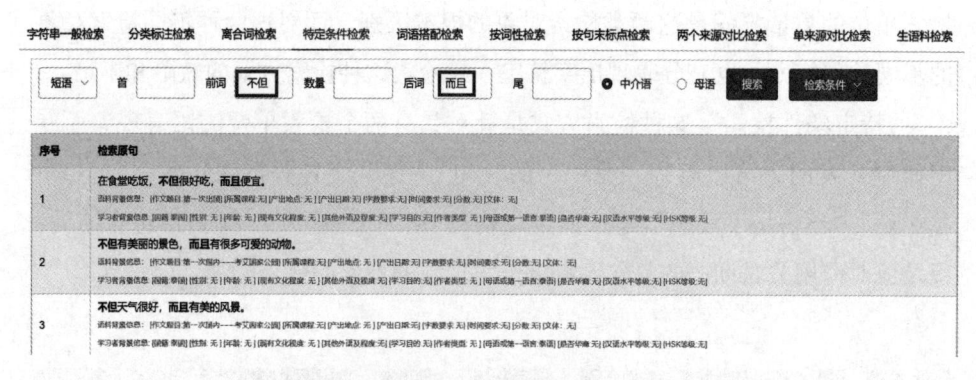

图3 特定条件检索示例（3）："不但……而且……"

需要注意的是，"是……的"句的"的"位于句尾，在检索框中应填写在"尾"后的方框中，"尾"表示"句尾"之意。而检索框中的"后词"表示两个检索单位中后一个检索单位，只是与填写前一个检索单位的"前"相对而言，并不在句尾。检索前一个检索单位时的"首"和"前词"表达的意思类同。检索时要予以充分注意。

2.2 词语搭配检索

此种方式是对某词语左、右能够和哪些词语组合及其具体组合频次的检索。这种方式的检索结果能够体现一个词语的具体用法，和词语"搭配词典"的作用类似，对以掌握语言工具为目的的实用汉语教学来说，具有非常重要的参考作用和使用价值。例如：

图4 搭配检索示例（1）："看"的左搭配

点击用例中的检索词,会弹出搭配词的数据统计表。该表以降序方式列出了可以在"看"的左侧与其搭配的词语及其频次,其中的高频搭配体现了学习者使用该词的偏好与倾向,应予以充分关注。右侧的词语搭配情况类似,不再赘述。

词语	数量	词语	数量
我看	856	继续看	13
去看	734	不敢看	13
喜欢看	569	以后看	12
你看	448	看书看	12
看	325	还要看	12
可以看	322	父母看	12
一看	305	有时候看	12
要看	220	又看	12
一边看	191	上海看	12
我们看	191	方面看	12

图5　搭配检索示例(2):"看"的左搭配统计数据

2.3　按词性检索

可以按词性查询某词,例如"把/p"(介词"把");可以查询某类词,例如"d"(副词);可以查词性组合的短语,例如"d+n"(副词+名词);可以按词性查某词与其他词类的组合,例如"把/p+n+v"。例如:

图6　按词性检索示例(1):"勤奋"的形容词用例

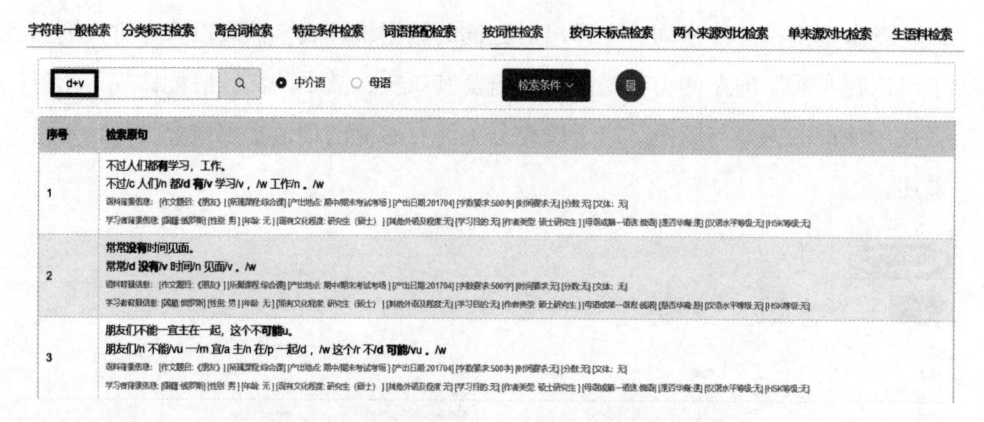

图7 按词性检索示例（2）："副词+动词"的用例

图8 按词性检索示例（3）："给"字双宾语句的用例

按词性检索具有十分重要的意义，除可以更细致、准确地查询语言现象，例如"把"的介词、名词、量词、动词的用法；还可以查询某词的词类组合，例如"把/介词+名词+动词"，进而可以简化，甚至替代语料的基础标注，即对某些特定的正确的语句可以直接检索而无须标注。例如"把"字句、"被"字句、"比"字句、"给"字双宾语句、"使"字兼语句、某些连动句等，从而提高语料库的建设效率与水平。

2.4 对比检索

这种检索方式分为"单来源对比检索"和"两个来源对比检索"。前者可以查询同类语料中两个词的具体使用情况，例如笔语语料中"立即"和"马上"的使用情况的对比检索。后者可以查询在异类语料中某词的使用情况，例如在笔语语料和口语语料中查询"什么"的使用情况。查询结果可以词云、列表、柱状图形式呈现。下面仅以单来源对比检索为例。

图9 对比检索示例（1）：以词云形式呈现的"努力""勤奋"使用情况

展示	数量	展示	数量
很努力	33	的勤奋	1
要努力	27	和勤奋	1
的努力	22	他们勤奋	1
我努力	19	个勤奋	1
更努力	18	很勤奋	1
非常努力	11		
会努力	11		

图10 对比检索示例（2）：以列表形式呈现的"努力""勤奋"使用情况

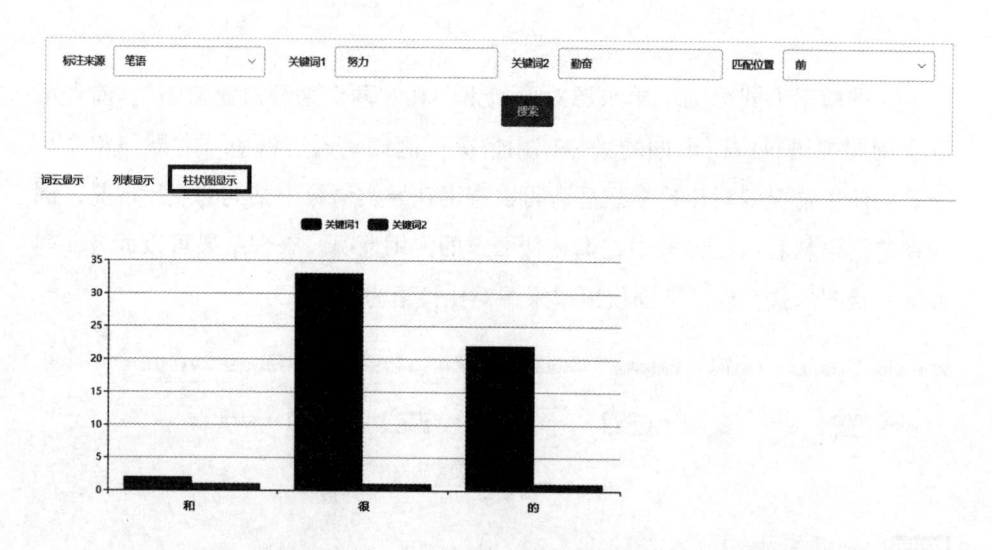

图11 对比检索示例（3）：以柱状图形式呈现的"努力""勤奋"使用情况

两个来源的对比检索所呈现的查询结果相同，不再赘述。

2.5 按句末标点检索

可以查询到以句号、问号、叹号结尾的句子，从而方便不同句类的查询。句尾还可以加上不同的语气词，可以对某些句类做进一步的下位查询。例如检索叹号，可以查询到感叹句；检索问号+吗，即可查询到是非疑问句；检索问号+什么/谁/哪里等，则可查询到特指疑问句。详见图12、图13。

图12 按句末标点检索示例（1）：感叹句

图13 按句末标点检索示例（2）：是非疑问句

显而易见，这种检索方式也具有简化，甚至替代部分句类标注的功能。

需要说明的是，按句中标点检索已在特定条件检索中实现：逗号、分号、顿号等句中标点可以放在"前词"或"后词"的位置，查询到的是前边或后边的句中标点；如果同时把句中标点放置在"前词"或"后词"的位置，则可以同时查询到前边和后边的两个句中标点。例如：

图14 按句中标点检索示例

2.6 离合词检索

有些语料库可以检索到离合词"合"的用法，却不能检索到"离"的用法，例如"HSK动态作文语料库"的1.0版和1.1版；而其2.0版则通过在离合词的两个构成成分之间加空格（空格数目不限）的方法实现了"离"的用法的查询。"全球汉语中介语语料库"更是将离合词检索做成了一个专门的检索方式，更加突出了这一功能。例如：

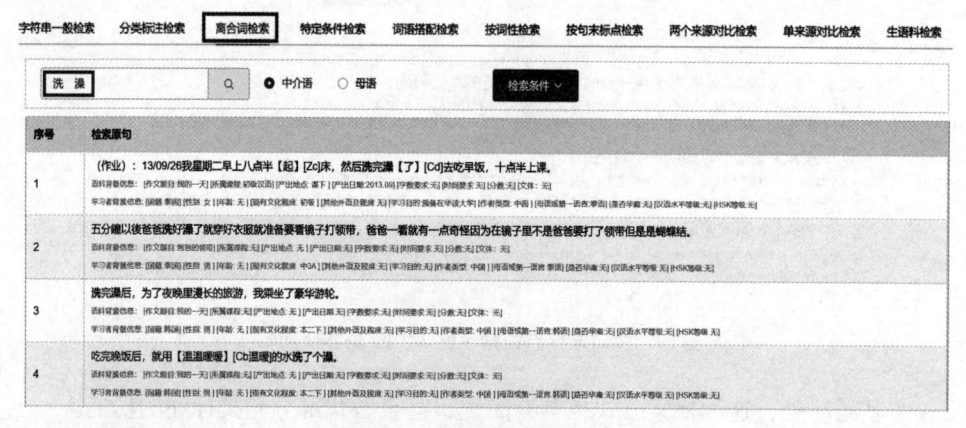

图15 离合词检索示例

这样的改进对教学与研究来说意义重大，直接关系到对中介语中离合词使用情况的认识。根据HSK库1.1版，离合词偏误只有86条，在424万字的库容总量中占比约为十万分之2.03，可谓微乎其微，完全可以忽略不计。进一步分析，这86条离合词偏误中有5条偏误实际上是5个使用正确的离合词；19条偏误并非离合词，涉及5个词和5个短语；真正的离合词偏误只有包括28个离合词的62条，在424万字中占比约为十万分之1.46。因为1.1版不能考察"离"的用法，这些只是"合"的用法的偏误。而在HSK库2.0版中，由于可以考察"离"的用法，可以做更为细致的考察，看到更加具体的情况，得出更为客观的结论。28个离合词"合"的用法共计6345例，其中正确用例5930个，占比93.46%；偏误用例415，占比6.54%。"离"的用法共计1490例，其中正确用例1465个，占比98.32%；偏误用例25，占比1.68%。"合""离"相加，正确用例为7395个，占比94.38%；偏误用例为440个，占比5.62%。5.62%的偏误率并不高，即使按0.9的标准衡量，也可以视为已经习得。但与十万分之1.46相比，差距可谓天壤之别。显而易见，"合""离"用法分别考察要比只看"合"的用法精细得多、准确得多，使我们对中介语的认识更加准确、全面。而这样的考察效果正是检索方式的改进带来的效益。

上述检索方式还可以针对中介语的生语料和汉语母语者语料进行检索。这两类语料只做了机器自动分词和词性标注，而未做其他标注，因此分类标注检索方式是不能用的，其他检索方式则皆可使用。

查询时还可以设置相应的检索条件，使查询更有针对性。查询到的语料可以自动下载，方便用户研究使用。例如：

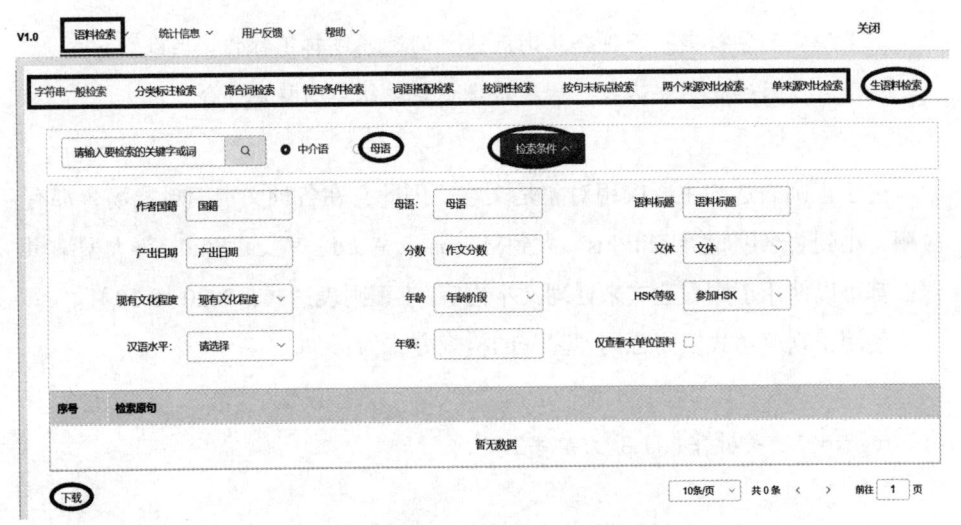

图16　检索方式、检索条件、下载示例

三、实现途径

3.1　采用的技术手段

全球汉语中介语语料库的8种检索方式为用户使用语料库带来了极大的方便，而在语料库中设置这些检索方式需要用到多种计算机程序语言和逻辑公式。下面举例说明。

3.1.1　检索离合词"离"的用法

这种检索方式要用正则表达式实现。正则表达式是对字符串（包括普通字符（例如，a 到 z 之间的字母）和特殊字符（称为"元字符"））操作的一种逻辑公式，就是用事先定义好的一些特定字符及这些特定字符的组合，组成一个"规则字符串"，这个"规则字符串"用来表达对字符串的一种过滤逻辑。正则表达式是一种文本模式，该模式描述在搜索文本时要匹配的一个或多个字符串。（胡军伟、秦奕青、张伟，2011）所谓"过滤"，实为"选取"。

给定一个正则表达式和另一个字符串，可以达到如下的目的：

（1）给定的字符串是否符合正则表达式的过滤逻辑（称作"匹配"）；
（2）可以通过正则表达式，从字符串中获取想要的特定部分。

由于正则表达式主要应用对象是文本，因此它在各种文本编辑器场合都有应用，小到著名编辑器EditPlus，大到Microsoft Word、Visual Studio等大型编辑器，都可以使用正则表达式来处理文本内容。（正则表达式，2020.10.10）

使用正则表达式，离合词"离"的检索方式为：

regexp '/.*关键字1.{1,8}关键字2.*/'

该式表示要查找目标内容（即离合词），用正则匹配：

（前面若干个字符）+（关键字1）+（中间1~8个字符）+（关键字2）+（后面若干字符）

其中"关键字1"表示离合词的前一个构成成分，"关键字2"表示离合词的后一个构成成分。

3.1.2 特定条件检索

这种检索方式除正则表达式，还要用到属性的精确匹配和模糊匹配。精确匹配检索是指检索词与资源库中某一字段完全相同的检索方式。模糊匹配是指无论词的位置怎样，只要出现该词即可。精确匹配是指将输入的检索词当固定词组进行检索，而模糊匹配则会自动拆分检索词为单元概念，并进行逻辑与运

算。精确匹配可以精确找到定位信息，但是仅仅通过精确匹配是很难满足所有的情况的。（精确匹配检索，2020.10.10）

特定条件检索的检索方式为：

正则匹配+属性精确匹配+部分属性模糊匹配（语料名称）

检索条件1：regexp "\^（首）(.*)（开始）{间隔个数}（结束）(.*)（尾）（。|!|?）$"

and 条件2：题目名称 like '%题目名称%'

and 条件3：其他属性=其他属性

其含义是先过滤精确匹配的属性（带"="的属性），再过滤题目名称为关键字的模糊匹配（带"like"的属性），然后用正则表达式检索。检索条件1所呈现的正则表达式，是以"首"开始的句子，内容中包含关键字"开始"；后面紧跟着"间隔个数"的字符，再后面紧跟着带有关键字"结束"的句子；最后是以"尾"关键字结尾的句子。

实际使用过程中不一定输入全部条件，程序做了判断，每种输入组合生成的正则不一样，上面的正则是最复杂的一种情况。

3.1.3 词语搭配检索

主要采用SQL字符串定位，进行模糊匹配和精确匹配等，通过SQL存储过程实现所有检索逻辑。SQL（Structured Query Language）是具有数据操纵和数据定义等多种功能的数据库语言，这种语言具有交互性特点，能为用户提供极大的便利，数据库管理系统应充分利用SQL语言提高计算机应用系统的工作质量与效率。SQL语言不仅能独立应用于终端，还可以作为子语言为其他程序设计提供有效助力，该程序应用中，SQL可与其他程序语言一起优化程序功能，进而为用户提供更多更全面的信息。（张春波、李晓会，2018）

词语搭配检索的检索方式为：

SQL脚本函数处理+SQL查询缓存+全文索引+属性精确匹配（存储过程主

要代码从略）

即先通过SQL字符串定位，找到关键词、关键词前词和关键词后词，然后对前后词的同类数量进行计算，根据前词或后词的数量进行倒序排列。词语定位，关键词检索用到了数据库的全文索引。按照背景信息属性过滤，用到了数据库的精确匹配和模糊匹配。①

3.2 适应文科背景用户需求

上面举例介绍了汉语中介语语料库检索方式的技术原理。从计算机相关专业人士的角度看，这些内容非常基础，卑之无甚高论。而对大部分语言学出身的文科生来说可能就过于专业，不大容易理解。因此，检索系统应采取便于广大文科用户理解与使用的"文科化"的处理方式，把比较复杂的技术条件呈现得尽量简单，基本上无须学习即可使用。例如离合词"离"的用法的检索，只需在输入的离合词的两个构成成分之间加上空格，即可查询到库存语料中离合词"离"的用法的用例。且所加空格的个数不受限制，一个或多个，皆可查询到所需要的离合词。

特定条件检索同样简单，只要在检索栏中的"前词"位置输入"是"，"尾"的位置输入"的"，即可查询到"是……的"句。当然，由于是形式检索，实际查询到的是句中带有"是"和"的"且"的"在句尾的句子，至于这些句子究竟是"是……的"句还是以"的"字短语结尾的"是"字句，甚至"是""的"完全不相关的句子，都是难以确定的。可以确定的是，想要查询的"是……的"句是一定在检索结果之中的。即形式检索可以保证查询对象在检索结果中，但不能保证检索到的都是想要查询的东西。

词语搭配检索方式的使用也很简单，只要在关键词选项中输入要查的词，确定查该词的左、右方向的搭配词语后，即可查到某词左边或右边带有相关词语的句子。点击要查询的词，会出现列表形式的该词左、右可以出现的词及其

---

① 本节中讨论的各种检索方式的表达式均引自郝振斌（2020）。

频率。操作十分简单，非常适合文科背景用户的使用需求。

这些检索方式之所以能够取得这样的效果，主要是做到了两条：一是对检索方式做了从理工科到文科的跨学科转换，适应了文科生的思考和认知习惯。这种转换是非常必要的，因为为教学与研究服务的汉语中介语语料库的用户大多数是文科生。二是把复杂的技术条件与原理简单化，便于文科生理解。其实，"在现实生活中，真正能够通用的工具在形式上必定是简单的"（吴军，2020：273）。如此看来，这个简化规律和文科生还是理科生或工科生并无什么关系。其有力证据之一是当今自然语言处理领域年轻一代的世界级专家之一、在微软研究院创建了数据挖掘和搜索研究领域的艾里克·布莱尔，就是靠着简单的方法，在很多自然语言研究领域取得了几乎最好的结果（吴军，2020：202）。

四、结语

语料检索方式从两种发展到八种，丰富了语料查询的角度与功能，可以更好地满足用户查询语料的实际需求，进而可以使对汉语中介语的考察、研究更加细致、深入、客观、方便，从而助力汉语教学与研究的发展。同时丰富了语料库建设的本体研究内容，提高了语料库的建设水平，促进了汉语中介语语料库建设的发展。

不同的检索方式有不同的功能与针对性，可以满足不同的使用需求。例如对比检索、搭配检索更多地针对词汇查询，而特定条件检索、按词性检索、按句末标点检索更多地便于进行短语和句子的查询。过去有用户指出"HSK动态作文语料库"对语法的教学与研究很有帮助，对词汇的教学与研究的帮助则十分有限。语料检索方式的丰富切实改变了这种状况，提升了语料库的功能与使用价值。

语料标注，特别是汉语中介语的语料标注，需要进行全面标注，标注内容很丰富。尽管可以采取分版标注的方法，使每版标注内容得以清晰、简化，但从总体上看，特别是句标注，仍然比较繁复。而标注方法限于中文信息处理的现实水平，目前只能以人工标注为主，不但费时费力，标注员之间标注的一致性也不理想。(参见崔希亮、张宝林，2011；张宝林，2013；张宝林、崔希亮，2013)而检索方式的增加与进步则可以在很大程度上简化，甚至在一定程度上取代语料标注，尤其是短语和句的基础标注，从而大大减轻了语料标注的压力，可以加速语料库的建设进程。

语料的自动分词与词性标注在检索方式的进步上意义十分重大，是简化，乃至在一定程度上取代语料标注的最重要的基础。例如按词性检索，只有在高质量的自动分词与词性标注基础上才能实现。

检索方式直接关系到语料库的功能与使用价值，然而却并未得到人们的充分重视，这反映了人们对检索方式的作用缺乏足够的认识。在语料库建设标准研究日益得到学界重视的今天，应将检索方式的研制与开发列入建设标准研究。尽管由于语料库类型与建设目标不同，这种标准只能是推荐性的，但可以提高人们对它的认识，从用户角度考虑语料检索问题，因而仍然是很有意义的。

参考文献

百度百科（2020）正则表达式。网址：https://baike.baidu.com/item/正则表达式.2020.10.10。

百度百科（2020）精确匹配检索。网址：https://baike.baidu.com/item/精确匹配检索.2020.10.10。

崔希亮、张宝林（2011）全球汉语学习者语料库建设方案，《语言文字应用》第2期。

郝振斌（2020）QQK语料库各类检索方式算法汇总，未发表稿。

胡军伟、秦奕青、张伟（2011）正则表达式在Web信息抽取中的应用，《北京信息科技大学学报（自然科学版）》第6期。

王建新（2005）《计算机语料库的建设与应用》，北京：清华大学出版社。

吴　军（2020）《数学之美》（第三版），北京：人民邮电出版社。

张宝林（2013）关于通用型汉语中介语语料库标注模式的再认识，《世界汉语教学》第1期。

张宝林（2019）从1.0到2.0——汉语中介语语料库的建设与发展，《国际汉语教学研究》第4期。

张宝林、崔希亮（2013）"全球汉语中介语语料库建设和研究"的设计理念，《语言教学与研究》第5期。

张春波、李晓会（2018）SQL Server数据库性能优化研究，《信息与电脑(理论版)》第5期。

Leech G N. Preface In: Granger S ed. *Learner English on computer*. London/New York: Longman, 1998:xiv-xx.

作者简介

　　张宝林，北京语言大学汉语国际教育研究院教授，博士生导师。主要研究领域为汉语教学语法、对外汉语教学、语料库语言学。

语料库应用研究

HSK 动态作文语料库动词偏误的全面统计与启示*

玄玥　华晓君

内容提要　HSK作文动态语料库是目前影响力最大的汉语中介语语料库，较为完整地反映了中高级二语学习者的汉语水平。但该语料库的标注着重在词语和句子成分的误用上，特定词类的偏误统计分析较为缺乏。动词是语言学习的核心，本文从34 824条偏误语料中筛选出18 028条与动词有关偏误并进行统计，着重考察以下词语的误用、误加、误减情况：包括与动词时态紧密相关的体标记"着""了""过"，宾语类型多样的常用动词"是""有""认为""希望"，兼有介词用法的动词"对""跟""到""起""为""来"，还有特殊的助动词"想""要""能""可能""可以"等。并对动结式的偏误情况进行统计分析。结论数据对二语动词学习的顺序、复现率和教学安排等具有一定意义。

关键词　HSK动态作文语料库；动词；偏误；统计分析

一、引言

语料库语言学是语言研究的一个重要分支，具有广泛的研究前景，顾曰国（1998）、黄昌宁（2002）、许家金（2003）、李文中（2010）、刘国兵（2012）等学者对此均有不同角度的论述。吕必松（1993）、孙德坤（1993）、王建勤（2000）、凌德祥（2003）等也指出中介语研究对探索二语习得的规律具有重要作用。

---

* 本成果受国家社会科学基金项目"动词基本语义特征——过程范畴、完结范畴的类型学研究"（项目编号：18BYY137）、北京市社会科学基金项目一般项目"面向汉语国际教育的动词类型学研究"（项目编号：20YYB014）和北京语言大学校级科研项目（中央高校基本科研业务专项资金）（项目编号：21YJ080301）的资助，谨致谢忱。

二语习得中动词的习得占据重要地位，因为众所周知，动词控制句子的中心（Chafe，1970：165）。动词是汉语教学中的重点和难点。偏误分析在汉语教学研究中具有重要的作用（鲁健骥，1992）。基于HSK动态作文语料库的动词偏误研究也有一些，比如研究某国籍、某等级的二语学习者的动词偏误，或者研究某类动词的偏误情况，以往研究虽然针对性很强，但是仍存在一些不足。

首先，动词偏误研究缺乏整体性的数据统计。以往研究常专注于某一个动词或某一小类动词，归纳偏误类型，分析偏误原因，并提出教学建议等。但是这些研究往往都认为本研究中动词的偏误非常重要，认为其研究对象（比如能愿动词、判断动词等）是留学生出错的重灾区，提出应加强教学等。可是，动词偏误研究缺乏整体性的数据统计，学界缺乏对各类动词的偏误数量的统计，以及它们在动词偏误集合中所占比例的统计。

其次，动词偏误研究还存在语料搜集不科学的问题。一些研究者根据不同的研究目的设计调查问卷来获得语料。设计调查问卷时所用的题型、语境参数等因素会直接影响到调查问卷的准确率，从而影响到研究结果。也有部分学者搜集自己学生有限的作文资料，这种研究方式也具有局限性：一是语料不充足、不全面，因为作文题目相对集中，动词使用受限制，并且留学生国别背景也有局限性，因此很难对动词偏误的全貌做出统计；二是特定教材或者教师影响下所搜集的语料很难具有普遍性和说服力，因为留学生的偏误很可能是由于教师个人的教学问题导致的，并不一定能说明普遍情况。相比较而言，北京语言大学的HSK动态作文语料库就具有较强的真实性和全面性，并且该语料库为汉语书面语中的动词偏误的研究提供了更加单纯干净的语料，使研究者通过语料库方法深刻洞悉真实的学习者语言特征，最终服务于对外汉语教学。（甄凤超、张霞，2004）

总之，偏误研究中对某类动词或某个常用动词研究较多，可是到具体的教学体系中，究竟哪里才是二语习得的重点呢？我们认为目前中介语语料库的研究缺乏对动词偏误情况的全面客观的统计。只有整体性和系统性的动词偏误研究，才能为二语习得提供完整的体系性的支持。

本文力图将与动词有关的所有偏误情况做一个全面的梳理统计，将统计HSK动态作文语料库3万余条与动词有关的偏误，力图全面描述留学生习得汉语动词的难点分布，希望揭示一些以前我们没有发现的中介语事实。

二、HSK 动态作文语料库的总体情况及研究思路

HSK动态作文语料库特别注重语料的全面性，收入了1992—2005年HSK高等考试中的作文答卷，字数达到424万字（1.1版），语料平衡、真实、单纯，是统计信息丰富、标注充分的中介语语料库。（张宝林，2009）

基于HSK动态作文语料库的动词偏误的现有标注和分析，该语料库的开发团队专门为我们初步筛选出28 868条动词偏误语料，但是由于语料库标注的是词语和句子成分的偏误，且多人标注不够统一，还有部分不是动词偏误的语料，因而，有必要对这些语料进行更为准确的人工筛选，对动词偏误类型做统计和汇总分析，从而为之后的汉语动词教学提供参考。

本文考察其中与动词有关的19类偏误，包括"词语误用、词语误加/误减、补语误加/误减、述语误加/误减、谓语误加/误减、宾语误加/误减、定语误加/误减、状语误加/误减、中心语误加/误减、离合词误用、词语重叠"等。因为一个句子中可能含有一个或者多个偏误类型，例如：

（1）如果贵公司需要我，请{CQ和}我联系{CJ+buy一下}。

例（1）同时含有CQ（缺词）和CJ+buy（补语误加）两种偏误类型。因为有些偏误语料中会有多处偏误，我们逐一统计每一处偏误情况，所获偏误数量最终为34 824条。各类型偏误的统计结果如表1：

表1　各类型偏误的数量及比例

符号	意义	数量	占比
CC	词语误用	9 597[①]	27.59%

---

① 本文的统计数据与直接从网络端口搜取出来的某类偏误的数据有差别，主要是因为开发团队给本研究提供的28 868条初步的偏误语料已经过"动词有关偏误"的筛查，本文在此基础上进一步统计分析。

续表

符号	意义	数量	占比
CD	词语误加	5 307	15.24%
CQ	词语误减	4 531	13.01%
CJ-buy	补语误减	718	2.06%
CJ+buy	补语误加	466	1.34%
CJ-sy	述语误减	2 883	8.28%
CJ+sy	述语误加	1 090	3.13%
CJ+wy	谓语误加	133	0.38%
CJ-wy	谓语误减	296	0.85%
CJ-by	宾语误减	761	2.19%
CJ+by	宾语误加	211	0.61%
CJ-dy	定语误减	532	1.53%
CJ+dy	定语误加	611	1.75%
CJ-zy	状语误减	3 084	8.86%
CJ+zy	状语误加	1 017	2.92%
CJ-zxy	中心语误减	2 254	6.47%
CJ+zxy	中心语误加	958	2.75%
CLH	离合词误用	14	0.04%
CJcd	词语重叠	361	1.04%
总和		34 824	100%

虽然HSK作文动态语料库其实已经做了大量的标注工作,对于教学有重要的启示作用,但是通过表1我们可以看到,该语料库重视句子成分的偏误标注,对词性分类没有特别关注。由于汉语词类与句子成分并不一一对应,所以我们认为还是有必要进行特定词类的偏误研究。

表1是一个初步的统计,CC词语误用最多,其他类型的偏误数量差别很大。为了直观感受各类别的比例,我们表述为下图1:

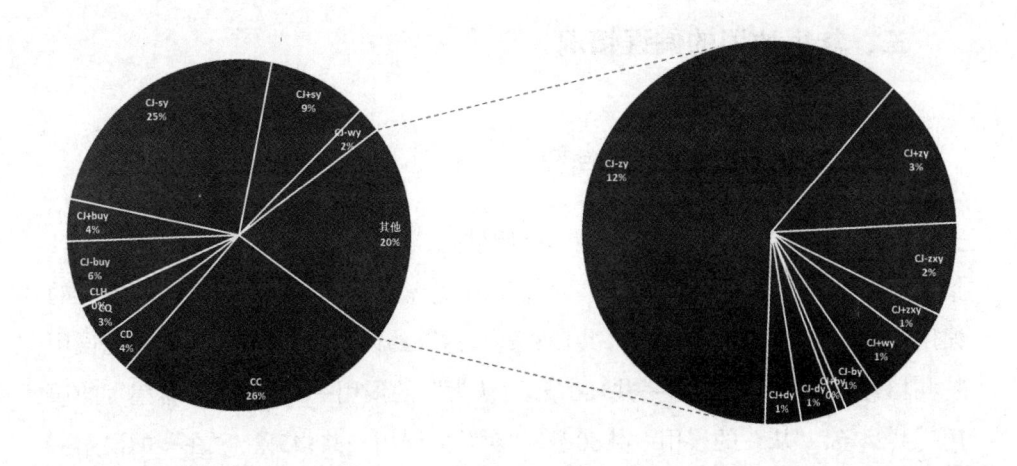

图1 各类型偏误的数量比例图

我们对语料进行第二步筛选，得出动词偏误总共18028条，约占语料总数的52%。这个数据说明动词偏误在总偏误中所占的比例较大，非常值得重视。

进一步考察，我们发现一些动词的偏误数量较多、高频出现，是教学中应该注意的重点。本文对其进行细化分析，对偏误出现频率较高的一些常用动词进行逐一统计，最终选出与动词时态紧密相关的体标记"着""了""过"，宾语类型多样的常用动词"是""有""认为""希望"，兼有介词用法的动词"对""跟""到""起""为""来"，还有特殊的助动词"想""要""能""可能""可以"等。着重考察这些与动词有关的误用、误加、误减情况。这些提取出来的偏误率较高的词语，都与动词有密切关系。当然从词性的角度讲，体标记"着""了""过"是助词，"对""跟""到""起""为""来"也有介词的用法，但是一方面它们从来源上来说都是动词（虽然在现代汉语中动词用法较少），另一方面它们的偏误与动词有密切关系，是动词短语中的重要组成部分，也是偏误较多的词语，所以本文将它们都列入考察对象。

三、常用动词的偏误情况

3.1 与动词有关的误用情况

由图1可见，动词偏误中误用的比例最高，误用在语料库中标记为"CC"，指用法错误，但是含义比较笼统。我们对上述常用词进行统计，发现"着"的误用一共46条，"了"的误用一共123条，"过"的误用一共20条，"是"的误用一共137条，"有"的误用一共180条，"认为"的误用一共41条，"希望"的误用一共24条，"从"的误用一共60条，"对"的误用一共145条，"在"的误用一共160条，"跟"的误用一共41条，"给"的误用一共139条，"让"的误用一共42条，"到"的误用一共170条，"来/来说"的误用一共121条，"起"的误用一共20条，"为"的误用一共190条。情态词的误用也较多，如"想"的误用一共37条，"要"的误用一共60条，"可能"的误用一共20条，"能"的误用一共66条，"会"的误用一共107条，"可以"的误用一共34条，"应该/应"的误用一共30条。

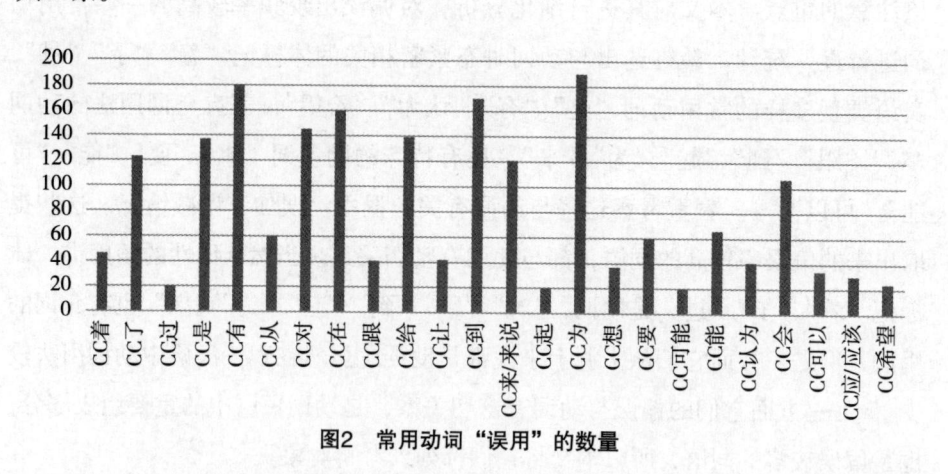

图2 常用动词"误用"的数量

我们可以看出"为""有""到""在""对""给""是""了""来/来说""会"等几个词的误用数量比较多，而"能""想""认为""可以"等词语误用数量相对比较少。当然这些词语都是在偏误中高频出现的，相对于其他动词而言，还是偏误率高的词语。

3.2 与动词有关的误减情况

误减的意思就是本该用某词，由于缺失该词语或成分而导致的偏误，在语料库中标记CQ，本文称为"直接误减"。动词的误减，尤其是以上词语的误减情况也很突出。但是实际统计并不容易，因为与动词有关的误减，不仅有"CQ误减"这样的直接标注，还有很多蕴含在各种成分的误减中，如CJ-sy（述语误减）、CJ-wy（谓语误减）、CJ-by（宾语误减）、CJ-dy（定语误减）、CJ-zy（状语误减）、CJ-zxy（中心语误减）、CJ-buy（补语误减）等中。之所以出现这样的情况，一方面是由于作文语料库标注倾向于句子成分偏误，标注者的很大一部分关注点在句子成分，动词的误减与动词所充当的述语、谓语、状语、补语等句子成分误减密不可分；另一方面是语料库中不同的标注人员所使用的偏误归因不同，标注情况很不一致，导致同样一种情况，有人直接标注为"CQ误减"，有人标注为某种成分的误减。

我们逐一考察各个类型的误减，统计其中的动词误减，才最终得出如下数据。

与体标记"着了过"有关的误减情况中，"着"的误减为51条；"了"的直接误减为702条（其中句尾"了"308条，词尾"了"394条），"补语误减"中52条，一共754；"过"的直接误减31条，"补语误减"中30条，一共61条。"有"的直接误减33条，"述语误减"308条，"谓语误减"20条，一共为361条。"是"的直接误减52条，"述语误减"508条，"谓语误减"34条，"补语误减"2条，"状语误减"3条，一共为594条。"在"的直接误减328条，"补语误减"7条，"述语误减"10条，一共345条。"对"的直接误减288条，"状语误减"30条，一共318条。"从"的直接误减86条，其他小类中"从"的误减情况几乎没有。"让"的直接误减有26条，"述语误减"10条，"状语误减"4条，一共40条。"跟"的直接误减50条，跟字短语的"状语误减"10条，因此"跟"或"跟"字短语的误减一共60条。"给"的直接误减35条，"补语误减"7条，"述语误减"11条，给字短语的"状语误减"16条，因此"给"的误减总共69条。"到"的直接误减45条，"补语误减"241条，"述语误减"21条，"状语误减"4条，总共291条。"来/来说"的直接误减有60条，"述语误减"3条，"中心语误减"2条，"补语误减"8条，一共73条。"起"的直接误减20条,"起/起来"的"补语误减"25条,"述语误减"2条,一共47条。"为"的直接误减47条,"述语误减"中3条,"补语误减"中1条,"状语误减"6条,一共57条。"认为"的直接误减2条,"谓语误减"35条,总共37条。"希望"的直接误减2条,"述语误减"6条,一共8条。"想"的直接误减9条,"述语误减"38条,"谓语误减"3,"状语误减"3条,一共53条。"会"的直接误减84条,"状语误减"583条,"述语误减"35条,"补语误减"11条,一共713条。"要"的直接误减26条,"述语误减"22条,"状语误减"170条,"谓语误减"2条,一共220条。"可能"的直接误减只有1条,"状语误减"5条,一共6条。"能"的直接误减44条,"状语误减"206条,"述语误减"17条,一共267条。"可以"的直接误减9条,"状语误减"64条,"述语误减"11条,一共84条。"应/应该"的直接误减12条,"状语误减"173条,"述语误减"26条,一共211条。常用动词误减的总体情况见图3。

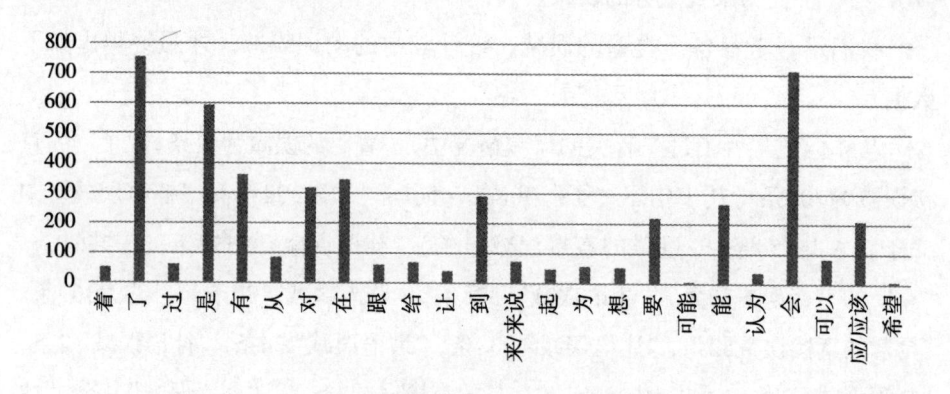

图3 常用动词"误减"的数量

3.3 与动词有关的误加情况

误加的意思就是本不该用某词语而错误使用所造成的偏误,删除误加的词语即可得到正确的句子,在语料库中标记CD,本文称为"直接误加"。与误减的情况类似,有CD(误加)这样的直接标注,也有很多动词的误加被标记为某种成分误加的情况,如CJ+sy(述语误加)、CJ+wy(谓语误加)、CJ+by(宾语误加)、CJ+dy(定语误加)、CJ+zy(状语误加)、CJ+zxy(中心语误加)、

CJ+buy（补语误加）等。因为作文语料库标注的复杂性，我们逐类考察，得到如下统计结果。

"着"的直接误加47条，"补语误加"3条，一共50条。"了"的直接误加550条，其中句尾"了"的误加250条，词尾"了"的误加300条，"补语误加"中又有43条，一共603条。"过"的直接误加47条，"谓语误加"3条，"述语误加"22条，"补语误加"20条，一共92条。"有"的直接误加47条，"述语误加"154条，"谓语误加"7条，一共208条。"是"的直接误加256条，"述语误加"422条，"谓语误加"61条，一共739条。"在"的直接误加195条，"补语误加"2条，一共199条。"对"的直接误加249条，"状语误加"20条，一共269条。"从"的直接误加67条，从字短语的"状语误加"2条，"从"的误加总数是69条。"让"的直接误加20条，"述语误加"5条，"状语误加"1条，一共26条。"跟"的直接误加19条，跟字短语的"状语误加"2条，因此"跟"或"跟"字短语的误加一共21条。"给"的直接误加49条，"补语误加"4条，"述语误加"4条，给字短语的"状语误加"3条，因此"给"的误加一共60条。"到"的直接误加50条，"补语误加"96条，"述语误加"4条，"状语误加"2条，一共152条。"来"的直接误加83条，"述语误加"4条，"补语误加"13条，一共73条。"起"的直接误加5条，"起/起来"的"补语误加"60条，"述语误加"1条，所以"起/起来"的误加一共66条。"为"的直接误加50条，"述语误加"有3条，"状语误加"有8条，所以"为"的误加一共61条。"认为"的直接误加13条，其他小类中没有"认为"的误加。"希望"的直接误加2条，其他小类没有。"想"的直接误加22条，"述语误加"13条，"状语误加"2条，一共37条。"会"的直接误加49条，"述语误加"20条，"补语误加"16条，"状语误加"65条，一共150条。"要"的直接误加470条，"述语误加"60条，"状语误加"170条，一共700条。"可能"的直接误加情况较少，只有3条，其他小类中没有。"能"的直接误加27条，"状语误加"56条，"述语误加"2条，一共85条。"可以"的直接误加13条，"状语误加"21条，"述语误加"2条，一共有36条。"应/应该"的直接误加13条，"状语误加"16条，"述语误加"1条，一共有30条。误加的总体情况见图4。

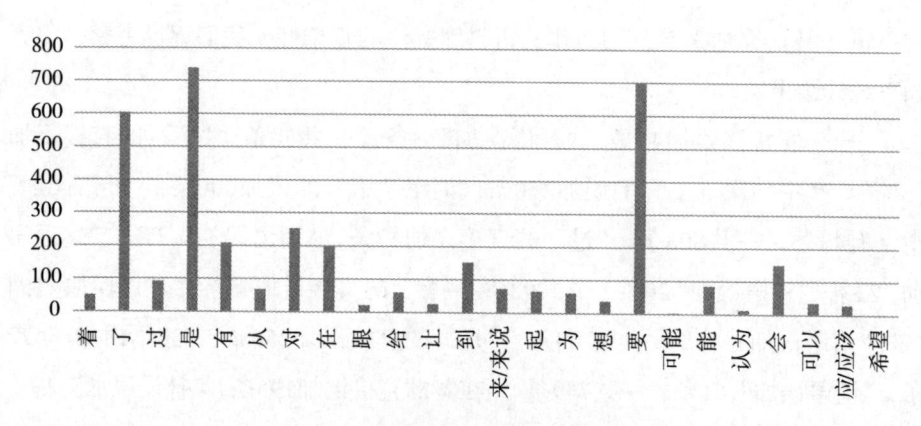

图4 常用动词"误加"的数量

四、常用动词的偏误情况分析

根据第三节的统计数据，我们将以上常用动词有关的误用、误加、误减偏误情况进行统一的整理，如表2。

表2 常用动词的误用、误加、误减情况总表

词语	误用(占比)	误加(占比)	误减(占比)	总数
着	46（31.29%）	50（34.01%）	51（34.69%）	147
了	123（8.31%）	603（40.74%）	754（50.95%）	1480
过	20（11.56%）	92（53.18%）	61（35.26%）	173
是	137（9.32%）	739（50.27%）	594（40.41%）	1470
有	180（24.03%）	208（27.77%）	361（48.20%）	749
从	60（28.04%）	68（31.78%）	86（40.19%）	214
对	145（20.39%）	253（35.34%）	318（44.41%）	716
在	160（22.73%）	199（28.27%）	345（49.01%）	704
跟	41（33.61%）	21（17.21%）	60（49.18%）	122
给	139（51.87%）	60（22.39%）	69（25.75%）	268
让	42（38.89%）	26（24.07%）	40（37.04%）	108
到	170（27.73%）	152（24.80%）	291（47.47%）	613
来/来说	121（45.32%）	73（27.34%）	73（27.34%）	267

续表

词语	误用(占比)	误加(占比)	误减(占比)	总数
起	20（15.04%）	66（49.62%）	47（35.34%）	133
为	190（61.69%）	61（19.81%）	57（18.51%）	308
想	37（29.13%）	37（29.13%）	53（41.74%）	127
要	60（6.12%）	700（71.43%）	220（22.45%）	980
可能	20（68.97%）	3（10.34%）	6（20.69%）	29
能	66（15.79%）	85（20.33%）	267（63.88%）	418
认为	41（45.05%）	13（14.29%）	37（40.66%）	91
会	107（11.03%）	150（15.46%）	713（73.51%）	970
可以	34（22.08%）	36（23.38%）	84（54.54%）	154
应/应该	30（11.07%）	30（11.07%）	211（77.86%）	271
希望	24（70.59%）	2（5.88%）	8（23.53%）	34

较为直观的柱状图如下，

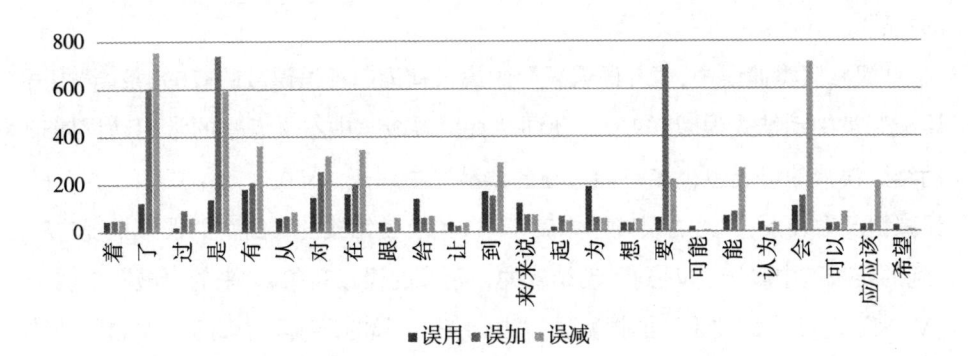

图5 常用动词有关的误用、误加、误减情况图

从图5可以看出，"了""是""要""会"的偏误数量比较多，其次是"有""对""在""到"。其中"是""要"的误加比误用和误减突出，尤其是"要"的误加超出误用和误减更多，说明留学生对这两个词的使用存在滥用现象。"会""应/应该"两个词语的误减比误加、误用的情况要多，并且数量差距比较大，说明学生对这两个词语的掌握有困难，在使用时采取了回避策略。"了""能""有""对""在""到"等词，虽然误减的数量要比误加和误用的多，但是总体相差不大。"为"的误用数量比较多，说明学生对"为"的掌握情况不容乐观。

五、动结式的偏误情况

在对18 028条动词偏误语料进行考察的时候，我们发现动词后补语使用有误这一现象较为普遍，我们统一称之为动结式的偏误。

标为直接误用的动结式偏误有500条（包括动结式中动词使用有误、补语使用有误、整个结构使用有误三种情况）。另外，本文考察的常用动词误用中也存在动结式用法的误用，如"到的误用"中属于"V到"动结式的误用150条[①]，"在的误用"中属于"V在"动结式的误用25条，"给的误用"中属于"V给"动结式的误用11条，"来的误用"中属于"V+来/下来/起来"结构的误用75条，"为的误用"中属于"V为"动结式的误用110条，"起的误用"中属于"V起"动结式的误用20条。"词语误用"类中，属于动结式误用的语料一共有891条。

"误减"类偏误中，"补语误减"中属于动词后补语误减的有698条。"述语误减"类中动结式误减409条。动词"直接误减"中本文考察的常用动词属于动结式误减的情况也很多，如"在的误减"中属于"V在"动结式的"在"的误减情况占16条，"给的误减"中属于"V给"动结式的"给"的误减情况5条，"到的误减"中属于"V+到"动结式的"到"的误减34条，"来的误减"中属于"V+来"动结式的"来"的误减情况占10条，"起的误减"中属于"V起"动结式的"起"的误减14条，"为的误减"中属于"V为"动结式中"为"的误减3条。其他动词后补语或整个动结式误减的还有40条，动结式的误减共1213条。

"误加"类偏误，"补语误加"中属于动词后补语误加的450条，"述语误加"中动结式相关的误加73条。另外本文考察的常用动词属于动结式误加的情况也有一些，"在的误加"中"V在"动结式中"在"的误加20条，"给的误加"中"V给"动结式中"给"的误加14条，"到的误加"中"V到"动结式中"到"的

[①] "到"的直接误用共170条，其中动结式用法的误用150条。为节省篇幅，本节只写出某词与动结式用法相关的误用数量，该词误用的整体情况详见表2。

误加20条,"来/起来/下来的误加"中属于动结式中补语的误加14条,"起的误加"中5条都属于"V起"动结式中"起"的误加,"为的误加"中属于"V为"动结式中"为"的误加情况3条。其他动词后补语或整个动结式误加的还有45条,动结式的误加共644条。

动结式的偏误语料一共2748条,在动词偏误总量18 028条中所占比例为15%。跟其他小类相比,所占比例较大。动结式的偏误无论在CC类(词语误用)、CD类(词语误加)和CQ类(词语误减)类型中还是在动词偏误总量中都占有较大比例,应该引起研究者的注意。篇幅所限,动结式偏误的具体分析将另文撰述。

六、动词偏误研究的启示

本文工作量浩繁,对语料逐条逐项甄别并统计分析,难度较大,我们希望能对HSK动态作文语料库中动词偏误进行一个整体化、系统化的分析,从中发现一些前人未曾注意到的现象和规律,为后来学者的研究提供参考,有以下作用。

第一,因为动词在人类语言中占有十分重要的地位,句子的生成以动词为核心,围绕动词而表达一个相对完整的意义,"动词是句子的中心、核心、重心,别的成分都跟它挂钩,被它吸引(吕叔湘,1987)"。因此在第二语言学习过程中,若能把握好动词的使用规则,会比较容易掌握围绕在动词周围的名词、形容词和副词等用法,动词用法是汉语学习的重中之重。动词教学在对外汉语教学中占据重要地位。依据本文考察结论,动词偏误在总偏误中比重很高,说明动词是汉语教学中的难点,在汉语教学中更应该注重对动词的教学。

第二,本研究语料来源于HSK动态作文语料库。作为目前规模较大的中介语语料库,我们的动词偏误研究可以揭示留学生在动词使用方面的一些现象和规律。比如"起/起来"的误减一共47条,其中"补语误减"25条,直接误减中也有6条是放在动词后做补语时的误减;而"起/起来"的误加一共66条,其中"补语误加"60条,直接误加5条也都是补语位置,这说明"起/起来"做补语的用法是学习难点。而20条直接误减中,在"从+时间段+起"格式中"起"的误减偏误也高达14条，说明该格式是需要重点学习的知识点。再比如"为"的误减一共57条，其中"状语误减"6条和直接误减中的45条都属于"为了、因为"义项的用法错误；"为"的误加一共61条，其中"状语误加"8条和直接误加的47条也属于该义项。相比较而言，动词后补语用法的偏误情况较少，误减只有3条，误加只有3条。这一研究结论启示我们，"为"的教学重难点是读音为四声的介词用法，其次才是读音为二声的动词用法。

汉语动词偏误类型以及各类动词在偏误中所占比例的统计结果，为对外汉语教学、教材编写提供借鉴，编写者应注意这些词语的不同义项，研究动词学习的合理顺序，同时加强对这些重点难点动词和动词有关的介词、助词的分阶段教学，增加它们在教材中的复现率，循序渐进地教授重难点词语。

第三，偏误研究有利于预测教学的重点难点，进行预警式教学。在对几类常用动词的偏误研究中，我们发现，误用现象不仅存在于意义相近的词语之间，同时也存在于意义不同或者词性不同的词语之间。比如"希望"会跟"愿意""喜欢"等相混淆：

（2）我不希望{CC喜欢}爸爸妈妈得跟阿姨一样的病。
（3）三个和尚都不主动地抬水，都希望{CC愿意}别人抬水。

再比如"着"和"有"相混淆：

（4）烟含有{CC着}叫尼古丁的一种物质，这对人类的身体有很大的影响。

这些混淆用法在汉语词语辨析研究中很难找到，给母语学习者使用的近义词辨析词典中不会收录这样词性和词义都差距巨大的词语，但是对于二语学习者来说，由于释义翻译、母语负迁移等原因，混淆词语超出教学者的预判。这启发我们不仅仅要注重同义词之间的辨析，更要结合留学生偏误对词义、词性不同的词语之间进行辨析。

另外，通过偏误研究，我们发现某些词语的教学，可能缺乏使用条件限制的讲解。比如动词偏误中"是"和"要"的误加现象比较普遍：

（5）他们也{CD是}给了我美丽的友情。

（6）然后我们努力{CJ+sy要}了解相互的心情。

这提醒我们反思，教学中不仅需要教授该词的用法，更要预先提示学习者该词的限制位置，即不能使用的情况，减少过度使用的偏误。

通过偏误研究，我们提倡对这些已经存在并在新的学习者身上可能继续发生的偏误进行预警式教学，破除泛泛而谈的教学常规，将收到更加良好的教学效果。

第四，由于我们采用的是基于语料库自下而上的研究方法，所得出的结论也是缘于对语料的客观分析，因此有利于发现前人未曾注意到的现象和规律，不仅对汉语教学，对汉语本体研究同样具有启发作用。学习者的偏误都折射其母语与汉语的差异，见微知著，这些偏误有利于揭示汉语中某些特殊的规律。虽然本文只是数据统计，但是背后的大量偏误语料对某词语的深入研究有帮助，这些具体的偏误研究有的已经取得显著成果，有的还尚未发掘，我们将在今后开展更多的具体研究工作。

参考文献

顾曰国（1998）语料库与语言研究，《当代语言学》第1期。

黄昌宁（2002）《语料库语言学》，北京：商务印书馆。

李文中（2010）语料库语言学的研究视野，《解放军外国语学院学报》，第2期。

刘国兵（2012）语料库语言学的本体论思考及阐释，《河南师范大学学报（哲学社会科学版）》第2期。

鲁健骥（1992）偏误分析与对外汉语教学，《语言文字用》第1期。

吕必松（1993）论汉语中介语的研究，《语言文字应用》第2期。

凌德祥（2003）中介语理论与对外汉语教学，《南京大学学报》第3期。

孙德坤（1993）中介语理论与汉语习得研究，《语言文字应用》第4期。

王建勤（2000）关于中介语研究方法的思考，《汉语学习》第3期。

许家金（2003）语料库语言学的理论解析，《外语教学》第6期。

张宝林（2009）"HSK动态作文语料库"的特色与功能，《国际汉语教育》，第4期。

吕叔湘（1987）句型和动词学术讨论会开幕词，收入《句型和动词》，北京：语文出版社。

甄凤超、张霞（2004）语料库语言学发展趋势瞻望——2003语料库语言学国际会议综述，《外语界》第4期。

Corder, S.P. (1967) The significance of learners' errors. *International Review of Applied Linguistics in Language Teaching*, 5:161-169.

作者简介

玄玥，博士，北京语言大学教授、博士生导师。研究方向主要为汉语语言学、句法学、语言类型学、汉语教学等。

华晓君，北京语言大学语言学及应用语言学硕士毕业生，现为北京市永顺镇中心小学二级教师，研究方向语言学及应用语言学。

基于中介语语料库的"常常"与"往往"的偏误分析及教学设计*

耿 直

内容提要 "常常"与"往往"是一对语义和用法都比较接近的副词,外国学生在使用中容易发生偏误。文章首先基于HSK动态作文语料库对"常常"和"往往"的偏误现象进行了分析,指出学生对两个词的限制性和非限制性使用条件的掌握均有一定困难。文章继而基于已有本体研究成果对两个词的语义和用法进行了区分,并从外国学生生成句子的角度讨论了"常常""往往"偏误产生的原因。最后借鉴认知教学法理论设计了两个词的教学方案。

关键词 中介语语料库;常常;往往;偏误分析;教学设计

一、"常常"与"往往"的偏误分析

"常常"和"往往"是一对常见的汉语副词,《汉语水平等级标准与语法等级大纲》(1996)分别将两者列为甲级词和乙级词。两者在语义上都表达"动作发生或状态出现的中等频率"(张谊生,2000),在词性上都是副词,外国学生在学习中也经常出现偏误。

下面一些例句均出自HSK动态作文语料库中的中介语语料。

1.1 "常常"的偏误

(1)*我们长大以后,讨论各种各样的事。

---

* 本研究受教育部中外语言交流合作中心2020年度国际中文教育研究课题青年项目资助(20YH16D)。

（2）*祝你们常常健康。

（3）*家里人常常团结,发生小大事跟长辈谈。

（4）*我常常去市场的时候,都很注意看"绿色产品"这个商标。

（5）*有一些观众听到他们以前在中国常常听的,很熟悉的歌时,感动得哭起来了。

例（1）是第一种情况,该用"常常"而没用,可以看作尚未掌握"常常"一词的限制性使用条件:表示某种情况经常发生。例（2）、例（3）是第二种情况,不该用"常常"而用了,可以看作尚未掌握"常常"一词的限制性非使用条件:表示情况的一直持续。该用未用和不该用而用的这两种情况,深层的原因在于外国学生对"常常"一词的基本语义没有把握好,在我们的全部语料中,第二种情况——不该用而用的偏误出现得较多。例（4）中"常常"的句法位置错误,从形式上看,"常常"只能约束右侧的邻接成分。例（5）中的"常常"和动词的搭配有误,从韵律上看,"常常"作为一个双音节词更倾向于搭配双音节动词,而像"听"这样的单音节动词则一般和单音节的"常"搭配。

1.2 "往往"的偏误

（6）*韩国人总是以为家里必须有男孩儿,可是我妈妈生我以后不能怀孕,普通的家长在这样的情况下离婚或者跟别的女的生男孩。

（7）*在相爱的过程中,如果吵架时,对方不能和解就会有意无意地分手,就在一气之下做了错的决定。

（8）*这些妇女往往这样做,一般都是为了丈夫到外面避免担忧家里的家务等等。

（9）*有的青少年往往吸烟根本没有考虑到吸烟的不好,只是看到别人抽烟就跟着抽烟。

（10）*"三个和尚没水喝"这样的情况实际上往往发生。

例（6）、例（7）是该用"往往"而没用①，未掌握"往往"的限制性使用条件：表示在一定条件下出现或发生的有规律的情况。例（8）是不该用而用了："一般都是"就已经表达了"往往"的意思，所以不必再重复使用"往往"（即使用，也该在"一般都是"的前面）。这两种情况也都可以视为外国学生对"往往"一词的基本语义没有把握好，但和"常常"偏误情况不同的是，在我们"往往"的全部语料中，第一种情况——即该用而不用的偏误出现得较多。例（9）是"往往"的句法位置错误，它和"常常"一样在句子中只能约束右侧的邻接成分，即应该放在"吸烟"之后或者"只是"之前。例（10）是"往往"和动词搭配的有误，"往往"一般搭配复杂的动词性结构而非光杆动词，因此可以将例（10）中的"发生"改成"会发生"。

1.3 "常常"与"往往"混用

（11）*我现在往往去老师家做客。

（12）*他往往去外国，他自己感觉到，现在应该了解国外的情况。

（13）*我们现代人普通生活中往往看到的普遍现象。

（14）*当时当老师的时候，我往往想："到底我适不适合当老师？"

（15）*我们往往去电影院，看上去他是电影迷。

上组例句是"往往"和"常常"的混用，在我们的语料中，这类偏误是最多的。具体来说，是该用"常常"的时候用了"往往"，这说明由于"往往"的使用比"常常"的使用的限制条件多，因此外国学生对"往往"的语义和用法尚未很好地掌握，把"往往"简单地视同"常常"，因此在使用中出现不适用的情况。

1.4 "常常"与"往往"的教学重点

从前述中介语语料可知，"常常"和"往往"的教学重点主要在于：

---

① 这两个例子是在HSK动态作文语料库中按"字符串—错词检索"条件输入"往往"后得到的例句。

（1）明确"常常"和"往往"的基本语义，掌握这两个词的使用条件。对于"常常"来说，尤其是要讲清楚其限制性非使用条件，以避免外国学生在不该用"常常"的时候用"常常"。对于"往往"来说，尤其是要讲清楚其限制性使用条件，以避免外国学生在该用"往往"的时候回避"往往"的使用。

（2）明确"常常"和"往往"的句法位置和可与之搭配的动词。其句法位置问题，很大程度上是语义指向的问题；可与之搭配的动词问题很大程度上是共现动词的范围问题。前者需要讲清楚频率副词的语序规则，后者则需要依靠母语语料库发掘与其搭配的动词分布。

（3）明确"常常"和"往往"在语义和用法上的区别，尤其是两者在语义上的区别，这是正确使用此两词的基础。

因此，后节将具体讨论"常常""往往"这几个方面的区别，并针对性地进行教学设计。

二、"常常"与"往往"的异同研究

2.1 已有的相关研究

"常常"与"往往"是一对常见的频率副词，也是一个学界研究的热点。关于这两个词的研究广泛分布在词典、专著和论文之中。

词典一般是重在解释两者的语义，但有的词典并未指出两者的区别。如《现代汉语虚词用法小词典》（王自强，1984）《现代汉语副词分类实用词典》（姜汇川、许皓光 等，1989）都用"时常"来解释"常常"和"往往"。另外有一些专门用于教学的词典，如《现代汉语虚词例释》（北京大学中文系，1982）《现代汉语八百词》（吕叔湘，2002）、《现代汉语虚词讲义》（李晓琪，2005）对此二词的区别进行了辨析，但这种辨析主要着眼于语义层面的区别。如《现代汉语八百词》指出"常常"表示行为、动作多次发生，而"往往"是指某种情况经常出现。

《现代汉语虚词散论》（陆俭明、马真，1999）、《现代汉语虚词》（张谊生，2000）等专门研究虚词的专著，在论述副词用法或频率义副词的时候也涉及"常常""往往"的词性、用法和区别等问题,但并未做深入展开。论文类则从多个侧面深入讨论了"常常"和"往往"的异同。如周小兵(1994)从句法层面比较了"常常"和"通常",总结出一些句法分布上的规律。寿永明(2002)从语义、语法特征入手,较为全面地考察了二者的异同。彭湃、彭爽(2004)从语义特征、句法特征和语用选择三方面探讨了它们的区别。沈桂丽(2006)讨论两词在语义特征、句法分布、句类选择上的不同。王宇培(2007)从语义特征、句法特征以及语用和篇章特征三方面对"常常"与"往往"进行比较研究。刘琳(2008)讨论了两词的句法和语义差异,并指出这些差异主要是由"往往"在语义上的主观性导致的。石定栩、孙嘉铭(2016)则认为"往往"并不表示动作的频率,而是表示事件出现的概率,因此"常常"是客观的频率副词,而"往往"是主观的概率副词。综述前人的相关研究可知,有关"常常"和"往往"的研究主要围绕着两个问题展开,一是其词类归属的理论探讨,二是两者异同的对比研究。从教学实践的角度看,后一种研究应用价值更大。我们借鉴前人的研究,可以将"常常"与"往往"的异同归纳为下面三个方面。

2.2 "常常"与"往往"的基本语义和限制性使用条件

关于这两个词的基本语义,无论是词典还是论文,都有各自略有差异的表述。如陆俭明、马真(1999)认为"常常"强调事情或行为动作发生的经常性和频繁性,"往往"则强调按经验,在某种条件下,情况通常是这样。彭湃、彭爽(2004)将这两个词的基本语义总结为[+动量指大][+动量模糊][+非规律性/规律性][+无时态限制/陈述过去]四个语义特征。沈桂丽(2006)认为"常常"是在客观陈述事情或行为动作发生的经常性和频繁性,"往往"是在主观总结事情或行为动作发生具有某方面的规律性。

综合前人观点,我们可以将"常常""往往"最核心的语义概括如下:
常常:[+动量多、+动量模糊、+非规律性、+客观陈述、+无时态限制];
往往:[+动量多、+动量模糊、+规律性、+主观总结、+陈述过去]。

换言之,这两个词的这些语义特征就是其限制性使用条件:当要陈述次数较多但具体次数不确定的非规律性不限制时态的行为动作或状态性质时,用副词"常常"是最自然的一种方式。当要总结次数较多但具体次数不确定的规律性的过去的行为动作或状态性质时,用副词"往往"是最自然的一种方式。同时需要特别指出的是,如果该行为动作或状态性质的发生或出现并不能同时完全符合[+动量多][+动量模糊][+非规律性][+客观陈述][+无时态限制]的四个语义特征,就不能乱用"常常",如前例(2)和例(3)。同样,如果该行为动作或状态性质的发生或出现同时符合[+动量指大][+动量模糊][+规律性][+主观总结][+陈述过去]的四个语义特征,就应使用"往往"而不能省略或回避该副词的使用,如前例(6)和例(7)。

2.3 "常常"与"往往"的句法位置

"常常"和"往往"作为副词,用在动词性或形容词性结构前是确定的,但问题是当句中有多个动词性或形容词性结构时,又应当用在哪个结构之前?当它们与其他副词共现,如"都""不",其语序谁先谁后?我们知道,"常常"和"往往"作为表达频率的语义算子,它们只能约束其右侧紧邻的成分,因此当句中有多个动词性或形容词性结构时,其位置应在语义所指的那个行为动作或性质状态之前而不能越指。关于"常常""往往"和"都""不"共现的语序问题,王培宇(2007)指出,"常常"与"往往"与其他副词状语共现时,通常位于语气副词之后其他副词之前。一般来说,两者应当位于范围副词"都"之前。我们利用北京大学CCL语料库也对两个词和"都"的共现先后位置进行了分析,在CCL语料库中共出现"都常常"48条、"常常都"49条,而且这些语料中"都"和"常常"的位置可以比较自由地互换。如下例:

(16)无论是佛寺、道观还是天主、基督教堂都常常人满为患。
(17)现代艺术展览——从米勒、伦勃朗到毕加索、米罗,常常都是人头挤拥、门庭若市。

语料中出现"都往往"26条、"往往都"284条,这些语料中,"都往往"可以比较自由地换成"往往都",但是"往往都"换成"都往往"就有些不自然,如下例:

（18）在过去，怯战、逃逸、遗弃、反抗、抢劫、反叛等都往往被判为死刑。

（19）往往都是事情改变人，人却改变不了事情。

因此可以认为，虽然"都"和"常常""往往"的语序位置比较灵活，但是"往往都"是更有优势的表达方式。关于这两个词和否定副词"不"的共现问题，刘琳（2008）考察的语料中出现了"常常不"335次、"不常常"42次、"往往不"1234次、"不往往"2次。可见，"往往不"是合法的句子，"不常常"出现的频率远低于"常常不"，而且两者语义也有所不同，"不常常"是对肯定的否定，"常常不"是对否定的肯定。

综上所述，关于"常常""往往"句法位置的问题，尽管情况是复杂多样的，但我们认为在很大程度上都可以归结为这两个词的语义指向问题，关键是正确地把握"它们应放在所修饰的动作行为或者性质状态之前"这一点，便可以比较容易地判断出其句法位置。

2.4 "常常""往往"与动词的搭配

王宇培（2007）集中讨论了"常常""往往"与动词搭配的选择关系，指出"常常"与"往往"在语义上都表示动作发生的多次性和重复性，因此它们具有搭配能多次重复的动作的倾向。另外，王培宇还指出，由于单音节副词"常"的存在，"常常"的搭配选择也会受音节的影响，它倾向于与双音节动词搭配。同时，由于"往往"表示在一定条件下规律性的判断，所以不能搭配不附带任何条件单独修饰动词，即不能搭配光杆动词。

进一步探讨，为什么"常常""往往"所搭配的动词都需要具备多次重复的语义限制？我们认为，这可以用情状类型理论（Vendler, 1967）对动作"有界/无界"的区分来解释。"常常"和"往往"倾向搭配的动词应该是具有[−静态、−瞬时]的语义，即语义上有一定的界限的动词。而表示无状态变化的静态动词（如"注意"）和动作瞬时实现的包含结果类动词（如"结婚"）或者业已产生结果的带"了"的动词重叠式（如"想了一想"）这些不具备可多次重复的特点的动词都不能自由地与"常常"和"往往"搭配。如下例：

（20a）*一个人走夜路常常/往往要注意。
（21a）*这儿的人常常/往往结婚。
（22a）*他常常/往往想了一想。

当然，如果使用其他的手段，如增加宾语、增加状语等将这些动词赋予一定的界限，形成有界性的动词组，在一定语境下，这些动词是可以与"常常""往往"搭配的。如：

（20b）一个人走夜路常常/往往要注意（人身安全）。
（21b）这儿的人常常/往往（跟外地人）结婚。
（22b）他常常/往往想了一想（就马上回答）。

这也证实了"常常"和"往往"需要搭配的动词组具有"有界性"的语义特征。同理，这也是为什么它们和形容词（无界性语义强）搭配较为受限的原因。如下例：

（23a）*花常常/往往好看。
（23b）花常常/往往给人以赏心悦目的感受。

2.5 "常常"与"往往"的异同总结

我们将前面已经讨论过的这两个词的异同可以总结为表格形式。

表1 "常常"与"往往"的异同

常常	往往
语义方面	
量多	量多
量的模糊性	量的模糊性

续表

常常	往往
强调重复性	强调规律性
客观陈述	主观推断
无时态限制	不能用于将来
仅强调动作的重复，不需指明条件	强调在一定的条件出现的情况
用法方面	
位置在语义所指的动作行为或性质状态前	位置在语义所指的动作行为或性质状态前
位置可在"都"之前或之后	位置一般在"都"前
位置可在"不"之前或之后，但语义有差别	位置在"不"前
所搭配的动词组应有语义上的"有界性"	所搭配的动词组应有语义上的"有界性"
所搭配的动词可以是光杆动词	所搭配的动词不可以是光杆动词
所搭配的动词倾向为双音节动词	所搭配的动词无特殊音节要求
可用于表达主观意愿的祈使句	不可用于表达主观意愿的祈使句

三、"常常"与"往往"的教学设计

习得研究的一般研究模式为"分析归纳偏误现象——挖掘揭示产生偏误的原因——提出教学建议与对策"（张宝林，2014）。换言之，服务于教学的习得研究既要知其然，又要知其所以然，才能更有针对性地提出教学建议。前文描写分析了"常常""往往"这两个词的中介语偏误现象，总结了教学重点，并根据教学重点有针对性地梳理了关于这两个词的相关本体研究，厘清了这两个词的主要区别。本节则讨论"常常"与"往往"偏误产生的原因并在此基础上进行教学设计。

3.1 "常常"与"往往"偏误产生的原因

基于"常常"与"往往"语义及形式上的异同，从外国学生生成句子的角度来看，我们认为外国学生在使用"常常"和"往往"时，容易在以下环节产生偏误。

（1）语义上生成一个对事件的陈述。这个事件应该是有界的，以保证这个事件可以重复多次发生。在这个过程中，最可能出现的偏误是没有适当地选择符合有界性语义的事件或者为这个事件添加界限。如，应选择"不生病"的行为而非"健康"的状态来表达"常洗澡往往不生病/*健康"。

（2）语义上生成对这个事件发生多次的判断。这种判断的基本语义是对事件的肯定，如"把字句留学生常常/往往用错"是对"把字句"是学习难点的肯定。在这个过程中，最可能出现的偏误是没有合适地进行事件的肯定性判断。如"我常常吃饭"对这种不必进行肯定判断的常态事件进行了肯定判断，或者如"我常常死亡"这种不能进行多次判断的唯一性事件进行了肯定判断。这种句子违背了外部世界的现实性，在语用上也是难以被接受的。

（3）在句法层面对副词"常常""往往"进行语序操作，将之放在其语义所指的行为动作或性质状态之前。在这个过程中，最可能出现的偏误是未能正确地判断语义算子的位置，而这与外国学生对汉语副词的句法规则的习得情况有关。另外，"常常"在与动词的搭配中还受到一些语音韵律上的限制，这跟学生对汉语韵律规则的掌握情况也有关系。

（4）根据语义强调重点的不同，在"常常"和"往往"中进行选择。"常常"的使用是比较自由的，但当要强调通过事件发生的多次性而推测出某种规律性时，用"往往"就可以为这个句子增加说话者进行主观判断的语气色彩。当确定使用"往往"后，还需要为"往往"的使用增加一些语法约束条件，如不能用于祈使句、不能用于将来态、与其他副词共现时语序较为固定等。在这个过程中，最可能出现的偏误是两种：一是对"往往"的回避，用适用面广而针对性弱的"常常"来代替适用面窄而针对性强的"往往"；二是对"往往"使用的限制条件不清楚，而这可能也与教学中的误导或者不到位有关。

3.2 针对偏误进行教学设计

"常常"与"往往"的偏误类型和原因分析启发我们，无论是通过偏误分析确定教学难点还是根据本体研究确定异同之处，都应该充分重视学习者的认知特点和语言的认知特点。将认知作为一个基本原则来开展汉语教学语法研究和语法教学研究，这不仅符合语言学的发展趋势，也符合语言学习和语言教学的规律。具体而言，认知教学理念也适用于"常常"与"往往"的教学设计中。

根据建构主义认知心理学的观点，第二语言教学应该以学生为中心，协助学生主动参与知识体系的建立。因此，借鉴认知教学法的理念，下文针对"常常"和"往往"设计了分析判断、讨论总结、练习巩固三个阶段的教学方案。

第一阶段：分析判断。

首先展示给学生使用"常常""往往"的练习，引起学生的注意。

A组：选择填空。
（1）吃过饭后马上去上课的话，往往（　　）　　a瞌睡　b打瞌睡。
（2）人类的饥饿问题是常常（　　）的问题。　　a有　　b存在
（3）他学习很用功，作业常常（　　）。　　　　a完成　b很快就完成。
（4）我走的那条路，是以前常常和他一起（　　）的。a走走　b走了走

B组：判断正误。
（1）我在北京的时候，去天安门玩。　　（　　）
（2）这个地方每天常常下雨。　　　　　（　　）
（3）春天北京不往往下雨。　　　　　　（　　）
（4）常常孩子的学习不好，父母担心。　（　　）

C组：判断正误。
（1）我往往喝咖啡。　　　　　　　　　（　　）
（2）我们以后往往一起打球吧。　　　　（　　）
（3）他常常每周的二、四、六跑步。　　（　　）
（4）他常常夜里工作、上午睡觉。　　　（　　）

第二阶段：分析总结。

在这个环节，引导学生对A、B、C三组问题进行讨论。A组是对能和"常常""往往"搭配的谓词成分进行讨论，即第一个生成过程——选择合适的陈述事件。例句A（1）是对无界的形容词和有界的动词进行选择，A（2）是讨论

"常常"搭配动词的音节限制，A（3）和A（4）是讨论和"常常"搭配的动词的有界性条件——非瞬间动词、非"V了V"重叠式。B组是对"常常""往往"的使用语境和语法限制的讨论，即第二以及第三个生成过程的问题。B（1）讨论的是"常常"的限制性使用条件，B（2）讨论的是"常常"的限制性非使用条件，B（3）讨论的是"往往"和"不"搭配的语序问题，B（4）讨论的是"常常"的语序位置问题——它应该放在语义所指的结构之前。C组是对"常常""往往"的区别的讨论，即第四个生成过程的问题。C（1）讨论的是"往往"需要规律性的语义要求，因此要求说明一定的条件，不适宜用在简单的陈述客观情况的句子中。C（2）讨论的是"往往"因为根据已经发生的事件的规律性的总结，不能用在表达意愿的祈使语句中。C（3）、C（4）讨论的是有规律性的句子，以用"往往"为佳。在经过这样的分析后，我们可以总结出"常常""往往"的使用要求和它们的区别。

第三阶段：练习巩固。

在进行过分析总结之后，有必要进一步进行练习，通过练习巩固成果，让学生对"常常"和"往往"的使用条件的陈述性知识转化为程序性知识，将语法知识内化为语法能力。练习的形式可以丰富多样，有机械操练、半交际的练习，还可以是交际性的活动。如：

D：选词填空
（1）我（　　）喝红茶。（A：常常 B：往往）
（2）今后（　　）来我家玩吧。（A常常 B：往往）
（3）春天（　　）是疾病多发的季节。（A：常常 B：往往）

E：完成句子
（1）地震之后_____。
（2）男生的语文一般没有女生好，可是数学_____。
（3）现在大龄青年越来越多，三十岁_____。

F：班级采访

班级同学相互走动，采访对方的爱好，形成几个兴趣小组。

限于篇幅，本节仅对"常常""往往"的教学方案做简要说明。本文希望通过"常常""往往"这对例子，具体阐释基于中介语语料的偏误分析、基于本体的研究成果以及基于新的教学理念的教学设计三者是如何结合在一起共同服务于教学实践的。当然，本文只是窥豹于一斑，希望可以抛砖引玉，促进本体与教学两者之间的互动。

参考文献

北京大学中文系1955、1957级语言班（1982）《现代汉语虚词例释》，北京：商务印书馆。

国家对外汉语教学领导小组办公室（1996）《汉语水平等级标准与语法等级大纲》，北京：高等教育出版社。

姜汇川、许皓光等（1989）《现代汉语副词分类实用词典》，北京：对外贸易教育出版社。

彭湃、彭爽（2004）"每每"与"往往""常常"，《成都大学学报（社会科学版）》第2期。

施良方（2001）《学习论》，北京：人民教育出版社。

沈桂丽（2006）"常常"与"往往"，《湘南学院学报》第6期。

寿永明（2002）"常常"与"往往"的语义语法特征，《浙江师范大学学报（社会科学版）》第2期。

李晓琪（2005）《现代汉语虚词讲义》，北京：北京大学出版社。

刘　琳（2008）《"常常""往往"的比较研究——兼论"往往"的主观性》，中国传媒大学硕士学位论文。

陆俭明、马真（1999）《现代汉语虚词散论》，北京：语文出版社。

吕叔湘（2002）《现代汉语八百词（修订版）》，北京：商务印书馆。

王自强（1984）《现代汉语虚词用法小词典》，上海：上海辞书出版社。

王宇培（2007）《现代汉语表频时间副词"常常"和"往往"的比较研究》，吉林大学硕士学位论文。

张宝林等（2014）《基于语料库的外国人汉语句式习得研究》，北京：中国书籍出版社。

张谊生（2000）《现代汉语虚词》，上海：华东师范大学出版社。

周小兵（1994）"常常"和"通常"，《语言教学与研究》第4期。

周小兵（1999）频度副词的划类与使用规则，《华东师范大学学报（哲学社会科学版）》第4期。

朱德熙（1982）《语法讲义》，北京：商务印书馆。

Vendler, Zeno. (1967) *Linguistics in Philosophy*, New York: Cornell University Press.

作者简介

耿直，博士，上海财经大学国际文化交流学院副教授。主要研究方向为对外汉语语法及教材编写。

基于语料库的汉语学习者趋向动词习得考察

李红梅

内容提要　汉语学习者在习得趋向动词时偏误频现。但目前的研究缺乏对以下几个主要问题的关注：（1）学习者的趋向动词习得偏误可以分为哪几类？（2）每一类偏误有何特点？（3）就趋向动词这类词来说，学习者出现大量偏误的原因是什么？（4）针对这类词"教"与"学"的突破口是什么？

本文基于目前国内开放的三个汉语中介语语料库，运用偏误分析法，在观察、分析汉语学习者的22个趋向动词习得偏误后，将其分为遗漏、误加、混用和语法搭配错误四类，并对其偏误原因进行了分析，然后据此提出了运用图示法明示趋向义和运用搭配法区分引申义两条教学策略；同时提出几条原则，如重视趋向义和引申义的关联教学，重视语块结构的教学等。

关键词　趋向动词；偏误分类；图示法；搭配法；语块结构

一、引言

1.1 研究缘起

笔者在教学实践和跟汉语学习者的交流中发现，不管是在书面表达还是在口语会话中，学习者[①]对趋向动词的误用不在少数，其中既有误加、遗漏、不同词语之间的误代，也有语法结构上的错误。如：

---

① 为行文简洁，余文皆用"学习者"指代"汉语学习者"。

(1) *回去宿舍去睡觉①。(回)
(2) *七点我爱人出去公司。(去)
(3) *我赶快伸出去我的手指。(出)
(4) *没用的东西都出去。("出去"前少核心动词)
(5) *这首歌是在韩剧里出来的。(去掉"出来")
(6) *但是积累也不少。(积累起来)

以上偏误是否只是个别母语背景学习者的个例？是否只是某一学习阶段的现象？通过我们进一步的课堂观察和中介语语料研究，发现几乎全部趋向动词都存在不同类型的使用偏误，而且这些偏误广泛分布在各个国别、不同学习阶段的学习者语料中。那么，为何这类词的习得会出现这些偏误？其偏误有何特点？主要的致误原因是什么？通过对这类词的偏误分析，可以得出哪些有益的教学启发？如何帮助学生有效习得这类词？本文正是对以上问题的探索和思考。

1.2 研究方法和语料来源

本文在分析汉语学习者的趋向动词偏误表现、偏误原因时采用了偏误分析法，着重从目的语的角度探究一些语义相近或含有相同语素的趋向动词是如何相互干扰的。

本文所使用的学习者语料均来自国内目前开放的三个语料库：北京语言大学HSK动态作文语料库、暨南大学学习者汉语中介语语料库和中山大学汉字偏误标注的汉语连续性中介语语料库。母语者语料来自BCC语料库②。

---

① 在本文中，凡标*的例句表示其是误例，句中下划线部分代表趋向动词/补语；另，为便于读者阅读，本文对与趋向动词无关的偏误进行了一定程度的纠正。

② BCC（http://bcc.blcu.edu.cn/hc）：BCC汉语语料库，总字数约150亿字，包括报刊（20亿）、文学（30亿）、微博（30亿）、科技（30亿）、综合（10亿）和古汉语（20亿）等多领域语料，是可以全面反映当今社会语言生活的大规模语料库。

二、趋向动词研究综述

2.1 趋向动词的本体研究

在现代汉语中,趋向动词是一个数量有限、结构封闭的动词小类,语义上有相当广泛和一致的引申,基本上每个趋向动词都有趋向义、结果意义和状态意义,且有些语义之间的差异不甚明显,这导致其语义系统比较复杂。就其语法功能来说,这类词在句中既可作谓语也可作补语,而且动趋式带宾语的语序问题也比较复杂(周琳,2010)。同时其在现代汉语中使用频率相当高。综合上述原因,趋向动词一直以来受到研究界的广泛关注和探讨,这些研究大体可分为趋向动词本体研究和趋向动词的习得研究两大类,其中本体研究主要涵盖趋向动词的范围、语义、立足点等几个主题;习得研究主要集中在偏误研究和整体习得情况的考察上。

2.1.1 趋向动词的范围

对于趋向动词的范围,各家众说纷纭,从22个(北大中文现代汉语教研室编的《现代汉语》商务印书馆,1993:15—18)到28个(刘月华主编,1998:11—14)不等。但综合来看,各家对简单趋向动词范围划分的分歧集中在"到""开""拢"上,对复合趋向动词范围划分的主要分歧集中在对"起去、拢来、到……来、到……去、开来、开去"上。

各家对趋向动词范围划分的不同认识,首先说明了趋向动词应被看作一个连续统,其成员有严格符合这一系统所有属性的典型成员,也有只具备其中几个属性的非典型成员;其次也说明了现代汉语趋向动词系统的形成有一个动态的发展过程,如非典型成员成为典型成员或变得更不典型甚至脱离系统,所以在不同的历史阶段趋向动词的系统面貌是不同的。依据认知语言学的"典型范畴[①]",不能将某个词一刀切地划入或划出趋向动词的范畴。

[①] "典型范畴"指从模糊的概念中提取出来的某些代表性特性。每一种事物都有较为典型的成员,也有非典型的成员。典型的成员具有该类别的所有属性,而非典型的成员则具有部分属性。(李佰忆,2007)

综合以上，将目前尚存在争议或在历时发展中已经看不出典型的"趋向"特征那些词，如"开""拢""到""起去""拢来""到……来""到……去""开来""开去"，将它们排除后，我们认为典型的简单趋向动词有：来、去、上、下、进、出、回、过、起；而典型的复合趋向动词应该包括：

上来、下来、出来、回来、过来、进来、起来

上去、下去、出去、回去、过去、进去

2.1.3 趋向动词的语义研究

趋向补语主要有趋向意义、结果意义和状态意义三类语义（刘月华，1998）。由于趋向动词的趋向义表示人或物体在空间位置移动的方向，因此就存在一个如何确定方向的点，即立足点问题。以典型趋向动词"来""去"[①]为例，刘月华（1988）将其立足点分成以下三种：（1）当说话人出现或用第一人称叙事时，说话人或"我"的位置就是立足点；（2）用第三人称进行叙述时，被叙述的人物所在的位置就是立足点；（3）用第三人称进行叙述时，被叙述的某一处所也可是立足点。居红（1992）认为对"说话人"的理解不能太狭隘。无论是口头表达还是书面作文，也无论是多人对话还是自言自语或心理活动，都必然存在一个"说话人"。叙事作品的作家也是"说话人"。她指出，"来""去"的立足点就是说话人所在的位置，即说话人的立足点，这个点有时是指说话人的客观地理位置，有时是指说话人的主观心理位置，即说话人主观上认为自己所处的位置。所以确定用"来"还是用"去"，在很多时候要密切联系具体的语言环境。齐沪扬（1996）提出，"来"的参照点有实在和虚拟、当前和遥远以及自身和他身之分。姜南秀（2010）进一步指出"来""去"所表示的空间位移方向具有[+主观参照性]，即说话人心理空间所在的位置，这包括三种情况：实际所在的位置、观察视点位置、心理想象位置，而造成"来"的参照点的主观性的原因在于人类在认知上总是倾向于以自我为感知中心。

[①] 关于其他趋向动词的立足点，详情请参见刘月华（1998：P4—8）。

2.2 趋向动词的习得研究

2.2.1 对偏误类型的研究

目前针对趋向动词的偏误研究或是基于一定量的中介语语料考察某一国别（语）的学习者对某一（个）组趋向动词的习得情况（李淑红，2000；杨德峰，2003a、2003b、2004等）；或是从学习者的偏误入手，分析致误原因（刘璐，2013；曾庆庆，2015；邝嬿娜，2015；等等）；或研究某一国别学习者的趋向动词习得顺序（钱旭箐，1993；杨德峰，2003b）。综合这些研究，发现学习者在趋向动词习得中常见的偏误有语法错误、缺少动词、简单趋向动词和复合趋向动词混用、趋向补语和结果补语混用、趋向动词缺失和赘余、宾语的位置错误、宾语类推泛化等。

2.2.2 对偏误原因的考察

张博（2011）、周琳（2015）和程潇晓（2015）等从"母语干扰二语词汇习得"的角度进一步深入研究，得出母语词汇知识负迁移，如母语词义位、义域误推，近义母语对应词影响，汉字词影响，同根词影响，母语词词性或功能的影响也会导致目的语词汇混淆。曾庆庆（2015）发现泰国学生在"来""去"上产生偏误的原因是因为汉泰趋向动词引申义的不对称性，如"起来"对应泰语中的"ลุกขึ้นยืน（起来）"和"ออกมา（出来）"、"ออกไป（出去）"。

综合来看，在语言对比分析阶段，对词汇偏误致误原因的探究大多是在鲁健骥等学者的理论框架下的描述性研究，而缺乏对"学习者的母语究竟如何干扰其二语习得效果"的具体过程的考察。与对比分析不同的是，偏误分析涉及来自母语干扰的语际分析（interlingual analysis）、来自目的语干扰的语内分析（intralingual analysis）、交际中的社会语言环境、心理认知策略以及其他相关因素。所以，偏误分析理论认为造成偏误的原因是多方面的，母语干扰只是其中之一。

2.2.3 语义研究和对外汉语教学

较早从学习者学习偏误探究趋向动词和动趋短语的语义和句法特点的文章

是居红的《汉语趋向动词及动趋短语的语义和句法特点》(1992)。她首先将趋向动词分为"来"类(来、去),"上"类(上、下、进、出、回、起),"上来"类(上来、上去等)三类,然后分析了五种由于学习者对这三类趋向动词语义理解有误而产生的偏误①。通过对以上五种偏误的语义分析,居红认为学习者要想真正认识汉语趋向动词及动趋短语的语法特征,熟练掌握它们的实际用法,必须首先认清它们的语义特征,因为它们的某些语法特点正是由其语义特征决定的。此文提出并论证了语义是趋向动词教学的核心,为之后对外汉语教学中的语义研究奠定了一定的基础。但遗憾的是,由于篇幅限制,此文只探讨了学习者在趋向意义上的偏误,而没有关注其在另外两种意义上的偏误。

关于学习者对趋向动词引申义的习得,先是刘畅(2010)发现外国学生在"起来"的三种语义上的偏误程度存在差异,从状态意义到特殊用法,其偏误逐渐减少,即:状态意义>结果意义>趋向意义>特殊用法。而后汤玲(2011)注意到学习者会出现如"*他几天没吃饭,现在吃过来了""*她一直不开心,今天笑过来了"这样的误例,据此,作者认为此类偏误与不同的趋向动词其引申义凸显的范畴差异有关。

2.3 本文的研究问题

迄今,不管汉语本体研究还是对外汉语教学研究领域,对趋向动词的研究都取得了不少成果,也为后续的研究奠定了坚实的基础。但同时还有一些问题尚待进一步研究:如在汉语本体领域,简单趋向动词和复合趋向动词在作述语或补语时,为什么前者能在后面接处所宾语,而后者不能?在对外汉语教学研究领域,学习者在习得趋向动词这一类词时出现的整体偏误有何特点?偏误表现中哪些涉及语义?哪些涉及句法?哪些词的哪类的偏误率更高?为什么?为什么学习者的母语会对汉语趋向动词的习得产生负迁移?趋向动词教与学的突破口、关键点在哪里?

---

① 具体内容请参见居红(1992)。

三、学习者趋向动词偏误表现分析

3.1 偏误类型及偏误总量

3.1.1 偏误类型

诸多学者如Dulay、Burt、Krashen（1982）和鲁健骥（1992）都将第二语言习得中的偏误类型分为遗漏、误加、误代和错序四大类，后Carl James（1998/2001：111）又将杂糅[①]列为第五种。目前的偏误分类虽然值得借鉴，但因其着眼于所有偏误现象，故划分的类别只体现了二语习得中整体偏误的特点，却未必能体现本文研究主题——趋向动词偏误——的特点。故本文在对收集到的偏误语料进行偏误归类时，既参考现有分类，又要从所搜集到的语料反映出的实际偏误现象出发。同时，在对偏误语料进行偏误判定和归类时我们遵循三条原则：（1）从偏误例句所在的上下文出发，不改变学习者表达的原意；（2）简单趋向动词和复合趋向动词在词法层面和句法层面都是独立的单位，因此，如"*我来北京机场后"的误例，根据语境应是"我去北京机场后"，属于"来"和"去"之间的混用；如"*由于不同的想法而来的一些问题"的误例，属于趋向动词"来"前遗漏了核心动词"带"；如"*他是为了学中医到中国过来的"的误例，是"过来"和"来"的混用，而非误加"过"；如"*看来他的样子很吓人"的误例，是"来"和"起来"的混用，而非遗漏"起"。

根据以上原则和具体做法，本文将学习者趋向动词习得偏误划分为四大类：遗漏、误加、混用和语法搭配错误。由于混用数量较多且现象复杂，所以又根据词语之间的混用关系将其分为两小类——误代和被误代。

3.1.1.1 遗漏偏误

指在当前的句法结构和（或）语境中由于缺失某个趋向动词而导致的偏误。如：

（7）*所以我拿了勇气。（遗漏"出"，应为"拿出"，"出"作趋向补语，

[①] 杂糅也叫结构纠缠、结构混乱。主要类型有词语、句法结构的叠加，词语、句法结构的拼接。

表状态意义）

3.1.1.2 误加偏误

指在当前的句法结构和（或）语境中多加了某个趋向动词而导致的偏误。如：

（8）*另一半<u>排出</u>到空气中。（误加"出"，应为"排到"）

3.1.1.3 混用偏误

本文的"混用"偏误指不同趋向动词之间或与其他词语之间的错误替代使用，下含两小类。

被误代：该用甲词（当用词）时却用了乙词，即甲词被乙词误代。如：

（9）*有的吸烟者一<u>出去</u>千代田区就吸烟。（当用词为"出"，被"出去"误代）

（10）*表现<u>出来</u>自己的任性和不成熟。（当用词为"出"，被"出来"误代）

误代：该用乙词（当用词）时却用了甲词，即甲词误代乙词。如：

（11）*把那些真心话说<u>出</u>。（"出"误代"出来"）

（12）*女人整天在家不<u>出</u>工作。（"出"误代"出去"）

（13）*跑<u>出</u>一所学校找工作。（"出"误代"去"）

根据本文搜集到的语料，这种误代和被误代的双向偏误大量存在于意义相近或有相同语素的简（复）、复合趋向动词之间（详细分析见下文）。

3.1.1.4 语法搭配错误

在我们所搜集到的实际语料中存在这样一些偏误语例，其偏误表现并非趋向动词的误用，但跟趋向动词又有着紧密的联系，如趋向动词和宾语的位置关系、趋向动词作补语时前面缺少核心动词等。对此类偏误，我们将其归入语法搭配错误，下含两小类。

前少核心动词：指趋向动词在句中作补语时，其前少核心动词。如：

（14）*所以那位商人<u>出</u>了一个办法。（应为"想出"，"想"是核心动词，"出"作"想"的补语）

宾语位置错误：趋向动词和句中的宾语存在位置上的偏误。如：

（15）*我突然<u>病发起来</u>。（应为"发起病来"）

3.1.2 偏误总量统计

在对趋向动词的所有误用语例进行分类后，我们又横向统计了每个趋向动词的偏误总量，纵向统计了每种偏误类型的总量，以及所有趋向动词的总偏误量。具体统计结果可见下表。

表1　趋向动词偏误总量

趋向动词/偏误类型	遗漏	误加	混用	语法搭配错误	总计	
来	9	19	21	3	52	简单趋向动词偏误总量：349
去	10	34	39	0	83	
上	2	4	1	0	7	
下	5	9	4	0	18	
进	0	1	23	5	29	
出	5	9	40	1	55	
回	1	2	14	0	17	
过	3	5	6	1	15	
起	66	3	4	0	73	
上来	0	0	4	0	4	复合趋向动词偏误总量：533
上去	0	0	12	0	12	
下来	0	2	13	0	15	
下去	1	23	17	0	41	

续表

趋向动词/偏误类型	遗漏	误加	混用	语法搭配错误	总计	
回来	1	0	59	0	60	复合趋向动词偏误总量：533
回去	0	0	52	0	52	
过来	0	4	22	3	29	
过去	0	1	8	1	10	
起来	3	6	41	2	52	
出来	1	3	36	20	60	
进来	0	0	28	3	31	
进去	0	0	79	2	81	
出去	0	0	84	2	86	
总计	107	125	607	43	882	882

3.2 偏误表现描写

在22个趋向动词中，由于有些趋向动词的偏误量较少，不具有分析价值；有些词的偏误都集中在某一类上，无必要重复分析，因此我们选择几个偏误量较多和（或）在每一类型上都存在偏误的词："去"、"出来"、"出去"和"起来"，对其偏误现象进行分析，并针对每一类偏误展开具体分析。

3.2.1 简单趋向动词偏误表现

3.2.1.1 去

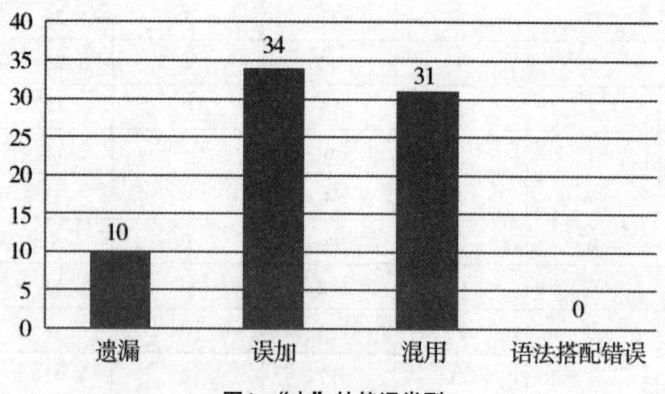

图1 "去"的偏误类型

"去"的遗漏偏误中，既有其作谓语的遗漏，也有其作补语的遗漏。如：

（16）*我就经常和家人各地旅行。（去各地）
（17）*没水喝，那会慢慢地死。（死去）

"死去"中"去"作补语，表示结果意义。在"去"的四类偏误中，误加的偏误量最多。如：

（18）*去年外公去死了。
（19）*你去买绿色食品去给他们。

在混用类，"去"容易误代"回""到""来"，而它容易被"出去"误代。如：

（20）*如果有空就一定要去家。（回）
（21）*把产品推销去各个阶层里。（到）
（22）*一次抬去一个星期用的水。（来）
（23）*我很想出去外边儿。（去）

例（20）中，宾语"家"已经暗含"离开源点再回到源点"之义，因此决定了其前的谓语（"回"）要表示一个"有来有回"的完整位移，而"去"只表示离开某个立足点、指向某个方向的单向位移。"到"和"去"最大的区别在于前者虽然不涉及明确的位移方向，但一定指向某个确定的位移处所，而后者虽指明了位移方向，但不涉及具体的位移处所，在例（21）"把产品推销（　）各个阶层里"中，"各个阶层里"是一个明确的位移处所，故用"到"。例（22），根据其上下文，"抬"应该朝向说话人的立足点，即"抬来"。"出去"和"去"的区别在于，前者的趋向义表示从里面位移到外面，已经暗含位移的处所，故无须再加处所宾语；而"去"表示离开立足点向另一处所趋近，侧重位移的过程，自身不能表明位移处所，因此需要后加处所宾语，如例（23），应该是"去外边儿"。

3.2.2 复合趋向动词偏误表现

3.2.2.1 出来

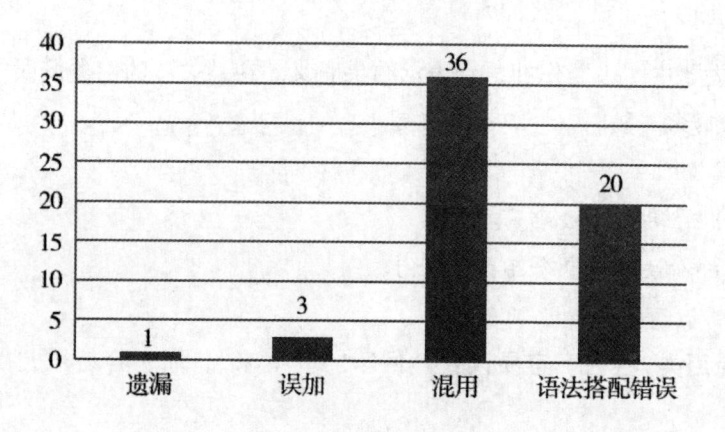

图2 "出来"的偏误类型

在"出来"的误用中，主要的偏误类型是混用和语法搭配错误。其最容易误代"出""起来""来"和"出现"。如：

（24）*<u>出来</u>到校园才能看到女生。（来）
（25）*你要表示<u>出来</u>自己的友好一面。（出）

"出来"趋向义的特点决定了其后不能带处所宾语，如例（24）；引申义受趋向义影响，当其做补语时，其后不能接表示结果的一般宾语，如例（25）。

（26）*灿烂的阳光升<u>出来</u>了。（起来）

在没有表示位移方向的谓语动词时，"太阳出来了"没问题；若有，如"升"，则其后的趋向补语的位移方向必须和其位移方向表示一致。所以是"升起来"而不是"升出来"。

值得注意的是，被"出来"误代的词语（如"出生、得出、造成、产生、发出"等）大部分在句中表示"产生、出现某物"。如：

（27）*所以常常<u>出来</u>意见差异。（出现）
（28）*农药和化肥<u>出来</u>的环境污染。（带来）

语法搭配错误中主要是当其做补语时，前面缺少核心动词。如：

（29）*我把自信感<u>出来</u>。（拿出来）
（30）*但我的眼泪不能<u>出来</u>。（流出来）

在语法搭配错误中，其宾语的位置也经常出现错误。如：

（31）*所以不能<u>取钱出来</u>。

趋向补语"取出来"和受事宾语"钱"的正确语序是"取出来钱"或"取出钱来"，或用"把"字句将受事宾语"钱"前置"把钱取出来"，以示强调。但复合趋向补语表示结果意义时，宾语一般位于补语的中间，即"取出钱来"。

3.2.2.3 起来

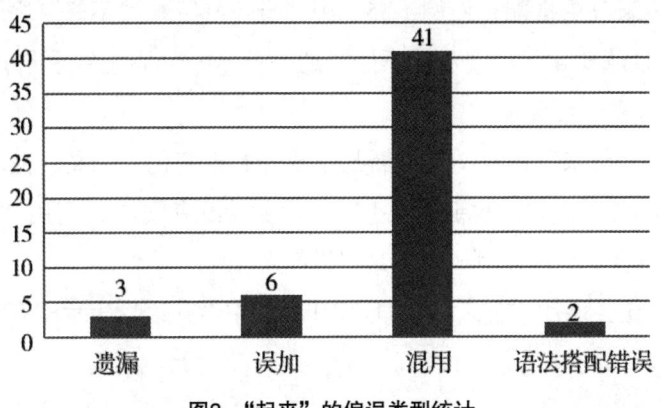

图3 "起来"的偏误类型统计

"起来"的主要偏误是混用，与其容易混用的词语是"出来""过来""起""来"。如：

（32）*但想不起来什么办法。（出来）

（33）*我想出来小时候的事情。（起来）

（34）*我醒了起来。（过来）

（35）*五月二号我身体好过来了。（起来）

（36）*说起特别多。（起来）

（37）*我们开始喜欢起来泰国了。（起）

（38）*我跳了来。（起来）

"想起来"之事或人是说话者曾经知道并且已经存在的，如"老朋友""一个故事"等；"想出来"之事或人于说话者是不曾存在或不知道的东西，"办法""主意"等。

在表示"进入某种新状态"之义时，"过来"强调从不正常状态转向正常状态，从"不正常"到"正常"之间可以是连续的状态，也可以是中断的，即"过来"更强调状态发生变化的前后两个临界点；"起来"指从负向转向正向，从"负向"到"正向"之间是连续的，更强调变化开始的起点和整个过程。二者的这种差异决定了与其搭配的动词也不同，如例（34）只有"醒"和"没醒"这两种界限比较分明的状态，严格来说不存在模糊的中间状态，因此"醒"和"过来"更搭配；而例（35）中"身体好"和"不好"之间还存在诸多可能性，且从变化起点"身体不好"到"身体好"是一个逐步发展的过程，故"身体好起来"更合理。

"起"和"起来"都有"进入新状态或开始新变化"之义，但若之后有一般宾语，用"起"，如"说起那件事"；若之后没有宾语，则用"起来"，如"说起来也还可以"，所以例（36）是"说起来"。

"起来"还会误代"下来"，而且往往在句中做补语，表示"有变化并持续之义"。如：

（39）*我慢慢冷静起来。（下来）

（40）*把有价值的部分牢记起来。（下来）

"起来"的引申义之一主要表示由负向到正向、由静态向动态的变化,"下来"表示从正向到负向,由动态向静态的变化。意义上的差异使得与它们搭配的词也不同,能与"起来"搭配的动词、形容词范围较广,而"下来"可以结合的词十分有限,仅限于一些表示"停息"意义的动词以及表现声音、光线、速度以及人的态度、语气等少数负向形容词。所以例(39)是"冷静下来"。

例(40)应用"V下来"表示一种结果,表示一点一点地积累、存留,经过较长时间后最终形成了"存留"之物,而且"存留之物"是从原型分离下来的;"V起来"表示"有意识地不动用",如"保护起来""锁起来"等。

另,当"起来"做补语表示"变化义"时,既有误加偏误,又有遗漏偏误。如:

(41)*用过农药的菜越来越多起来了。(多"起来")

"越来越……"和"起来"表示的意义重复。

(42)*我的心情慢慢地快乐了。(快乐起来)
(43)*但是积累也不少。(积累起来)

3.3 偏误类型分析

通过对个别趋向动词的分析,我们可以看出其具体的偏误表现,不过难以从全局系统地观察趋向动词整体的偏误特点,所以下面将从四种偏误类型出发总结其特点。

3.3.1 遗漏偏误

相比复合趋向动词,简单趋向动词在句中做谓语和补语——尤其做补语时,遗漏偏误更多。根据本文语料,几乎全部简单趋向动词(除"去"之外)都存在不同程度的遗漏偏误。

在所有趋向动词中,"起"的遗漏偏误量最多,高达66例,占其自身偏误总数(73)的90.4%,占全部简单趋向动词遗漏偏误总量的65.3%,占全部趋向动词遗漏偏误总量的61.7%。

"起"的遗漏经常出现在"从……起"或其他一些"起"表示"进入新状态或开始新变化"的结构中。如"*从那时，我爸爸的思想有了一些变化"、"*现在一想对我影响最大的人"等。

3.3.2 误加偏误

误加偏误主要集中在简单趋向动词上，尤其是"去"和"来"；复合趋向动词中只有"下去"的偏误量较多。

被误加的简单趋向动词在句中或做补语或做谓语，如"*欢迎致电来本公司"、"*去年外公去死了"等。

误加偏误，要么是搭配不当，如"*这样过下去两代人的问题终于消除了"，要么是同义重复，如"*太过于早了"。

学习者由于误解某一趋向动词的语义、尤其是引申义及其搭配，也会造成误加。如学习者似乎认为"下"具有"完成义"，于是就有了"*就去小卖部买下了一盒烟"、"*租下了五年的房子"等这样的句子；"下去"做补语，表示"持续义"时，会有"*我认真跟他们谈话下去"、"*人不吃，就会死下去"；当"起来"做补语表示"变化义"时，则会有"*她的头发白起来了"等偏误。

（5）在所有趋向动词的误加偏误中，"去"的数量最多。学习者似乎认为"去"可以表示"达到某种结果"的结果助词或"借助某种方式、手段"的方式介词，如"*把他们引导向了去死的处境"、"*我的意见至少值得去参考"、"*我很善于去与不同国家的人交流"等。

3.3.3 语法搭配偏误

总体来说，根据所搜集到的语料，这类偏误在学习者的四类偏误中数量最少，所占的比例不是很高，所有趋向动词中只有"出来"的语法搭配偏误较多。其特点是：趋向动词做补语时，前面缺少核心动词，而且这类偏误在语法搭配偏误中占多数，如"*把警察过来了"。趋向动词主要有两种用法：作为独立的动词使用，其动作行为和动作结果的方向是合一的；附加在动词后面，构成"V趋"结构，其用法较复杂、意义较多样、形式较灵活（陈昌来，1994）。汉语中趋向动词的本义是趋向义，当其进一步虚化表示结果义或状态义时，其前必须要有一个核心动词来指明使事物"发生变化或达成某种状态"的具体动作。

3.3.4 混用偏误

3.3.4.1 混用偏误表现

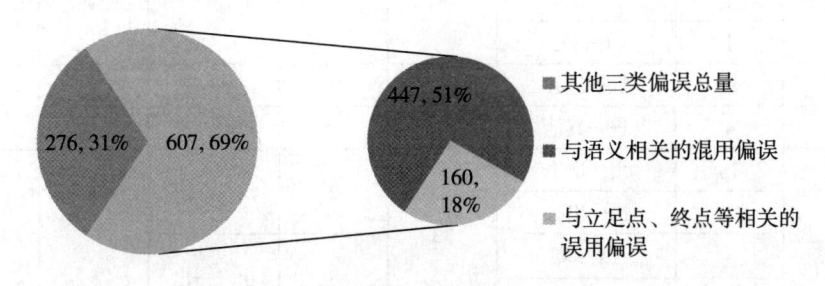

饼图数据：
- 276, 31% / 607, 69%
- 447, 51% / 160, 18%
- ■ 其他三类偏误总量
- ■ 与语义相关的混用偏误
- ■ 与立足点、终点等相关的误用偏误

图4 趋向动词偏误总量及比率

从上图可看出，在882例总偏误量中，不同趋向动词之间的混用偏误有607例，占比68.8%；而在607例中，含相同语素的两个趋向动词之间的混用有447例（50.7%），因误解趋向动词的立足点而产生的偏误有160例（18.1%）。每个词和其他词之间的具体混用情况详见下表。

表2 趋向动词之间混用的类型及数量

趋向动词		混用						总计
		误代其他			被其他误代			
		数量	类型	小计	数量	类型	小计	
简单趋向动词	来	4	来—到	16	2	过来—来	5	21
		4	来—去					
		2	来—起来		3	出来—来		
		2	来—出来					
		4	来—其他					
	去	4	去—回	13	15	出去—去	18	31
		5	去—到					
		1	去—来		3	其他—去		
		3	其他—去					
	上	1	上—中	1	0			1

续表

趋向动词		混用						总计
		误代其他			被其他误代			
		数量	类型	小计	数量	类型	小计	
简单趋向动词	下	1	下—下来	3	1	下去—下	1	4
		1	下—下去					
		1	下—在					
	进	10	进—进去	14	8	进去—进	9	23
		4	进—其他		1	进来—进		
	出	18	出—出来	33	2	出去—出	7	40
		7	出—出去					
		3	出—去		5	出来—出		
		5	出—其他					
	回	8	回—回去	8	4	回去—回	6	14
					2	回来—回		
	过	1	过—来	5	1	过来—过	1	6
		4	过—过去					
	起	1	起—出	4			0	4
		3	起—起来					
复合趋向动词	上来	4	上来—上	1			0	4
	上去	6	上去—去	12			0	12
		1	上去—其他					
		5	上去—上					
	下来	2	下来—起来	10	1	到—下来	3	13
		1	下来—下		1	来—下来		
		3	下来—下去					
		4	下来—其他		1	下—下来		
	下去	4	下去—下	14		去—下去	3	17
		5	下去—去		1			
		2	下去—过去					
		3	下去—其他		2	下—下去		

续表

趋向动词		混用						总计
		误代其他			被其他误代			
		数量	类型	小计	数量	类型	小计	
复合趋向动词	回来	46	回来—回	59	0		0	59
		12	回来—回到					
		1	回来—回去					
	回去	45	回去—回	51	1	去—回去	1	52
		6	回去—回到					
	过来	3	过来—起来	19	2	起来—过来	3	22
		8	过来—来					
		4	过来—过		1	来—过来		
		4	过来—其他					
	过去	4	过去—去	5	3	过—过去	3	8
		1	过去—过					
	起来	8	起来—出来	30	2	过来—起来	11	41
		12	起来—下来		3	来—起来		
		4	起来—过来		2	得—起来		
		2	起来—来		1	出来—起来		
		4	起来—起		3	起—起来		
	出来	7	出来—出	34	1	起来—出来	2	36
		2	出来—来					
		3	出来—起来					
		5	出来—出现		1	开—出来		
		17	出来—其他					
	出去	13	出去—出	84	0		0	84
		67	出去—去					
		4	出去—其他					
	进来	7	进来—进	28	0		0	28
		14	进来—来					
		7	进来—其他					
	进去	23	进去—进	79	0		0	79
		54	进去—去					
		2	进去—其他					

3.3.4.2 混用偏误特点

不同趋向动词之间的混用或是单向的，或是双向的。根据现有语料，"出去"会误代"去"，但"去"不会误代"出去"，"出去"和"去"属于单向混用；"起来"会误代"出来"，同时"出来"也会误代"起来"，这种属于双向混用。

学习者的趋向动词混用偏误可以分为两大类：语义偏误和句法偏误。如和立足点/着眼点、位移路径、位移起点和处所、相似语义相关的混用属于语义偏误；而简趋和复趋在后加宾语时出现的偏误属于语法偏误。

语义偏误既有对趋向义的误用，也有对引申义的误用。关于趋向义的偏误在于，学习者没有正确区分语义相似的两个词在立足点/着眼点、起点和处所、位移路径的方向等上的差异；对趋向义的理解偏差也影响了其对引申义的理解和习得。

有些句法偏误实际上还是由语义理解偏差引起的。如简单趋向动词和复合趋向动词之间能否带处所宾语的差异以及二者和一般宾语的位置关系，其真正原因其实在于简趋和复趋二者的语义自身能否提示位移的起点、处所，而这两"点"反映在趋向义中即处所宾语；反映在引申义中即一般宾语，这个宾语与趋向动词表示的引申义密切相关。如"把书拿出来"和"拿出书来"中，宾语"书"和"出来""出"在位置关系上的差异实质是两个趋向动词的语义差异。在表示具体的位移趋向义时，"出"自身只能表明位移的起点和位移路径，不能表明位移处所和说话人的立足点，所以后面要加上一个处所宾语；"出来"则既能表明位移的起点、处所和位移路径，还能表明说话人的立足点，故无须再加处所宾语。二者的这种差异反映在其引申义就表现为，"出"后要加一个宾语（如"书"）表示某种结果或产物（如"拿出书"），而"出来"本身已经表明了结果义，无须再加宾语。

从以上对四类偏误的特点分析可看出，不管是词法层面的遗漏、误加和混用，还是句法层面的搭配错误，其实质是学习者对趋向动词的语义习得存在偏差或不足，而趋向动词语义的关键点是立足点/着眼点、处所、位移路径和位移方向。因此针对这类词的教学策略可以尝试从这些关键点出发，来区分容易混淆的趋向动词。

四、偏误原因分析和教学对策

在二语习得研究的对比分析阶段，人们认为习得偏误是由学习者的母语和目的语在结构上的细微差异引起的。到偏误分析阶段，诸多学者又提出语言学习还会受到正在学习的语言——目的语——的影响。

4.1 目的语干扰

Odlin在其《语言迁移》（1989：27）中提到，任何已习得的语言，都会对目的语的习得产生迁移，这种迁移有正向的，也有负向的。在第三章我们对学习者的趋向动词偏误表现进行了描写归类和致误原因的初步分析，发现这些偏误几乎都和学习者对这类词的语义习得不足或偏差有关。在第四章我们以"上"和"起来"为例，对比了学习者和母语者对趋向动词的搭配使用差异，发现学习者对趋向动词引申义的一些搭配使用率不高。可见不管是错用、少用还是使用不足，都和趋向动词的语义有密切的关系。

趋向动词的语义分为趋向义、结果义和状态义，后两种也统称为引申义，由趋向义引申而来。可见趋向义是这类词的核心语义，要理解其语义，首先要理解其趋向义，而构成趋向义的关键要素是立足点、位移处所和位移路径。趋向动词之间在立足点的位置、终点的有无和位移路径的方向这三方面上的差异造成了彼此趋向义的不同，这又进一步造成了各自引申义的不同。因此我们将从立足点、终点和位移路径这三个点切入，探讨目的语对学习者习得趋向动词产生的一些干扰。

4.1.1 和立足点相关的偏误

在学习者的偏误语例中，存在不少将"来"和"去"、"下来"和"下去"混用的误例。如：

（58）*我们<u>来</u>Green Coffee吃饭，那里的饭很好吃。（去）

（59）*我们班同学<u>过来</u>我的家。（来）

（60）*这样<u>下来</u>，我们的环境会被破坏的。（下去）

对于这类偏误，我们认为其偏误原因是学习者没有区分清楚混用的两个词在立足点上的差异。趋向动词的立足点是其用来确定人或物体位移方向的点，在其引申用法中，是观察事物的基点、出发点，也叫着眼点。"来""去"的立足点是说话者所在的位置，"来"表示朝说话人的方向移动，"去"表示朝背离说话人的方向移动，而且此处的"说话人"含义较广，具有主观性。

"下来"和"下去"的趋向义都表示"由高处向低处移动"，但前者的立足点在低处，而后者的立足点在高处。因此，虽然两者的引申义都可以表示某个动作或状态从一个时间点持续到另一个时间点，但二者所表示的时间点不同：一般来说，"下来"开始的时间点属于过去，而结束的时间点有可能在现在及以前，如"跑马拉松很累，但我总算坚持下来了"；而"下去"开始的时间点并不明确，但结束的时间点一定在将来，如"这个项目虽然还没完成，但只要做下去总会有结果的"，"如果你决定学习一门外语，就一定要坚持下去"等。故"下来"表示一种近距离、眼前的变化，而"下去"表示一种远距离、将来的变化。

4.1.2 和位移路径方向相关的偏误

从本文收集到的偏误语料来看，学习者会将"起来"和"下来"、"去"和"回"混用。如：

（61）*他一说起话来爱动爱聊天的学生都安静起来。（下来）
（62）*已经很长时间没去家了。（回）

我们将此类误例的偏误原因归结为学习者没有区分相混用的几个词在位移路径方向上的差异。位移路径是趋向动词动作行进的方向，在其引申义中则是动作或状态变化的趋势。"起来"和"下来"位移路径上的差异在于"起来"表示由低处向高处移动，立足点可在低处，也可在高处，且它属于只指出起点不包含终点的趋向补语；"下来"表示由高处向低处移动，立足点在低处，它属于既可指出起点又可指向终点的趋向补语。这种关于趋向义的位移路径的差异反映到其各自的状态义上就表现为"起来"大多表示由负向到正向、由静态转为动态，能与之结合的形容词也大多具有正向意义，如"热闹、好、快、贵、亮"等；而"下来"大多表示由正向到负向、由动态转为静态，能与之结合的词比较有限，如一些表示"停息"意义的动词及表现声音、光线、速度以及人的态度等少数负向形容词，例如"安静、暗淡、冷静"等。

"回"的趋向义表示"向原处所移动"，其自身已经暗含了"已离开原处所"之义，所以其位移路径是"有始有终"、双向的；而"去"的趋向义表示"离开立足点向另一处所趋近"，可见只是一种单向位移。同时"家"在人类的潜意识中是一个"虽然离开但会回去"的原处所，故"回家"而非"去家"。

4.1.3 和位移终点相关的偏误

学习者会将"回去"和"回到"、"去"和"到"、"起来"和"过来"以及"出去"类①与"去"类②相混淆。如：

（63）*只能<u>回去</u>原始状态。（回到）
（64）*把产品推销<u>去</u>各个阶层里。（到）
（65）*我心情好<u>过来</u>了。（起来）
（66）*我醒了<u>起来</u>。（过来）
（67）*<u>出去</u>外边与中国人打交道。（去）
（68）*我们在<u>回去</u>加拿大之前。（回）

上述误例属于学习者没有区分清楚混用的词之间在位移终点上的差异而导致的偏误。趋向动词的位移终点即位移动作要达到的目的地，在其引申义中则指变化、状态最终要达到的结果和界点。如"去"和"到"，前者只表示离开立足点向另一处所趋近，着重表达位移过程但不强调甚至不指向终点；而"到"表示位移到某一处所，着重表达位移终点而忽略位移过程，因此在更强调行为动作的结果时，用"到"而非"去"。"回去"和"回到"的差异类似。

---

① "出去"类指：出去、出来、进去、进来、上去、上来、过去、过来、回去、回来、下去、下来、起来。
② "去"类指：出、去、进、来、上、下、过、回、起。

"过来"的趋向义表示离开起点经过一段位移后到达终点,其引申义表示从不正常的状态恢复到正常状态,可见其趋向义有明确的起点和终点,引申义有明确的结果和最终达到的状态。"起来"的趋向义指从起点开始由低处向高处移动,有过程有起点,但不指向终点,因此其引申义也没有明确的结果和状态。从非正常状态"不醒"到正常状态"醒"之间的界限明确,而且指向明确的处所"醒来",所以是"醒过来";"身体好"只有明显的起点"不好",但无明确的终点,因为"好"之后还可以"更好",所以是"身体好起来"。

"去"类之所以能后加宾语而"出去"不能,是因为后一类趋向动词本身既能指出起点又能指向终点,因此当其作趋向补语时自身就已暗含动作行为的结果,所以这类词之后无须再加表示位移终点的处所宾语或表示结果的一般宾语;而"去"类趋向动词恰恰相反,自身不指向终点、不含有结果意味,因此大多要在其后加处所宾语和一般宾语[①]。故只能是"去外边""跑进院子""说出想法""写下日记"等。

4.2 教学对策

从上述偏误表现和原因分析可看出,语义对趋向动词的习得效果至关重要。因此,要重视语义教学。按一般的教学顺序来说,趋向动词的趋向义教学总是先于引申义,加之趋向义是引申义的引申基础,因此首先要重视趋向义的教学。

4.2.1 图示法明示趋向义

在趋向义的教学中,为了更形象直观、便于理解,可以采用图示来表示趋向动词的立足点、位移处所和位移路径[②]。其中用X[③]表示立足点,用○代表位移起点,用□代表位移终点,用"←"表示位移路径。以"来"的位移图

[①] 在祈使句或其他一些表示命令的句式或剧本台词中,"去"类趋向动词可以脱离宾语而单独使用,如"你去!""去打开门"。

[②] 简单趋向动词自身不指示位移终点,有些简趋的位移终点即是自身的立足点;而复合趋向动词自身能指示位移终点,故图示中只有复合趋向动词有位移终点标记。

[③] 为区分立足点确定在此和不确定在此,用X表示确定,用(X)表示不确定。

式为例,从位移起点〇开始向说话人的位置,即立足点趋近,此处立足点也是"来"的位移终点。如此,学习者更容易理解"来"的趋向义就是"朝向立足点移动"这种比较抽象的解释,而且有助于记忆。本文给出了所有趋向动词的位移图示,具体如下表所示。

表3 趋向动词趋向义的位移图示[①]

趋向动词	位移图式	趋向动词	位移图式
来	X ←〇	去	X〇→
上$_1$[②]	↑〇 ↑〇(X) (X)	下$_1$	〇↓ 〇↓(X) (X)
上$_2$	←〇(X) (X)←〇	下$_2$	〇→(X) (X)〇→
上来$_1$	☐ ↑ 〇	下去$_1$	X〇 ↓ ☐
上来$_2$	☐←〇	下去$_2$	X〇→☐
上去$_1$	☐ ↑ 〇 X	下来$_1$	〇 ↓ ☐ X
上去$_2$	☐←〇 X	下来$_2$	〇→☐ X
进	←〇(X) (X)←〇	出	(X)〇→ 〇→(X)

① 此列表主要以刘月华《趋向补语通释》(1998)中的趋向动词趋向义的图示为参考框架。

② 由于"上""上来""上去"和"下""下来""下去"分为同一水平方向的位移和不同水平方向的位移,因此我们将其分为"上$_1$""上$_2$"两组(其他类似)。

续表

趋向动词	位移图式	趋向动词	位移图式
进来	[X] ← ○	出去	X○ → □
进去	□ ← ○ X	出来	○ → [X]
回	(X) ← ○ ← ○ (X)		
回来①	□ X ⇆ ○	回去	□ ← ○ X
过	(X) ○ → ○ → (X)		
过来	[X] ← ○	过去	X○ → □
起	○↑ ○↑(X) (X)		
起来	○↑ ○↑(X) (X)		

教师在课堂教学中可以充分借助上述图式进行趋向义的教学和辨析。如以学习者经常混淆的"去"类和"出去"类中的"出"、"去"和"出去"为例，并结合选词填空的练习来分析。例：

题目：选择"出"、"去"和"出去"填空。

A.我想回家，所以我赶快（　　）了那个公园。

B.她跑（　　）一家公司找工作。

C.张老师呢？——他（　　）了。

---

① "回来"和"回去"位移图式中的虚线表示已经完成的、相反方向的位移。

根据"出"的图示，（1）立足点可能在位移起点的同一方向，也可能在相反方向；（2）位移路径的方向可能朝向立足点，也可能背离立足点；（3）"出"自身不指示位移终点。根据"去"的图示：（1）位移起点和立足点在同一方向；（2）位移路径的方向背离立足点；（3）"去"自身不指示位移终点。根据"出去"的图示：（1）位移起点和立足点在同一方向；（2）位移路径的方向背离立足点；（3）"出去"自身指示位移终点。

A中"我"的立足点和位移起点都是"公园"，要"回家"，是背离立足点，"公园"已是位移终点，所以选"出"。B中"她"的立足点和位移起点在同一方向，位移路径的方向背离立足点；"公司"是位移终点，所以是"去"。C中说话人的立足点和位移起点是一个双方都已知的场所，"他"的位移路径背离立足点，且没有明显的位移终点，所以是"出去"。

4.2.2 搭配法区分引申义

借助图式讲解法辨析趋向义，教师讲得清、学生记得牢。但用这种方法来解释引申义，则效果有限。加之大多趋向动词的引申义比较丰富，每一类语义在现代汉语中的使用频率也不一样，且有些相似语义之间的差异也比较细微，只能通过各自具体的搭配甚至语境才能区分清楚。有鉴于此，我们建议利用列清单的方式，分别呈现各个趋向动词的高频搭配[①]，以此来解释和区别比较常用的一些引申义。

通过列表分析所有趋向动词引申义和其搭配词语，还可以发现几条在教学中需要重视的原则：（1）由于较常用的一些引申义几乎都有其趋向义引申而来，因此要重视趋向动词的趋向义和引申义的关联教学。（2）通过对比两个经常混用的趋向动词的不同搭配来显化彼此的语义的差异，如"起来"和"下来"都有"进入新状态或开始新变化"之义，但各自搭配的动词在语义色彩上不同。（3）在一些特殊用法及一些熟语中，如"看起来""信得过""看不起"，趋向动词的意义比较隐晦难懂，不容易向学习者解释清楚。此时，将其当作一个凝固语块，并结合特定的语境进行释义、练习，学生更容易理解接受。（4）教师

---

① 具体搭配列表详见附录。

在备课时，最好结合学生的实际情况对教材中的趋向补语的释义、例句和练习等进行一定的加工润色，对趋向补语的各类语义的教学顺序做到心中有数。新手教师在备课时，可以通过中介语语料库了解一下哪些国别的学习者会常犯哪些偏误，以便能在课堂教学中对症下药。

4.2.3 结语

通过考察全体趋向动词的偏误情况，描述每个词的偏误类型和每个偏误类型的特点，运用趋向动词趋向义和引申义之间的关系厘清学习者的偏误为何与立足点、位移终点和位移路径相关，本文得出以下几点认识：

在四类学习者偏误中，混用类的数量最多；遗漏、误加偏误几乎集中在简单趋向动词上。

学习者产生偏误的目的语因素主要是因为其误解了各个趋向动词在趋向义的立足点/着眼点、位移路径方向、起点、终点等上的差异；母语因素则是由于每种语言在表达趋向概念时所选择的语言单位和语法手段不同。

对趋向义的误解、误用导致了对其引申义的错误使用。

用图示法明示趋向义，用搭配法区分引申义是针对趋向动词语义教学的重要方法。

参考文献

北大中文系现代汉语研究室主编（1993）《现代汉语》，北京：商务印书馆。

陈昌来（1994）动后趋向动词性质研究述评，《汉语学习》第2期。

陈昌来（1994）论动后趋向动词的性质——兼谈趋向动词研究的方法，《烟台师范学院学报(哲学社会科学版)》第4期。

程潇晓（2015）五种母语背景CSL学习者路径动词混淆特征及成因分析，《华文教学与研究》第4期。

居　红（1992）汉语趋向动词及动趋短语的语义和语法特点，《世界汉语教学》第4期。

姜南秀（2010）现代汉语趋向动词"来"、"去"的语义分析，《兰州教育学院学报》第1期。

刘　畅（2010）《基于HSK动态作文语料库的趋向补语"起来"的习得研究》，北京语言大学博士学位论文。

鲁健骥（1992）偏误分析与对外汉语教学，《语言文字应用》第1期。

李淑红（2000）学习者使用汉语趋向补语的情况调查及分析，《民族教育研究》第4期。

刘月华（1980）关于趋向补语"来"、"去"的几个问题，《语言教学与研究》第3期。

刘月华（1987）表示状态意义的"起来"与"下来"之比较，《世界汉语教学》第1期。

刘月华（1988）几组意义相关的趋向补语语义分析，《语言研究》第1期。

刘月华（1988）《趋向补语通释》，北京：北京语言大学出版社。

齐沪扬（1996）空间位移中主观参照"来、去"的语用含义，《世界汉语教学》第4期。

覃盛发（1987）略说趋向动词"起去"，《广西民族学院学报》第2期。

钱旭菁（1997）日本留学生汉语趋向补语习得顺序，《世界汉语教学》第1期。

邝嬿娜（2015）《印尼学习者"（动词）+趋向动词+宾语"结构偏误分析》，中山大学博士学位论文。

汤　玲（2011）复合趋向补语"过来"引申义的认知与习得，《海外华文教育》第2期。

杨德峰（2003）朝鲜语母语学习者趋向补语习得情况分析——基于汉语中介语语料库的研究，《暨南大学华文学院学报》第4期。

杨德峰（2003）英语母语学习者趋向补语习得顺序——基于汉语中介语语料库的研究，《世界汉语教学》第2期。

杨德峰（2004）日语母语学习者趋向补语习得情况分析——基于汉语中介语语料库的研究，《暨南大学华文学院学报》第3期。

张　博（2011）二语学习中母语词义误推的类型与特点，《语言教学与研究》第3期。

周　琳（2015）母语词汇知识负迁移下的CSL学习者特异性词语混淆研究，《外语教学》第2期。

邹立志、周琳、程莉维（2010）普通话早期儿童趋向动词习得个案研究——以"上、下"两组趋向动词为例，《世界汉语教学》第3期。

曾庆庆（2015）《亚洲学习者习得趋向动词"来""去"的偏误分析》，江西师范大学博士学位论文。

Dulay, H, Burt & Krashen (1982) *Language Two*, New York: Oxford University Press.

Carl James (1998) *Errors In Language Learning And Use*, Addison Wesley Longman.

Odlin (1989) *Language Transfer-Cross-Linguistic Influence In Language Learning*, Cambridge University Press.

附录1
学习者趋向动词误用语例（部分）

一、二语者简单趋向动词误用语例

（一）来

1. 遗漏

1）后来了一条消息。

2）这一切都是小孩看父母学的。

3）中国之前不会抽烟。

4）甚至他们去买试一试。

5）从远方飘阵阵花香。

6）但我是被日本公司派的留学生。

7）中国留学这件事。

8）是她为我带了一片快乐的天空。

9）后来了一个和尚。

2. 误加

1）他只是一个小孩，你不用这么大声来骂他。

2）所以他的父母带来他去医院。

3）这些家是用泥土来做的。

4）由于身体不舒服来不去上班。

5）晚上7点来回家。

6）日本留学生来抽烟的人比较多。

7）我们长期来吸烟。

8）我们也可以从中学到不少来。

9）不光是政府来主动。

10）要是父母和老师一起来联手。

11）据我来理解。

12）然而失去生命的缘故是外在来的。

13）我从大连坐飞机来到了浦东机场。

14）那时我在假期来去旅行。

15）他出生来的时候我很高兴。

16）欢迎致电来本公司。

17）增加新来的知识。

18）当第三个人来加入他们时。

19）一个和尚为大家想出来一个办法来。

3. 混用

3.1 误代其他

A. 来—到

1）课间时间来了，他们也没有跟我说话。

2）父母把孩子们带来了这个世界。

3）每次一来假期我就出门旅游。

4）我来北京机场后。

B. 来—去

5）我们来GreenCoffee吃饭，那里的饭很好吃。

6）他请我到他办公室来。

7）邀请我们到他家里来做客。

8）我怕父亲叫我来谈话。

C. 来—起来

9）看来他的样子很吓人。

10）一说来。

D. 来—出来

11）我即使去指一个人来。

12）但我从那样的困境中解脱来了。

E. 来—其他

13）流行音乐会带来你快乐。（来—给）

14）那么臭的烟香来到我附近。（来—飘）

15）我想度过困难后会来一个很好得结局。（来—有）

16）他总是带来家里人不少幽默。（来—给）

3.2 被其他误代

A. 过来—来

17）他是为了学中医到中国过来的。

18）虽然我们是从不同的国家过来。

B. 出来—来

19）从那里出来了24世纪的世界来的人。

20）一个人的勤奋从哪儿出来？

21）眼泪流下出来了。

4. 搭配错误

1）让他们来车接我们。

2）服务员来两大碗给我们。

3）由于不同的想法而来的一些问题。

（二）去

1.遗漏

1）我想韩国最近的国家。

2）其他人都玩了。

3）如果要水自己挑水。

二、二语者复合趋向动词误用语例

（一）上来

1.遗漏

2.误加

3. 混用

3.1　误代其他

A．上来—上

1）敌军攻上来我军住的地方。（上来—上）

B．上来—起来

1）做上来便不是如此容易。（上来—起来）

C．上来—来

2）连一次好的消息都没给你们带上来。（上来—来）

3）社会竞争带上来的精神压力之下找一找自己能发泄的渠道。（上来—来）

3.2　被其他误代

4. 搭配错误

（二）上去

1. 遗漏

2. 误加

3. 混用

3.1　误代其他

A．上去—去

1）我上去朋友的房间要他帮助。

2）叫他立刻上去房间。

3）他上去那边睡觉。

4）然后我们上去房间睡觉。

5）这个办法激发人们向自己有的天分上去发展。

6）有一位老师能帮助我们上去暨南大学。

B．上去—上

7）我还在上去这个学校。

8）老鸟飞上去天空。

9）一定补上去我与家人错过的那些日子。

10）我们上去到最高的层。

11）许多家长把责任推到男女同校上去。

C. 上去—其他

12）我的体重上去了三公斤。（上去—增加）

3.2　被其他误代

4. 搭配错误

（三）下来

1. 遗漏

2. 误加

1）什么歌曲都可以接受下来。

2）这样下来，人们都会自己长大。

3. 混用

3.1　误代其他

A. 下来—下

1）在业余时间我写下来的每天的日记。（下来—下）

B. 下来—起来

2）我就大声哭下来。

3）对这个节目讨论下来。

C. 下来—其他

4）人们跟我一样慢慢改下来以后。（下来—过来）

5）社会上的问题也就解决下来。（下来—了）

6）在下来的岁月中，它还是我最亲密的朋友。（下来—以后）

7）它使青少年从学习的压力下解脱下来。（下来—出来）

D. 下来—下去

8）随着科学的发展农药也是不断地发展下来的。

9）所有的人不担心饿死而幸福地生活下来。

10）这样下来，我们的环境会破坏的。

3.2　被其他误代

11）我离不开从父亲传到的"认真"。（到—下来）

12）突然从天上掉来鸟类。（来—下来）

13）他们生下不是一个人。（下—下来）

4.搭配错误

（四）下去

1.遗漏——作补语

1）一直这样走的话，未来的我们不能幸福。

2.误加

1）我的汉语越来越进步下去，加油加油！

2）我们员工什么任务都会很顺利地完成下去。

附录2

趋向动词引申义及搭配词列表

趋向动词	引申义	高频搭配词
来	①实现"醒"的状态	醒
	②融洽	合、处、谈、说（肯定：V得来；否定：V不来）
	③"会"或"习惯"做某事	做、干（肯定：V得来；否定：V不来）
去	①"去除""去掉"	失、减、退、剪、擦、脱
	②"死""睡"的状态成为事实	死、睡
上	①连接	接、挂、贴、跟
	②附着	放、背、写、画
	③添加	加、添、配、算
	④遇到	遇、碰、等、赶
	⑤实现、完成或达到一定的程度	比、称、用、考、看
	⑥填充、封闭	填、锁、包、插
上来	①接触、附着以至固定	补、接
	②成功地、正确地完成	说、答
上去	①附着	接、贴、踩、写、画
	②填充、封闭	补、印

续表

趋向动词	引申义	高频搭配词
下	①消减、脱离	脱、摘、取、撕
	②实现、得到	接、买
	③附着、留存	写、画、拍、剩、留
	④容纳	放、装、坐
	⑤由动态转入静态	停、住、站
	⑥"凹陷"	塌、陷
下来	①消减、脱离	脱、摘、拿、取、生
	②实现、得到	收、救、确定
	③附着、留存	剩、省、积累、写、拍
	④从过去开始到现在的延续	活、坚持、干
	⑤由动态转入静态	停、静、安静、暗、慢、冷、冷静
	⑥"凹陷"	瘦、塌
下去	①分离、去除	拿、落、摘、沉
	②"凹陷"	瘦、塌、陷
	③由动态转入静态	衰落
	④保持某种状态或某个动作	说、讲、干、坚持、发展、活
进	①"凹陷"	陷、塌
	②实现、得到	买、收、听
进来	①实现、得到	买、收
进去	①"凹陷"	塌、陷
	②实现、得到	听、看
出	①从无到有	做、生、长、查、写、说、找、猜、笑、想（"想出/出来"之物事先不存在；"想出/出来"之物事先已存在）
	②从隐蔽到显露	露、看、认、听、尝、现、表现
出来	同"出"	同"出"（但后不能接结果宾语）
出去	①从隐蔽到显露	说、宣扬、泄露、捅
	②让渡	租、借、嫁、卖、倒、散、交
回	①回到原处所	退、收、返、搬
回来	同"回"	同"回"（但后不能接结果宾语）
回去	同"回"	同"回"（但后不能接结果宾语）

续表

趋向动词	引申义	高频搭配词
过	①度过一段时间	度、活、忍
	②胜出	比、争、斗、强
	③完成	吃、说、想、去、用、见
过来	①度过一段时间	忍、挺
	②转变到积极的状态	活、醒、明白、抢救、醒悟、恢复
	③正常、尽数地完成①	数、顾、看、忙
过去	①度过一段时间	忍、挺
	②转变到不正常状态	昏、晕、死
	③超过	比、赛
起	①连接、附着	卷、聚、堆、收、关、闭、藏
	②产生	钩、想、引、提、打、建、树
	③突出	挺、皱、鼓、嘟
	④主观上能够承受	承担、付、受、买、吃、惹、送
	⑤进入新的状态或开始新的动作	响、说、讲、下、刮、发
起来	①连接、聚合	连、连接、合、聚、装、组织、团结、围、关、锁、包
	②隐蔽、使看不见	藏、躲、收、保存、隐藏
	③产生，或从隐蔽到显露	造、成立、惹、引、勾、想
	④突出、隆起	鼓、挺
	⑤进入新的状态或开始新的动作	高兴、激动、兴奋、害怕、紧张、难过、伤心、暖和、热、热闹、轻松、好、忙、亮；哭、笑、唱、说、做、发展、成长

作者简介

李红梅，北京语言大学语言科学院语言学及应用语言学研究生，现于浙江大学国际教育学院从事对外汉语教学工作。

---

① 相比前两类引申义，第三类使用率较低。

日本汉语学习者介词"在"习得情况考察
——基于语料库的研究

张 敏

内容提要 本文通过研究300篇"HSK动态作文语料库"中的日本汉语学习者的语料,发现日本汉语学习者已经基本习得了表"处所"、"时间"和"方面"义介词"在",但是还未习得表示"范围和界限""条件""看法"等抽象意义介词"在"。另外,尽管日本汉语学习者已经习得了表"处所"义的介词"在",但是并未习得"把"字句中表"处所"义的介词"在"。本文总结了介词"在"的六大偏误类型:冗余、遗漏、误用、介词框架错误、内部搭配错误和语序错误。

关键词 日本汉语学习者;介词"在";二语习得

一、引言

介词是虚词中使用频率较高的一类词,也是对外汉语教学中一个重要的教学项目。在介词中,"在"是汉语第二语言学习者接触较早且使用率较高的介词。在介词"在"的习得研究上,分别有人对韩国、英美、印尼等母语背景的留学生的介词"在"的习得和偏误进行了考察,但对日本学生介词"在"的习得和偏误却鲜有人研究。日本汉语学习者众多,日本汉语学习者习得介词"在"时呈现何种特点?与汉语母语者使用情况是否存在差异?存在何种差异?留学生习得介词"在"出现的偏误有什么规律?这些问题有待我们进一步探索,也正是本文要探索的主要问题。

二、语料来源及考察项目

本研究的语料主要来源于HSK动态作文语料库，随机在这个语料库中抽取日本汉语学习者语料300篇，并对其进行分析。

综合《现代汉语八百词》和《实用现代汉语语法》对介词性的"在"的意义及用法的说明，并且参考王还先生对"在+处所"的句法和语义的分类和刘瑜考察留学生介词"在"的使用情况时对介词"在"的句法和语义的分类，我们把介词"在"的句子归纳下面为11个考察项目。

· 表示时间

1）S+在+时间短语+VP　　　如：专车在下午三点到达。

2）S+VP+在+时间短语　　　如：时间定在后天上午。

· 表示处所

3）S+在+处所短语+VP　　　如：老师在黑板上写字／他在北京出生。

4）S+VP+在+处所短语　　　如：他出生在北京。

5）S+把+O+VP+在+处所短语　如：老师把题目写在黑板上。

· 表示范围和界限

6）在+NP+上／中／里／以内／之外+VP　　如：在这班学生里他是最突出的。

7）VP+在+NP+上／中／里／以内／之外　　如：旅客随身行李限制在二十斤以内。

· 表示方面

8）在+NP+上／方面+VP　　如：他在学习上很努力。

9）VP+在+NP+上／方面　　如：这个问题体现在以下几个方面。

· 表示条件

10）在+NP+下／上+S+VP　　如：在大家的帮助下，小王进步得很快。

11）表示行为主体或看法

　　在+行为主体+看来／眼里／眼中／心中／心里+（S）+VP

如：在中国人看来，辈分是十分重要的。

　　这种生活在他已经十分习惯了。

三、日本汉语学习者介词"在"使用情况分析

3.1 日本汉语学习者介词"在"使用情况总体分析

通过对300篇共约110000字的日本汉语学习者语料的分析,我们得到日本汉语学习者介词性"在"语料共807条。在807条介词性"在"中,正确使用介词"在"的语料为692条,占使用总数的85.75%,错误使用介词"在"的语料为115条,占使用总数的14.25%。总的来说,正确使用介词"在"的语料多于偏误语料。日本汉语学习者介词"在"使用的具体情况见表1。

表1 日本汉语学习者介词"在"使用情况分布表

	时间		处所			范围和界限		方面		条件	看法	总计
句式	1	2	3	4	5	6	7	8	9	10	11	
正确用例(条)	57	0	480	33	8	60	1	27	1	22	3	692
偏误用例(条)	7	0	58	6	5	19	0	5	0	9	6	115
使用条数(条)	64	0	538	39	13	79	1	32	1	31	9	807
正确用例在总例数中的比例(%)	7.06	0	59.48	4.09	0.99	7.43	0.12	3.34	0.12	2.73	0.37	85.75
小计(正确使用比例%)	7.06		64.56			7.56		3.47		2.73	0.37	85.75
偏误用例在总例数中的比例(%)	0.87	0	7.19	0.74	0.62	2.35	0	0.62	0	1.12	0.74	14.25
小计(偏误使用比例%)	0.87		8.55			2.35		0.62		1.12	0.74	14.25
使用条数在总条数中的比例(%)	7.93	0	66.67	4.83	1.61	9.79	0.12	3.97	0.12	3.84	1.12	100
使用总数(条)	64		590			80		33		31	9	807
使用条数在总条数中的比例(%)	7.93		73.11			9.91		4.09		3.84	1.12	100

根据邢红兵(2016)"正确率/错误率一般情况下是指在中介语语料库中或在某个水平阶段、某个母语背景等特定范围内词语使用中出现错误/正确的次数与总次数的比率",我们计算出日本汉语学习者不同语义和句式中介词"在"的正确率和错误率,得到表2。按照施家炜(1998)对习得标准的判定,我们也

以正确率0.8为界，即当这个语言项目的正确率超过0.8时，即可判定为已习得，当该项目的正确率低于0.8，判定为未习得。通过分析表2，我们发现，介词"在"在表示"时间""处所""方面"义时，正确率均大于0.8，说明日本汉语学习者已经基本习得该用法。但当介词"在"表示"范围和界限""条件""看法"义时，正确率均小于0.8，表明日本汉语学习者并未习得该用法。可见介词"在"在表示表示"范围和界限""条件""看法"等抽象意义时，对日本汉语学习者还是有难度的。另外，尽管日本汉语学习者已经习得了介词"在"表示"处所"义时的用法，但在"S+把+O+VP+在+处所短语"这一特殊句式中，日本汉语学习者还不能较好地掌握介词"在"的用法。

表2　日本汉语学习者介词"在"正确率/错误率分布表

	时间		处所			范围和界限		方面		条件	看法	总计
	1	2	3	4	5	6	7	8	9	10	11	
正确用例（条）	57	0	480	33	8	60	1	27	1	22	3	692
总计	57		521			61		28		22	3	692
偏误用例（条）	7	0	58	6	5	19	0	5	0	9	6	115
总计	7		69			19		5		9	6	692
使用总数（条）	64	0	538	39	13	79	1	32	1	31	9	807
使用总数（条）	64		590			80		33		31	9	807
正确率（%）	89.06	0	89.22	84.62	61.54	75.95	100	84.38	100	70.97	33.33	85.75
错误率（%）	10.94	0	10.78	15.38	38.46	14.05	0	15.62	0	29.03	66.67	14.25
总正确率（%）	89.06		88.31			76.25		84.85		70.97	33.33	85.75

3.2　日本汉语学习者介词"在"使用情况分析

3.2.1　表"时间"义介词"在"的使用情况分析

表"时间"义的介词"在"用法主要有两条：（1）"在"加时间名词构成介词短语，表示动作发生的时间；（2）"在"与其他词构成介词框架，用在动词、形容词或主语前表示动作发生的时间，常用的有"在……（之/以）前、在……（之/以）后、在……时/的时候、在……的同时"。在表3中我们可以看到，在64条表"时间"义介词"在"的语料中，日本汉语学习者使用较多的是由介词

"在"所构成的介词框架,共54条;其中,"在……时/的时候"是日本汉语学习者最常用的搭配,共出现了41条。而介词"在"直接加时间名词做时间状语的用法较少,共10条语料。"在……(之/以)前/后"、"在……时/的时候"和"在+时间名词/短语"的正确率均大于0.8,这说明日本汉语学习者可以较好地掌握"在……(之/以)前/后"、"在……时/的时候"和"在+时间名词/短语"的用法,"在……的同时"虽然只出现三例,但是其中有两条语料出现错误,说明日本汉语学习者还不能较好地掌握"在……的同时"这一介词结构的用法。

表3 日本汉语学习者表"时间"义介词"在"使用情况分布表

	在+时间名词/短语	在……时/时候	在……(之/以)前/后	在……的同时	总计
正确用例(条)	8	38	10	1	57
使用条数(条)	10	41	10	3	64
使用条数在总条数中的比例(%)	15.62	64.06	15.62	4.69	100
正确率(%)	80.00	92.68	100	66.67	89.06

总的来说,日本汉语学习者可以较好地掌握介词"在"表"时间"义时的用法。首先,这是因为表"时间"义的介词"在"是比较常用的用法,教材中和学生日常的交流表达中都常使用表"时间"义的"在"字短语。此外,表"时间"义的介词"在"用法和结构搭配固定,且意义具体,日本汉语学习者可以较好地学习和掌握。

3.2.2 表"处所"义介词"在"的使用情况分析

日本汉语学习者共使用了590条表"处所"义的介词"在",占所有介词"在"使用率的73.11%,可见日本汉语留学生在使用介词"在"时主要集中在"表示处所"这一用法上,这也与丁安琪、沈兰(2001)对韩国学生的调查结果一致。用在动词后的介词"在"共有52条,占所有介词"在"使用率的6.44%,在这52条中,用在把字句中的介词"在"仅有13条。用在动词前的"在+处所短语"共538个,占总数的66.67%。可见,日本汉语学习者在使用表"处所"义介词"在"时,最常用的是"在+处所短语"放在动词前的结构。

表"处所"义介词"在"与后面的名词组合的介词词组一般在句子中做状

语、补语和定语，在521条正确使用"处所"义介词"在"的语料中，我们具体分析了介词短语"在+NP"的句法功能，具体结果见表4，相应的例句见例（1）—（5）。其中，我们将"在+NP"做状语的情况分为句首状语、单纯状语和复杂结构中做状语三种情况：例（1）是"在+NP"做句首状语的情况；单纯状语是指"在+NP"在句子中直接用在动词前做状语，且整个句子结构简单、清晰，如"他在黑板上写字""我在北京上学"里的"在+NP"就可以看作单纯状语；"在+NP"在复杂结构中做状语主要是指由"在+NP"所构成的介词短语又与后面的动词组合，整体充当句中的定语、宾语等情况，如"由'三个和尚没水喝'想到的是一个在美国发生的杀人事件""已经习惯在城市生活"中的"在+NP"就是在复杂结构中做状语。同理，我们将"在+NP"做补语的情况，也分为单纯补语和复杂结构中做补语两种。

表4 "处所"义介词"在+NP"的句法功能分布

	状语			补语		定语	总计
	句首状语	单纯状语	复杂结构中作状语	单纯补语	复杂结构中做补语		
语料用例（条）	52	334	75	39	5	16	521
语料用例占总语料的比例（%）	9.98	64.11	14.39	7.48	0.96	3.07	100

（1）在日本，女人一般结婚以后辞去自己的工作，进家庭里当家庭妇女。

（2）我们坐在车子里游览，动物跟我的距离很近。

（3）我希望跟丈夫在中国一起生活。

（4）他生在日本的广岛县。

（5）很多人吸完以后把烟头扔在地上。

由表4我们可以发现，日本汉语学习者在使用表"处所"义介词"在"时，"在+NP"在句子中最常做状语，其次是做补语和做定语。"在+NP"做状语时，使用最多的是单纯状语，共有334条做单纯状语的语料，占使用总数的64.11%。做句首状语的情况最少，共52条。此外，日本汉语学习者还掌握了"在+NP"

在复杂结构中做状语的用法，"在+NP"在复杂结构中做状语的语料有75条。"在+NP"在句中做补语时，共有44条语料，其中，"在+NP"在动词后做单纯补语的语料共有39条，"在+NP"在复杂结构中做补语的语料较少，只有5条。"在+NP"在句子中做定语的语料共有16条，占语料的3.07%。

根据范继淹和崔希亮对"在"字短语中动词的考察，我们具体对"在+NP"用在动词后的C式①中的动词进行了考察，我们发现在52条语料中，共使用了23个动词，其中只有"出生""居住"是双音节动词且只出现一次，其余都是单音节动词，其中动词"住"反复出现共13次，可见日本汉语学习者在使用C式时也主要使用单音节动词，符合汉语语法规则。在C式52条语料中，我们发现8条动词使用错误的语料。

（6）*一方面他们把吸完的香烟扔掉（扔）在路上，对街上的安全卫生非常不好。

（7）*然后他要把烟头扔掉（扔）在地上。

（8）*父母的世界观、价值观等等全部投影（投射）在孩子的身上。

（9）*不用说吸烟是对人们的健康不好，而且有的吸烟者把吸完的烟容易放（扔）在路上，因此吸烟不仅对身体有害，对环境也不好。

（10）*为了我们的子孙也为了所有的人类应该把香烟消失在地球上。

综上，我们发现"把"字句中的介词"在"是表"处所"义介词"在"中日本汉语学习者最难习得的，这其中也涉及动词的使用和选择问题，可见特殊句式对介词"在"的习得是有影响的。

3.2.3 表"范围和界限"义介词"在"的使用情况分析

日本汉语学习者一共使用了80个表"范围和界限"义的介词"在"，其中，正确使用例数为61条，错误使用例数为19条，使用频率仅次于表"处所"义的介词"在"，但其正确率却是0.7625，并未大于0.8。介词"在"表示范围

---

① 范继淹（1982）认为介词短语"在＋处所"在句中共有三个位置，组成三个不同的句式 A. PP+NP+VP; B. NP+PP+VP; C. NP+VP+PP。

和界限时，常和方位词语组成"在+……方位词"这样的介词框架，常见的有"在……里（里边）""在……中（之中）""在……内（之内）""在……之间""在……以上"。在表5中我们可以看到，在80条日本汉语学习者的语料中，"在……中"是日本汉语学习者最常使用的表示"范围和界限"的介词结构，共55条语料，"在……里"次之，共14条语料。"在……之间"和"在……期间"虽然只有4条语料，但却未出现偏误，可见日本汉语学习者对这两种结构的掌握好一些，"在……里""在……中""在……上"这三种介词结构的正确率均小于0.8，可见日本汉语学习者并未完全习得其用法。

表5 日本汉语学习者表"范围和界限"义介词"在"使用情况分布表

	在……里	在……中	在……之间	在……上	在……期间	总计
正确用例（条）	9	43	1	5	3	61
错误用例（条）	5	12	0	2	0	19
使用总数（条）	14	55	1	7	3	80
正确率（%）	64.29	78.18	100	71.43	100	76.25

3.2.4 表"方面"义介词"在"的使用情况分析

在807条介词"在"的语料中，日本汉语学习者一共使用了33条表"方面"义的介词"在"，其中，正确使用频次为28条，错误使用频次为5条。总体来看，表"方面"义的介词"在"使用频率较低，只有4.09%。在汉语中，我们常使用"在……方面"和"在……上"来表示动作或事物进行所涉及的方面。通过表6我们可以看出，日本汉语学习者在"在……方面"和"在……上"的使用上比较均衡，只是"在……方面"的正确率相对较高，"在……上"的正确率相对较低。这说明日本汉语学习者在介词"在"表示"方面"义时，对"在……方面"这一结构掌握得较好，而对"在……上"的用法掌握并不好。

表6 日本汉语学习者表"方面"义介词"在"使用情况分布表

	在……方面	在……上	总计
正确用例（条）	15	13	28
错误用例（条）	1	4	5
使用总数（条）	16	17	33

续表

	在……方面	在……上	总计
正确率（%）	93.75	76.47	84.85

3.2.5 表"条件"义介词"在"的使用情况分析

在807条介词"在"的语料中，日本汉语学习者一共使用了31条表"条件"义的介词"在"，其中，正确使用例数为22条，错误使用例数为9条。见表7。在汉语中，我们主要使用"在……下"这一结构来表示条件，有时我们也可以使用"在……上"来表示条件。在日本汉语学习者的语料中（见表7），我们发现在表"条件"义时，日本汉语学习者大部分还是使用"在……下"，但正确率只有72.41%，可见日本汉语学习者对"在……下"这一用法掌握得不是特别好。而"在……上"只用两条语料，且其中有一条偏误语料，可见其掌握程度也并不好。整体来说，表"条件"义的介词"在"对日本汉语学习者来说还是有难度的。

表7 日本汉语学习者表"条件"义介词"在"使用情况分布表

	在……下	在……上	总计
正确用例（条）	21	1	22
错误用例（条）	8	1	9
使用总数（条）	29	2	31
正确率（%）	72.41	50.00	70.97

3.2.6 表"看清"义介词"在"的使用情况分析

表示"看法"义介词"在"是使用频次最低的一组，日本汉语学习者一共使用了9个表"看法"义的介词"在"，其中正确使用的语料共3条，错误使用的语料共6条，正确率仅有33.34%，是介词"在"所有语义中掌握得最不好的一组。其实，介词"在"表示看法时，一般都使用固定结构"在……看来""在……心里/眼中"等。我们认为，日本汉语学习者对介词"在"表"看法"义的习得和掌握情况与他们所接触的语言材料相关，这需要具体考察相关的教材情况。

综上，我们考察了日本汉语学习者介词"在"六个具体语义的习得和使用情况，发现日本汉语学习者对介词"在"的具体语义习得和掌握较好，对一些抽象义，如表条件义的介词"在"掌握稍差。在表示相同语义的介词结构中，如表示"方面"义的"在……方面"和"在……上"，日本汉语学习者对具体义的介词结构的掌握要好于抽象引申义的介词结构。此外，特殊的句式对介词"在"的习得也有一定的影响，如日本汉语学习者对用在"把"字句中的介词"在"的习得和掌握是表"处所"义的介词"在"中最不好的。

3.3 日本汉语学习者介词"在"偏误情况分析

日本汉语学习者共使用了807条介词"在"，偏误用例为115条，但下表中的偏误用例共116条，是因为在同一条使用"在"的语料中，既出现了"在"的使用偏误，也出现了"在"的语序偏误，所以我们将这一条介词"在"的使用语料算作2条使用偏误。所以介词"在"的总偏误率为14.37%。我们基于日本汉语学习者的语料将其偏误分为6类，即介词"在"的冗余、遗漏、误用、介词框架错误、内部搭配错误及语序偏误，具体偏误使用分布表详见下表。

表8 日本汉语学习者介词"在"偏误使用分布表

	时间		处所			范围		方面		条件	看法	总计
	1	2	3	4	5	6	7	8	9	10	11	
冗余	1	0	17	2	0	2	0	2	0	0	0	24
遗漏	4	0	20	1	0	4	0	2	0	7	1	39
误用	1	0	4	1	5	4	0	1	0	2	5	23
介词框架错误	0	0	7	0	0	9	0	0	0	0	0	16
内部搭配错误	1	0	5	0	0	0	0	0	0	0	0	6
语序	0	0	5	2	1	0	0	0	0	0	0	8
总计	7	0	58	6	6	19	0	5	0	9	6	116
总计	7		70			19		5		9	6	116

通过表8，我们发现，在介词"在"的偏误中，介词"在"的遗漏是日本汉语学习者最常出现的偏误类型，占偏误总数的33.62%，日本汉语学习者介词

"在"的偏误类型的分布由高到低依次是：遗漏 > 冗余 > 误用 > 介词框架错误 > 语序错误 > 内部搭配错误。介词"在"的偏误类型在不同语义下分布并不平均，只有表"处所"义的介词"在"出现了所有类型的偏误，其他语义的介词"在"只有两种或几种偏误类型。日本汉语学习者介词"在"的遗漏和误用出现在所有6种语义的介词"在"，介词"在"的冗余分布在表"时间"、"处所"、"范围"和"方面"义上，介词"在"的介词框架错误只出现在表示"处所"和"范围"义上，内部搭配错误只出现在表"时间"和"处所"义上，语序的错误只出现在表"处所"义上。在所有语义的介词"在"中，表"处所"和"范围"义的介词"在"是最容易发生偏误的两类，二者占整体偏误的76.72%。下面，我们具体来分析介词"在"的偏误类型。

3.3.1 介词"在"的冗余

在116条介词"在"的偏误语料中，介词"在"的冗余偏误共有24条，这24条偏误分布在表"处所"、"范围"和"方面"义上。其中，表"处所"义的冗余偏误最多，共17条，可以说介词"在"的冗余偏误主要出现在"处所"义上。表"条件"和"看法"义的介词"在"并未出现冗余偏误，因为在表"条件"和"看法"时，介词"在"必须出现在"在……下""在我看来"等结构和固定搭配中，学生一般不会使用多余的介词"在"。

（11）*我认为"安乐死"是在世界上大家都关心的问题。
（12）*在发达国家看重"绿色食品"已有一段时间。
（13）*我认为在家庭的教育、家庭环境对孩子有最大的影响。
（14）*因为吸烟是可以减轻一些在生活中的压力。

3.3.2 介词"在"的遗漏

日本汉语学习者共出现了39例介词"在"的遗漏偏误，且每个语义的介词"在"都有介词"在"的遗漏现象，其中出现偏误最多的还是表"处所"义介词"在"，共21例，表"条件"义的介词"在"共出现7例遗漏偏误，仅次于表"处所"义的介词"在"。

（15）*父母要考虑自己（在）品德方面的作用。
（16）*当然，安乐死必须具备几个条件，只有（在）符合条件的情况下，才能采取安乐死这个最后之路。
（17）*过了一会，（在）他们的不懈的努力下，终于完成了。
（18）*我差不多住（在）祖母家帮助她。
（19）*有人（在）车站上突然失去知觉。

表"处所"义的介词"在"的遗漏更多与日语的影响有关。陈信春（1900）指出："在+NP"用在述语前，当NP是不能直接做状语的表处所、时间意义的词语，介词"在"必须出现。例（19）中"车站上"不能单独做状语，所以介词"在"必须出现。当"在+NP"用在述语后做补语时，介词"在"不可省略，所以例（18）中动词"住"后的介词"在"必须存在。除了表"处所"义的介词"在"，表其他义的介词"在"的遗漏主要表现在介词框架中介词"在"的遗漏，主要有"在……上""在……中""在……下""在……同时""在……方面""在……里"等中介词"在"的遗漏。介词"在"表示"条件"义时，必须用介词框架"在……下"来表示，二者缺一不可，而日本汉语学习者常常在使用时遗漏了介词"在"，出现了像例（16）（17）这样的偏误。

介词"在"的遗漏偏误主要出现在"在"字短语做状语的时候，39例偏误中有38例是"在"字短语做状语的情况，而仅有1例是"在"字短语做补语时遗漏介词"在"的情况。范继淹（1982）曾指出B式和C式中的"在"字短语都是VP的内部结构，但这两种结构为何会出现不同的遗漏偏误呢？陈昌来（2002）指出，"汉语中的'V+P+NP'结构是倾向于向述宾结构发展的"[①]，也就是介词P附着在动词V后做补语，组成述补短语后再带宾语，而不再直接将介词短语看做动词的补语。对于日本汉语学习者来说，他们可能没弄清楚"在"字短语在动词后做补语的句法结构，但是"在"字短语是直接放在动词后的，它与动词的结合比放在动词前的"在"字短语结合更紧密，日本汉语学习者在使用时更不容易将介词"在"遗漏。

---

① 陈昌来（2002）《介词与介引功能》，合肥：安徽教育出版社，第116页。

3.3.3 介词"在"的误用

在所有介词"在"的偏误语料中，误用偏误共23条，各个语义的介词"在"均出现了误用，这其中包括"该用'在'而未用"和"不该用'在'而用"两种情况，"该用'在'而未用"的偏误为14条，"不该用'在'而用"的偏误为9条。

（20）*可是，过度的自爱是对（在）社会之中最不好的想法。

（21）*父母对（在）孩子无意识中打下深深的烙印。

（22）*美国社会当中的所谓"个人主义"是以（在）互相帮助的精神上建立的

（23）*所以从（在）平常的情况下，家属之间要讨论这事。

3.3.4 介词框架错误

介词框架是指"介词在前，其他词语在后，介词所介引的对象被夹在中间所构成的一个框架"，介词框架是汉语介词发展过程中的产物。介词"在"只有在表示"处所""范围"时出现介词框架错误，共16条，其中表"处所"义介词"在"的介词框架错误共7条语料，表"范围和界限"义介词"在"的介词框架错误共9条语料。介词框架的错误常常是介词框架中方位词的遗漏，有时也会有方位词的误用。

（24）*虽然我在一段时间（里）的确灰心，自暴自弃，什么也不想做。

（25）*在我的研究（中），日本学者的研究亦很先进。

（26）*在家（里）老公地位比妻子高得多。

（27）*在这样环境之下（里），孩子的心目中打下"唯一全心全意能依靠"的深深的烙印。

介词"在"的框架中，方位词的出现主要有两种情况：必加方位词和可加可不加。必加方位词的情况有：（1）介词"在"后是具体表示事物名称的普通名词，必须加方位词使其具有空间性，如"在床上看书——*在床看书"；

（2）表示"方面""范围""条件"义等的固定的介词框架"在……上""在……中""在……下"中方位词必须出现。介词"在"后是"命名式处所词"时，方位词可加也可以不加，如"老师们在会议室里开会——老师们在会议室开会"，因为如果使用方位词则会使名词所表示的空间方位更加清楚，不使用方位词，虽然空间方位不明确，但是也不影响语义表达。例（24）（25）（26），句子中要求必须有方位词来明确具体的范围和界限，但日本汉语学习者却没有使用，导致出现了介词框架"在……里""在……中"方位词的遗漏。

3.3.5 内部搭配错误

介词"在"表"时间"和"处所"义时，出现了内部搭配的错误，我们并未在欧美和韩国学生的偏误中看到相关类型偏误，可以说是日本汉语学习者特有的偏误。其中最典型的是（28）（29）这样的语料，即"处所"义介词"在"后同时出现"我国""日本"两个表示处所的同位语。在日语中，当需要强调这种情况只在日本存在而其他地方没有时，这样的用法是可以使用的，而这在汉语中是不符合语法和语义规则的，介词"在"后的名词不允许出现成分冗余，二者必须去除一个。而表示"时间"义的介词"在"同样出现了介词后的成分搭配错误，如例（31），"以后"并不能做未来的定语修饰"未来"，所以此句中去掉"以后"。

（28）*在我国日本，电车等公共场所是绝不能吸烟。
（29）*现在在我国家日本有许多吸烟者。
（30）*在我们国家日本也有一样的情况，对吸烟者的惩罚措施越来越严厉。
（31）*我相信在以后的未来，在社会推广下使大家重视到这一点。

3.3.6 语序错误

汉语是孤立语，没有丰富的词形变化，因此汉语的语序和虚词是两种很重要的语法手段，汉语对语序的要求较为严格。而日语是黏着语，日语名词与动词、形容词等的关系主要是通过名词的格来表现的，所以语序就具有一定的灵活性。介词"在"表"处所"义时出现了8条语序的偏误。

（32）*吸烟的人在家里、路上、学校里等，到处都常常能看到。

（33）*现在规定实施在人口密集的商业中心。

日语的基本语序是SOV语序，即"主宾谓"，日语的谓语总是出现在句尾，日语的修饰语必须出现在中心语（被修饰语）的前面，这是日语比较严格的两条语序原则。例（32）中，"吸烟的人"作为"看到"的宾语应放在"看到"后面，日本汉语学习者受母语语序的影响将其错放在句首。例（33）涉及"在"字句的语义的问题，"实施"是一个实义动词，它表示的是一个具体动作。根据王还和范继淹对介词"在"语义的解释和分类，介词"在"用在动词后表示的动作到达的场所，用在动词前表示动作发生的场所，这句话中，"人口密集的商业中心"应该是动作发生的场所，而不是动作到达的场所，所以这句话应该把"在"字短语放在动词前，即"现在在人口密集的商业中心实施规定"。

四、日本汉语学习者与汉语母语者介词"在"使用情况对比

我们已经在上面详细分析了日本汉语学习者介词"在"的正确使用情况和偏误情况，对日本汉语学习者介词"在"的习得情况有了大致的了解。为了更好地把握日本汉语学习者介词"在"的使用情况，接下来我们借助"作文网"上中小学生的作文语料比较汉语母语者和日本汉语学习者介词"在"的使用情况。

通过对比日本汉语学习者和汉语母语者介词"在"的使用频率，我们发现，介词"在"表示"范围和界限"义时，日本汉语学习者和汉语母语者的介词"在"的使用频率基本持平，其使用度[①]为100.71%。介词"在"表示"方面"、"条件"和"处所"义时，其使用度分别为415.41%、160.70%和105.89%，均大于100%。可见，介词"在"表示"方面"义时，日本汉语学习者的使用频

---

① "使用度是将不同语料库中词语的使用频率或搭配词语的频率进行对比的结果，这个数据可以反映出在一定数量的语料中词语的使用是否均衡"。（邢红兵，2016）

率远高于汉语母语者，几乎是汉语母语者的四倍多；而介词"在"表"条件"义时，日本汉语学习者的使用频率也高于汉语母语者，是母语者的1.6倍；介词"在"表"处所"义时，日本汉语学习者的使用频率稍高于汉语母语者，但在不同句式中，其使用情况并不相同，句式3（"在+NP"在动词前）、句式4（"在+NP"在动词后）和句式5（"把字句"中"在+NP"在动词后）的使用度为168.72%、18.18%和54.55%。可见，虽然整体上日本汉语学习者和汉语母语者在使用表"处所"义的介词"在"时使用频度差别并不大，但是当表"处所"义的介词"在"用在动词前时，日本汉语学习者的使用频率较高，是汉语母语者的1.6倍，而当表"处所"义的介词"在"用在动词后时，日本汉语学习者的使用频率又远低于汉语母语者。日本汉语学习者使用"处所"义介词"在"的使用情况更为单一，集中于用在动词前的介词"在"，而汉语母语者的使用则更加均衡。表"时间"和"看法"义的介词"在"的使用度为45.48%和61.01%，可见日本汉语学习者在使用介词"在"表"时间"和"看法"时其使用频率远低于汉语母语者。

表9　日本汉语学习者和汉语母语者介词"在"使用频率分布表

	时间		处所			范围		方面		条件	看法	总计
	1	2	3	4	5	6	7	8	9	10	11	
日本汉语学习者使用频次（条）	64	0	538	39	13	79	1	32	1	31	9	807
日本汉语学习者使用频次（条）	64		590			80		33		31	9	807
日本汉语学习者使用频率（%）	5.5895	0	46.9869	3.4061	1.1354	6.8996	0.0873	2.7948	0.0873	2.7074	0.7860	
	5.5895		51.5284			6.9869		2.8821		2.7074	0.7860	
汉语母语者使用频次（条）	122	2	281	189	21	70	0	7	0	17	13	722
汉语母语者使用频次（条）	124		491			70		7		17	13	722

续表

	时间		处所			范围		方面		条件	看法	总计
汉语母语者使用频率（%）	12.0912	0.1982	27.8494	18.7314	2.0813	6.9376	0	0.6938	0	1.6848	1.2884	
%	12.2894		48.6620			6.9376		0.6938		1.6848	1.2884	

五、结语

综上，通过对日本汉语学习者语料的考察我们发现，介词"在"在表示"时间""处所""方面"义时，日本汉语学习者已经基本习得该用法；但当介词"在"表示"范围和界限""条件""看法"等抽象意义时，日本汉语学习者并未完全掌握该用法。可见表示"范围和界限""条件""看法"等抽象意义的介词"在"，是日本汉语学习者学习介词"在"时的难点。介词"在"的偏误类型在不同语义的介词"在"的分布并不平均，遗漏和冗余是日本汉语学习者最常出现的偏误类型，内部搭配错误是日本汉语学习者独有的偏误类型。

参考文献

陈昌来（2002）《介词与介引功能》，合肥：安徽教育出版社。

崔希亮（1996）"在"字结构解析——从动词的语义、配价及论元支关系考察，《世界汉语教学》第3期。

崔希亮（2005）欧美学生汉语介词习得的特点及偏误分析，《世界汉语教学》第3期。

丁安琪、沈 兰（2001）韩国留学生口语中使用介词"在"的调查分析，《语言教学与研究》第6期。

范继淹（1982）论介词短语"在+处所"，《语言研究》第1期。

傅雨贤、周小兵等著（1997）《现代汉语介词研究》，广州：中山大学出版社。

刘 瑜（2006）中、高级学生对介词"在"习得情况考察及分析，《中山大学研究生学刊（社会科学版）》第4期。

施家炜（1998）外国留学生22类现代汉语句式的习得顺序研究，《世界汉语教学》第4期。

邢红兵（2012）第二语言词汇习得的语料库研究方法，《汉语学习》第2期。
邢红兵（2015）《汉语作为第二语言的词汇习得研究》，北京：北京大学出版社。
邢红兵（2016）汉语作为第二语言的词汇习得研究，北京：北京大学出版社。

作者简介
　　张敏，北京语言大学语言学及应用语言学专业硕士研究生，主要研究方向为对外汉语教学。

留学生汉语口语词汇偏误研究
——《以2015"汉语桥"我与中国第一次亲密接触》为例

康利南

内容提要 文章基于一个电视节目的形式,运用偏误分析理论,重点分析留学生汉语口语词汇中出现的词语构造和词语使用上的偏误,共110处,其中词语构造的偏误主要有语素顺序倒置、词语语素混合、语素误换、语素冗余;词语使用上的偏误主要有单双音词使用偏误、词义偏误、词性偏误、搭配偏误,占总偏误的80%之多。本文认为,留学生口语词汇中出现的偏误原因主要是受母语负迁移、目的语知识过度泛化、留学生学习策略以及课堂教学的影响,对外汉语教学中词汇教学要加强语素教学、词性教学、注意语境教学以及口语词和书面语词分开教学等。

关键词 词汇偏误;偏误分析;词语构造;词语使用;偏误原因

一、引言

汉语词汇独具特征,是语言的建筑材料,在第二语言习得的过程中扮演着至关重要的角色。第二语言习得者在汉语词汇习得中出现的偏误将直接影响到他们对汉语的理解能力和表达能力。

偏误分析,是对学习者在第二语言学习的过程中所产生的偏误进行系统的分析,研究其来源,揭示学习者的中介语体系,从而了解第二语言学习的过程和规律。1984年,鲁健骥发表《中介语理论与外国人学习汉语的语音偏误分析》,打开了中国在偏误分析这一领域的大门。此后鲁健骥1987年又发表了《外国人学习汉语的词语偏误分析》,从中介语理论出发,分析了外国人学习汉语时的词语偏误产生的原因。这一研究成果推动了国内对词汇偏误的研究与发展。

到目前为止，专家学者对词汇偏误的研究已经取得不错的成果。但以往学者对词汇偏误研究大多是基于现有的书面语语料库，如"HSK动态作文语料库"，研究外国人书面语中出现的词汇偏误，很少有学者研究外国人口语中出现的词汇偏误。而本文将对CCTV-4中文国际频道播出的《2015"汉语桥"我与中国第一次亲密接触》11期节目中留学生在情景中的口语话语进行转写，以转写后的8万多字文本为语料来源。根据转写语料统计出留学生出现词汇偏误的地方共有136处，除去相同的词汇偏误，剩下的110处词汇偏误作为研究分析的重点。因此，文章主要分析留学生在口语中出现的词汇偏误类型，探讨出现偏误的原因，以及对对外汉语词汇教学产生的启示，以期对第二语言习得和对外汉语教学的研究与发展、今后汉语国际推广有一定的借鉴作用。

二、留学生汉语口语词汇偏误类型

根据对《2015"汉语桥"我与中国第一次亲密接触》节目中留学生的口语文本语料进行整理，可以把留学生口语中出现的词汇偏误分成两大类：词语构造的偏误和词语使用上的偏误，每一大类又可分为一些小类，具体分类见下文。文中把留学生出现偏误的词语叫作偏误词，包括词汇构造的偏误和词语使用的偏误，把偏误词所对应的正确形式或正确意义的词语叫作目标词，如留学生出现的偏误词"伤员人"，其对应的目标词应为"伤员"。

2.1 词语构造的偏误

词语构造的偏误是指在《现代汉语词典（第6版）》中无法找到对应的词语，是留学生由于偏误而产生的一种汉语母语者不使用的或不被母语者接受或认可的词语。根据对留学生口语中出现的词汇偏误的统计分析，发现词语构造的偏误一共有21处，大约占总偏误的19.09%。具体包括语素顺序倒置偏误、词语语素混合的偏误，语素误换的偏误、语素冗余的偏误四小类。

2.1.1 语素顺序倒置偏误

在现代汉语中有一类双音节的合成词,它们的词素相同,但是词素的位置却互为倒置,构成一组"同素逆序词",如"相互"和"互相"、"情感"和"感情"。通过语素顺序倒置可以产生新词,扩大汉语词汇量,丰富汉语词汇表达的方式。但是留学生由于对汉语缺少形态变化、词序很重要的认识不够,对汉语词汇掌握不牢固,随意颠倒语素的顺序,出现一些不被母语者接纳和认可的偏误词。如:

(1)海带老板:辛苦了,这几天辛苦了。
　　爱文:没关系。
　　海带老板:多谢你帮我干活。
　　爱文:没关系,这是我的<u>幸荣</u>,我的<u>幸荣</u>。

例(1)中"荣幸",在现代汉语中是一个形容词,表示光荣而幸运。留学生由于对词语记忆不牢,掌握不扎实,或者对汉语中存在的同素逆序词进行任意类推,会把目标词"荣幸"说成"幸荣",产生词汇偏误。根据搜集到的语料,类似语素顺序倒置的偏误还有:偏误词"景情"→目标词"情景",偏误词"妈爸"→目标词"爸妈",偏误词"苗鱼"→目标词"鱼苗",偏误词"罩面"→目标词"面罩"等。

2.1.2 词语语素混合的偏误

语素是语言中最小的音义结合体,语素可以组合成词。在现代汉语中,双音节合成词占汉语词汇的主体,存在大量意义相近或相关的双音节合成词。由于留学生的汉语语块意识较差,词汇掌握得不扎实,容易出现不同词语中的语素之间进行互相替换,各取意义相近或相关词语中的一个语素产生生造词,出现词汇偏误。如:

(2)马兰:今天我觉得跟我的<u>搭伴</u>罗斯文默契很好,然后我们到了那个终
　　　　点的时候,已经很累,但是发现还要我继续跑步。

（3）于中美：这个期间对她来说是很辛苦的。她首先要保持难民所的、维持一种秩律，天天都有新的人来挤她的这个难民所。

例（2）中偏误词"搭伴"是留学生将"搭档"和"伙伴"两个意义相近的词语的语素相混淆，各取其中的一个语素，生成偏误词"搭伴"，而正确的目标词应该是"搭档"或者"伙伴"。同样例（3）中偏误词"秩律"是留学生将"秩序"和"纪律"两个词的语素相混合，产生词汇构造的偏误。该例子中留学生想表达的是维持一种秩序或者一种纪律，"秩序"和"纪律"都符合句子的表达。留学生将"秩序"和"纪律"两个词中的语素混淆，用"纪律"中的"律"替代"秩序"中的"序"，生造一个词语"秩律"。多词混合产生的偏误还有偏误词"动律"把"动作"和"节律"相混合。

2.1.3　语素误换的词汇偏误

语素误换偏误是把词语中的某一个语素用该语素经常与其他语素搭配的这个语素去替代，而出现的语素误换偏误。比如：

（4）艾丽娜：我跟谷恩泽去了城市。张喜民老师说过，看他们演出的观众基本上是45岁以上的中年人。他们很希望得到年轻人的喜爱，希望有年轻人来续承他们的艺术，所以我们的任务是买票给40岁以下的人。

例（4）留学生想要表达的词语是"继承"，"继承"是指后人继续做前人遗留下来的事业。对留学生而言"继续"更熟悉，使用频率更高。留学生对词语掌握不牢固，因此会用"继续"中"续"这一语素与"继承"中"继"这一语素误换，构造产生了"续承"这一生造词。语素误换产生的偏误还有偏误词"一号一"→目标词"一等一"，偏误词"含羞"→目标词"害羞"，偏误词"中边"→目标词"中间"。

2.1.4　语素冗余的词汇偏误

留学生学习了一定的汉语词汇后，掌握了构词的一些规律之后，就会通过类推产生新词。当他对某一事物不太熟悉，该词在日常交际中使用频率不高，留学生掌握不牢固时，就会类推造词，出现语素冗余的偏误。如：

（5）艾丽娜：我们就决定直接前往政府办公室楼，那里全是一些年轻人。
（6）梅利莎：一开始她就说，我这几天特别忙，我们这里开始来很多个伤员人，然后她就说，好几个在我们医院工作的人，他们都走了。

例（5）中偏误词为"办公室楼"。"楼"一般表示一类建筑物，如"教学楼、宿舍楼"，因此该名留学生就类推为"办公室楼"。现代汉语中的"办公楼"，用来表示机关、企业、事业单位的办公用房，而不说"办公室楼"。例（6）中偏误词"伤员人"的目标词是"伤员"。"人"在现代汉语中是一个类词缀，构成具有相同特征的一类人，而类词缀"员"表达和"人"一样的含义。但留学生却没有掌握"伤员"的意义，又加上类词缀"人"来指受伤的人员。此外还有类似的类推造词产生的偏误词"足球星"，目标词是"足球明星"，等等。

2.2 词语使用上的偏误

词语使用的偏误是指在《现代汉语词典（第6版）》中有相应的词语，留学生由于缺乏汉语语感，在使用过程中，对词语音节、意义、搭配或者词性掌握不够而产生的偏误。根据对留学生口语中出现的词汇偏误的统计分析，发现词语使用的偏误比例很大，大约占总偏误的80%，具体可分为单双音词使用偏误、词义偏误、词性偏误、搭配偏误四小类。

2.2.1 单双音词使用偏误

在音节上，口语比书面语更追求经济化原则，但不可否认双音化一直是现代汉语的趋势。双音词在现代汉语中占优势，使汉语的表达更加准确化、精确化。但是留学生由于缺乏语感，对汉语的音节韵律不了解，很容易在单双音词语的使用上发生偏误。如：

（7）于中美：除了控制自己在练功上的这种力度，还得在生活上花费这么多力,这也是非常炼人的,我也非常佩服师兄能够有这样子的生活吧。

例(7)中是把双音词的目标词"磨炼"说成单音节的词语。在现代汉语中一个双音节复合词属于一个标准音步,尽管在口语中,为了使表义准确完整,也会逐渐用双音节词语来表达。而留学生缺乏这样的语感和韵律意识,或者掌握的词汇量有限,很容易产生把双音词误用做单音词这样的偏误。类似的单双音词使用偏误的还有"脑"和"脑海","国"和"国家"等。

2.2.2 词义偏误

词义是词的意义,即词的内容,包括词汇意义和语法意义,这里我们主要指词汇意义。词义主要包括理性意义和色彩意义。根据搜集到的语料,发现留学生在口语中在词义掌握上出现的偏误所占比例最大,占总偏误的80%之多。下面我们主要从理性意义和色彩意义两方面进行偏误分析。

第一,理性意义偏误。理性意义是词义中同表达概念有关的意义,是人对现实世界的认知而形成的主观映像,是词义的主要部分,又叫概念意义。理性意义主要是指实词,虚词没有理性意义。留学生在对汉语词汇习得的过程中,由于对理性意义认识不全面,词汇搭配不当,从而产生一定的偏误。如:

(8)艾丽娜:消防队员给我们<u>表示</u>了如何快速进入高层建筑物。他们的速度很快,整个团队展现了精湛的专业技能。

(9)林宜龙:但当时我是<u>穿</u>不能透刺的那种手套,所以我就会好一点。

例(8)中应该把偏误词"表示"改为目标词"展示"。因为在现代汉语中,"表示"是指(用言语行为)显出某种思想、感情、态度;而"展示"是指清楚地摆出来,明显地表现出来。通过对比,可以发现"表示"一般用于某种抽象意义的东西,比如思想、感情、态度等显示出来;而"展示"多用于具体、真实的东西呈现出来,比如例(8)某种动作技能。但是在英语中,无论抽象的东西还是具体实在的东西呈现出来,都可以用"show"。

例(9)中应该把"穿……手套"改为"戴……手套",虽然现代汉语词典中解释道:通过(孔洞、缝隙、空地等),把物品套在身体上,如"穿衣服/鞋子"。很明显"穿手套"符合"通过有洞的东西并套在身体上",但是在汉语表达中却不用"穿手套",而用"戴手套"。因为"戴"除了具有"穿"所表达的义素之外,"把东西放在头、面、颈、胸、臂等处",还有"附加、装饰"之义,"手套"不是身体必须穿的物体,是可以附加上的,以达到某种装饰效果。因此,一般说"戴手套",而不说"穿手套"。但在其他语言中,"穿"和"戴"没有区别。比如英语中,"穿"和"戴"都用"wear"表达。所以留学生在汉语学习中容易将"穿""戴"混淆。

以上两例出现的词义偏误都是由于对词义的理性意义掌握不牢固而出现的偏误。此外还有对理性意义理解不够,对"事迹"和"事情"、"分别"和"分辨"、"珍贵"和"宝贵"的混淆误用。

第二,色彩意义偏误。色彩意义是附着在词的概念意义之上,表达人或语境所赋予的特定感受,又叫附属意义。色彩意义主要包括感情色彩、语体色彩和形象色彩。通过对语料的整理,我们发现留学生由于对汉语词义所表达的对有关事物的感情色彩(包括褒义色彩、贬义色彩,中性色彩)认识不足,从而会出现感情色彩意义上的偏误。如:

(10)艾梦蓝:老师傅说他们的工作就是需要<u>斤斤计较</u>,保证药材配方的精确,保证病人的健康。

(11)申一鸣:第二天下午我和爱文一起去过广场舞的一个场地,向场地的许多人推广老腔演出。最后的<u>后果</u>并非如此。

例(10)中偏误词"斤斤计较"是指形容过分计较微小的利益或无关紧要的事情,含有贬义色彩,此处想要表达的是称赞老师傅做事认真,一丝不苟的含义,是含有褒义色彩,因此不能用"斤斤计较"。同样例(11)中偏误词"后果"是指最后的结果(多用于坏的方面),含有贬义色彩。此处要表达的是"在一定阶段,事物发展所达到的最后状态",即"结果"的意义,不含贬义色彩,因此把"后果"改为"结果"比较符合表达的感情色彩。以上两例都是把具有贬义色彩的词误用为褒义色彩或者中性色彩而产生的偏误。

2.2.3 词性偏误

现代汉语的词性主要是根据词的语法特征划分出来的词的分类。在第二语言习得中，只有掌握好词性，才能真正把词汇运用好，表达出正确无误、不会引起歧义的句子。我们对语料进行整理，发现留学生在对词性的掌握中存在以下偏误。

第一，名词误用为形容词。在现代汉语中，名词一般在句中做主语、宾语，偶尔做定语，不能做谓语；而形容词除了充当句子的定语状语之外，还可以充当谓语。留学生受母语的影响，忽略了形容词可以充当谓语这一功能，从而发生偏误，这也是汉语和其他很多语言的区别。如：

（12）郑霓瑟：我问了医生医疗信息化的问题，然后医生说医疗信息化这个事儿对他们来说很重点。

（13）王复生：孩子上课的内容就是孔子的《论语》，对我来说特别的难。因为我现在汉语水平，我还是觉得不够好。而且，学文言文的东西，我是觉得更困难。所以这些小孩，他们上课的内容有点难度。

上述例子都是把名词误用为形容词而产生的偏误。例（12）中"重点"是指同类事物中重要的或主要的部分，是名词。在例句中，前面有副词"很"修饰，应该用形容词，因此，应把名词"重点"改为形容词"重要"。例（13）中，"难度"前面有副词"有点"修饰，应是形容词，因此应把"有点难度"改为"有点难"或者"有难度"。上述例子有错误的句子，均属于形容词充当句子谓语的成分。

第二，动词误用为名词。

（14）艾丽娜：每年农历五月十三日，他们要一起庆祝敖包节。在敖包节这一天许下自己美好的憧憬和祝愿。

例（14）中偏误词"祝愿"是动词，表示良好愿望。在例句中，可以看出"许下……憧憬和祝愿"，应该是名词性词语的并列。留学生只是片面地了解"祝愿"的含义，却忽略了该词的词性。因此，应把"祝愿"改成"愿望"才正确。

第三，离合词误用为及物动词。离合词可以充当谓语，因此，留学生容易把离合词误用为及物动词，而在后面带宾语。

（15）梅利莎：我一见面我的师兄的时候，我就觉得他很腼腆。

（16）安东雷：他有点可爱，就是他对那个树苗有点像对小孩子那个样子。他说那也是一种生物，它要活着，所以要对它好一点。他说如果挖的那坑不够深，那对它也不好，用那个铁锹要小心，不要受伤它。

"见面"和"受伤"都是离合词，留学生误把它们当作及物动词，在后面带了宾语。而离合词作为一种特殊的动词，最重要的特点就是不能带宾语。因此"见面我的师兄"应改为"见到我的师兄"，"受伤它"应该为"伤着它"比较合适。类似的离合词偏误还有"洗澡"等。

2.2.4 搭配偏误

词语的搭配是一种社会约定俗成的、线性的、重复出现的词语之间的组合关系。在第二语言习得的研究中，研究者关注最多的就是汉语的动宾搭配以及数量名搭配，尤其是数量名搭配。与印欧语系的语言相比，汉语有丰富的量词，也是留学生在使用上最容易出现偏误的地方。

（17）东方祺：那总结一下说，创客和制造的关系是什么。可以用那个一种纸来形容它们的关系，因为当面和反面是永远不能分开的，所以创客和制造的关系也是那种关系。

例（17）中名词"纸"可以与量词"种"搭配，表示种类，但是根据语义，留学生表达的应该是一张纸的正反两面的关系，所以此处应该为"一张纸"。类似的搭配偏误还有"一个照片"以及动宾搭配不当的偏误"看医院"（实际应为"看医生"）等。

2.3 词汇偏误类型汇总

表1 留学生词汇偏误类型分布统计表

词汇偏误类型		数量（个）	分类比例（%）	总比例（%）
词语构造偏误	语素顺序倒置	5	23.80	19.09
	词语语素混合	5	23.80	
	语素误换	7	33.33	
	语素冗余	4	19.05	
词语使用偏误	单双音词偏误	16	17.98	80.91
	词义偏误	36	40.45	
	词性偏误	20	22.48	
	搭配偏误	17	19.10	

从上表的数据我们可以看出，留学生出现词语构造的偏误占总偏误的19.09%，要远远少于在使用上的偏误80.91%，这一结果也与吴丽君等（2002）基于约35万字的日本学生汉语中介语语料进行统计分析发现"词语运用方面的偏误占88%左右"相差不大。留学生出现词语构造的偏误各小类相差不大，也有可能是样本总量偏小的原因，但在词语使用上的偏误，可以看出留学生出现词义偏误所占的比例较大。

三、留学生汉语口语词汇偏误原因

留学生在汉语词汇习得的过程中，产生偏误的原因有很多。主要包括母语负迁移、目的语知识的过度泛化、留学生的学习策略等原因。

3.1 母语负迁移

第二语言习得中的"迁移"是指第二语言学习者通过第一语言学习第二语言，可能会对学习产生影响：其中，有正面的积极作用的叫"母语正迁移"；

也有负面的干扰,叫作"母语负迁移"。由于受母语的影响,留学生在学习汉语词汇时很容产生偏误,特别是大量"同译词"的存在。比如例(9)中,在现代汉语中,"穿"和"戴"搭配的对象分得很清楚,如"穿衣服""穿袜子""戴手套""戴帽子"等。但是英语都用"wear"来表示,在对外汉语教材中,"穿"和"戴"对应的英文翻译只有一个"wear"。留学生在学习这样的词语的时候,受母语的影响,很容易发生这样的偏误。同样,不同语言中,表达词汇的感情色彩也是不一样的。而且,汉语缺乏形态变化,基本没有标记,而对来自形态丰富、有标记语言的留学生而言,他们很容易受母语知识的影响,在汉语词语的构造上过度使用词缀或者"类词缀",以致产生词语构造上的偏误。

3.2 目的语知识的过度泛化

目的语知识的负迁移是指学习者把已掌握的、有限的、不充分的目的语知识套在新的语言现象上造成的偏误,又叫作目的语规则的过度泛化。汉语中存在一些没有规律的词,留学生如果仅凭学到的一些构词法和生成新词的规则,就容易因为目的语知识的负迁移产生大量的词汇偏误。其中最主要、最典型的就是生造词,如例(5)中的"办公室楼"就是因为留学生对目的语规则过度泛化而出现的生造词。汉语中还存在着大量的离合词,离合词也是动词的一种,留学生误认为离合词是及物动词,而在离合词后面带宾语。因此留学生容易受目的语的负迁移影响,产生这样的偏误,如例(15)和例(16)中"见面"和"受伤"。

3.3 留学生的学习策略

留学生学习策略不当,也是产生词汇偏误的一个原因。汉语学习者在对词汇记忆时过分依赖机械性记忆,缺少有意义的记忆,忽视活用策略,不懂得举一反三。其中留学生对词汇掌握不全面,便是一个很好的说明。留学生在学习汉语词汇时,很可能只了解词汇的表面意思,而对词语的词性、搭配不够了解,比如例(12)、例(13)以及例(14)。学习策略不当引起的偏误在大部分留学生身上都可以反映出来，由此可见，留学生对词汇的学习缺乏总结和反思。留学生对中国文化知识了解过少，也容易产生偏误。汉语词汇是一定时期中国政治、经济、文化的反映，是时代的产物。留学生缺乏对汉语词汇中的感情色彩的了解，就可能会发生对词语认知性的错误，比如例（10）中，"斤斤计较"误用到含褒义色彩的句子里，而这可能对外国留学生而言是他们所不能够充分理解的。

3.4 课堂教学不当

教师在课堂教学中扮演着重要的角色。词汇教学虽然一直被作为对外汉语课堂教学的重点，但是对外汉语教师在课堂教学中一直忽视区分口语词和书面词这样的问题。据观察，在现有的教学视频中，教师在课堂上大部分教授的是书面语词语。即使有时候留学生意识到口语词和书面语词之间的不同，教师在课堂上大多灌输的还是书面语词，并没有强调两者之间的差别，造成学生在口语中出现口语词和书面语词语体偏误。此外，在部分口语教材中，更多地选入的是书面语词汇，而汉语教师也在教学中忽视了口语词和书面语词语体的不同，致使留学生在口语表达中出现偏误。

四、词汇教学启示

我们通过对节目中留学生出现的词汇偏误进行分类，查找原因，产生了如下启示。

第一，要强化语素教学。语素是最小的音义结合体，它是构词的基本单位。汉语缺乏形态变化，这使得语素在遣词造句中显得特别重要。因此词汇教学应该以语素教学为单位，由此由点到线再到面，依次展开。而且，加强语素教学，对留学生理解汉语的构词与词义组合、词汇搭配有很大帮助，有利于帮助留学生进行分词处理。比如"热"，"热"的本义是温度高，可以由此引申出同语素词"热心、热情、热诚、热烈"等一系列的词，这样不仅加深了学生的理解，扩大了词汇量，还可以让学生了解词语的词性、搭配以及对近义词辨析的能力。

第二，要加强词性教学。对外汉语教学中的词汇教学，不仅要加强语素教学，让学生掌握词汇的基本意义，还要加强词性教学。只有将两者在教学中结合起来，才有助于提高学生运用词语的能力。加强对词性的教学，还可以使学生明白词语的搭配及其在句子中所担任的功能，进而提示遣词造句的能力。比如例（12）由于对"重点"一词为名词的词性掌握不清，导致句中缺少谓语，句子结构不完整，表义有误。因此，汉语词汇教学应该加强对词性的教学。

第三，要注重语境教学。语境法就是引导学生根据上下文的语境来理解词义。在教学过程中，教师可以根据所学的生词，创造大量的语言环境，让学生根据上下文的解释信息、补充说明信息来揣测词语的意思。同时，注重语境法的词汇教学可以大大减少中介语产生的"同译词"所带来的弊端，使词义精确化、具体化，有效地规避母语负迁移或者中介语影响，从而使留学生在口语中掌握词汇意义和词语搭配。利用语境法进行教学，尽可能地创造符合实际的场景、在生活中可能出现的交际对话，不仅有助于学生理解词语的含义，而且有利于加深学生对词语的记忆和"语块"的迅速提取，从而提高学生对汉语的理解能力和交际表达能力。

第四，口语词和书面语词分开教学。鲁健骥（2016）在一次讲座中提出，口语词和书面语词应该分开教学，但二者又很难截然分开。的确，在对外汉语教学中，什么阶段教口语词，什么阶段教书面语词，很难严格分开，但二者还是有必要分开。在口语课上，应以口语词为主；写作课不同于口语课，应以书面语词为主。在对外汉语课堂教学中，教师应有意识地给留学生灌输口语词和书面语词不同的意识，减少留学生在口语交际中出现词语语体运用不当的偏误。

五、结语

本文从偏误分析理论出发，对留学生在《2015"汉语桥"我与中国第一次亲密接触》中出现的口语词汇的偏误进行分析，从词语使用和词语构造两大类分析偏误的类型，探讨产生口语词汇偏误的主要原因是受母语负迁移、目的语知识的过度泛化以及学习策略等方面的影响，进而提出在对外汉语词汇教学中要注重加强语素教学，注意汉语词汇的词性，以及注重从语境教学入手等，以期对第二语言习得和对外汉语教学的研究与发展以及汉语国际推广有一定的借鉴作用。

文章还存在很多不足之处，比如文章的口语语料有限，无法就某一母语背景的留学生进行研究，无法全部概括留学生出现的口语偏误的类型，没有在已有口语语料库中进行比对等等，今后应在这些方面不断进行深入研究和完善。

参考文献

鲍艳彤（2013）《对外汉语教学中离合词的偏误分析》，吉林大学硕士学位论文。

程娟、许晓华（2004）HSK单双音同义动词研究，《世界汉语教学》第4期。

黄伯荣、廖序东（2009）《现代汉语（上下册）》，北京：高等教育出版社。

李大忠（1999）偏误成因的思维心理分析，《语言教学与研究》第2期。

刘春梅（2007）留学生单双音同义名词偏误统计分析，《语言教学与研究》第3期。

鲁健骥（1984）中介语理论与外国人学习汉语的语音偏误分析，《语言教学与研究》第3期。

鲁健骥（1987）外国人学习汉语的词汇偏误分析，《语言教学与研究》第4期。

刘　珣（2000）《对外汉语教育学引论》，北京：北京语言大学出版社。

彭　瑜（2012）《中高级阶段汉语词汇偏误分析》，广西民族大学硕士学位论文。

孙　丹（2012）东南亚留学生习得词汇偏误分析，《佳木斯教育学院学报》第8期。

汪红梅（2015）留学生词汇习得偏误分析，《洛阳师范学院学报》第7期。

王瑛、崔新丹（2005）中高级阶段汉语词汇习得偏误及教学对策研究，《和田师范专科学院学报》第4期。

吴　愁（2012）《德语母语者汉语词汇习得偏误研究——基于HSK语料库语料》，北京大学硕士学位论文。

吴丽君等编（2002）《日本学生汉语习得偏误研究》，北京：中国社会科学出版社。

邢红兵（2003）留学生偏误合成词的统计分析，《世界汉语教学》第4期。

杨　丹（2016）日韩L2学习者汉语常用三音节口语词偏误研究，《内蒙古师范大学学报（哲学社会科学版）》第1期。

张　博（2008）第二语言学习者汉语中介语易混淆词及其研究方法，《语言教学与研究》第6期。

张若莹（2000）从中高级阶段学生词汇习得的偏误看中高级阶段词汇教学的基本问题，《首都师范大学学报（社会科学版）》增刊。

周小兵（2005）对外汉语教学导论，北京：商务印书馆。

朱志平（2004）双音词偏误的词汇语义学分析，《汉语学习》第4期。

作者简介

康利南，北京语言大学语言学及应用语言学硕士毕业生，研究方向汉语词汇。

汉语中介语语篇结构偏误研究[*]
——基于"HSK 动态作文语料库"的研究

周春弟

内容提要 本文以汉语中介语语篇为研究对象,基于"HSK动态作文语料库"中的记叙文语料,运用语料库语言学的研究方法,描写了外国学生汉语中介语在语篇结构方面存在的四种偏误类型:基本无结构、结构残缺、结构存在但不完整、结构不完整等四种偏误类型,解释了其形成原因,希望本研究对国际汉语一线教学实践有所帮助。

关键词 汉语中介语;语篇结构;篇章结构;偏误分析;结构要素

一、引言

本文属于国际汉语教学领域书面语语篇偏误研究的范畴。目前,语篇层面的偏误研究多集中在对语篇衔接和连贯偏误的研究上(赵春利,2005;付漪川,2011;李敬,2012),对篇章结构偏误的关注略显不足。事实上,外国学生汉语作文中出现的篇章结构偏误问题并不鲜见,因此本文的研究很有必要。

前人的研究主要存在以下几点不足:(1)所选语料同质性较差。不少论文中所用语料是留学生日常写作课上的作文,在作文题目、写作要求和写作环境方面均有差异,因此也易影响最终结论。(2)定性研究多而定量研究少。前人所做研究多为定性研究,个别定性研究对样本的统计也缺乏统计学依据。(3)对整体结构的偏误重视不够。

---

[*] 基金项目:教育部重大攻关课题"全球汉语中介语语料库建设和研究"(12JZD018);国家语委"十三五"规划项目"'一带一路'国家本土中文师资样板数据库构建研究:以缅甸为例"(YB135-24)。

为弥补前人不足,本文将以汉语中介语记叙文语篇为研究对象,基于"HSK 动态作文语料库"中的记叙文语料,运用语料库语言学的研究方法,研究外国学生篇章结构方面的偏误,并揭示篇章结构偏误的成因,以期对国际汉语一线教学实践有所帮助。

二、语篇结构偏误分析的前期基础

要分析和解释汉语中介语语篇结构的偏误,必须做好前期预研工作,主要包括选取语料、确定样本量和制定标注方案等工作。

2.1 语料的选取

本文所选的语料是HSK动态作文语料库中的记叙文语料"记对我影响最大的一个人"。之所以选该题目,一是所有语料的命题、写作要求和写作环境均相同,可保证语料的同质性;二是该题目易于选材、范围宽泛,各个水平的外国学生均有话可说。

本文将所有语料划分为低分数区(<60分)和高分数区(>80分)两部分。

2.1.1 低分数区样本基本情况

低分数样本共计81篇,性别与国别情况分布情况详见下表:

表1 低分数区样本基本情况(总计:81篇)

	样本特征	百分比
性别	男	26%
	女	74%
国别	日本	68%
	韩国	12%
	美国	6%
	新加坡	5%
	加拿大	3%
	新西兰	3%
	澳大利亚	1%
	法国	1%
	英国	1%

2.1.2 高分数区样本基本情况

高分数区样本共计189篇，性别与国别情况分布情况详见下表：

表2 高分数区样本基本情况（总计：189篇）

	样本特征	百分比
性别	男	28%
	女	72%
国别	新加坡	55%
	日本	22%
	葡萄牙	6%
	中国	3%
	韩国	3%
	马来西亚	3%
	印度尼西亚	3%
	缅甸	2%
	菲律宾	1%
	澳大利亚	0.5%
	荷兰	0.5%
	美国	0.5%
	英国	0.5%

总体来看，女性作者的语料数量要远远多于男性；日本、韩国和新加坡等大中华圈国家的语料数量较多。从内容上看，"影响者"的覆盖范围较广，包括父母、兄弟、姐妹、亲戚、同学、朋友或者陌生人，甚至是自己所信仰的神灵、书本中虚构的形象或某个英雄人物。

2.2 样本量的确定

语料样本量的确定是由研究者能搜集到的语料和统计学的相关要求来决定的，二者缺一不可。

2.2.1 本文搜集到的语料情况

HSK动态作文语料库中共检索到394篇题目为"记对我影响最大的一个人"的语料，按分数段可分为四个区域：无分数区（0分，11篇）、低分数区（<60分，81篇）、中分数区（60分—79分，113篇）、高分数区（≥80分，189篇）。本文只能从这些语料中选取。

2.2.2 统计学对样本量的要求

根据统计学的要求,不同的置信区间和误差率所需要的样本量不同,详见下表:

表3 不同置信区间和抽样误差下的样本量表

抽样误差 \ 样本量	不同置信区间的Z统计量		
	90%	95%	99%
	1.64	1.96	2.58
10%	67	96	166
5%	269	384	666
3%	747	1067	1849

限于时间和精力,本文决定将置信区间设为90%,误差≤5%,选取低分数区(81篇)和高分数区(189篇)共计270篇语料作为研究对象。原因是:其一,这两个分数区语料的样本量正好符合统计学的要求;其二,相较于中分数区,两部分语料的篇章结构偏误类型更为典型,便于分析和归纳。

2.3 标注方案的制定

在分析篇章结构之前,要对语料进行标注,本文采用娄开阳(2010)的标注方案,下面简要介绍一下标注内容和标注方式。

2.3.1 标注内容:篇章结构要素

记叙文"记对我影响最大的一个人"的篇章结构要素即标注参数[①],具体参数详见下表:

表4 语料"记对我影响最大的一个人"的标注参数(结构要素)表

序号	结构要素	英文代码	具体解释
1	人物	WHO	影响者:谁对自己产生了影响
2	内容	WHAT	影响内容:影响了自己什么
3	方式	HOW	影响方式:是如何影响自己的

---

① 需要指出的是,不同题目作文的篇章结构要素也不同。

续表

序号	结构要素	英文代码	具体解释
4	原因	WHY	影响原因：为什么对自己影响最大
5	效果	EFFECT	影响效果：自己受影响后的效果如何
6	背景	BACKGROUND	影响者背景：影响者的经历和背景

2.3.2 标注方式：篇内标注+篇外标注

张宝林（2013）提出"基础标注+偏误标注"的标注方式，本文认为该标注方式对篇章结构的偏误研究不太适用。在分析篇章结构偏误时，篇外标注是必不可少的[①]。具体说来，篇内标注指在语篇内标出标注参数；篇外标注指在语篇外单独列表总结厘清相关参数状况，如结构要素的内容与数量。

三、语篇结构的偏误分析与解释

本节首先概述语料需要分析些什么以及如何分析，然后分别总结低分数区和高分数区语料的篇章结构偏误类型，最后解释上述偏误类型出现的成因。

3.1 语篇结构偏误分析概述

3.1.1 分析什么：对结构要素性质的进一步分析

尽管"记对我影响最大的一个人"有6个结构要素，但这些要素的重要性是不同的，可进一步划分为必有要素与非必有要素：其中必有要素为人物（WHO）和内容（WHAT）；非必有要素为原因（WHY）、方式（HOW）、效果（EFFECT）和背景（BACKGROUND）。前者是必须要出现的，后者是可有可无的。

3.1.2 如何分析：分析结构要素的隐显、多少和轻重

由于对篇章结构的分析较为复杂，因此必须设立一个易于操作的衡量标

[①] 语篇层面中的衔接与连贯研究中"基础标注＋偏误标注"的标注方式似乎也是适用的，有关标注方式的探讨将另文处理，此处恕不赘述。

准。本文主要分析结构要素的隐显、多少和轻重情况：隐显是指结构要素的有无问题；多少是指结构要素的数量问题；轻重是指结构要素的详略问题（参看娄开阳，2008）。具体分析时可分三步来进行。

第一步，判断必有要素和非必有要素的隐显状况。出现的必有要素和非必有要素越多，则结构越接近完整，这其中必有要素的出现又优先于非必有要素。

第二步，判断结构要素的多少状况。即便出现了结构要素，也有可能出现多个（如"效果"和"背景"都有可能出现多个），结构要素出现的越多，则结构越接近完善。

第三步，判断结构要素的详略情况。必有要素越详细，则篇章结构越接近完美。

需要说明的是，与句法偏误不同，篇章结构的好坏只能表现为一种比较之后的倾向性，而无法给出对错分明的判断。

3.2 低分数区语篇结构偏误分析

低分数区语料表明，其篇章结构表现为四大类型：基本无结构、结构残缺、结构存在但不完整、结构完整。相对于最后一种语篇结构（"结构完整"），其余三种都可以算作结构上有偏误，下面分别举例说明。

3.2.1 结构之一：基本无结构

指文中必有要素仅出现人物（WHO）这一要素，甚至连人物都不存在，其余结构要素均未出现，可明确判断为无结构。此类结构在低分数区语料中并不多见，参见下例[①]：

例（1）语料：#199505104610100246（无结构）

题目：记对我影响最大的人；分数：50；国籍：法国；性别：男

提起［BQ"］影响［F响］最大的一个人［BQ"］这［F這］个问［F问］

---

① 限于篇幅，文中仅举一典型例证。

题［F题］，真令我感到为难{CC難為}。人类［F類］的历［F歷］史是如此的悠久，其组成民族是如此的多，难［F難］免有{CC被}许多伟［F偉］人{CQ给我们}留下深刻的印象。假如叫我一下子选［F選］出一个［F個］来，恐怕那是太困难［F難］的事了！并［F並］且，给我留下很大的影响［F響］的人，不仅［F僅］仅［F僅］是那些举［F舉］世闻［F聞］名的伟［F偉］大人物。我自己从［F從］小接触［F觸］过［F過］的人当［F當］中，有不少亦对［F對］我很有影响［F響］。

我即使去指{CQ出}一个［F個］人来，由于［F於］对［F對］他{CC1自己}的了解的过［F過］度主观［F觀］，只能是给［F給］我留下最深的印象的人或我最偏爱［F愛］的人［BQ,］而未必是事实［F實］上对［F對］我有最大的影响［F響］的人。影响［F響］这［F這］件事，往往是一种［F種］无［F無］意义［F識］的问题{CC現象}。既然我们［F們］一生中有可能亲［F親］自接触［F觸］或通过［F過］各种［F種］媒［B媒］体［F體］能听［F聽］说［F說］那么［F麼］多的人物，怎么［F麼］能选出{CC2叫}一个［F個］人［BD,］{CJX}一下子，凭［F憑］很主观［F觀］的感觉［F覺］去选［F選］一个［F個］人呢？

	结构要素
有无	无
WHO	0
WHAT	0
WHY	0
HOW	0
EFFECT	0
BACKGROUND	0

从例（1）中可以看出，作者并未写出对自己影响最大的具体某人，而是泛泛而谈，因此无篇章结构。

3.2.2 结构之二：结构残缺

指必有要素仅有一项而非必有要素不完整，必有要素与非必有要素均残

缺。此类结构在低分数区语料中较多,参见下例:

例(2)语料:#199505104525100118(结构残缺)
题目:记对我影响最大的一个人;分数:55;国籍:日本;性别:男

到现在,[BC、]我认识许许多多老师、前辈{CC先辈}、朋友什么的,[BC。]他们对我影响很{CC真}大。[BC、]不过,[BC、]{CQ说到}最大的影响的话,[BC、]我觉得{CQ是}自己的父亲。

第二{CQ次}世界大战完了{CQ的}时候,他出生{CC2生}了。他家一共十口人,而且他是八个兄弟中{CC之}最后{CQ一个}。而且他家是贫穷{CC穷贫}{CJxw},没有钱让{CC给}孩子们上学。不过他和他的哥哥、姊姊的年龄差距{CC2差}大,[BC、]他上学的时候,{CJ-zhuy哥哥和姊姊们}已经{CJX}他们做工作或帮助爷爷{CD的}工作{CQ了}。而且他们也不满足他们的教育,所以他的哥哥和姊姊替爷爷付他的学费。不过他毕业{CJX}高中以后,他也开始做工作。他真的{CD话}[BD、]想上大学,不过条件不让干{CJX}这样。

所以现在我的父亲帮助我学习{CD方面}。现在我可以在中国留学。如果没有他的帮助,{CJ-zhuy这}不可能{CJsd}。以后我愿意用我的能力做贸易工作,[BC。]以后我跟父母去世界旅游。所以{CJ-zhuy我}现在努力学习。

现在,{CJ-zhuy我}有的时候想家。不过这个困难不如父亲的{CJ-buy大}。我自己感觉我的环境非常好。平时忘了父亲的恩情{CC2恩}。以后{CD有的时候}我{CQ要}想着{CC2想}父亲的困难和恩情{CC2恩},更努力{CQ地}学习汉语。

		结构要素
有无	有	
	WHO	对我影响最大的一个人就是我父亲。
	WHAT	0
	WHY	0
	HOW	0
	EFFECT	所以现在我的父亲帮助我学习。现在我可以在中国留学。如果没有他的帮助,不可能。

	结构要素
BACKGROUND	第二世界大战完了时候，他出生了。他家一共十口人，而且他是八个兄弟中最后。

例（2）中展示了人物、影响和背景等三个结构要素，但并未提及重要的必有要素"内容"，显然文章并未写完，属于结构残缺。

3.2.3 结构之三：结构存在但不完整

指语料中必有要素都存在，非必有要素中只出现一部分且不完整，必有要素多而非必有要素少。在低分数区语料中，此类例子比比皆是。

例（3）语料：#199505550523100901（结构存在但不完整）

题目：记对我影响最大的人；分数：55；国籍：韩国；性别：男

我是今年三十八岁[F歲]的人。还记得一位朝鲜中期学者"李滉"。他是从小学习孔、孟[BQ、]朱熹的学问，成了一位{CJX}韩国历史上最有名的大儒。以后的学者，都以{CQ之}为儒贤。现[F現]在{CD也在}哲学界尊敬他叫退溪先生。[BC.]

我生在农村，从小学习汉字。到了十七岁[F歲]的时候{CJ-zhuy我}碰巧{CC2巧}学习{CC2念}了退溪先生的生平与思想，对他的学问很感兴趣。{CP进而，对他的学问态度和人格很敬佩{CC激动}。以后尊敬他。想来，今天的我的谨慎勉学的性格必定是由于他{CQ而}形成的。进一步，我{CD的}爱好中国文化也是由于他来的。P}

他太爱学问，当时朝鲜国王的入仕邀请{CC要请}，也不接受{CC容纳}，只在山谷里念书、穷[F窮]理居敬，培训弟子，终于成为万岁[F歲]之师，可不好吗？{CP我也跟着他的思想，在公司里工作时，平常尊敬别人，尽最大{CC善}的努力，他的影子还在我的脑海里{CC3怀里}。[BC.]P}

	结构要素
有无（隐显）	有
WHO	一位朝鲜中期学者"李滉"，退溪先生。
WHAT	我爱好中国文化也是由于他来的。

续表

	结构要素
WHY	对他的学问很感兴趣。
HOW	0
EFFECT	想来,今天的我的谨慎勉学的性格必定是由于他形成的。我也跟着他的思想,在公司里工作时,平常尊敬别人,尽最大的努力。
BACKGROUND	一位朝鲜中期学者。他是从小学习孔、孟、朱熹的学问,成了一位韩国历史上最有名的大儒。以后的学者,都以为儒贤。

该文中的结构要素相对齐全,除非必有要素中的"方式"之外,其余要素均存在。从篇外标注中可以看出,在结构要素的隐显方面,"HOW缺失且其他要素着墨并不多,基本上所有的要素都是寥寥数句带过,并未具体说明。因此,可判定为有结构而不完整。

3.2.4 结构之四:结构完整

指每一个结构要素均存在且结构关系良好,该类结构在低分数区语料中罕见,参见下例:

例(4)语料:#199412104523100675(结构完整)

题目:对我影响最大的一个人;分数:55;国籍:韩国;性别:男

对我来说[BQ,]影响最大的人是我的爱人。现在她是我的{CD一个}妻子和给我援[B缓]助的{CJ-zxy朋友}。我们第一次碰到是我刚[F刚]上大学时候见面了{CJZR}。换句话说,我刚上大学的时候有一个我们系的聚会。那时候,我一看就{CJX}她很喜欢了。

原来,我成长{CD了}{CJX}在祖父母的手里,所以不知道父母的爱{CC1爱情}。以后,小学校的老师劝祖父说:"这个孩子,应该在父母亲[F亲]的爱{CC1爱情}中{CC上}{CJ-sy成长}。"以后,我不得不离开了祖父母、朋友、乡村,[BC。]来到釜山以后开始新生活。虽然在生活上很方便,但是{CJ-zhuy我}一直想留下的祖父母、乡村里的同学们,[BC。]差不多每天{CQ都}非常孤独。到高中毕业也是这样的生活。考上大学以后,不到一个月我的母亲{CC亲母}去世了。这件事情,对我来说{CJ-sy是}非常痛苦的事。虽然对她没有感情{CC2

情}，但是只有她是{CC对}我比较喜欢的人。母亲［F親］去世了以后，我身边来的人是我爱人。她一直鼓励我，还{CC1还有}给我许多帮助，［BC。］而且我去当兵的时候一直等我，想我。现在我非常尊敬她。我爱她。一辈子{CQ都}很爱她。这是我的心里{CD上的}话{CC言}。

		结构要素
有无		有
	WHO	对我来说影响最大的人是我的爱人。
	WHAT	母亲去世了以后，我身边来的人是我爱人。她一直鼓励我，还给我许多帮助，而且我去当兵的时候一直等我，想我。
	WHY	现在她是我的妻子和给我援助的。
	HOW	母亲去世了以后，我身边来的人是我爱人。她一直鼓励我，还给我许多帮助，而且我去当兵的时候一直等我，想我。现在我非常尊敬她。
	EFFECT	我爱她。一辈子很爱她。这是我的心里话。
	BACKGROUND	我们第一次碰到是我刚上大学时候见面了。换句话说，我刚上大学的时候有一个我们系的聚会。那时候，我一看就她很喜欢了。

该文中出现了全部的要素，尽管各个结果要素的详略不同，但仍可判定为形成了完整的篇章结构。

综上，在低分数区中篇章结构呈枣核型，无结构和结构完整的语料极少，而结构残缺和结构存在但不完整的语料所占比例较大。

3.3 高分数区语篇结构偏误分析

通过语料分析可知，高分数区语料的篇章结构类型有结构残缺、结构不完整和结构完整等三类，且数量都较多，下面分别举例说明。需要说明的是："结构残缺"是未形成结构，"结构不完整"是形成了结构（只不过不完整）；"结构存在但不完整"与"结构不完整"基本属同一类型，只不过前者更接近于"结构残缺"，而后者更接近于"结构完整"。

3.3.1 结构之一：结构残缺

高分数区也存在结构残缺的语料，参见下例：

例（5）语料：#199500533533100032（结构残缺）
题目：对我影响最大的一个人；分数：85；国籍：新加坡；性别：男

父亲去世已［B已］有五年了，但这些年来，我和家人并没有把他遗忘。虽然我们不曾以言语表达，但内心却无时无刻不在想他。

父亲出世时，家庭经济拮［B结］据。祖父以农为生。第二次世界大战时，祖父逃到邻国——马来西亚去谋生，一去就没有回，毫无音讯。从此，父亲和伯父就负起了照顾一家大小的责任。那时，父亲才八岁，便和伯父到处去做散工。

战后，全国进入一片混乱，父亲一直［C］无法找到一份稳定的工作，便和朋友合伙到邻国出海捕鱼。廿岁时，父亲结婚［C］了。有了自己的家庭，父亲便把储存{CC储［C］蓄［B畜］}的钱用来{CC2用}做小本生意。

有了自己{CQ的}生意，父亲一天工作近［B尽］十八九个小时，［BC。］并在空闲时候［BD，］尽量自修。渐渐地{CC的}，家里环境改善了，父亲尽一切能力送我们兄弟姐妹人人上学{CC入学}读书。因为他本人知道一个人没有了知识和学问是很难在社会{CQ上}立足谋生{CJsd}。

当然，当［C］我们兄弟姐妹全部进入学校时，一切开销［C］巨增，但父亲却从来没有怨言。

很可惜的，当［C］其中三个子女进入大学时，父亲因工作压力过重，操劳过度，在一个令惊讶意外的晚上，静静地离开了我们。

		结构要素
	有无	有
	WHO	父亲
	WHAT	0
	WHY	0
	HOW	0
	EFFECT	0

续表

结构要素	
BACKGROUND	父亲出世时，家庭经济拮据。祖父以农为生。第二次世界大战时，祖父逃到邻国——马来西亚去谋生，一去就没有回，毫无音讯。从此，父亲和伯父就负起了照顾一家大小的责任。那时，父亲才八岁，便和伯父到处去做散工。 战后，全国进入一片混乱，父亲一直无法找到一份稳定的工作，便和朋友合伙到邻国出海捕鱼。廿岁时，父亲结婚了。有了自己的家庭，父亲便把储存的钱用来做小本生意。

例（5）中，虽然篇幅不短，但通篇主要都在介绍父亲的生平以及对家庭做出的贡献，而对"我"的影响是如何的却只字未提，"背景"成了全文的主体，因此结构上是残缺的。

3.3.2 结构之二：结构不完整

在高分数区域中，此类结构所占比例较大，参见下例：

例（2）语料：199500533519100082（结构不完整）

题目：对我影响最大的一个人；分数：90；国籍：马来西亚；性别：男

对我影响最大的一个人，如果以字面来解释，其实他［F祂］已不算是"［BC「］人"［BC」］{CQ了}！"［BC「］佛"［BC」］拆开来看就是"［BC「］弗"［BC」］与"［BC「］人"［BC」］的结合，也就是"［BC「］不是人"［BC」］。是的，他［F祂］的确超乎一般的人！

自我小六开始接触到佛陀，当然，那是从画本上或简单的故事书上的认识，我便喜爱上他［F祂］。加上已成年的堂兄常带我到镇上的寺庙去参加诵经及讲佛理的"共修会"，耳濡目染之下，逐渐地{CC的}，生活上的言行举止，甚至饮食习惯，都以佛陀所讲的、所作的、所提倡的为依据。

佛陀教导我们不偷盗、不杀生、不诳语、不喝酒、不邪淫等，都与我们的日常生活息息相关。他［F祂］的教育在现今一切以功利为取向的社会中，常常被讥为落伍、食古不化，连带的，身为佛陀追求者的我，难免常被取笑讽刺。当自己信心受打击时，也想随波逐流，可是回头想想，当年佛陀在成佛前，不也经历过种种的折磨与考验吗？借［F藉］着佛书与同修的推动，我坚持自己对佛陀的信仰，重新整装待发。

他［F祂］让我对世界充满积极的思想，也教我处世待人的方法。从他［F祂］的教育中，我了解到"［BC「］诸恶莫作，众善奉行"［BC」］的重要，人与人之间的相处，不就是礼尚往来的么？！你要别人如何待你，你就得如何待人，正所谓"［BC「］种瓜得瓜，种豆得豆［BQ」］"！

他［F祂］是影响我最大的一个人。

	结构要素
有无	有
WHO	佛
WHAT	佛陀教导我们不偷盗、不杀生、不谎语、不喝酒、不邪淫等，都与我们的日常生活息息相关。他的教育在现今一切以功利为取向的社会中，常常被讥为落伍、食古不化，连带的，身为佛陀追求者的我，难免常被取笑讽刺。当自己信心受打击时，也想随波逐流，可是回头想想，当年佛陀在成佛前，不也经历过种种的折磨与考验么？借着佛书与同修的推动，我坚持自己对佛陀的信仰，重新整装待发。 他让我对世界充满积极的思想，也教我处世待人的方法。
WHY	0
HOW	自我小六开始接触到佛陀，当然，那是从画本上或简单的故事书上的认识，我便喜爱上他。加上已成年的堂兄常带我到镇上的寺庙去参加诵经及讲佛理的"共修会"，耳濡目染之下，逐渐地，生活上的言行举止，甚至饮食习惯，都以佛陀所讲的、所作的、所提倡的为依据。
EFFECT	从他的教育中，我了解到"诸恶莫作，众善奉行"的重要，人与人之间的相处，不就是礼尚往来的么？！你要别人如何待你，你就得如何待人，正所谓"种瓜得瓜，种豆得豆"！
BACKGROUND	0

在这篇文章当中，作者描写了他所信奉的神灵所带给自己的影响，在结构要素中虽然有两个要素缺失，但每一要素描写得都很全面细致，尤其在必有要素上，着墨较多。因此可判定为结构不完整。

3.3.3 结构之三：结构完整

高分数区部分语料中出现了完整结构，参见下例：

例（3）语料：#199500533533100103（结构完整）

题目：对我影响最大的一个人；分数：85；国籍：新加坡；性别：男

回顾过去，忆起在南洋大学文学院教育系里的一位教授，名字叫李振群博士。在大学里他教授{CC担任}的学科是教育心理学。当我第一天进入讲堂上课时，就被这位圆圆的脸、光秃秃的头、服嘟嘟的身材的博士所吸引了。

他说："从事教育工作的人，最重要的是搞好自己。"这句话始终是{CC成为}我的座右铭。{CP每当学生顽皮懒惰、不用功读书时，我就要发脾气时，然而我一想到这句话，我的脾气就发不起来了。P}如此师生关系［F係］即可维持、继续保持好的学习环境，得益{CJ-zxy者}不止［B知］是我，学生也得益了。

渐［B慚］渐［B慚］地，我学会了耐心这门功课，这应归功于李教授的这句话。

随着岁月的流逝{CC过去}，我已年逾{CC属［C］}50岁，我不止［B知］做事有耐心，我也学会了怎样去爱小朋友们。我更懂得怎样{CC这样}去鼓励他们热爱自己的中化文化。

李博士那种和蔼［B靄］可亲、为人俭朴、循循善诱的教学精神，［BC、］可说影响我最大。我始终相信李博士是对我影响最大的一个人。

	结构要素
有无	有
WHO	南洋大学文学院教育系里的李振群博士。
WHAT	他说："从事教育工作的人，最重要的是搞好自己。"这句话始终是我的座右铭。 随着岁月的流逝，我已年逾50岁，我不止做事有耐心，我也学会了怎样去爱小朋友们。我更懂得怎样鼓励他们热爱自己的中化文化。 李博士那种和蔼可亲、为人俭朴、循循善诱的教学精神，可说影响我最大。
WHY	他说："从事教育工作的人，最重要的是搞好自己。"这句话始终是我的座右铭。
HOW	每当学生顽皮懒惰、不用功读书时，我就要发脾气时，然而我一想到这句话，我的脾气就发不起来了。如此师生关系即可维持、继续保持好的学习环境，得益不止是我，学生也得益了。
EFFECT	渐渐地，我学会了耐心这门功课，这应归功于李教授的这句话。
BACKGROUND	在大学里他教授的学科是教育心理学。

这篇语料结构要素完整，详略得当，结构完整。

3.4 语篇结构偏误的成因

除了结构完整之外，汉语中介语记叙文语篇共有四种偏误类型：基本无结构、结构残缺、结构存在但不完整、结构不完整。造成上述偏误的原因除了母语负迁移和过度泛化之外，还有以下几点原因：

（1）语言水平较低。这是一个最为显著的原因，在低分数区语料中，限于所掌握的字词与语法知识，常出现词不达意、语句不通的现象，此类基础性错误导致读者无法理解其意思，自然也就很难形成像样的篇章结构。

（2）逻辑思维混乱。在多篇语料中可以看出，有的作文结构欠佳并非由于语言水平不够，而是学生思维不清、逻辑混乱，表现在结构上自然也不能令人满意。

四、总结与余论

本文的主要观点是：（1）汉语中介语记叙文语篇共有四种偏误类型：基本无结构、结构残缺、结构存在但不完整、结构不完整。（2）上述四种偏误类型的成因包括：母语负迁移、过度泛化、语言水平较低和逻辑思维混乱。

研究过程中还有不少问题尚未解决，下一步我们准备从以下几方面进一步深入研究：（1）进一步加大语料样本量，统计出各种偏误类型所占的比例；（2）进一步细化偏误类型，在分析篇章结构加入结构要素排序状况的考虑；（3）进一步深入挖掘偏误原因，以期为教学提供更多借鉴。

参考文献

陈莉萍（2008）汉语语篇结构标注面临的挑战与对策，《南通大学学报（社会科学版）》第5期。

陈莉萍（2008）修辞结构理论与句群研究，《苏州大学学报》第4期。

崔希亮（2011）从问题到理论还是从理论到问题，《汉语国际传播研究》第2期。

付漪川（2011）《基于语料库的韩国留学生语篇衔接偏误分析及语篇写作教学建议》，河北师范大学硕士学位论文。
韩礼德、哈桑（2001）《英语的衔接》，北京：外语教学与研究出版社。
胡壮麟（1994）《语篇的衔接与连贯》，上海：上海外语教育出版社。
乐　明（2008）汉语篇章修辞结构的标注研究，《中文信息学报》第4期。
李　敬（2012）《泰国初级学生汉语语篇偏误分析及其教学初探》，山东大学硕士学位论文。
廖秋忠（1992）《廖秋忠文集》，北京：北京语言学院出版社，第20页。
娄开阳（2008）《现代汉语新闻语篇的结构研究》，北京：世界图书出版公司。
娄开阳（2012）《外国学生现代汉语书面叙述类基础语篇的篇章结构特征研究》，北京语言大学，博士后出站报告。
娄开阳（2016）论汉语书面语篇结构特征分析的支撑点与维度，载《第三届汉语中介语语料库建设与应用国际学术讨论会论文集》，北京：世界图书出版公司。
鲁健骥（1992）偏误分析与对外汉语教学，《语言文字应用》第1期。
聂仁发（2009）汉语语篇研究回顾与展望，《宁波大学学报（人文科学版）》第3期。
田　然（2013）《对外汉语教学语篇语法》，北京：北京语言大学出版社。
徐赳赳（1999）复句研究与修辞结构理论，《外语教学与研究》第4期。
张宝林（2013）关于通用型汉语中介语语料库标注模式的再认识，《世界汉语教学》第1期。
赵春利（2005）对外汉语偏误分析二十年研究回顾，《云南师范大学学报》第2期。
Michael Hoey（2008）A tentative map of discourse studies and their place in linguistics. Ilha do Desterro Journal :25/26 DOAJ.
韩礼德、胡壮麟、朱永生（2010）Interviewing Professor M.A.K. Halliday by Hu Zhuanglin and Zhu Yongsheng,《中国外语》第6期。

作者简介

周春弟，中央民族大学国际教育学院硕士毕业生，现为清华大学附属小学商务中心区实验小学二级教师，研究方向中小学语文教育学理论。

基于 ELAN 的对外汉语教师课堂体态语分析 *

靳继君

内容提要 在对外汉语初级阶段的教学中，教师的体态语对学生的学习起到了十分重要的作用。本文借助ELAN视频标注软件，对四位对外汉语示范课的教师体态语进行分层标注、统计和功能分析，期望可以从中发现优秀教师体态语的一些共同点，为今后对外汉语教师的课堂体态语提出建议，使教师能有意识、适当地使用体态语，做到言传身教，提高教学效率。

关键词 对外汉语教师；课堂体态语；初级阶段；ELAN软件

一、引言

美国人类学家霍尔曾说过："一个成功的交际者不但要理解他人的有声语言，更重要的是能够观察他人的无声语言，并且能在不同场合使用这种语言。"其中的无声语言是指除了言语之外的表情、肢体动作等，即体态语。体态语不但能帮助我们更准确地理解他人想表达的意思，而且可以辅助我们更精确地将自己的想法传达给他人。例如警察可以通过嫌疑犯的体态语判断其是否说谎；恋人之间可以通过体态语来表达无法言说的爱意；精神病医生可以通过观察患者的体态发现病因；另外，要想成为一个好演员，必须首先学会使用体态语，这样才能"演得像"……可见，体态语在生活中的方方面面都占有重要地位。

在教学中，教师的体态语也能对教学产生很大帮助，研究教师的体态语有

---

* 本研究得到语言资源高精尖中心项目（编号：KYR17004）、北京市社会科学基金项目重点项目（编号：15WYA017）、教育部哲学社会科学研究重大课题攻关项目（批准号：12JZD018）、北京语言大学研究生创新基金项目（中央高校基本科研业务费专项资金）的资助。

利于教师更好地进行教学，尤其是对外汉语教学。对外汉语教学是汉语作为第二语言的教学，不同于我们一般的中小学教育。教师不可能会讲所有语言，而课堂教学又要求教师尽可能地运用目的语让学生听懂，这就大大降低了教师有声语言传递信息的功能，学生通过听觉系统获得的信息也随之减少。这时，作为教学中信息传递的另一媒介——体态语，可以满足课堂教学极强的需求。[①]例如，对于刚接触汉语的学生，如果他们在课堂上随便说话，教师可把食指放在嘴边，学生即能会意，马上安静下来。可见对外汉语教师的体态语可以弥补师生之间无法用有声语言沟通的弊端，使教学更加顺利地展开。因此研究对外汉语教师的体态语是十分重要且必要的。

二、体态语研究概述

2.1 体态语及教师体态语的定义

关于身体语言，目前暂无统一称谓和定义。不同的研究视角，其理解不同，名称也不同。从身体动力学的角度，叫体态语、身势语、态势语、非语言行为；从语言学的角度，叫与有声语言相对应的无声语言；从人际交往的角度，叫非语言交际。本文采用体态语作为身体语言的称谓。

由于理解角度不同，体态语的定义也略有区别。代表性的定义有：法斯特（1988）认为体态语是"用以同外界交流感情的全身或部分身体的反射性或非反射性动作"[②]。教育大辞典（1990）把体态语定义为"是以具体动作来表达类似言语信息的沟通手段"[③]。毕继万（1999）认为"体态语指的是传递交际信息的表情和动作"[④]。周国光（1997）说体态语是由人体发出的具有表情达意功能的一套图像性符号，包括人的面部表情、身体姿势、肢体动作和身体位置的

[①] 王 磊（2008）《对外汉语教学基础阶段教师课堂教学体态语考察》北京语言大学硕士学位论文。
[②] 朱利叶斯·法斯特（1989）《体态语言》，北京：旅游出版社。
[③] 教育大辞典编纂委员会（1990）《教育大辞典》，上海：上海教育出版社。
[④] 毕继万（1998）《跨文化非语言交际》，北京：外语教学与研究出版社。

变化，是人类重要的交际手段之一。耿二岭（1988）把面部表情、眼色、手势、身势以及沟通者和接受者的身体姿态有最直接关系的伴随语言手段，称为体态语。

这些定义都涉及"非言语""传递信息"两层含义，但涉及的范围略有不同。就本文而言，体态语指的是与言语交际相伴随的，通过面部表情、手势、身势来传递信息，进行交流的一项交际手段。

接下来，我们需要对教师体态语进行界定。与丰富的体态语定义研究相比，对教师体态语定义的研究显得相对薄弱，通常是从体态语的定义发展而来，目前对教师体态语还没有一个确切的界定。大多数的定义都是在体态语定义前加上"教师"两个字。本文采用魏丽杰、魏丽华（2003）的观点：教师的言语交流，除了有声语言的交流外，还存在一些非语言交流，其中姿势、动作、表情的交流起着重要的作用，这就是教师体态语。[①]

2.2 教师体态语的类型

要研究教师体态语，首先要对教师的体态语进行分类。不同类型的体态语作用是不一样的。较常见的有如下几种分类。

王曾祥从教师动作的功能角度，把体态语分为技能动作、助说动作、巡视动作、演示动作和情感动作，共四类。庄锦英、李振村（1993）从教师体态语的效果角度，把体态语分为说明性体态语、象征性体态语、表露性体态语、体调性体态语、适应性体态语，共五类。宋其蕤，冯显灿（1999）和张克（2010）都从教师的身体部位角度来分类，前者把体态语分为表情语、手势语和体势语（如坐姿、站姿、行姿等），共三大类；后者把体态语分为表情语、手势语、身姿语、体距语、服饰语、副语言与类语言，共七类。

因为本文把教师体态语的研究范围限定在教师本人身上，不涉及教师走动，教师和学生的距离，教师的衣着、服饰等这些方面，所以本文依照宋其蕤、冯显灿的分类方法，按照教师体态语的部位进行分类，把对外汉语教师体

[①] 魏丽杰、魏丽华（2003）《教师言语艺术》，济南：济南出版社。

态语研究的内容限定为表情语、手势语和体势语。表情语是指通过面部肌肉运动形成的表情来传递信息交流情感的体态语，是最为丰富的交流情感的体态语种。其中眼神交流和微笑在课堂上运用得最为广泛。手势语是指通过手、臂的动作变化来传递信息、表达感情的体态语。手势语的表情达意功能极强，聋哑人使用的手语完全就靠手势变化形成，它不仅可以表达形象具体的事物，同样可以表现抽象的事物和主观观念及认识，它同有声语言一样丰富多彩。体势语是指通过人体不同姿态的变化来传递信息和表达情感的一种体态语，如坐姿、行姿、站姿等，在课堂教学中，除了行姿和站姿外，教师常用的体势语还有头语，如点头、歪头、摇头等，这些体势语都可以传递出某些特殊的信息，让学生捕捉到。

2.3 教师体态语的作用

我们发现这些学者在教师体态语的作用这一问题的表述上虽然略有不同，但意思都有相似之处，都涉及替代、补充、强调、情感这些方面。

笔者通过对前人的研究进行总结，结合对对外汉语教学视频的分析，归纳出教师体态语在课堂中的作用主要有以下几个方面。

一是替代补充辅助。这是在初级阶段对外汉语课堂中最重要的作用。来自全世界各个地方的学生集中在一个课堂里学习汉语，仅通过有声语言，教师很难让所有学生都明白所讲内容。加以适当的体态语，会让师生的课堂交流更方便。例如，很多教师在发出"听"这一指令时，都会用食指向耳朵，食指在耳朵边转几圈。这样，即使学生听不懂"听"这个词，也能明白老师所发出的指令。

二是反馈。这里的反馈指的是教师对学生的话语做出回应，让学生树立自信心。微笑、皱眉、眼神交流、点头——所有的这些体态语都可以给学生传达老师如何看待学生的信息。并且，教师主要通过面部表情来表达自己的情感。其中，微笑是最常见的表达方式。即使老师没有对学生说"做得不错！"，学生也能通过老师的面部表情、手势和体势语感受出来。在收集的视频中，我们发现教师授课时大都面带微笑。在提问环节中，如果哪位同学一时没有回答上来，教师也会微笑以对，这样会减轻学生内心的紧张感。

三是强调。强调指的是教师对授课重点的强调。在上课时，教师可能不会都用语言来告诉大家"这是重点，要认真听"，而是通过一些体态，比如一些手势、体势来让学生知道老师这么做说明讲到重点了，要集中注意力。比如，有些教师在讲到重点语言点时，会伸出食指来表示"这个地方是重点内容"。

四是控制学生话语和课堂。因为教师主导课堂，所以他可以决定谁发言，说多长时间，发言几次以及什么时候发言。除了使用语言，教师也可以使用体态语来暗示学生什么时候说。相比语言，使用体态语，如点头、眼神、手势等，会更节省时间。另外在控制课堂方面，体态语比语言更有效。我们都不喜欢被斥责，因此使用体态语管理课堂可以相对减少直接冲突。例如，当老师讲课时，有两个学生在一起说话，增加老师和这两个学生的眼神交流或走到他们的位置，可以有效地使学生停止说话，控制调节教学进程、组织管理课堂。而且，在课堂教学中，教师都希望提高学生的课堂参与度，可以通过目光、表情、手势等体态语来吸引学生的注意力，提高学生的积极性，从而控制整个课堂节奏。

五是适应生理心理需要。指教师课堂体态语能够适应教师自身长期养成的习惯或者缓解紧张情绪，或消除身体某部位不适感。[①]例如有的老师紧张时就会拢头发，摸脖颈；讲问题时撸袖子、抱着书；有的老师想问题时会摸下巴，多是些不自觉的下意识的行为动作。

三、研究设计

3.1 研究问题

本文的研究对象是初级阶段对外汉语教师的体态语。在自建的多模态语料库中对对外汉语教师的体态语进行分层标注，通过统计分析，发现其共性和不同，为今后的对外汉语教师培养提出一些可行性建议。为了使目的更具体，本文将解决以下问题：一是初级汉语综合课和口语课上教师体态语的运用情况；

---

① 亓华、陈振艳（2006）《国际汉语教师非言语行为与规范》，北京：北京师范大学出版社。

二是对对外汉语教师的培养提出建议。

3.2 研究语料来源

本研究总共使用了四个语料，都是优秀对外汉语教师的教学视频。

由于目前没有可以免费开放使用的多模态语料库，因此本文进行标注分析的视频语料主要来源于北京语言大学对外汉语青年教师的示范课以及汉语课堂教学示范光盘。这些示范课有三个是在北京语言大学举办的对外汉语青年教师教学大赛中选出的优秀作品，另外一个是汉语课堂教学示范光盘中的优秀教师示范课。选择优秀教师的示范课作为分析对象的原因有二：一是优秀教师的授课效果较好，他们的语言或非语言产出对教学有良好的促进作用；二是优秀教师的课堂话语所伴随的手势语较多，有利于提取数据、进行分析。[①]选取的示范课都是一节完整的课程，教学时长在90分钟左右。我们把这四个视频放入ELAN视频分析软件中，自建一个小型的多模态语料库，除了视频中教师的未入镜的时间外，我们利用ELAN软件对每一节课都进行完整的语料标注分析。

3.3 研究方法和研究工具

本研究采用定量研究和定性分析相结合的方式。视频标注工具为ELAN4.9.4，这是一款对音频和视频数据的标识进行创建、编辑、可视化和搜索的标注工具。该软件可以把视频精确到0.01秒，方便用户精确定位和标注。[②]运用ELAN4.9.4对教师体态语进行定量研究，不仅能更深入细致地分析教师体态语，而且也是研究教师体态语的一种新方法。

[①] 彭圆（2015）多模态视角下教学手势语交际功能研究——以大学EFL课堂为例，《中国外语教育》第11期。

[②] 刘芹、郭晓（2011）基于语料库的中国理工科大学生体态语使用研究，《现代教育技术》第2期。

3.4 数据收集和分析

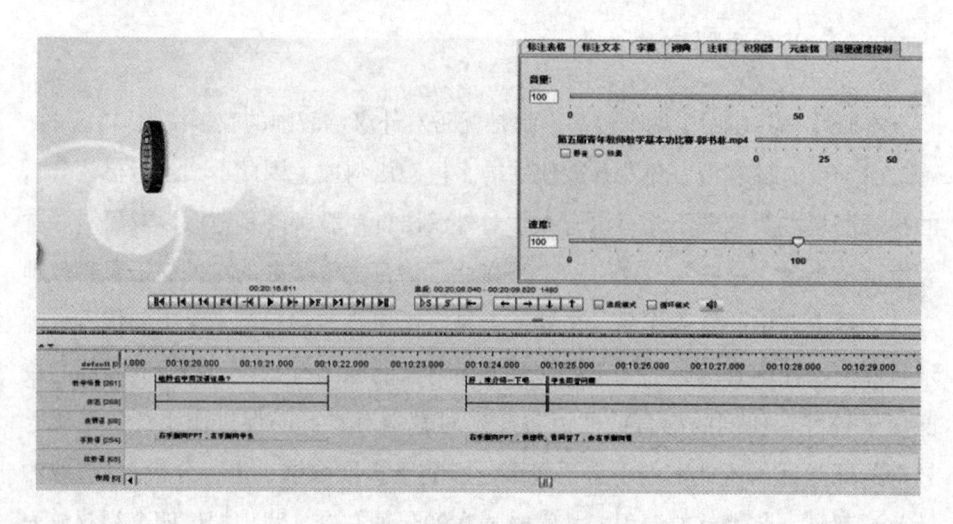

图1　ELAN标注软件

图1是ELAN标注软件截图,在转写标注完成后,点击"查看"中的"标注统计"即可进行统计分析。依据标注内容,我们把四位教师共同出现次数较多的且有代表性的体态语进行统一命名。参考周鹏生编制的《教师课堂非言语行为观察表》,结合本文研究问题的需要,我们制定了《对外汉语教师课堂体态语观察表》(详见表1所示)

表1　对外汉语教师课堂体态语观察表[①]

	表情语						手势语									体势语					
	授课注视	微笑授课注视	环视（微笑）	注视（微笑）	轮流看	其他	单手上抬	双手上抬	解说动作	举手	食指动作	指PPT或黑板	鼓掌	体调动作	其他	摇头	点头	歪头	身体前倾	腿部动作	其他
替代补充辅助																					
反馈																					

---

① 注:在填写该表时,我们是把视频语料和标注内容对应分析后填写的。

续表

	表情语						手势语									体势语					
	授课注视	微笑授课注视	环视(微笑)	注视(微笑)	轮流看	其他	单手上抬	双手上抬	解说动作	举手	食指动作	指PPT或黑板	鼓掌	体调动作	其他	摇头	点头	歪头	身体前倾	腿部动作	其他
强调																					
控制学生话语和课堂																					
适应生理心理需要																					

3.4.1 综合课和口语课教师体态语使用上的差异

根据口语课和综合课上对外汉语教师体态语的统计结果，我们选取了这四位教师课堂体态语的典型形式，共21项，运用SPSS进行分析，选取了这21项，实际使用项为21项，缺失项为零。

表2 口语课和综合课中对外汉语教师课堂体态语描述性分析表

统计量

		口语	综合
N	有效	21	21
	缺失	0	0
均值		173.57	150.76
中值		82.00	60.00
标准差		182.200	173.547
极小值		7	1
极大值		564	558

表2是用SPSS对标注的口语课和综合课中对外汉语教师课堂体态语描述性分析。在该描述统计图中，对外汉语教师课堂体态语在口语课上的使用均值为

173.57，在综合课上的使用均值为150.76，即体态语在初级阶段对外汉语课堂中，口语课有效值与综合课有效值比例为174：151。也就是说明在本研究中，综合课老师和口语课老师做对比，教师体态语在初级阶段对外汉语口语课堂的运用率要大于在综合课堂的运用率。

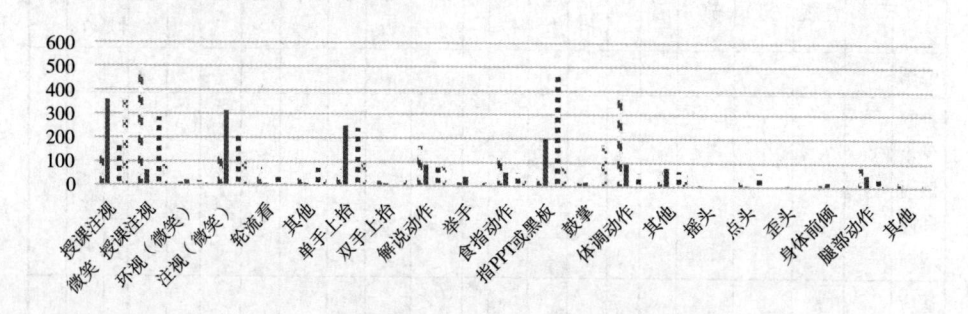

图2　口语课和综合课教师体态语对比柱状图

如图2所示，斜条纹和纯色柱子代表口语课教师体态语使用数量，横条纹和菱形网格柱子代表综合课的教师体态语使用数量。整体来看，"授课注视"和"注视（微笑）"是这四位老师都使用较多的体态语，体势语是使用较少的体态语。若把口语课和综合课做对比，从数据上我们会发现每个老师都有自己的授课风格，使用体态语的次数也不同，但是口语课教师表情语的使用次数整体要高于综合课教师表情语的使用次数。在手势语中，口语课教师在单手上抬、双手上抬、解说动作这三种类型上的使用次数要大于综合课教师的使用次数，这在一定程度上能反映出口语课和综合课两种课型的不同教学任务。初级阶段的对外汉语口语课是要培养学生进行日常会话和一般性交际的能力，因此教师要引导学生多说多练，提高开口率，在一定程度上，会使用较多的体态语来引导学生。

3.4.2　综合课和口语课教师体态语使用上的共性

从身体部位的角度划分，口语课和综合课的教师使用的课堂体态语都划分为三大类。表3显示了每位教师在各身体部位类体态语上的使用情况。

表3 各老师在三大类体态语的统计表

	表情语	手势语	体势语	合计
教师M	816	995	118	1928
教师L	623	591	39	1253
教师Z	886	850	175	1911
教师W	773	741	85	1599
合计	3098	3177	417	6692

表3说明，表情语和手势语是使用最多的两类体态语，在我们标注分析的视频语料中，教室都比较小，学生人数也较少，教师走动次数相对较少，形式也较单一，这些可能会限制体势语的使用。手势语的使用占M老师体态语总量的52%，占L老师体态语总量47%，占教师Z体态语总量44%，占W老师体态语总量46%。可见，手势语在每位教师的体态语总量中都占到一半左右的比例，是使用频率最高的一种体态语。说明在初级阶段的对外汉语课堂上，使用手势语是能够较方便、清楚地传达信息的一种体态语类型。

下面我们结合表4进一步分析各位老师在表情语、手势语、体势语的下属小类上的使用共性。

表4 教师课堂体态语在各种类型上的使用数量统计表

		综合课		口语课	
		M老师	L老师	Z老师	W老师
表情语	授课注视	182	355	119	359
	微笑授课注视	285	85	502	62
	环视（微笑）	19	8	12	21
	注视（微笑）	211	136	148	313
	轮流看	47	6	74	8
	其他	72	33	31	10
手势语	单手上抬	240	95	68	251
	双手上抬	9	26	20	10
	解说动作	91	81	166	88
	举手	6	15	14	39
	食指动作	56	45	124	58

续表

		综合课		口语课	
		M老师	L老师	Z老师	W老师
手势语	指PPT或黑板	476	82	45	199
	鼓掌	1	0	16	18
	体调动作	55	174	376	95
	其他	65	53	66	78
体势语	头语 摇头	1	0	7	0
	点头	57	3	39	6
	歪头	2	1	5	6
	身姿语 身体前倾	11	12	11	20
	腿部动作	35	11	83	50
	其他	12	12	25	3

表4是各教师在体态语小类上的统计表。如表所示，四位教师在各小类中使用比例最高的类别比较一致：（1）表情语中，注视和环视是四位教师使用最多的。（2）单手上抬、解说动作、食指动作和指PPT或黑板在各教师手势语中所占比例最高。（3）头部动作中，点头在各教师头部动作中所占比例最高。（4）身姿语使用数量有限，但腿部动作在各教师身姿语中所占比例最高。

表5 各教师在功能作用类别上的统计表

	替代补充辅助	反馈	强调	控制学生话语和课堂	适应生理心理需要	无意义
M老师	319	211	40	1273	88	2
L老师	217	35	59	742	180	0
Z老师	371	181	66	871	460	2
W老师	217	127	31	1191	102	26
合计	1124	554	196	2925	830	30

表5是各教师在功能作用类别上的统计表。从该表可以看出，控制学生话语和课堂的体态语在四位教师的体态语中使用量最大，其次是替代补充辅助性体态语。强调性体态语使用量最低，但四位教师在该体态语的使用上分布较均衡。

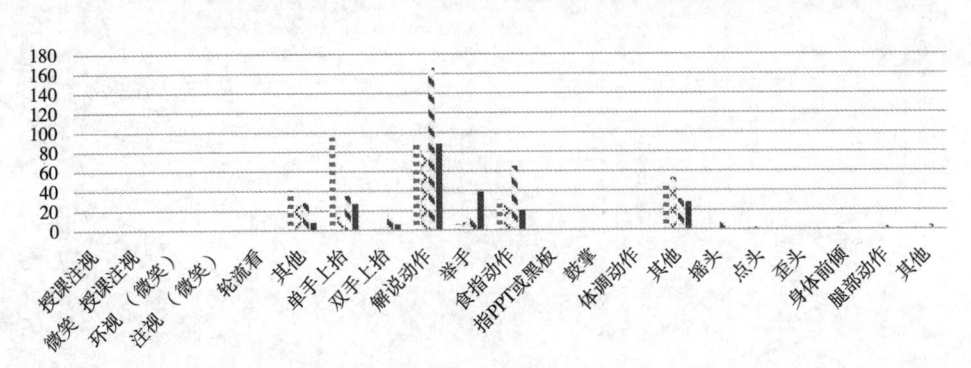

接下来我们结合图3来观察各位教师使用课堂体态语主要体现了哪些作用。

——教师M ↗教师L ↘教师Z ■教师W

图3　在表示替代补充辅助作用时各教师的体态语使用情况柱状图

图3是教师表示替代补充作用时各体态语的分布表。如图所示，手势语和替代补充辅助作用间的对应关系很明显。其中，"解说动作"是四位教师都使用频率较高的；M老师经常使用"单手上抬"来辅助自己的课堂语言教学；Z老师选择使用"食指动作"来辅助对外汉语课堂语言教学。

——教师M ↗教师L ↘教师Z ■教师W

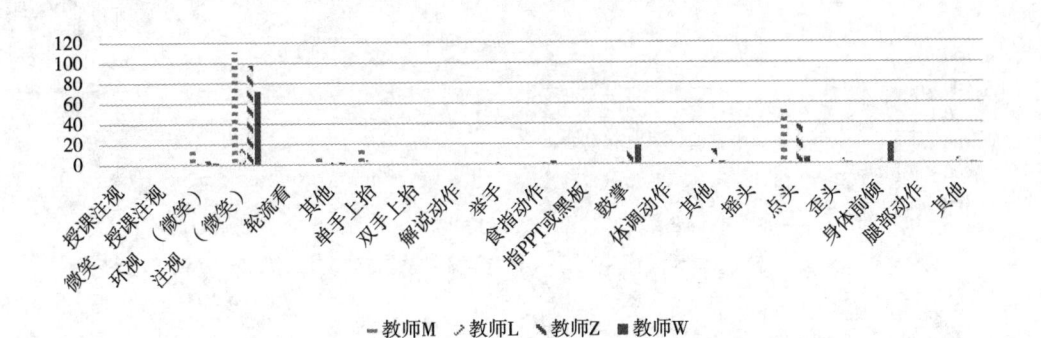

图4　在表示反馈作用时各教师的体态语使用情况柱状图

图4是教师表示反馈时各体态语数量的分布情况。如图所示，"注视（微笑）"和反馈作用间的对应关系十分明显，四位教师都选择使用表情语"注视（微笑）"来对学生的课堂表现给予反馈。除此之外，M老师和Z老师选择使用"点头"这一体势语来表达对学生课堂表现的反馈。

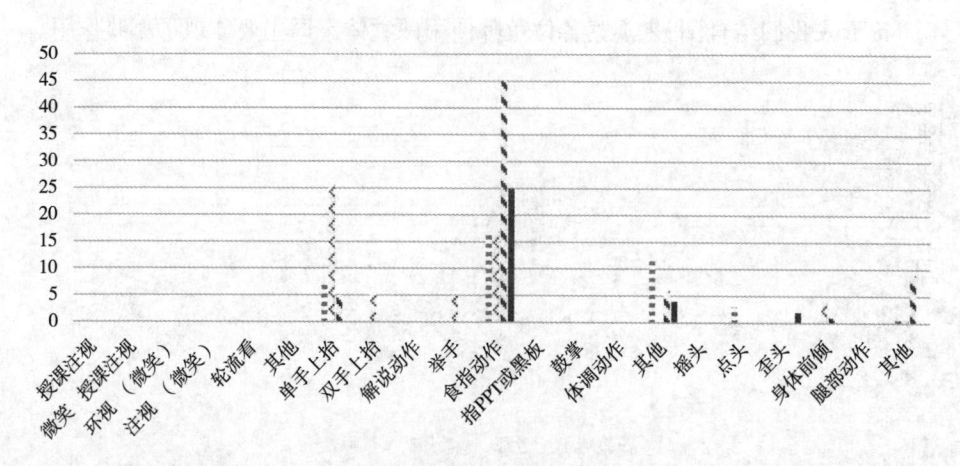

图5 在表示强调时各教师的体态语使用情况柱状图

图5是教师表示强调作用时各体态语的分布情况。如图所示，四位教师在表达强调时选择的体态语十分集中，"食指动作"和强调作用间的对应关系很明显，尤其是Z老师和W老师。L老师使用"单手上抬"来表示强调的频率最高。

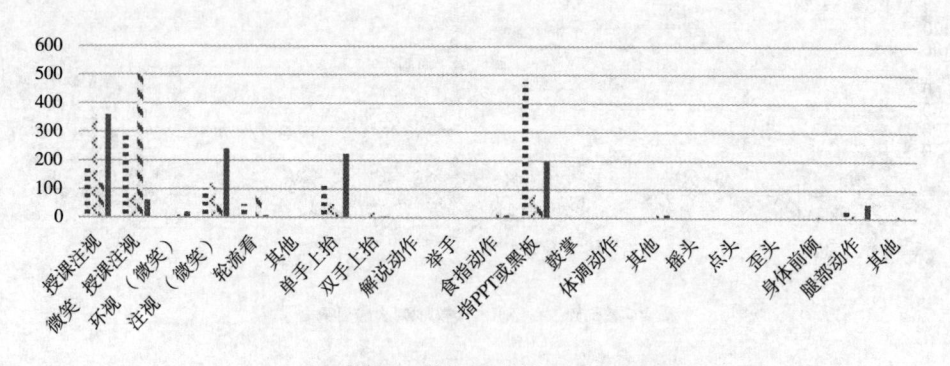

图6 控制学生话语和课堂时各教师的体态语使用情况柱状图

图6是教师控制学生话语和课堂时各体态语的分布情况。从该图我们可以看出，四位教师在表达控制学生话语和课堂时选择的体态语比较分散，表情语和手势语使用的最多。在表情语中，"授课注视"和"微笑授课注视"是四位

教师都使用较多的体态语。另外，W老师还会选择使用"注视（微笑）"来控制学生话语和课堂。在手势语中，"指PPT或黑板"和"控制学生话语和课堂"这一作用的对应关系最明显，尤其是M老师，使用这一体态语来控制学生话语和课堂的频率最高。

综上我们可以看出，虽然口语课和综合课是不同的课型，但是教师的课堂体态语使用情况的共性要远远多于差异。教师在使用体态语帮助课堂教学时使用的各种表情、手势和体势都是比较集中的。当要替代补充或者辅助语言教学时，通常都用使用手势，这一作用通常会在教师讲解生词时出现。当教师要表示反馈作用时，通常会用微笑着注视的表情或是点头，这两种体态语都能给予学生正面的反馈，多在学生回答问题时使用。当教师要强调某一语言点时，会伸出食指，或者上下摆动食指来告诉学生这一部分很重要，要认真听讲。而当教师要控制学生话语或者控制课堂节奏时，通常会采用目光语"授课注视"，或者是手势语"指PPT或黑板"，让学生在听讲时不容易跑神，跟随老师讲课节奏思考或回答问题。

在表情语、手势语和体势语的"其他"也和这四个作用有一定的对应关系，但限于数据很小，并不能准确说明问题，所以这里不再做分析。

教师授课时，说一句话有时会配合好几种不同类型的体态语。为了进一步探究这些优秀教师的课堂体态语不同类型之间是否存在某些联系、哪些体态语搭配使用的频率高且能给课堂带来积极的影响，我们把这四节课的各项数据相加求和，进行了相关分析。

相关分析是研究现象之间是否存在某种依存关系，并对具体有依存关系的现象探讨其相关方向以及相关程度，是研究随机变量之间的相关关系的一种统计分析方法。我们用它来分析教师各种类型体态语之间的关系，用相关系数r来描述。若两个变量成正相关：x、y变化的方向一致，即$r>0$；一般地，$|r|>0.95$ 表示存在显著性相关；$|r|\geq 0.8$ 表示高度相关；$0.5\leq |r|<0.8$ 表示中度相关；$0.3\leq |r|<0.5$ 表示低度相关；$|r|<0.3$ 表示关系极弱，认为不相关。若两个变量成负相关：x、y变化的方向则相反，$r<0$；若两个变量无线性相关，则$r=0$。

通过表6，我们发现若成正相关时，相关系数$r>0.95$的有"微笑授课注视"

和"轮流看","解说动作"和"食指动作","体调动作"和"解说动作","体调动作"和"食指动作","摇头"和"解说动作","摇头"和"食指动作","摇头"和"体调动作","身体前倾"和"举手",共8组。

r≥0.8的有"环视（微笑）"和"注视（微笑）","环视（微笑）"和"单手上抬","注视（微笑）"和"单手上抬","微笑授课注视"和"解说动作","轮流看"和"解说动作","微笑授课注视"和"食指动作","轮流看"和"食指动作","双手上抬"和"鼓掌","微笑授课注视"和"体调动作","轮流看"和"体调动作","环视（微笑）"和"其他","注视（微笑）"和"其他","微笑授课注视"和"摇头","轮流看"和"摇头","体调动作"和"摇头","轮流看"和"点头","其他"和"点头","其他"和"歪头","注视（微笑）"和"身体前倾","解说动作"和"腿部动作","食指动作"和"腿部动作","体调动作"和"腿部动作","摇头"和"腿部动作","环视（微笑）"和"其他","轮流看"和"其他","食指动作"和"其他","摇头"和"其他",共27组。

0.5≤r<0.8的有"授课注视"和"举手","注视（微笑）"和"举手","环视（微笑）"和"指PPT或黑板","其他"和"指PPT或黑板","单手上抬"和"指PPT或黑板","授课注视"和"鼓掌","双手上抬"和"鼓掌","轮流看"和"体调动作","单手上抬"和"其他","举手"和"其他","微笑授课注视"和"点头","看PPT或黑板"和"点头","环视（微笑）"和"歪头","注视（微笑）"和"歪头","举手"和"歪头","授课注视"和"身体前倾","环视（微笑）"和"身体前倾","单手上抬"和"身体前倾","其他"和"身体前倾","歪头"和"身体前倾","微笑授课注视"和"腿部动作","轮流看"和"腿部动作","其他"和"腿部动作","歪头"和"腿部动作","体调动作"和"其他","摇头"和"其他","腿部动作"和"其他",共25组。

这63组都是两个变量的相关性达到中度以上。由此看出,当教师做其中一个体态语时,通常都会伴随着另外一个体态语来搭配使用。我们再把这63组进行归类整理,得出表7,最左列是各个类型的体态语,后面列出了跟它搭配使用频率较高（相关系数r≥0.5）的其他体态语类型。

表6 汉语教师体态语相关分析数据表

	授课注视	微笑授课注视	环视(微笑)	注视(微笑)	轮流看	其他	单手上抬	双手上抬	解说动作	举手	食指动作	指PPT或黑板	鼓掌	肢体动作	其他	摇头	点头	歪头	身体前倾	腿部动作	其他
授课注视	1																				
微笑授课注视	-0.9721	1																			
环视(微笑)	0.018052	-0.158078858	1																		
注视(微笑)	0.392495	-0.467007172	0.901365	1																	
轮流看	-0.99079	0.992070835	-0.04698	-0.38657	1																
其他	-0.5232	0.340468004	0.051104	-0.33341	0.404231	1															

续表

	授课注视	微笑授课注视	环视（微笑）	注视（微笑）	轮流看	其他	单手上抬	双手上抬	解说动作	举手	食指动作	指PPT或黑板	鼓掌	体调动作	其他	摇头	点头	歪头	身体前倾	腿部动作	其他
单手上抬	0.276439	-0.451899645	0.921213	0.866059	-0.33885	0.157	1														
双手上抬	0.115003	0.05115909	-0.98249	-0.80761	-0.068	-0.23092	-0.90843	1													
解说动作	-0.7834	0.901940493	-0.23876	-0.38419	0.859345	-0.09633	-0.59022	0.206872	1												
举手	0.634196	-0.552979208	0.428862	0.761825	-0.55447	-0.85972	0.369451	-0.25311	-0.2135	1											
食指动作	-0.76504	0.883532199	-0.31183	-0.17606	0.845117	-0.13931	-0.54064	0.153272	0.996931	-0.14737	1										
指PPT或黑板	-0.1537	-0.080898216	0.674263	0.391077	0.03743	0.733135	0.786402	-0.77854	-0.44873	-0.28308	-0.44077	1									
鼓掌	0.579411	-0.489985277	-0.77926	-0.52214	-0.57767	-0.18007	-0.50541	0.81814	-0.39298	-0.09313	-0.4404	-0.47921	1								

续表

	授课注视	微笑授课注视	环视(微笑)	注视(微笑)	轮流看	其他	单手上抬	双手上抬	解说动作	举手	食指动作	指PPT或黑板	鼓掌	体调动作	其他	摇头	点头	歪头	身体前倾	腿部动作	其他
体调动作	-0.72749	0.848476934	-0.11102	-0.22754	0.813428	-0.20258	-0.48746	0.101514	0.985445	-0.06031	0.995661	-0.44318	-0.48072	1							
其他	0.00495	-0.028479719	0.856897	0.878895	0.038298	-0.3888	0.63742	-0.77592	0.102269	0.696294	0.178338	0.208643	-0.77761	0.262491	1						
摇头	-0.82393	0.932175431	-0.27798	-0.45117	0.890359	-0.01149	-0.61423	0.229978	0.995426	-0.30578	0.98582	-0.41272	-0.370045	0.965996	0.029081	1					
点头	-0.87729	0.740260326	0.264772	-0.16677	0.809572	0.806961	0.127403	-0.42815	0.398601	-0.69258	0.382983	0.60506	-0.65171	0.34634	0.035503	0.453565	1				
歪头	-0.09701	0.1829638	0.508747	0.601739	0.194209	-0.64456	0.193687	-0.40227	0.456376	0.707619	0.523784	-0.25415	-0.63126	0.600761	0.877371	0.374351	-0.10423	1			
身体前倾	0.657347	-0.630837886	0.593559	0.881045	-0.6049	-0.71585	0.57616	-0.4347	-0.3681	0.971477	-0.29881	-0.05175	-0.17495	-0.2099	0.74867	-0.45431	-0.59989	0.642493	1		
腿部动作	-0.66369	0.748454369	0.208231	0.089734	0.745685	-0.24708	-0.18863	-0.19977	0.884707	0.13624	0.917503	-0.26327	-0.70224	0.946715	0.553873	0.847651	0.365745	0.787557	0.034256	1	
其他	-0.81451	0.903442454	-0.56535	-0.7732	0.847154	0.237789	-0.78265	0.472491	0.86749	-0.62781	0.826152	-0.37897	-0.0736	0.770309	-0.382	0.907551	0.489001	-0.04639	-0.76849	0.549644	1

表7 对外汉语教师课堂体态语高频搭配统计表

授课注视	举手	鼓掌	身体前倾					
微笑授课注视	轮流看	解说动作	食指动作	体调动作	摇头	其他（手势）	点头	腿部动作
环视（微笑）	注视（微笑）	单手上抬	其他（手势）	指PPT或黑板	歪头	身体前倾		
注视（微笑）	单手上抬	其他（手势）	身体前倾	举手	歪头			
轮流看	解说动作	食指动作	体调动作	摇头	点头	其他（体势）	腿部动作	
其他	点头	歪头	指PPT或黑板					
单手上抬	指PPT或黑板	其他（手势）	身体前倾					
双手上抬	鼓掌							
解说动作	食指动作	腿部动作						
举手	身体前倾	其他（手势）	歪头					
食指动作	腿部动作	其他（体势）						
指PPT或黑板	点头							
体调动作	解说动作	摇头	腿部动作	其他（体势）				
其他	身体前倾							
摇头	食指动作	腿部动作	其他（体势）					
歪头	身体前倾	腿部动作						
腿部动作	其他（体势）							

表7最左一列是体态语的具体小类，每一行是和这些小类搭配使用率较高（相关系数r≥0.5）的其他体态语小类。

这些搭配在四位教师的课堂上都有明显的体现。例如第一行第一列和第一行第二列的搭配"授课注视"和"举手"。在课堂上，当教师需要学生发言回答问题时，都会在注视全班学生的同时举起自己的手，表示不能随便回答问题,要先举手才能发言。这一搭配可以很好地维持课堂秩序,保证教学能顺利进行下去。再比如第四行第一列和第四行第二列"注视"和"单手上抬"。这四位教师在授课时,如果需要某一位学生回答问题,都会用眼睛注视该学生,同时单手上抬,伸出一只手掌表示请该同学回答问题,有时会叫学生的名字,有时就全部用"注视"和"单手上抬"搭配代替言语行为。

3.5 小结

通过以上分析,我们发现由于教师的教学经验、授课风格以及对课堂掌控力的差别,在对外汉语综合课和口语课上,教师课堂体态语使用的实际情况并不完全一致,但也呈现出很多相似的态势。总体来看,课型的不同并未对教师的课堂体态语使用产生影响。

优秀汉语教师在体态语上的共性有:表情语和手势语使用的次数最多;在表情语中,教师多使用"授课注视",女老师在"授课注视"时常伴随"微笑"这一表情语。另外,教师也频繁使用"注视"学生这一表情语,通常是在提问学生时使用。在手势语中,口语课教师使用"解说性动作"的频率要高于综合课教师,并且学生的汉语水平越低,教师使用"解说性动作"的频率越高。排除适应生理或心理的体调动作,四位教师使用最多是"指PPT或黑板",这与教师要控制课堂节奏和学生话语有关系;其次,教师使用"单手上抬"的频率排在第二位,通常是教师提问学生时使用该手势。在体势语中,头部动作中"点头"使用频率最高,通常教师在肯定学生回答或向学生表示赞许时使用。其他体态语与个人因素关系较大,教师之间存在差别。

从教师使用课堂体态语所起的作用上来看,控制课堂活动和学生话语是教师课堂体态语的最大作用,四位教师都采用一些不同类型的体态语,如目光语注视、手势语指PPT或黑板等,配合言语行为来掌控课堂节奏,提高上课效率。另外,教师使用体态语来实现替代补充或辅助言语教学的作用也很明显,尤其是在讲解生词、课文的环节时,使用较多。

四、结语

本文从教师体态语的类型和作用两方面研究了对外汉语教师的课堂体态语使用情况，发现了其共性，那么这些优秀教师的课堂体态语对新教师的启发有哪些呢？

第一，在表情语方面，教师要注意与学生的眼神交流。

第二，在手势语方面，教师在教授拼音、声调或讲解生词时，要尽量使用相关手势来配合言语教学。在讲到重点内容时，可以伸出食指，引起学生注意，间接地让学生知道这里是重点。

第三，在课堂提问时，老师要说出该学生的名字，最好加上手势动作，如单手上抬，指向要回答问题的学生。有时，老师不说学生的名字，在让某学生回答时，也可以身体稍微前倾。

第四，在课堂上发出指令时，要做到言行一致，即语言、眼神和手势动作要协调一致。尤其是在给刚接触汉语不久的学生上课时，老师在发出上课指令时一定要辅以体态语，直观形象地让学生明白老师在说什么。

第五，对外汉语教师的课堂体态语要简洁有效，并且保持一致性，不能出现同一内容每节课用不同的体态语来表示。

参考文献

毕继万（1998）《跨文化非语言交际》，北京：外语教学与研究出版社。

耿二岭（1998）《体态语概说》，北京：北京语言学院出版社。

教育大辞典编纂委员会（1990）《教育大辞典》，上海：上海教育出版社。

刘芹、郭晓（2011）基于语料库的中国理工科大学生体态语使用研究，《现代教育技术》第2期。

亓华、陈振艳（2016）《国际汉语教师非言语行为与规范》，北京：北京师范大学出版社。

彭圆（2015）多模态视角下教学手势语交际功能研究——以大学EFL课堂为例《中国外语教育》第11期。

宋其蕤、冯显灿（1999）《教学言语学》，广州：广东教育出版社。

魏丽杰、魏丽华（2003）《教师言语艺术》，济南：济南出版社。
王　磊（2008）《对外汉语教学基础阶段教师课堂教学体态语考察》，北京语言大学硕士学位论文。
朱利叶斯·法斯特（1989）《体态语言》，北京：旅游出版社。
周国光（1997）《体态语》，北京：中央民族大学出版社。
张　克（2010）《体态语与教育传播》，武汉：华中师范大学出版社。
庄锦英、李振村（1993）《教师体态语言艺术》，济南：山东教育出版社。

作者简介

靳继君，北京语言大学语言学及应用语言学专业硕士研究生毕业，主要研究方向为对外汉语教学和语料库语言学。现为东莞市清澜山学校教师。

其他研究

作文自动评分系统研究的现状与对策

胡楚欣

内容提要 不同的作文自动评分系统有着不同的实现路径。本文依据夏林中等人划分的自动评分系统的四大实现路径，结合AES系统所使用的不同特征和技术，把国内外较为重要的作文自动评分系统研究分成三类：基于非文本相关特征的AES系统研究、基于文本相关特征的AES系统研究和混合多种技术的AES系统研究。本文将对这些研究进行分类述评和比较，分析这些系统在特征提取上的得与失，借鉴其长处并总结启示，以期能够为我国汉语作为第二语言的作文自动评分系统的研发和评分特征的选取提供一定的借鉴意义。

关键词 作文自动评分；信度；效度

一、引言

作文自动评分（Automated Essay Scoring，简称为AES）"是利用语言学、统计学及自然语言处理技术对书面作文进行自动评估和评分的技术，常用于大型考试当中"[1]。因其具有评分客观、人力耗费小、反馈快、评分效率高等优点，被广泛运用于各类大型考试的作文评分中。从其发展历程看，自动评分系统由刚开始仅依靠表层语言形式评分，发展为内容和形式两方面相结合而评分，追求与人工评分的相似性。随着自然语言处理技术和深度学习技术的日益成熟，学者们开始尝试将自动评分方法和神经网络的深度学习方法相结合，让机器通过深度网络进行数据的自主学习并提取文本特征。基于自然语言处理的作文自

---

[1] CHEN Y, LIU C, LEE C, et al（2010）An unsupervised automated essay scoring system. IEEE Intelligent Systems, 25(5): 61-67.

动评分方法可能会在将来成为该领域的主流趋势。从其选取特征的角度来看，由刚开始只注重表层文本特征，到后来综合考量能够反映语言质量、内容质量、篇章结构等方面的深层特征，评分要素逐渐多元化。

作文自动评分技术最早兴起于国外，发展到如今技术已经比较成熟；国内自动评分研究较之国外起步较晚，研制速度也较慢，许多系统还处于探索和实验阶段，尚未有较好的自动评分系统投入到国内如MHK、HSK等汉语作为第二语言考试的作文评分中。鉴于此，我们打算对国内外几大主流的AES系统进行述评，分析它们各自的侧重点，并力图通过对比找到这些系统的优势和短板，以期对我国汉语作为第二语言的作文自动评分系统的研发和评分特征的选取有所启示。

二、AES系统分类研究

夏林中等人（2018）根据系统的实现路径，把当前的作文自动评分系统分成了四大类：基于非文本相关特征的AES系统、基于文本相关特征的AES系统、基于统计分类方法的AES系统和基于深度神经网络的AES系统[①]。本文以该分类体系为借鉴思路，根据所使用的不同特征和技术，把国内外一些主流自动评分系统及其研究分成三类：（1）基于非文本相关特征的AES系统研究；（2）基于文本相关特征的AES系统研究；（3）混合多种技术的AES系统研究。下面将对这些系统和相关研究进行分类述评。

2.1 基于非文本相关特征的AES系统研究

非文本相关特征即指文本的浅层语言学特征，主要包括字、词、句这三个层面的特征，不涉及对文章内容的分析，其代表系统是美国杜克大学Ellis Page教授开发的PEG(Project Essay Grader)。国内一些有关MHK、HSK作文自动评分的研究也大多是从非文本相关特征进行研究，如张晋军、任杰（2004）做的

---

① 夏林中，罗德安，张春晓，张卫丰（2018）英语自动作文评分系统实现路径探析，深圳信息职业技术学院学报第2期。

MHK电子评分员实验研究、任春艳（2004）的HSK作文评分客观化探讨等，这可能与第二语言作文侧重考察学习者的书面表达能力有关。

2.1.1 PEG

1966年，美国杜克大学Ellis Page教授开发出作文自动评分系统PEG的第一个版本，这也是世界上最早的作文自动评分系统。它基于文本的浅层语言学特征，通过多元回归方程求出回归系数，再利用所得回归系数为作文进行评分。经过多年的应用实验，PEG不断丰富用于评分的特征指标，但开发者没有公布这些特征。PEG系统目前已知的主要评分特征如下：(1)作文长度，即词总数；(2)介词、关系代词等的数量；(3)单词和句子的长度变化；(4)标点符号，如逗号和分号的数量等。

作文长度用于测量作文的流利性；用介词、关系代词等测量句子结构的复杂程度及多样性；单词和句子的长度是作文措辞风格的表现；标点符号主要是用于测量作文分句的正确程度。在早期的应用实验中，PEG系统预测的作文分数，与人工评分分数的相关性达到了0.87，取得了较好的评分效果，这表明PEG系统所提取这几项评分特征预测作文分数的效果良好。其开发者认为作文内容质量属于内在因素，机器不能够直接测量，因此没有提取能够反映作文质量、主题、内容等方面的深层特征。该系统虽能够有效地预测作文分数，但也存在着不足之处：(1)所提取的表层特征比较粗略，没有采集涉及文本信息、文本内容、篇章结构等的深层语言特征；(2)忽视对作文主题和内容的评分，对于离题作文的评判不够准确。

2.1.2 基于非文本相关特征的MHK作文自动评分研究

张晋军、任杰（2004）做过MHK三级作文的电子评分员实验研究。该研究随机选取2002—2003年在新疆、内蒙古、延边不同的作文700份作为实验样本，先让专业评分员为作文打分并挑出标杆卷以建立趋同的评分标准，依据这一评分标准和《研究设想》编写"电子评分员"程序。机器对700篇录入文本自动分词后对特征进行量化统计，从字层面和词层面提取了17个变量：总字数、不重复字数、乙级字数、丙级字数、丁级字数、乙丙丁级字数、乙级词数、丙级词数、丁级词数、乙丙级词数、丙丁级词数、乙丙丁级词数、连、介、助动、助词数。此外,他们还人为补充了525篇作文里的语法错误作为变量。随后把700篇作文随机分为2组,以MHK的人工阅卷成绩作为自变量,分别进行逐步回归分析,第一组得到一个包括5个变量(不重复字数,语法错误数,乙级词数,句子数,副词、形容词数)的回归方程,第二组得到一个包括7个变量(不重复字数,语法错误数,副词、形容词数,丙丁级词数,标点数,总字数,连、介、助动、助词数)的回归方程。最后选择第一组的方程对作文进行分析,并与人工评分计算相关,统计表明电子评分员与人工评分员的相关系数在0.8左右,一致性较高。

2.1.3 基于非文本相关特征的HSK作文自动评分研究

任春艳(2004)曾探讨过不同主题的HSK作文特征提取问题。任春艳从作文的长度、词语、语法、内容等方面提取了37个客观化特征,并对其进行因素分析。考虑到不同的作文主题和体裁,该实验将37个变量分别与不同类型作文的人工评分进行逐步线性回归分析。发现不同体裁的作文,用于评分的变量也有所不同。适用于记叙文评分的有效变量有5个:句子的错误数、关键词个数与总个数之比、正确句数与总句数之比、关联词语、问号数;适用于议论文评分的有效变量有4个:总字数、词法错误数、关键词个数、丙级词个数与总字数之比。综合样本回归分析得到6个相关度较高的变量:正确句数与总句数之比、丙级词个数、甲级词个数、关键词次数与总个数之比、句法错误数、句号数。该实验为不同体裁作文应使用不同的客观文本特征做了一次有益探索。

陈东(2013)做过基于浅层文本特征提取的汉语作为第二语言作文电子评分系统的初步探索。他以HSK(高等)考试作文作为研究样本,以国外的E-Rater系统作为模型构建的参考框架,借鉴PEG系统的语言质量分析技术进行语言分析,内容分析模块使用潜在语义分析技术。在文本特征的选取上,也借鉴了国外自动评分系统的评分特征,并结合前人的研究,从语言的流利性、准确性、复杂性、多样性及作文内容质量、结构质量等多角度出发考虑,创造性地提出128个适用于汉语作文评分的特征,利用"顺向选择法"和"逐步法"对特征进行分析,"最后得到两个具有较高的有效性且拟合度较好的多元线性回归方程和9个能有效预测汉语作文质量的文本特征项"[①]，这9项文本特征分别是：总字数的四次方根、无错误副词总个数与副词总个数之比、丙丁级字数与总字型数之比、甲级字数与总字型数之比、副词总个数与总词数之比、名词总个数与总词数之比、T单位总个数、分句数、名词总个数。从该实验看来，字型、词类、句长这三方面的特征在HSK作文评分上表现较好。

黄志娥、谢佳莉、荀恩东（2014）也做过HSK自动作文评分的特征提取研究。他们选取1997—2005年的HSK作文中以"绿色食品与饥饿"为题的作文1523篇、4个不同题目的作文9073篇，以此作为研究对象，并从字、词、句、篇及偏误的角度对其进行考察提取出以下语言学特征作为评分指标（见表1）。他们选取与HSK分数相关度高于0.3的19个特征（总词数、字总个数、字数、字个数、短句子数、甲级词次数、乙级词次数、丙级词次数、丁级词次数、超纲词次数、甲级词个数、乙级词个数、丙级词个数、丁级词个数、超纲词个数、关联词次数、关联词个数、书面语个数、书面语次数）作为变量，进行相同题目和不同题目的多元线性回归分析，并对方程的稳定性进行交叉实验，发现这19个特征采用回归方程得到的评分模型稳定性较好，其预测的作文分数呈现近态正似分布。该实验研究为提高HSK作文自动评分的精确度做了有益探讨。

表1 用于HSK作文自动评分的特征

类别	作文特征
作文长度	作文的总字数
	字总个数
	长句子数
	短句子数
	平均句子长度
	平均分句子长度

[①] 陈东（2013）《基于文本特征提取的汉语L2作文电子评分系统初探》，南京大学硕士学位论文。

续表

类别	作文特征
汉字书写	字错总个数
	字错总字数
	等级字错次数
	等级字错总个数
	等级字错次数与总字数比
	等级字错个数与字总个数比
	等级字错个数与字总数比
词汇使用	词总次数
	词总个数
	词总次数与总字数比
	词总个数与总字数比
	等级词个数
	等级词次数
	等级词个数与词总个数比
	等级词次数与词总个数比
	等级词次数与词总次数比
	错词总个数
	错词总次数
	等级错词个数
	等级错词次数
	等级错词个数与词总个数比
	等级错词次数与词总个数比
	等级错词次数与词总次数比
语法知识	错误句子个数
	错误句子次数
	错误篇章次数
	总错误数
成段表达	关联词次数
	关联词个数

续表

类别	作文特征
庄雅度	书面语总个数
	书面语总次数
	合偶词个数
	合偶词次数
	嵌偶词个数
	嵌偶词次数
	个数与词总个数比
	次数与词总个数比
	次数与词总次数比

徐昌火、陈东、吴倩、谢汕蓝（2015）在梳理前人研究的基础上，基于语言流利性、准确性和复杂性，初步拟定了汉语作文第二语言作文文本的浅层特征指标体系：测量语言流利性的指标有总字数、总句数、分句数、T单位总个数等14个特征；语言准确性主要是从偏误的角度测量，包括错误字数、标点错误个数、初级错误总数等32个特征；从两个方面测量语言复杂性，一方面是字词等级，包括字型、字型难度综合指标、甲乙丙丁各级字数等13个字层面特征，另一方面是词类，从名词、动词、形容词、副词、介词短语、连词、数量词这7类词的总个数、错误个数及不重复总个数进行考察。该指标体系所选取的浅层文本特征很详尽，但遗憾的是并未能对其进行实证研究，这些指标的效度和信度还有待考察。

2.1.4 小结

我们从特征数量、特征类型、验证方程、优点这三方面对上述研究进行比较（见表2）。从整体来看，评分特征选取由少量到多元，所选取特征也越来越精细化，但主要以字、词、句层面的特征为主，较少涉及语篇、语义等方面的特征，这可能与第二语言写作侧重考察学习者的书面表达能力有关。在验证方法上，基本采用的是多元线性回归方程进行分析。任春艳使用了逐步回归分析，这也许说明逐步回归分析适用于预测不同体裁的作文分数，多元线性回归方程在预测同一主题的作文分数上表现较好。

表2 特征提取研究的对比

实验者	特征数量	特征类型	验证方程	优点
PEG	未知	长度、词、形态变化、标点符号等	多元回归分析	与人工评分等相关性高
张晋军、任杰	18	字、词、语法错误	逐步回归分析	根据趋同的评分标准选取特征,所选取特征较为合理
任春艳	37个	字、词、标点符号、词数错误等	逐步回归分析	找出了针对不同体裁作文评分的有效变量
陈东	128个	长度、字、词、语法错误等	多元线性回归分析	得到了两个拟合度较高的回归方程及9个能有效预测汉语作文质量的文本特征项
黄志娥、谢佳莉、荀恩东	107个	长度、字、词、语法错误	多元线性回归分析、交叉验证	样本容量大,特征多元化,测试出19个相关性较高的语言学特征
徐昌火、陈东、吴倩、谢汕蓝	66个	长度、字、词、句、语法错误等	无	结合汉语的特性,构拟了一套汉语L2作文文本的浅层特征指标体系

2.2 基于文本相关特征的AES系统研究

所谓文本相关特征指的是文本的词性标注、文法结构、蕴含主题、浅层语义等特征,在对文本相关特征进行分析之前,一般先要对文本进行词性标注[①]。目前使用较多的技术是潜在语义分析技术,即通过文章的语义依存关系预测作文分数。其代表系统是国外的IEA,国内梁茂成教授开发的大规模考试英语作文自动评分系统也使用了该技术。

2.2.1 IEA(Intelligent Essay Assessor)

IEA系统和PEG系统则相反,它注重考察作文的内容质量,而轻视语言形式的考察。IEA基于内容语义预测作文分数,即利用"潜在语义分析技术(LSA)"进行作文智能化评分。"潜在语义分析技术"是Dumais等人(1988

---

① 夏林中、罗德安、张春晓、张卫丰(2018)英语自动作文评分系统实现路径探析,《深圳信息职业技术学院学报》第2期。

提出的一种用于信息检索的代数模型。IEA系统给作文评分前，先利用LSA建立测评该类主题作文可能用到的词及上下文矩阵，经过技术转换，得到三维的矢量空间矩阵，作为标准答案；再用同样的方法为待评作文建立一个矩阵，将两个矩阵相比较，就可以得到一篇作文的分数。此外，IEA还设立了一个余弦相关指标，用以检测作文文本和标准答案之间的相似度，以识别作弊作文。Landaueretal（2000）曾做过IEA与人工评分的相关性研究，两者的相关性为0.85，表明通过作文的语义联系为作文打分的效果不错。

但该系统也存在一定的不足：（1）只注重考察文本里的语义结构，而缺少对语言质量和篇章结构的关注；（2）由于需要依靠大量的数据来建立合适的矩阵，计算作文分数耗时较久。IEA利用LSA技术挖掘语言形式背后的深层关系，从语义角度预测作文分数，比仅根据表层特征进行评分的PEG进步不少。

2.2.2 大规模考试英语作文自动评分系统

这一系统是由梁茂成主持开发的，他结合PEG和IEA各自的长处，考虑到中国学生英语作文的写作方式，从语言、内容、文章结构三个维度来为作文打分。该系统亮点在于利用奇异值分解技术来测试作文的主题相关度，提高了判别离题作文的准确度。

此外，梁茂成总结了前人研究中所用到的23个语言学变量（见表3），并收集了220份南京大学学生四年的英语作文，对这些变量进行验证，将变量预测的分数和人工评分分数进行相关性分析，发现有6项变量（文章长度、词的种类、平均句长、词长标准差、名词化的词所占百分比、平均句长）和作文质量的相关系数较低，即它们预测作文分数的表现较差。该系统虽然操作性高，但也存在一定的局限性：（1）由于抽查的总体样本数量与实际大规模考试的作文总量相差过大，评分信度和效度可能会受到一定影响；（2）该系统仅能够对说明文、议论文进行评分，不适用于评测其他类型的作文。

表3 梁茂成总结的23项语言学变量

主要层面	小类		语言学变量
语言	流利性		作文长度（以词为单位）
			作文长度的四次方根
			词的种类
			句子数量
	准确性		介词数量
			作文数量
	复杂性	词汇	形符比
			吉劳德指数
			词汇频率分布
			常用词数量
			不常用词数量
			平均词长
			词长标准差
			名词化的词所占百分比
		句法	平均句长
			长句的百分比
			短句的百分比
			简单句的百分比
内容	主题相关度		奇异值分解相似度量
组织	全篇		段落数量
	逻辑		代词数量
			连词数量

2.2.3 基于文本相关特征的MHK作文自动评分研究

相较于张晋军、任杰（2004）所做电子评分员研究，李亚男（2006）在分词系统的基础上提取特征，所提取特征更为全面多样，而且还增加了同一主题和不同主题作文自动评分效果的对比。李亚男把MHK三级作文分为两组：一组是7个不同题目的583篇作文，一组是同一题目的488篇作文。两组样本随机地分为a、b两组。以汉语词法分析器开源项目ICTCLAS为基础，开发一个分词系统，以统计技术提取45个可量化因素建立作文文本的原始数据库，该45个可量化因素包括字、词、语法、段落、标点等层面的文本特征（见图1）。李亚男以这些可量化因素为自变量，以人工评分的分数为因变量，对其进行多元线性回归分析，得到8个回归方程并交叉验证，发现含有4个自变量（MHK书面表达第一部分得分、总词数、语法错误数、乙丙级字数）的逐步回归方程的有效性和人工评分的相关性最高。但该实验所提取的特征是以字、词、语法层面特征为主，缺少反映作文篇章结构、内容组织的文本特征。此外，李亚男的实验还表明使用同一题目作文建立的回归方程的有效性和相关性，都高于使用不同题目作文建立的回归方程。

45个可量化因素为：
1) 字数（zizong）
2) 不重复字数（zibu）
3) 《MHK词汇与汉字等级大纲》中甲级字数（zija）
4) 该大纲中乙级字数（ziyi）
5) 该大纲中丙级字数（zibing）
6) 该大纲中丁级字数（ziding）
7) 该大纲中甲乙级字数（zijy）
8) 该大纲中乙丙级字数（ziyb）
9) 该大纲中丙丁级字数（zibd）
10) 该大纲中甲乙丙级字数（zijyb）
11) 该大纲中乙丙丁级字数（ziybd）
12) 总词数（cicong）
13) 不重复词数（cibu）
14) 不重复词占作文总词数的比率（cipbuzong）
15) 平均词长：总字数/总词数（pjcch）
16) 《MHK词汇与汉字等级大纲》中甲级词数（cija）
17) 该大纲中乙级词数（ciyi）
18) 该大纲中丙级词数（cibing）
19) 该大纲中丁级词数（ciding）
20) 该大纲中甲乙级词数（cijy）
21) 该大纲中乙丙级词数（ciyb）
22) 该大纲中丙丁级词数（cibd）
23) 该大纲中甲乙丙级词数（cijyb）
24) 该大纲中乙丙丁级词数（ciybd）
25) 该大纲中名词数（ciming）
26) 该大纲中动词数（cidong）
27) 该大纲中形容词数（cixing）
28) 该大纲中副词数（cifu）
29) 该大纲中形容词、副词数（cixingfu）
30) 该大纲中的数词和量词数（cishuliang）
31) 该大纲中连词数（cilian）
32) 该大纲中介词数（cijie）
33) 该大纲中助词数（cizhu）
34) 该大纲中连词、介词、助动词、助词数（ciljz）
35) 超纲词（cichao）
36) 标点符号数（biaod）
37) 逗号、句号、问号、叹号、分号、冒号总数（zongbiaod）
38) 句子数（jzshu）：按照"。""！""？""；"来检索每篇文章的句子数。部分考生的文章中没有句号，则将这部分考生的句子数人为定为1句。
39) 平均句长（pjjch）：总字数/句子数
40) 段落数（duanlshu）
41) 语法错误数（cuoyufa）
42) 语法错误率（pcuoyufa）：语法错误数/逗号、句号、问号、叹号、分号、冒号总数
43) 书面表达第一部分得分（mhk_shum）
44) 关键词数（guanjc）
45) 关键词占该作文总词数的比率（pguanjc）

图1 李亚男提取的45个可量化因素

2.2.4 基于算法提取作文主题特征的研究

蔡黎、彭星源、柯登峰、赵军（2010）在内蒙古举行的MHK考试（2008年5月）的18000篇作文中，随机抽取772篇作为实验样本，对李亚男（2006）提出的45项浅层文本特征进行测试，发现这些特征与人工评分的相关度不是很大，词数、甲级词数、乙级词数、丙级词数这4个特征相关度较高，但也都在

0.3以下。为此,他们提出了两个新的特征提取算法流程[①]:一是从词入手,采用中文自然语言处理技术,提取作文的写作水平特征(见图2);二是结合信息检索里的词频技术,提取作文主题特征(见图3)。

算法:作文写作水平特征提取
输入:分词后的大语料L,分词后的作文E,词频阈值$limit$
输出:作文E的写作水平特征值S
方法:
1. 对大语料L进行统计词频,词W_i的词频记为f_{w_i}
2. 对于每个$W_i \in L$,如果$f_{w_i} < limit$,把$f_{w_i} = limit$,以避免语料库的稀疏性
3. 对于每个$W_i \in L$,计算W_i的使用难度系数$\lambda_{w_i} = 1/\log f_{w_i}$
4. 作文E的写作水平特征为该篇文章所有词的使用难度系数之和 $S = \sum_{i=0}^{n} \lambda_{w_i}$,$n$为文章的词数
5. 返回S

图2 作文写作水平特征提取算法流程

算法:作文主题特征提取
输入:分词后的大语料L,分词和词性标注后的N篇作文样本语料,分词后的预测作文E,词频阈值$limit$
输出:作文E的主题特征值S
方法:
1. 对大语料L进行统计词频,词W_i的词频记为F_{w_i}
2. 对于每个$W_i \in L$,如果$F_{w_i} < limit$,把$F_{w_i} = limit$,以避免语料库的稀疏性,总词数为H
3. 对分词和词性标注后的N篇作文样本语料,去掉辅助功能的词,只保留名词,动词,形容词,副词。
4. 对N篇作文样本语料统计词频,词W_i的词频记为f_{w_i},总词数为h
5. 计算词W_i的主题相关系数$\lambda_{w_i} = (f_{w_i}/h)/(F_{w_i}/H)$
6. 作文E的主题特征值为该篇文章所有词的主题特征值之和$S = \sum_{i=0}^{n} \lambda_{w_i}$,$n$为文章的词数
7. 返回S

图3 作文主题特征提取算法流程

[①] 蔡黎、彭星源、柯登峰、赵军(2010)少数民族汉语考试作文自动评分的特征提取研究,收入《第五届全国青年计算语言学研讨会论文集》,中国中文信息学会编。

2.2.5 小结

综上所述，基于文本相关特征的AES系统研究所选取的特征更加丰富多元：除了利用浅层文本特征进行评分，还注重选取能够反映作文主题、浅层语义、篇章结构等深层特征。从PEG系统和梁茂成建立的自动评分系统来看，潜在语义分析技术能够较好地测量作文中的语义关联；李亚男基于分词器所选取的特征更加精确，这启示我们在构建汉语L2作文自动评分系统时也应注意考虑从语义的角度进行评分。蔡黎等人（2010）提出了针对提取MHK作文写作水平特征和作文主题特征的算法流程，这一研究为提取作文主题特征以及建立特征模型提供了有益尝试。L2作文自动评分系统在提取反映作文写作水平和写作主题的特征时，也许可以借鉴这两种算法以提取合适的特征。

2.3 混合多种技术的AES系统研究

随着计算机技术的快速发展和科技的不断创新，应用于作文AES系统的技术也由单一向多样化方向发展，极大地提高了作文自动评分的效度和信度。下面对E-Rater、句酷批改网等混合系统及其相关研究进行述评。

2.3.1 E-Rater (Electronic Essay Rater)

电子评分员（Electronic Essay Rater），简称E-Rater，1997年由ETS（Educational Testing Service）演变而来的。与PEG和IEA系统相比，E-Rater融合了PEG和IEA的优点，不仅能够考察文章的语言质量，还能够考察文章内容质量并对文章的篇章结构进行分析。E-Rater采用的回归模型不同于PEG，E-Rater是利用线性回归模型为作文评分。该系统会对文章的词汇、词语长度、句法结构、修辞结构、内容和思想组织等给出一个整体评分，且能够针对不同的作文题目，构建不同的评分模型，其评分过程如下（见图4）[1]：

---

[1] 葛诗利、陈潇潇（2007）国外自动作文评分技术研究，《外语电化教学》第5期。

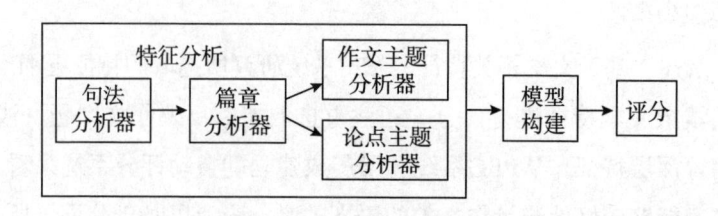

图4 E-Rater评分过程

E-Rater系统利用自然语言处理技术分析一些样本作文，并使用统计方法以提取样本作文里的语言学特征，最后用基于语料库的方法构建线性回归模型，再进行评分。图4是E-Rater系统的评分过程：句法分析器用来分析作文的句法多样性，篇章分析器用以分析思想组织，作文和论点主题分析器用以分析词汇的多样性和复杂性。

相较于PEG用到的语言学特征，IEA所选取的特征更为多样全面。Burstein、Kukich、Wolff、LuC和Chodorow（1998）考察了E-Rater系统所提取从样本作文里提取出来的语言学变量，找出了在15个模型中最常出现的10项语言学变量（见表4）。其中，独立论点总数、论文内容、用于论证发展的单词数、情态动词数，这4个变量稳定地出现在这15个模型中，说明这些评分特征在预测作文分数上有较好的表现。相较于PEG和IEA，E-Rater所提取的语言学特征和所使用的技术、特征都更为丰富多样，极大地提高了对作文分数预测的可信度。据2004年的一次研究数据显示，E-Rater系统的信度达到0.60，评分信度较高；和人工评分员的相关系数则高达0.93。

表4 在15个模型常出现的语言学变量

特征	特征分类	在15个模型中出现的次数
独立论点总数	表面特征/修辞特征	15
论文内容	表面特征	14
用于论证发展的单词数	修辞特征	14
情态动词数	句法特征	12
段落	表层特征	8
补语从句参数初始化	修辞特征	7
论证发展的反问句	修辞特征	6

续表

特征	特征分类	在15个模型中出现的次数
论证发展的证据词	修辞特征	6
从属子句	句法特征	4
关系子句	句法特征	4

2.3.2 句酷批改网

句酷批改网是我国自主研发、目前使用率较高的一种英语作文自动评分系统，是一个基于语料库技术、教育测量技术和云计算技术的在线批改网站。其评分过程如下：教师可以自由设置内容相关、篇章结构、句子、词组搭配、词汇、流畅度这6个维度各自的占比。"内容相关"考察的是作文长短，主要目的是评判文章是否切题；"篇章结构"考察上下文之间是否连贯，主要通过教师提供的主题词来判断；"句子"从平均句长、平均词长、从句密度等方面考察句子的流利度和复杂度；"词组搭配"考察学生词组搭配正确与否；"词汇"从各词类的分布情况考察词汇多样性；"流畅度"通过把作文和语料库进行对比，考察学生作文语言是否地道。此外，教师还可以设置作文体裁，有说明文、叙述文、描写文、议论文、不限定这5个选项，教师若不设置，系统默认为"不限定"；接着系统会将每篇作文分解成192个子维度进行测量，通过加权得到词汇、句子、篇章结构、内容相关的分数并以此形成总分。句酷网的创新之处在于找到了语料库和自动评分相结合的切入点，通过将作文和12个语料库进行对比，按句给出学习提示、推荐表达、拓展辨析等修改建议，为学生提供较为全面的指导。

有学者通过实验研究发现，连续使用句酷网批改作文，可以有效提升学习者的英语写作水平。但句酷网侧重关注作文所使用的词汇，对整体逻辑和组织内容关注较少，例如对于一些辞藻华丽或晦涩难懂的作文，却会打出高分。此外，句酷网对于离题作文的识别不够准确，还待进一步加强。

2.3.3 混合多种技术的HSK作文自动评分系统研究

张恒源、李大卫、安佳宁、刘洋（2020）设计了一个面向汉语学习者的作文自动评分系统，该系统从切题程度、词汇水平、句型难度和表达准确度四个方面测评作文，具有词汇拓展、英文释义、原文点评的功能。该研究使用29个不同题目的HSK作文语料进行切题程度指标的训练、验证和测试，通过题目向量和篇章向量的余弦相似度判断作文是否切题；词汇水平通过统计各个词汇等级的数量得出；句型难度是通过句法树高度、作文的连接词密度及句子平均长度来测试；表达准确度通过错误词语的数量判断。利用余弦相似度判断作文是否切题的方法，为自动评分系统对作文主题的判定开拓了新思路。

湖北工业大学的张跃龙2020年硕士学位论文从机器学习的角度对汉语水平考试（HSK）作文自动评分进行了研究。他以"HSK动态作文语料库"的语料作为数据集，对比利用多元线性回归技术、支持向量机技术（SVM）以及LSTM深度学习技术训练数据集得到的不同效果。支持向量机机器学习的一种分类模型，通过在多维度空间中建立一个超平面，对多维的特征向量进行划分，超平面的距离越远，所得到的分类模型区分度越好，效果也越好。LSTM深度学习技术是用基于长短时记忆网络的文本处理技术，把文本特征转变成数字向量，在最大限度上保留文本信息，然后把特征向量输入模型让机器进行学习。张跃龙通过对比这3个技术所得到的分数，得出结论：利用SVM和LSTM建立的评分模型在某一特定作文分数档的数据集上表现最佳，而在其他数据档的数据集上表现较差；而以多元线性回归方法为基础建立的评分模型在HSK作文各分数段上表现较为稳定。三种模型中，多元线性回归模型对于HSK作文评分效果最好，这也很好地解释了为什么大多数自动评分系统都是采用统计学中的多元回归方法来预测作文分数。

2.3.4 小结

1997年开发的E-Rater是早先混合系统的代表，它融合了自然语言处理技术、统计技术、潜在语义分析技术等对作文进行综合打分，其与人工评分的相关性系数远高于PEG和IEA。国内句酷批改网也借鉴E-Rater的思路，综合多个模块分数得出最终评分，并且还能够将学生提交的作文在多个语料库中进行对比并给出反馈，找到了语料库和自动评分相结合的切入点。张恒源等（2020）通过实验，发现利用余弦相似度来判断作文是否切题的效果较好，这为自动评分系统对作文主题的判定提供了新角度；张跃龙（2020）对比了利用不同模型为HSK作文自动评分的效果，也为汉语L2作文自动评分系统的模型构建提供了很大的参考价值。

三、对汉语 L2 作文自动评分系统的启示

作文自动评分系统是一个复杂庞大的系统，不仅需要有语言测试、统计学等相关理论背景作为基础，还需要综合利用多门学科的技术。对上述AES系统及研究的述评和比较，为我国汉语L2作文自动评分系统提供了以下几点启示。

3.1 特征提取应多元化

第一语言的写作要求和第二语言的写作要求有着不同的侧重点：第一语言的写作侧重综合考察，对内容、结构、风格、优美度等方面都有要求；第二语言的写作重点是测试作为第二语言的书面表达能力及书写能力，主要是从拼写、词汇量、语法结构、标点、流利性等角度考察。计算机为作文进行自动评分，不可能与人工评分完全一样，只能模拟其过程。为了最大限度地模拟人工评分过程，要从多方面考虑能反映作文语言质量、篇章结构等方面的评分要素，并对这些要素进行分类细化，以提高自动评分效度和信度。从上述研究来看，字类、词类、句长、语法错误等方面的特征在MHK和HSK自动评分研究中的评分效果表现较好，但这些特征仅是反映语言质量的特征。我们可以结合汉语的特点，借鉴IEA系统中反映内容质量的特征及E-Rater系统中反映作文篇章结构的特征，构造一个兼顾语言质量、文章内容、篇章结构的适用于汉语L2作文自动评分的特征体系。

3.2 以多元回归方程为基本技术

多元线性回归分析是一种较为基础简单、易于操作的分析方法，能够测试多个自变量之间的相关程度与回归拟合程度的高低，通过最优组合来估计或者预测因变量，很适合用来检验多项语言学变量和人工评分分数（因变量）之间的关系。PEG和E-Rater自问世以来，就一直在使用多元回归的统计技术；张晋

军、任杰（2004）、陈东（2013）、黄志娥等（2014）也都是以多元回归方程进行特征的相关性分析的。从以上的趋势来看，多元回归技术在作文自动评分系统中应用广泛，已经成为自动评分系统的基础统计技术，在构建汉语L2作文自动评分系统时可以借鉴。

3.3 结合潜在语义分析（LSA）技术为作文评分

潜在语义分析（LSA）不仅是一种理论，也是一种自然语言处理技术。Landauer和Dumais（1997）对这一理论进行了解释：每个文本都中存在一个隐藏的语义结构，该结构是文中全部词汇的语义总和。但语言里的语义关系复杂，常常会出现多义现象。潜在语义分析技术通过把词和文本映射到一个矢量空间中进行比较，根据矩阵分解发现文本与词之间的基于话题的语义关系，从而排除其他干扰信息，有效预测作文分数的精确度。梁茂成（2007）指出"E-rater基于作文中的主题词，并利用了潜伏语义分析法，有效地解决了同义词问题和一词多义问题，从而极大地提高了作文内容的分析效果"[1]。从现有研究来看，汉语L2作文自动评分的特征选取主要是以测量语言质量为主，较少涉及语义层面的考察。在研发汉语L2作文自动评分系统时，可以参考E-rater的做法，融入潜在语义分析这一较为先进的信息检索技术，以提高对文本内容质量的分析效果。

四、结语

本文基于夏林中提出的分类体系，再结合AES系统所使用的不同特征及技术，把国内外自动评分系统及其相关研究分成了三类：基于非文本相关特征的AES系统研究、基于文本相关特征的AES系统研究和混合多种技术的AES系统研究。我们对这些系统和研究进行分类述评，分析各自优点和不足，在总结的基础上提出三点建议，以期对我国汉语作为第二语言的自动评分系统的研发和评分特征的选取有所启示。当然L2自动作文评分系统要广泛投入使用，需要有

---

[1] 梁茂成、文秋芳（2007）国外作文自动评分系统评述及启示，《外语电化教学》第5期。

足够量的作文语料作为训练样本，以便更好地提取更能反映学习者汉语写作水平和写作质量的特征；还需要在总结前人经验的基础上不断吸收新理念，融入先进的技术，以提高自动评分的效度和信度。总之，要研发一个适用于批改汉语L2作文的自动评分系统，在很多方面仍需深入研究与改进。

参考文献

蔡黎、彭星源、柯登峰、赵军（2010）少数民族汉语考试作文自动评分的特征提取研究，收入《第五届全国青年计算语言学研讨会论文集》，中国中文信息学会编。

陈　东（2013）《基于文本特征提取的汉语L2作文电子评分系统初探》，南京大学硕士学位论文。

陈小芳（2017）自动写作评分系统对作文句法复杂度的影响，《黑龙江工业学院学报》第11期。

冯鑫、冯卉（2002）电子阅卷员在美国的发展及在我国应用的探讨，《考试研究》第2期。

付瑞吉、王栋、王士进、胡国平、刘挺（2018）面向作文自动评分的优美句识别，《中文信息学报》第6期。

葛诗利、陈潇潇（2007）国外自动作文评分技术研究，《外语电化教学》第5期。

韩　宁（2009）几个英语作文自动评分系统的原理与评述，《中国考试（研究版）》第3期。

黄志娥、谢佳莉、荀恩东（2014）HSK自动作文评分的特征选取研究，《计算机工程与应用》第6期。

雷晓东（2015）英语作文自动评价系统技术的国内研究与应用，《科技视界》第35期。

李亚男（2006）《汉语作为第二语言测试的作文自动评分研究》，北京语言大学硕士学位论文。

梁茂成、文秋芳（2007）国外作文自动评分系统评述及启示，《外语电化教学》第5期。

刘卫忠、余力（2014）基于链语法的英语作文自动评分研究，《电脑知识与技术》第2期。

任春艳（2004）HSK作文评分客观化探讨，《汉语学习》第6期。

田清源、赵刚（2008）HSK作文客观化评分的研究，《汉语学习》第5期。

王建、张藤耀（2020）自动作文评阅系统评分效度验证及教学启示，《语言与文化论坛》第1期。

午泽鹏（2020）《简答题自动评分方法研究》，山西大学硕士学位论文。

夏林中、罗德安、张春晓、张卫丰（2018）英语自动作文评分系统实现路径探析,《深圳信息职业技术学院学报》第2期。

谢贤春（2010）英语作文自动评分及其效度、信度与可操作性探讨,《江西师范大学学报（哲学社会科学版）》第2期。

徐昌火、陈东、吴倩、谢沚蓝（2015）汉语作为第二语言作文自动评分研究初探,《国际汉语教学研究》第1期。

邹思琦、钟家宝（2018）国内作文自动评估系统的研究综述，海外英语第12期。

张恒源、李大卫、安佳宁、刘洋（2020）面向汉语学习者的作文自动评分系统设计与实现,《电子技术与软件工程》第21期。

张　杰（2019）国内英语写作评分研究综述,《西安文理学院学报（社会科学版）》第1期。

张晋军、任杰（2004）汉语测试电子评分员实验研究报告,《中国考试》第10期。

赵　亮（2004）《作为第二语言的汉语写作能力测验方式的实验研究》，北京语言大学硕士学位论文。

Chen Y, Liu C, Lee C, et al. (2010) An unsupervised automated essay scoring system, *IEEE Intelligent Systems*.25(5): 61-67.

Faigley, L.(1980）The dynamics of composing: Making plans and juggling constraints. In L.Gregg & E. Steinberg. *Cognitive Processes in Writing*. Mahwah, NJ: Erlbaum:31-50.

Landauer, T.K., Laham, D. andFoltz, P. W. (2000)The Intelligent Essay Assessor .In Hearst, K.(eds.), The Debate on Automated Essay Scoring. IEEE Intelligent Systems.

Mitchell T., Russell T., Broomhead P., Aldridge N. (2002) .*Towards Robots Computerised Making of Free-text Responses, ResearchGate*.

Pallotti G.(2009)CAF: Defining, redefining and differentiating con-structs. *Applied Linguistics*. 30(4)：590 -601.

Wolfe-Quitero; Inagaki K S.&H.Y. Kim.(1998) Second Language Development in Writing: Measures of Fluency, *Accuracy, and Complexity*. Honolulu: University of Hawaii Press.

作者简介
胡楚欣，北京语言大学汉语国际教育研究院硕士研究生，汉语言文字学专业，主要研究方向为现代汉语语法、汉语中介语语料库。

关于冠状病毒语料库的调研报告

卢方红

内容提要 本文介绍了冠状病毒语料库（Coronavirus Corpus）的相关情况，包括语料库的类型、建设目的、语料分布和规模、语料库的检索、标注、开放度等。冠状病毒语料库依托于英语系列语料库（English-Corpora.org），由马克·戴维斯主持创建，旨在成为2020年及以后冠状病毒对社会、文化和经济影响的最终记录。它具有语料来源丰富、检索功能强大、检索速度快、标注准确率高等优点。但同时也存在一些问题，如语料所涉及的国家不平衡、缺少每个国家全部语料占比的数据、对于非英语母语者操作难度较高等。该语料库的建设体现了语言学家们对社会重大事件的关注与关切，这种精神值得敬佩。

关键词 冠状病毒语料库；英语系列语料库；新冠肺炎疫情；语料库使用

一、引言

大数据时代背景下，语言学家们越来越重视"用事实说话"，数据分析成为研究中最常用的方法之一。语言数据主要来源于已建成的语料库，语料库是现实生活中真实语言运用实例的集合。我们接触较多、使用率较高的是国内的语料库，如CCL语料库、BCC语料库、HSK动态作文语料库等，这些语料库为汉语本体研究、二语教学研究、语言对比研究等提供了重要的数据支持。国外的语料库发展较之国内要更早、更快，但我们对国外语料库的了解比较少，在研究过程中运用也非常少。对国外语料库的考察，不仅有利于让我们对语料库发展的认识和了解更深入、更全面，同时也为我们提供了更多的选择，从而可以充分利用国外语料库的资源展开研究。除此之外，我们也可以吸收国外语料库的优点，反思其不足，对国内语料库的建设和发展具有重要的借鉴意义。

二、English-Corpora.org: 英语系列语料库

English-Corpora.org是世界上使用最广泛的语料库（高度可搜索的文本集合）[①]。由美国杨百翰大学（Brigham Young University，简称BYU）语言学教授马克·戴维斯（现已退休）自2004年开始创建语料库架构和网络界面，目前已经涵盖了十多个语料库，因此也有学者称之为"杨百翰大学英语系列语料库"（周韵，2014）或"BYU语料库"（刘喜琴，2017a）。但是我们认为这两个名称都不是非常贴合语料库本身。首先，在English-Corpora.org中除了英语语料库，还包括了两个非英语语料库——葡萄牙语料库和西班牙语料库。葡萄牙语料库中约有10亿葡萄牙语词汇，取自4个葡萄牙语国家——巴西、葡萄牙、安哥拉和莫桑比克。西班牙语料库中约有18亿西班牙语词汇，取自阿根廷、墨西哥、波多黎各等21个西班牙语国家。但根据其英文名称English-Corpora.org，翻译为"英语系列语料库"似乎也并无不妥。其次，在对语料库的介绍中，我们找到了这样一句话：These corpora were formerly known as the "BYU Corpora"（这些语料库以前被称为"杨百翰大学系列语料库"）。也就是说，在以前我们可以称之为"BYU语料库"或"杨百翰大学系列语料库"，但网址迁移后，再用这个名称似乎就不太合适，而且也并不被建设者认同。目前我们根据其英文名称English-Corpora.org，暂时将其称为"英语系列语料库"。

英语系列语料库中既有马克·戴维斯原创的语料库，也有对其他已有语料库的整合收纳。具体如表1所示。

[①] 需要说明的是，该语料库原先的网址是www.corpus.byu.edu，后来由于种种原因，2019年马克·戴维斯将网址迁至www.English-corpora.org。

表1　英语系列语料库主要语料库[①]

英文名称	中文名称	规模（亿）	发布年份	语料年份	来源国家	来源类型	是否可下载
iWeb: The Intelligent Web-based Corpus	网络智能语料库	140	2018	2017	6个国家	网络	是
News on the Web (NOW)	网络新闻语料库	123+	2016	2010—今	20个国家或地区	网络：新闻	是
Global Web-Based English (GloWbE)	全球网络英语语料库	19	2013	2012—2013	20个国家或地区	网络	是
Wikipedia Corpus	维基百科语料库	19	2015	2014	各国或地区	维基百科	是
Hansard Corpus	英国议会议事录语料库	16	2016	1803—2005	英国	议会	否
Corpus of Contemporary American English (COCA)	美国当代英语语料库	10	2008	1990—2019	美国	平衡	是
Coronavirus Corpus	冠状病毒语料库	9.56+	2020	2020—今	20个国家或地区	网络：新闻	是
Early English Books Online（EEBO）	早期英文图书在线语料库	7.55	2017	1470s[②]—1690s	英国	各种类型	否
Corpus of Historical American English (COHA)	美国近代英语语料库	4.75	2010	1820—2019	美国	平衡	是
The TV Corpus	电视语料库	3.25	2019	1950—2018	6个国家	电视节目	是
The Movie Corpus	电影语料库	2	2019	1930—2018	6个国家	电影	是
Corpus of US Supreme Court Opinions	美国最高法院判决书语料库	1.3	2017	1790—今	美国	法律条例	否
British National Corpus (BNC)	英国国家语料库	1	2004	1980s—1993	英国	平衡	否
TIME Magazine Corpus	《时代周刊》文集语料库	1	2007	1923—2006	美国	杂志	否

[①] 数据统计截至2021年4月11日。
[②] 1470s为14世纪70年代，以下同。

续表

英文名称	中文名称	规模（亿）	发布年份	语料年份	来源国家	来源类型	是否可下载
Corpus of American Soap Operas	美国肥皂剧语料库	1	2012	2001—2012	美国	电视节目	是
Strathy Corpus (Canada)	加拿大斯特拉西语料库	0.5	2013	1970s—2000s	加拿大	平衡	否
CORE Corpus	网络英语语料库	0.5	2016	2014	6个国家	网络	否
Corpus del Español	西班牙语料库	20	2002	*①	21个国家	网络	是
Corpus do Português	葡萄牙语料库	10	2006	*	4个国家	网络	是

由上表可知，英语系列语料库中收纳的语料库一部分是世界范围内影响较大、使用率较高的知名语料库，如英国国家语料库（The British National corpus，BNC）、美国当代英语语料库（Corpus of Contemporary American English，COCA）等；也有一些是针对性更强、使用范围相对较窄的专业化语料库，如英国议会议事录语料库（Hansard Corpus）、电影语料库（The Movie Corpus）、《时代周刊》文集语料库（TIME Magazine Corpus）等。表格中详细地列述了每个语料库的规模、语料库发布的年份、语料产出的年份、语料来源国家、语料来源类型以及语料是否可下载。英语系列语料库就像一个"语料库的集合"，通过它提供的链接，用户可以进入任意一个该集合中的子语料库，部分语料库资源可以直接下载后离线使用，不同子语料库之间的跳转也非常便捷。同时，它还为用户提供了子语料库之间互相对比的功能。总体而言，各项功能的设置都尽可能便于用户使用，以满足用户良好的体验感为出发点。

另外，英语系列语料库中所有语料库的检索方法、检索后结果的呈现方式大致都是相同的，也就是说，用户只要掌握了其中一个语料库的使用方法，该系列语料库中的其他语料库也可以运用自如。对用户来说，这大大节省了学习使用方法的时间，有效地提高了检索效率。这样集合型的系列语料库资源建设值得我们借鉴和学习。

---

① 西班牙语料库和葡萄牙语料库均未找到关于语料产出年份的信息。

三、Coronavirus Corpus：冠状病毒语料库 ①

在英语系列语料库中，我们可以看到一个非常"年轻"的语料库——冠状病毒语料库（Coronavirus Corpus）。该语料库于2020年5月首次发布，建立时间非常晚，语料产出的时间跨度至今也只有一年多。由语料库的命名可知，该库的建立与当时发生的一件社会热点事件密不可分。2019年年末，新型冠状病毒来势汹汹，随后暴发的疫情席卷全球。在此背景下，马克·戴维斯主持创建了这一语料库。

3.1 基本信息

3.1.1 目的和类型

每一个语料库在建设之初，都需要明确建设的目的与主要服务对象，在此基础上确定语料库的类型，这是最基本也是最重要的一步。冠状病毒语料库旨在成为2020年及以后冠状病毒对社会、文化和经济影响的最终记录。因此，所收集的语料全部围绕冠状病毒，显示了包括英国、美国、澳大利亚、加拿大等国在内的20个不同英语国家或地区的人们在在线报纸和杂志上的实际言论。在收集过程中，主要采取了两种方式：

一是文章中至少两次出现冠状病毒、COVID或COVID-19等词；

一是文章标题中含有以下字符串：at-risk（高危），cases（病例），confirmed（确诊），contagious（传染性），containm*②（控制），coronavirus（冠状病毒），covid*（冠状病毒），curbside（路边），curve（曲线），deaths（死亡），disinfect*（消毒），distanc*（距离），epicenter（中心），epidemic（流行病），epidemiol*（控制措施），flatten*（击败），flu（流感），high-risk（高风

---

① 冠状病毒语料库是收纳在英语系列语料库中的其中一个子语料库，因此其框架和网络界面与该集合中的其他语料库具有极高的相似性。

② "*"代表字符串。"containm*"的意思就是检索字符串"containm"，且该字符串后有其他字符出现，检索结果如：containment（控制），containment-and-buffer（控制和换冲），containment/management（控制/管理）等。"*"所代表的字符串并没有数量限制，可以是一个字母，也可以是很多个字母，甚至可以是其他符号。

险), hoard*（囤积）, hospital*（医院）, hydroxychloroquine（羟氯喹）, infect*（感染）, influenza（流感）, isolat*（隔离）, lockdown（锁定）, lock-down（封锁）, mask*（口罩）, nursing（护理）, outbreak（暴发）, pandemic（大流行）, panic（恐慌）, patient*（患者）, pneumon*（肺炎）, preventative（预防）, preventive（预防）, quarantin*（隔离）, re-open*（重新开放）, reopen*（重新开放）, respiratory（呼吸）, sanitiz*（消毒）, self-isolat*（自我隔离）, shelter*（庇护）, shutdown（关闭）, spread（传播）, spreading（传播）, stay-at-home（居家）, stay at home（居家）, stockpil*（库存）, testing（检测）, vaccine*（疫苗）, ventilator*（呼吸机）, virus（病毒）。[①]

冠状病毒语料库是典型的动态语料库[②]，语料库的规模以每天300~400万单词的速度扩大。动态语料库能够不断更新，可以承载更多、范围更广的语料，但与此同时带来的弊端就是收集的数据通常是不平衡的。因此，冠状病毒语料库也是不平衡的语料库。

新冠疫情全球暴发后，各国纷纷对此展开了报道。语言文字能够反映出某一社会群体的态度和看法，能够揭示出当下的社会现状，因此，用户可以利用该语料库进行舆情分析，探讨新冠病毒对社会生活、文化、经济、政治等方方面面的影响。

3.1.2 分布和规模

语料库最基本的用途就是去发现隐含在语言中最本质、最典型的东西（黄昌宁、李涓子，2001：38）。一个标准的语料库需要具有一定的典型性和代表性。在建设或评价一个语料库时，常会探讨语料库语料的代表性，却较少提及语料库语料的典型性，或将代表性和典型性混为一谈。代表性指的是一个语料库在多大程度上能够代表一种语言。具有代表性的语料库，其中的语料具有极大的丰富性，能够充分代表一种语言或一种语言变体（梁茂成，2016：7）。典型性之中包含代表性的成分，但是之所以称为典型性，主要是因为其个性和特殊性

[①] 摘自冠状病毒语料库语料来源相关说明。
[②] 动态语料库，顾名思义，即需要不断更新、加入新的语料，语料库随着文本的增加不断扩容。

（段兆磊，2018）。虽然互联网时代计算机技术的发展为我们尽可能穷尽性地分析语料提供了可能性，但是我们所研究的样本依旧具有个性和特殊性，通过对样本的分析，在个性和特殊性中找到共性和普遍性。

要想建设一个具有典型性和代表性的语料库，就必须考虑语料库中语料的分布和规模。首先，分布合理。语料的分布范围决定了语料库所适用的研究范围。冠状病毒语料库的语料来自20个不同英语国家或地区的在线报纸和杂志。具体如表2所示。

表2 冠状病毒语料库语料来源国家和地区列表

所属地理位置	国家或地区
北美洲（总计：3个）	美国
	加拿大
	牙买加
欧洲（总计：2个）	英国
	爱尔兰
亚洲（总计：8个）	印度
	斯里兰卡
	巴基斯坦
	孟加拉
	马来西亚
	新加坡
	菲律宾
	中国香港（地区）
大洋洲（总计：2个）	澳大利亚
	新西兰
非洲（总计：5个）	南非
	尼日利亚
	加纳
	肯尼亚
	坦桑尼亚
共计	20个国家或地区

由上表可知，该语料库的语料来自20个英语国家和地区，涵盖了大部分主要的英语国家，如美国、英国、加拿大、澳大利亚等，国家分布于北美洲、欧洲、亚洲、大洋洲和非洲，范围非常广。但是我们也可以看到，在所涉及的国家或地区中，亚洲的国家或地区较多，欧洲和大洋洲的国家或地区相对较少，南美洲则根本没有涉及。在后续建设中，可以试着纳入更多的国家或地区的语料，让语料库的适用范围更广。除此之外，每个国家全部语料的占比有多少也无从得知，只有在检索某个具体单词的时候才会出现各个国家占比的统计数据。如果能在介绍语料信息时，加入这一部分统计数据，可以帮助用户更好地了解语料库中所收集的语料的构成。

其次，规模较大。语料库整体的规模大小关系到统计数据是否可靠，语料太少容易造成语言现象的片面性。冠状病毒语料库目前约有9.56亿个单词，从表1中我们可以看到，这个规模在一系列语料库中可以说是非常大的，而且规模还在不断扩大。运用这一语料库，用户可以进行共时研究，如查看某个话题的内容；可以进行历时研究，如探讨对某一事物的看法是如何随着时间而改变的；甚至可以对这20个国家或地区进行对比研究，如探讨不同的国家或地区对某一事物的看法是否不同。

最后，语料真实。不能捏造语料，一定要确保语料的真实性。冠状病毒语料库中的语料全部来自在线报纸和杂志，语料能够真实地反映实际情况。

3.2 使用情况

进入冠状病毒语料库网址（https://www.english-corpora.org/corona/）之后，出现如下页面：

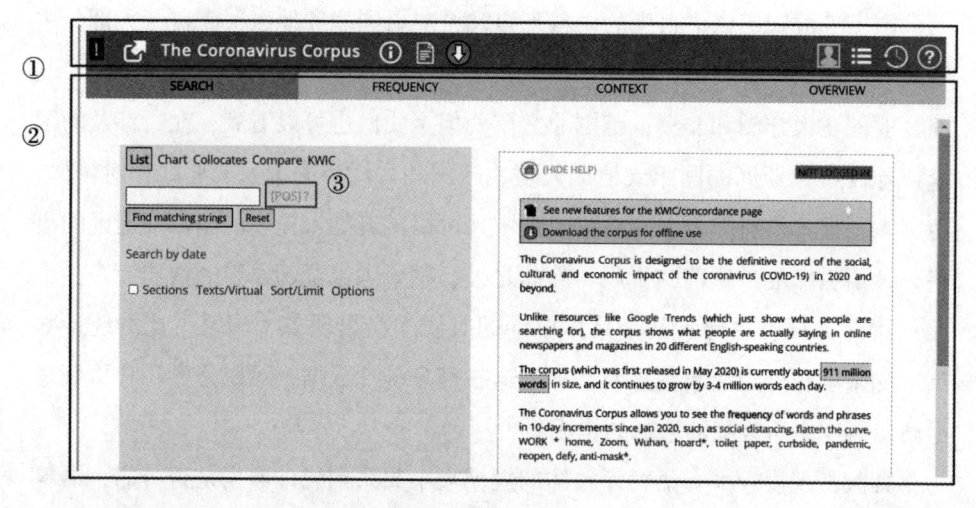

图1

　　整个页面可以分为上下两大部分，最上边（①）是一些功能键，包括：操作说明（ ）、数据说明（ ）[①]、下载（ ）、登录（ ）、查看个人语料库（ ）、历史记录（ ）、帮助（ ）等。下边（②）是语料库检索主界面。检索主界面有四个子界面，分别是搜索（SEARCH）、频率（FREQUENCY）、上下文（CONTEXT）和概述（OVERVIEW）。其中，频率和上下文为检索结果显示的界面。图1是搜索子界面示意图，左侧可以选择显示方式，右侧是对语料库的一个简单介绍。

3.2.1 检索

　　在检索时，该语料库提供了5种显示方式：List、Chart、Collocates、Compare、KWIC。List是列表显示，即检索结果成行显示。Chart是图表显示，即检索结果以更为直观的柱形图体现。Collocates是并置显示，主要用于考察词语搭配，包括搭配的类型、搭配的方向和距离等，如可以检索dangerous或reopen之后的名词、virus之前的动词等。Compare是比较单词显示，主要用于辨析同义词，考察它们在意思和用法上的异同，如warm/ hot、small/little等，通过比较可以梳理出两个词之间细微的差别。KWIC（Keyword in Context）是关键字显示，

[①] 数据说明主要包括数据总量、日增长量、数据搜集方式等。

可以查看出现在该词左侧或/和右侧的单词。

接下来我们将以List为例对冠状病毒语料库的检索功能做一个简单介绍。List属于最简单也是最基本的检索，如果要考察某一个词的具体用法就可以使用List检索。

在使用检索功能时，用户需要了解一些基本的通配符（正则表达式），如"*""?"等，以及基本的统计学概念，如频数、互信息值、关联度等（刘喜琴，2017b）。List可以检索某一个具体的单词，如"stay-at-home"（居家）；也可以检索出某个单词的全部形式，如"FLATTEN"（变平、摧毁）[①]。可以检索匹配的字符串，如"*open*"（打开），即open前面或者后面有其他字符串，"*"表示其他字符串。也可以检索同义词，如输入"=scary"（可怕的）即可检索出全部scary的同义词，"="表示检索同义词。点击左侧POS（见图1中的③），出现下拉列表，可以选择搭配词的词性，以帮助限定与检索词搭配使用的某一类词。如不选择则默认为POS，即全部单词。（其他四种显示方式均有此功能。）List模式下检索结果将成行显示。

以上几种检索方式及结果显示大同小异，为节省篇幅，在这里仅以检索FLATTEN为例。

在搜索子界面输入FLATTEN，频率子界面会显示该词的全部形式，并分别统计每一种形式出现的频率，按频率由高到低排列（图2）。经过数据统计，可以清晰地看到，在该语料库中，全部形式的FLATTEN共出现了21388次。其中，"flatten"（原形）出现的次数最高，共有11016次；"flattening"（-ing形式）和"flattened"（-ed形式）次之，分布出现了6456次和3509次；"flattens"（第三人称单数形式）最少，为407次。这些数据可以帮助用户对某一具体单词的各种形式的使用频率有一个整体的了解。

点击其中某一个形式，上下文子界面就会显示该形式每一条语料的上下文，用户可以自由选择每页呈现的语料条数，其中检索词高亮显示（图3）。用户也可以在该界面看到每一条语料的部分信息，如产出时间、来源国家、来源网址等。如将图2中高亮部分勾选，则会出现该词的详细信息，包括词义、词

---

① 在检索某个单词的全部形式时，要注意字母大写。

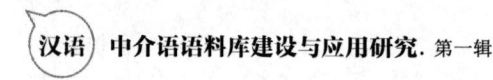

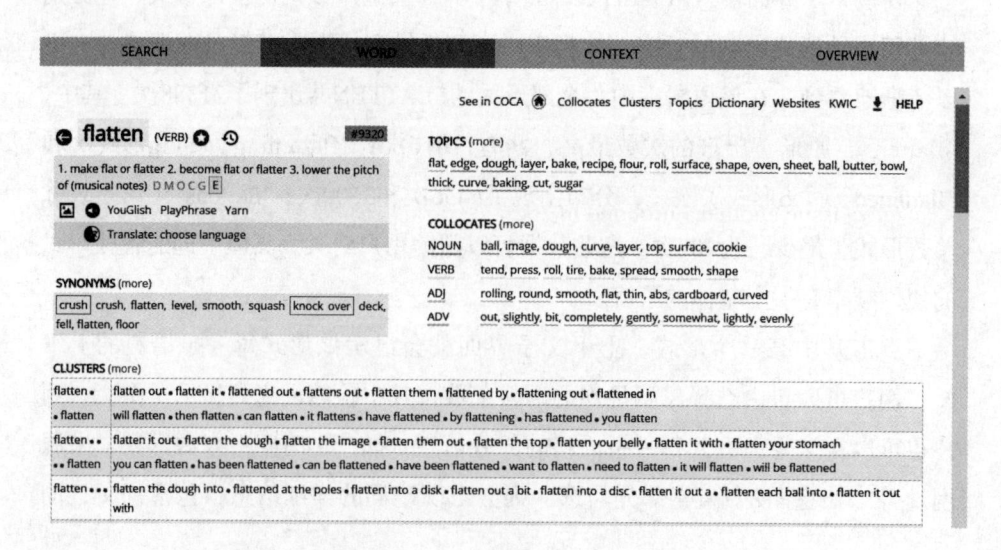

性、发音、同义词、常见搭配、集群等信息（图4）。

图2

图3

图4

3.2.2 标注

冠状病毒语料库中的语料是经过一定处理和标记的语料。文本从在线报纸和杂志下载之后,经过了断句、分词、词性标注等处理。

首先是断句和分词。下载文本库后,可以看到每一个句子前都用"<p>"标记,如:

@@31553641 <p> The government last July called the energy sector debt situation a " state of emergency . " <p> This was during the mid-year budget review during which the Finance Minister Ken Ofori-Atta castigated the previous NDC government for entering into " obnoxious take-or-pay contracts signed by the NDC, which obligate us to pay for capacity we do not need . " <p> The government pays over GH ? 2.5 billion annually for some 2,300MW in installed capacity which the country does not consume . <p> He sounded alarmed that " from 2020 if nothing is done , we will be facing annual excess gas capacity charges of between $550 and $850 million every year . <p> JoyNews ' Business editor George Wiafe said the latest IMF Staff report expressing fears over a possible classification is " more of a warning " to government . <p> He said the latest assessment raises concerns about the purpose of government borrowings , whether it goes into consumption or into projects capable of generating revenue to pay back the loan . <p> The move could increase the country 's risk profile and ability to borrow on the international market . <p> @ @ @ @ @ @ @ @ @ issue another Eurobond in 2020 .

译文:@@31553641<p> 政府去年7月将能源部门的债务状况判定为"紧急状态"。<p>在年中预算审查期间,财政部长肯·奥弗里-阿塔斥责前国家民主委员会政府签订了令人讨厌的照付不议的合同,并认为该合同要求为不需要的产能支付费用。<p> 政府支付GH ?每年25亿美元,装机容量约2300兆瓦,而这个国家没有消耗。<p> 他发出警告说:"从2020年开始,如果不采取任何措施,我们每年将面临5.5亿至8.5亿美元的天然气过剩费用。"《欢乐新闻》的商业编辑乔治·维亚夫表示,最新的国际货币基金组织工作人员报告表达了对可能进行分类的担忧,这对政府来说"更像是一个警告"。<p>他说,最新的评估引发了人们对政府借款目的的担忧,无论是用于消费还是用于能够产生收入以偿还贷款的项目。<p>此举可能会增加该国的风险状况和在国际市场上借款的能力。<p>@@@@@@@@在2020年发行另一只欧洲债券。

其中,31553641为文本ID,<p>为断句标记。系统自动对语料做了断句处理,但是在线检索时,用户无法看到断句标记,只能凭借句末标点自行判断。另外,为了解决文本版权的问题,语料库中所有语料,每200个单词就会删除10个单词,并替换为"@"。这并不影响使用,95%的数据仍然存在,用户仍旧可以根据这些语料来进行研究。

点击语料之后,就可以看到相应的分词的结果。如图5所示。每一个词都用方框框了起来,说明该语料库中的语料都做了分词处理。

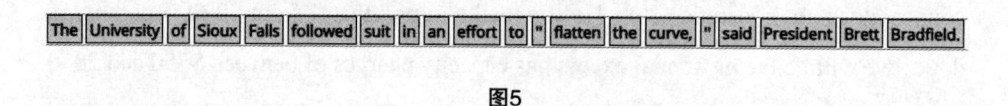

| The | University | of | Sioux | Falls | followed | suit | in | an | effort | to | " | flatten | the | curve, | " | said | President | Brett | Bradfield. |

图5

另外,在断句和分词的基础上,还增加了一些新功能。点击每一个单词就会出现相应的学习链接(图6),包括各种类型的词典(DIC: D M O C G E)[①]、翻译工具(TR)、网页搜索(WEB)、图片搜索(IMG)、视频搜索(VID)等。这些链接主要是针对有学习需求的用户,提供了多种方式来帮助他们更好地理解、学习单词。除此之外,还进行了词性标注,如图4中检索词flatter显示为动词。

Q FLATTEN　　WORD PAGE: COCA iWeb　　DIC: D M O C G E　　TR　WEB　IMG　VID

图6

---

① "D"指《在线英语词典》(Dictionary.com),"M"指《韦氏词典》(Merriam-Webster),"O"指《牛津词典》(Oxford Dictionary),"C"指《剑桥词典》(Cambridge Dictionary),"G"指谷歌翻译(Google),"E"指《词源词典》(Etymology dictionary)。

3.2.3 开放度

冠状病毒语料库向用户开放，但有一定限制。

（1）用户可以免费使用语料库包括检索、统计、背景信息查询等在内的大部分功能，但部分功能受到限制，具体如下表所示。

表3 冠状病毒语料库受限功能情况表

受限功能		付费前上限	付费后上限
下载语料	数据库[①]	可下载3.2mw的样例，且只能下载语料库表	可下载全部表格、全部语料
	单词库	可下载3.2mw的样例	可下载全部语料
	文本库	可下载3.2mw的样例	可下载全部语料
检索语料	搜索字符串	50次/天	200次/天
分析文本	提交次数	15次/天	100次/天
	文本长度	250字/天	5000字/天
浏览语料	单词行数	5000行/天	15000行/天

由上表可知，用户在不付费的情况下，下载语料、检索语料、分析文本、浏览语料等功能都会受限。主要表现为：①不能下载全部语料，只允许下载3.2mw的样例语料；②每天搜索字符串的次数不超过50次；③每天提交分析文本的次数不超过15次，文本长度不超过250字；④每天可查看的单词行数不超过5000行。

（2）用户需要注册才可以使用，注册是免费的。注册内容包括姓名、电子邮件、密码、国家、职业。注册后方可登录语料库进行检索。

（3）如果没有申请语料库的学术使用许可证，在查询10~15条语料后，会不断跳出付费提示。

3.2.4 其他

（1）背景信息：点击语料，会出现相应的背景信息，包括语料的来源、日期、标题以及扩展上下文（如图7所示）。

[①] 数据库包括三个表格：语料库表、词汇表和语料来源表。其中，语料库表可免费下载样例，词汇表和语料来源表均需付费下载。具体内容见附录。

Source information:

Source	https://www.wsoctv.com/news/world/latest-north-dakota-vaccinates-10-residents-so-far/FH22Q7NK3WCFG4T5FIAEDPEQHE/
Date	US (21-02-27)
Title	The Latest: North Dakota vaccinates 10% of residents so far

Expanded context:

nation at a time of crisis. He was knighted by Queen Elizabeth II in July at Windsor Castle. # A version of the song " Smile " singer Michael Bublé recorded for the funeral was played. So was " My Way " by Frank Sinatra, as Moore requested. # # MILAN -- The Lombardy region where Milan is located is heading toward a partial lockdown on Monday. Mayor Giuseppe Sala said in a video message he was disturbed by scenes of people gathering in public places, often with their masks down. # Italy has failed to **flatten** the curve on the fall resurgence, with numbers of new infections and deaths remaining stubbornly high amid new variants creating new outbreaks. The Italian Health Ministry reported 18,916 new infections and 280 deaths on Saturday. # The regions of Lombardy, Piedmont and Marche will go into partial lockdown on Monday, meaning no table service at bars and restaurants. Police vans blocked entrance to Milan's trendy Navigli neighborhood Saturday evening after the mayor announced increased patrols to prevent gatherings during a spring-like weekend. # Basilicata and Molise will

图7

（2）研究成果：暂时没有检索到基于冠状病毒语料库取得的成果。究其原因，首先可能是研究冠状病毒以医学界为主，需要使用语料库的情况本身就比较少；其次，部分学者在研究时使用了语料库，但是并不是冠状病毒语料库，如葛厚伟（2020）使用的是LexisNexis数据库，陈兴蜀、常天祐等（2020）则是基于分布式爬虫技术、分布式数据库系统对"新冠肺炎疫情"舆情演化进行时空分析；最后，有可能在检索研究成果时没有检索完全，存在遗漏。

但其实使用英语系列语料库的用户非常多，据谷歌分析公司测算，截至2014年10月，每月有超过13万人使用该平台。国内使用英语系列语料库的学者并不多，研究成果也比较少。中国知网上共检索得到相关论文7篇，其中3篇涉及杨百翰大学英语系列语料库，4篇涉及的是英语系列语料库中的子语料库，如网络新闻英语语料库（又称NOW语料库）、维基百科英文语料库、COCA语料库、世界网络英语语料库。另外，有对外语教学的应用，如《网络语料库索引行信息在英语教学中的应用——以美国杨百翰大学系列英语语料库为例》（周韵，2013）；有对语料库应用的介绍，如《个性化虚拟语料库及其应用——以维基百科英文语料库为例》（刘喜琴，2017b）；也有对某一事件的舆情分析，如《网络新闻视野中的"一带一路"——基于杨百翰大学NOW语料库检索分析》（龚琳，2019）。

3.3 小结

语料库提供了大量真实语料，能够帮助我们统计分析数据，从而验证相关理论或者构建新的理论。可以这么说，语料库为语言研究提供了一种方法论基础，同时又给语言学的研究提供了新的思路。

对冠状病毒语料库的考察有助于加深我们对国外语料库的了解。冠状病毒语料库依托于英语系列语料库建立，语料库规模非常大，且还在不断扩容，语料来自20个国家或地区的在线报纸和杂志，来源丰富、语料真实；具有5种显示方式，功能强大；标注准确率高；检索速度非常快。

但是通过考察，我们也发现，该语料库仍存在一些问题。首先，语料所涉及的国家或地区中，亚洲的国家或地区较多，南美洲则根本没有涉及。其次，每个国家全部语料占比多少缺少一个整体的数据体现。另外，由于语料库的功能较多，界面上有很多按钮和链接，界面友好性稍弱一些。其实对普通用户来说，并不需要那么多功能。语料库使用时对用户的英语水平要求较高，特别是对非英语母语的用户来说，操作难度可能会比较高。最后，因版权等原因，语料库未能开放其应用程序编程接口（API），专业人员无法以编程方式从某个端口获取数据查询结果，做成个性化软件，进行第二次开发（刘喜琴，2017a）。

参考文献

陈兴蜀、常天祐、王海舟、赵志龙、张杰（2020）基于微博数据的"新冠肺炎疫情"舆情演化时空分析，《四川大学学报（自然科学版）》第2期。

段兆磊（2018）论教育案例研究的典型性与代表性，《教学与管理》第16期。

葛厚伟（2020）基于语料库的《纽约时报》涉华新冠肺炎疫情报道的话语分析，《重庆交通大学学报（社会科学版）》第6期。

龚　琳（2019）网络新闻视野中的"一带一路"——基于杨百翰大学NOW语料库检索分析，《兰州工业学院学报》第6期。

黄昌宁、李涓子（2001）《语料库语言学》，北京：商务印书馆。

梁茂成《什么是语料库语言学》（2016），上海：外语教育出版社。

刘喜琴、Mark Davies（2017）BYU语料库系统及其语言研究应用，《中国教育信息化》第9期。

刘喜琴、Mark Davies（2017）个性化虚拟语料库及其应用——以维基百科英文语料库为例，《中国信息技术教育》第9期。

周　韵（2013）网络语料库索引行信息在英语教学中的应用——以美国杨百翰大学系

列英语语料库为例,《疯狂英语(教师版)》第4期。

Davies, Mark(2019) The Coronavirus Corpus. Available online at https://www.english-corpora.org/corona/.

附录　三种语料资源格式介绍

用户可以下载三种格式的语料资源,分别是数据库(Database)、单词库(Word/lemma/PoS)和文本库(Linear text)。用户可以免费下载这三种格式的样例,下载全部语料则需要付费购买。需要说明的是,所有英语系列语料库中的子语料库都具有这三种格式。

1.数据库(Database)

数据库中包括三个表:①语料库表(corpus table),表中显示语料整体的信息,包括三类数据,分别是文本ID(语料库中该单词所在文本的代码)、设定值(系统为该单词设置的一个代码)和单词ID(该单词在文本中的代码)。②词汇表(lexicon table),表中显示每个单词的信息,包括四类数据,分别是单词ID、英文单词、单词原形和词性的标注代码。③语料来源表(sources table),表中显示与语料来源相关的信息,包括五类数据,分别是单词ID、语料产出年份、语料来源、来源刊名和语料标题。其中,语料库表可免费下载样例,词汇表和语料来源表均需付费下载。

这三个表为用户提供了非常强大的检索功能,用户可以通过多种方式来查询,如单词ID、文本ID、词形、词性等等。另外,用户可以对词汇表和语料来源表进行修改:在词汇表中,用户可以添加单词的附加特性;在语料来源表中,用户可以创建自己的子语料库。具体样例如下[①]。

---

① 语料库表中的数据来自冠状病毒语料库2021年1月的语料。由于下载受限,词汇表和语料来源表均摘自英语系列语料库使用说明页面。

表4 语料库表示例

文本ID	设定值	单词ID
31553641	14361256953	3207
31553641	14361256954	1
31553641	14361256955	545

表5 词汇表示例

单词ID	单词	原形	标注代码
71186	swab	swab	nn1
23040	swallowing	swallow	vvg
14960	swam	swim	vvd

表6 语料来源表示例

单词ID	语料年份	语料来源	来源刊名	语料标题
728282	1837	FIC	Source_A	SampleTitle_N
728283	1872	FIC	Source_B	SampleTitle_O
728284	1904	NF	Source_C	SampleTitle_P

2.单词库（Word/lemma/PoS）[①]

单词库中显示的内容包括单词、原形和词性的标注代码。具体样例见表7。

表7 单词库示例

文本ID	设定值	单词	原形	标注代码
31553641	14361256953	called	call	vvd@
31553641	14361256954	the	the	at
31553641	14361256955	energy	energy	nn1

3.文本库（Linear text）[②]

文本库下载后，语料均以文本形式呈现，具体样例如下：

---

① 单词库中的数据来自冠状病毒语料库2021年1月的语料。
② 文本库中的数据来自冠状病毒语料库2021年1月的语料。

@@31553641 <p> The government last July called the energy sector debt situation a " state of emergency . " <p> This was during the mid-year budget review during which the Finance Minister Ken Ofori-Atta castigated the previous NDC government for entering into " obnoxious take-or-pay contracts signed by the NDC, which obligate us to pay for capacity we do not need . " <p> The government pays over GH ? 2.5 billion annually for some 2,300MW in installed capacity which the country does not consume . <p> He sounded alarmed that " from 2020 if nothing is done , we will be facing annual excess gas capacity charges of between $550 and $850 million every year . <p> JoyNews ' Business editor George Wiafe said the latest IMF Staff report expressing fears over a possible classification is "more of a warning "to government . <p> He said the latest assessment raises concerns about the purpose of government borrowings , whether it goes into consumption or into projects capable of generating revenue to pay back the loan . <p> The move could increase the country 's risk profile and ability to borrow on the international market . <p> @@@@@@@@@@ issue another Eurobond in 2020 .

译文：@@31553641<p> 政府去年7月将能源部门的债务状况判定为"紧急状态"。<p>在年中预算审查期间，财政部长肯·奥弗里-阿塔斥责前国家民主委员会政府签订了令人讨厌的照付不议的合同，并认为该合同要求为不需要的产能支付费用。<p> 政府支付GH ?每年25亿美元，装机容量约2300兆瓦，而这个国家没有消耗。<p> 他发出警告说："从2020年开始，如果不采取任何措施，我们每年将面临5.5亿至8.5亿美元的天然气过剩费用。"《欢乐新闻》的商业编辑乔治·维亚夫表示，最新的国际货币基金组织工作人员报告表达了对可能进行分类的担忧，这对政府来说"更像是一个警告"。<p>他说，最新的评估引发了人们对政府借款目的的担忧，无论是用于消费还是用于能够产生收入以偿还贷款的项目。<p> 此举可能会增加该国的风险状况和在国际市场上借款的能力。<p>@@@@@@@@@@在2020年发行另一只欧洲债券。<p>

作者简介

卢方红，北京语言大学硕士研究生，汉语言文字学专业，主要研究方向为现代汉语语法、汉语中介语语料库。

后 记

汉语中介语语料库（以下简称语料库）的建设与应用从"汉语中介语料库系统"问世算起，至今已经整整26年了。26年来，语料库走过了筚路蓝缕的开创时期，"简单粗放"的"1.0时代"，已经跨入了"精细而丰富"的"2.0时代"[①]，得到了长足的进步与发展。语料库建设"遍地开花"[②]，"渐成高潮，'成为语料库研究中的热点'[③]，正在跨入一个繁荣发展的重要时期"[④]。基于语料库的汉语教学研究、中介语研究与习得研究极大地促进了汉语教学与研究的发展，不但论著成果丰硕，而且改变了汉语作为第二语言教学的研究范式，即把过去那种小规模、经验型、思辨性研究提升为基于大规模真实语料的、定量分析与定性分析相结合的实证性研究，极大地提高了研究结论的客观性、稳定性和普遍性。在学科建设方面，"汉语中介语语料库专题研究""语料标注研究""现代汉语句式研究与教学——语料库视角""国际中文教育数据库及语料库建设与研究"分别成为语言学与应用语言学、汉语言文字学、课程与教学论、汉语国际教育等汉语相关专业硕士、博士研究生的专业课程；"汉语中介语语料库建设与研究"（后改为"中介语研究与资源建设"）列入语言学及应用

---

① 张宝林（2019）从1.0到2.0——汉语中介语语料库的建设与发展，《国际汉语教学研究》第4期。

② 张博教授语。

③ 谭晓平（2014）近十年汉语语料库建设研究综述，在"第七届北京地区对外汉语教学研究生学术论坛"上宣读。

④ 张宝林、崔希亮（2015）谈汉语中介语语料库的建设标准，《语言文字应用》第2期。

语言学专业博士生的研究方向。"汉语中介语语料库建设与应用国际学术研讨会"从2010年开始连开六届，已成为具有一定影响力的学术品牌。"总的来说，经历了20多年的发展，汉语中介语语料库研究的发展已经步入正轨，产生了核心期刊群、核心作者群、稳定的研究机构并逐渐形成了研究热点和方向。"[①]应该说，这样的概括与评价是实事求是的。

作为汉语中介语语料库建设者和研究者中的一员，我为语料库的繁荣发展而欢喜鼓舞，深感欣慰。同时认为汉语中介语语料库研究应该有一个相对固定的阵地，即专门的刊物或系列论文集来反映相关研究的新成果、新进展与新问题，从而更好地推动其发展。然而这并不容易，甚至很难：一是经费，二是稿源。一次性的经费和稿源是比较容易获得的，而供出版刊物或系列论文集使用的持续性经费支持和稿件来源则比较困难。后来转思，千里之行，始于足下，犯愁与畏难解决不了问题，先把事情做起来再说。

2017年7月由北京语言大学和南京大学、美国莱斯大学联合主办的"第三届汉语中介语口语语料库建设与应用国际学术研讨会"在北京召开，本拟以该届会议的参会论文为主要稿源，筹备出版《汉语中介语语料库建设与应用研究——2017》，后因出版经费未落实，原计划被搁置。这两年我们收集到一些新的研究成果，特别是针对语料库建设中的一些具体问题进行的研究，例如关于语料及其背景信息的采集、语料的转写与录入、标注、检索、作文自动评分系统等方面的研究，解决了一些建库中的实际问题，对语料库建设起到了很好的促进作用。

本书收入论文24篇，包括汉语口语中介语语料库研究，国内外语料库考察，语料的录入、转写与标注研究，语料库应用研究等方面的内容，体现了汉语中介语语料库建设与应用研究的某些最新成果。作者中既有德高望重的老一

---

① 蔡武、郑通涛（2017）我国汉语中介语语料库研究现状与热点透视——基于CiteSpace的可视化分析，《华文教学与研究》第3期。

代著名学者冯志伟先生，也有成绩斐然的中青年学者王秀丽教授、许家金教授、刘运同教授、玄玥教授、李斌副教授、耿直副教授、黄伟副研究员等，以及众多青年学子。

谨向各位作者的大力支持表示衷心感谢！

国家社会科学基金为本书的出版提供了经费支持，衷心感谢！

张宝林

2021年8月25日